少子高齢時代の
女性と家族

パネルデータから分かる日本のジェンダーと親子関係の変容

津谷典子・阿藤 誠・西岡八郎・福田亘孝 編著

慶應義塾大学出版会

はじめに

　本書は，「結婚と家族に関する国際比較調査（Japan Generations and Gender Survey, JGGS）」から得られるパネルデータを用いて，ジェンダー関係と世代間関係という家族関係の主要な横軸と縦軸を中心に，わが国のライフコースの変化とその要因について多面的かつ動的に実証分析した研究の成果をまとめたものである。ジェンダー関係については，結婚や同棲などのパートナーシップ形成，結婚後の家族形成，子育てと母親の就業や結婚の質に焦点を当て，世代間関係については，老親の健康状態と多世代同居および世代間の支え合いを中心に分析を行っている。これらジェンダー関係と親子関係における変化とその決定構造を定量的に明らかにすることにより，本書は急速に進行する少子高齢化のゆくえを探るための手がかりとなる包括的エビデンスを提供することを目指している。

　本書の各章は，いずれもわが国を含む多くの先進諸国および他の東アジア諸国で近年起こっている人口と家族の諸課題について，ジェンダー関係と親子関係の視点からの検証を試みている。まず，序章では，わが国の少子高齢社会がどのようにして出現したのかを人口学的かつ社会経済的に明らかにし，超高齢・人口減少社会のゆくえを展望している。次の「ジェンダーでとらえる仕事と家族」と題された第I部には4つの章があり，第1章では，少子化の要因の解明と少子化対策への政策的インプリケーションを示すことを目指して，高学歴化と雇用労働力市場への参入（初職が正規雇用であるか否か）と初婚および同棲経験により測られるパートナーシップ形成との関係をジェン

ダーの視点から分析している。第2章では，近年の夫婦出生力の低下の要因を見出すことを目指して，夫婦の家事・育児参加と夫婦関係をめぐる意識が出生意欲に与える影響をジェンダーの視点から分析している。第3章では，仕事と家庭の両立支援政策の柱である保育サービスと育児休業制度の利用と妻の就業がどのように関係しているのかを明らかにすることを目指して，これら政策的支援の利用を促進する要因を探っている。第4章では，夫婦が感じる結婚の幸福度と出生との関係をジェンダーの視点から分析している。結婚の幸福度により測られる結婚の質が出生確率に与える影響を分析することにより，夫婦出生力低下の要因についての示唆が得られることが期待される。

　第Ⅱ部の「親子関係でとらえる少子高齢社会」は3つの章により構成される。第5章では，成人の子とその親である中高年者の居住形態の変化を中高年者の個人的要因と親子をとりまく地域要因から多層分析している。この分析から，進行する超高齢化とそれに伴う高齢者の扶養・介護ニーズについて政策的示唆を得ることができる。第6章では，高齢の親に対して中高年世代の子が行う身の回りの世話や相談といった非経済的サポートの要因を分析することにより，超高齢化のもとでの親の介護の現状と展望についてのきめ細やかな政策的インプリケーションを提供している。第7章では，祖父母と子どもに挟まれた中高年の親世代（「サンドイッチ世代」と呼ぶ）による上方の老親世代と下方の子ども世代への支援関係の特徴と規定要因を分析している。急速に進行する未婚化と長寿化により，「サンドイッチ世代」の担う役割と負担は今後さらに大きくなると考えられ，高齢者のサポートについての政策的インプリケーションは大きい。

　最後の第Ⅲ部「パネルデータの質の検証」を構成する第8章と第9章では，JGGSパネルデータの質を分析している。ここでは，パネルからの脱落のパターンとその関連要因，およびパネル脱落が初婚と出生という主要なライフコース・イベントの分析に与える影響を検証することにより，JGGSパネルデータの質についての評価を試みている。

　本書は，人口学，社会学，経済学といった異なる専門分野の研究者が集まって行われた「世代とジェンダー・プロジェクト（GGP）」の学際的研究

成果の集大成であり，各章はすべて JGGS パネルデータを用いて多変量解析を中心とした実証分析を行っている。JGGS は2004年に18〜69歳の男女を対象として第1次調査（JGGS-1）が実施された後，JGGS-1 当時18〜49歳であった男女については2013年まで3年ごとに計3回，50〜69歳であった男女については2010年と2013年の計2回にわたり同一個人を追跡した大規模パネル調査である。本書では，異なった専門分野の研究者が分析のためのデータと問題意識を共有して，少子高齢社会をとりまく諸課題への接近を試みている。

　GGP は，2011年に初期の研究成果をまとめた編著書（『少子化時代の家族変容──パートナーシップと出生行動──』）を東京大学出版会より刊行した。この書は2014年に日本人口学会賞を授与され，高い学術的評価を得たが，ここでの分析は，2004年に実施された JGGS-1 とそれを2007年に追跡調査したことにより得られた若・壮年男女のパネルデータを用いて，パートナーシップと出生行動を中心としたジェンダー関係に焦点を当てて国際比較を試みたものであった。本書では，2007年以降2013年までにさらに複数回実施されたパネルデータを加えることにより，ジェンダー関係のみならず，親子関係の変容についてもより長期的な視点から分析を行っている。これによって，少子高齢化の進行するわが国におけるライフコースと家族変容についての多面的な理解が深まることが期待される。

　最後に，本書の出版に際し，多くの組織や個人から支援とサポートを頂いた。まず，4期にまたがる本 GGP プロジェクト（とりわけ JGGS パネル調査）の実施にあたっては，厚生労働省ならびに日本学術振興会の科学研究費の助成を受けた。具体的には，厚生労働省による第1期（2002〜2004年度）の「『世代とジェンダー』の視点からみた少子高齢社会に関する国際比較研究」（政策科学推進研究事業，課題番号 H14－政策－036）と第2期（2005〜2007年度）の「国際比較調査による少子社会の要因と政策的対応に関する総合的研究」（政策科学推進研究事業，課題番号 H17－政策－一般－021），日本学術振興会による第3期（2009〜2011年度）の「『世代とジェンダー』から見た少子高齢化社会に関する総合的国際比較研究（基盤研究（A）課題番号21243035）と第4期（2012〜2014年度）の「『世代とジェンダー』から見た少子高齢化社会に関

する総合的国際比較研究：フェーズⅡ」（基盤研究（A）課題番号24243059）
への助成である。

　さらに，本書の出版にあたり，日本学術振興会より科学研究費（研究成果
公開促進費「学術図書」，課題番号17HP5168）の助成を受けた。そして，慶應
義塾大学出版会出版部編集２課課長　木内鉄也氏の尽力とサポートは本書の
出版に不可欠なものであった。ここに記して心よりの謝意を表したい。

　また，2004年〜2013年の間に実施された４回のパネル調査にご協力頂いた
すべての回答者の皆様に，本紙面を借りて心より御礼申し上げたい。

　　2018年２月

　　　　　　　　　　　　　　　　　　　　　　　　　　　　　編者一同

目次

はじめに　*i*

図表一覧　*xi*

序　章　少子高齢社会の諸相
──ジェンダーと世代間関係の視点から　*1*

阿藤　誠・津谷　典子

はじめに　*1*

第1節　今日の人口変動──少子高齢化　*2*

 1.1　人口転換後の予想外の変化：少子化と長寿化　*2*

  1）人口転換　*2*

  2）少子化・超少子化　*3*

  3）長寿化　*5*

 1.2　超高齢化と人口減少社会の到来　*6*

  1）超高齢化と人口減少　*6*

  2）人口減少下における東京一極集中　*8*

第2節　ジェンダー関係の変化とライフコースの多様化　*12*

 2.1　パートナーシップと家族形成パターンの変化　*12*

  1）未婚化と晩産化　*13*

  2）パラサイト・シングルの増加と同棲　*17*

  3）夫婦出生力の低下と出生意欲　*20*

 2.2　女性の社会経済的地位と家庭内ジェンダー関係の変化　*23*

  1）女性の高学歴化　*23*

  2）女性の就業の増加と雇用労働力化　*24*

  3）家庭内ジェンダー関係の変化　*28*

第3節　高齢者の生活ニーズと世代間関係　*30*

　　3.1　高齢人口の増大と高齢者の生活ニーズ　*30*

　　　1）高齢人口の増大　*30*

　　　2）高齢者の生活ニーズ　*31*

　　3.2　世代間関係　*37*

　　　1）高齢者扶養負担の増大と社会保障　*37*

　　　2）高齢者と家族　*40*

第4節　各章の要約と位置づけ　*43*

第Ⅰ部
ジェンダーでとらえる仕事と家族

第1章　雇用とパートナーシップ形成
——ジェンダーとコホートの視点から　*59*

津谷　典子

はじめに　*59*

第1節　データと分析モデル　*62*

第2節　学歴とコホートからみた雇用と所得　*67*

第3節　学校卒業後の初職の未婚期の同棲経験への影響　*82*

第4節　学校卒業後の初職の初婚行動への影響　*86*

第5節　まとめと考察　*90*

第2章　結婚後の家族形成とパートナーシップ　*97*

西岡　八郎・星　敦士

はじめに　*97*

第1節　分析方法　*101*

第2節　データと変数　*102*

　　2.1　データ　*102*

　　2.2　変数　*103*

第3節　分析結果　*106*

3.1　記述統計　*106*

3.2　追加出生希望の規定要因　*108*

3.3　出生と結婚に関する意識の規定要因　*111*

第4節　まとめ——考察と今後の課題　*115*

第3章　妻の就業と子育て支援政策　*121*

可部　繁三郎

はじめに　*121*

第1節　日本の子育て支援政策の概要　*122*

1.1　保育サービス　*122*

1.2　育児休業制度　*125*

第2節　妻の就業　*127*

2.1　結婚と就業　*128*

2.2　子どもの出生と就業　*132*

第3節　保育サービスと育児休業制度の利用　*133*

3.1　保育サービスの利用パターンと利用者の属性　*133*

3.2　育児休業制度の利用パターンと利用者の属性　*135*

第4節　就業と子育て支援に関する多変量解析　*136*

4.1　分析の枠組み　*136*

4.2　分析の結果　*140*

1）保育サービスの利用と妻の就業　*140*

2）育児休業制度と妻の職場復帰　*144*

第5節　まとめ

——分析結果の政策的インプリケーション　*147*

第4章　結婚の幸福度と子ども　*155*

吉田　千鶴

はじめに　*155*

第1節　結婚の幸福度と子どもをもつ効用　*156*

第2節　分析に使用するデータ　*158*

第3節　結婚の幸福度の複合指標　*159*

第4節　出生前後の結婚の幸福度の変化　*160*

4.1　結婚の幸福度の平均値からみた出生前後の結婚の
幸福度の変化と女性の就業　*161*

4.2　結婚の幸福度の増減のパーセント分布からみた
出生前後の幸福度の変化と女性の就業　*166*

第5節　結婚の幸福度と出生　*169*

5.1　理論的背景　*169*

5.2　分析モデルと変数　*171*

5.3　結婚の幸福度と出生確率　*173*

おわりに　*178*

第Ⅱ部
親子関係でとらえる少子高齢社会

第5章　中高年期における健康状態と居住形態の変化　*185*

中川　雅貴

はじめに　*185*

第1節　分析の視角　*187*

第2節　分析の方法　*191*

第3節　分析データの説明　*194*

第4節　分析結果　*197*

第5節　考察とまとめ　*202*

第6章　中高年者の高齢期の親に対する
支援・援助の規定要因　*209*

西岡　八郎・山内　昌和

はじめに　*209*

第1節　先行研究　*211*

第2節　データと方法　*214*

第3節　世話的・情緒的援助の規定要因に関する
　　　　分析結果　*217*

第4節　世話的・情緒的援助の状態変化の規定要因に関する
　　　　分析結果　*225*

第5節　まとめと考察　*232*

第7章　親子の支援関係の特徴と規定要因
——Sandwich Generation を中心にして　*237*

福田　亘孝

はじめに　*237*

第1節　三世代間の支援関係　*238*

第2節　データと分析方法　*242*

第3節　三世代の支援関係の特徴　*243*

第4節　親世代の支援関係の規定要因　*250*

おわりに　*256*

第Ⅲ部
パネルデータの質の検証

第8章　JGGS パネル調査の推移と脱落の関連要因　*263*

中川　雅貴

はじめに　*263*

第1節　パネル調査における脱落とその影響について　*265*

第2節　JGGS パネル調査の実施状況とパネル脱落の推移　*268*

第3節　JGGS データにおけるパネル脱落の関連要因　*274*

おわりに　*278*

第9章　パネル欠落が初婚と出生の分析に与える影響　*283*

菅　桂太

はじめに　*283*

第1節　本章で利用する JGGS パネルデータ
　　　　——JGGS における10年間（2004〜2013年）の
　　　　パネル欠落状況の概観　*286*

　　　1.1　JGGS パネル調査　*286*

　　　1.2　JGGS パネル調査におけるパネル欠落状況　*287*

　　　1.3　JGGS パネル調査における欠落の理由　*290*

第2節　JGGS パネル調査結果と『国勢調査』結果の
　　　　比較　*295*

　　　2.1　未婚率の比較　*297*

　　　2.2　同居児数分布の比較　*303*

第3節　欠落および初婚・出生に影響すると考えられる
　　　　共変量についての単変量分析　*306*

　　　3.1　変数の構築　*306*

　　　3.2　フォローアップ状況別にみた共変量　*310*

第4節　欠落確率についてのロジットモデル分析　*318*

第5節　理由別欠落確率についてのロジットモデル分析　*327*

おわりに　*336*

索引　*339*

xi

図表一覧

序章

図 0 - 1　女性 1 人当たりの合計特殊出生率，人口置換水準，および出生数の推移：
　　　　　1947〜2016年　　*4*

図 0 - 2　男女別にみた出生時の平均余命（平均寿命），65歳時の平均余命，および65歳
　　　　　までの生存率の推移：1925〜2015年　　*6*

図 0 - 3　総人口，年齢 4 区分別人口，65歳以上割合，および75歳以上割合の推移：
　　　　　1950〜2115年　　*7*

図 0 - 4　都道府県別人口動態率：2005〜2010年　　*9*

図 0 - 5　三大都市圏の人口が総人口に占める割合および DID 人口が総人口に占める
　　　　　割合の推移：1920〜2040年　　*11*

図 0 - 6 a　女性の年齢別未婚者割合の推移：1950〜2010年　　*15*

図 0 - 6 b　男性の年齢別未婚者割合の推移：1950〜2010年　　*15*

図 0 - 7　女性の平均初婚年齢と第 1 子出生時の平均年齢の推移：1950〜2015年　　*16*

図 0 - 8　男女別高等学校・短大・大学への進学率の推移：1950〜2015年　　*24*

図 0 - 9　学歴からみた男女別新規学卒者の就職率の推移：1950〜2015年　　*26*

図 0 -10　女性の年齢別労働力率の推移：1970〜2010年　　*27*

図 0 -11　女性の年齢別にみた就業者に占める雇用者割合の推移：1970〜2010年　　*29*

図 0 -12　生活保護世帯数と生活保護率の推移：総数と高齢者世帯，1975〜2014年　　*34*

図 0 -13　男女別要介護認定者数と要介護度 2 以上の割合の推移：2001〜2016年　　*36*

図 0 -14　政策部門別高齢者関係給付費の推移：1973〜2015年　　*38*

図 0 -15　異なった定義による老年人口指数の推移：1920〜2065年　　*39*

表 0 - 1　20〜34歳の未婚男女の親との同居割合の推移：1994〜2009年　　*18*

表 0 - 2　性・年齢別同棲経験割合：2004年に20〜69歳の全配偶関係男女　　*20*

表 0 - 3　50歳未満の有配偶女性の結婚持続期間別にみた平均出生児数，平均予定子ども
　　　　　数，平均理想子ども数の推移：1977〜2015年　　*21*

表 0 - 4　女性の年齢別高等教育卒業者割合の推移：1960〜2010年　　*25*

表 0 - 5　成人男女の 1 週間の平均家庭内労働時間および男性分担割合の推移：
　　　　　1976〜2011年　　*30*

表 0 - 6　65歳以上高齢者の帰属世帯の種類別パーセント分布：1970〜2015年の推移と
　　　　　2015年における年齢別分布　　*41*

第 1 章

表 1 - 1　学校卒業後に初めてついた仕事が正規雇用であった者の性・年齢別割合：2004

年の第 1 次調査時に18～49歳で2007年の第 2 次調査に回答した若・壮年パネル
の男女，および2004年の第 1 次調査時に50～69歳で2010年の第 2 次調査に回答
した中高年パネルの男女　*68*

表 1 - 2　2010年の第 2 次調査時に正規雇用の職についている者，およびどのような形態
であれ就業している者の年齢別割合：2004年の第 1 次調査時に50～69歳で2010
年の第 2 次調査に回答した中高年パネルの男女　*70*

表 1 - 3 a　学歴と雇用との関係，未婚期の同棲経験，および年齢別初婚確率の多変量解析
に用いられる説明変数の記述統計量：2004年の第 1 次調査時に18～49歳で2007
年の第 2 次調査に回答した若・壮年パネルの男女　*71*

表 1 - 3 b　学歴と雇用との関係，未婚期の同棲経験，および年齢別初婚確率の多変量解析
に用いられる説明変数の記述統計量：2004年の第 1 次調査時に50～69歳で2010
年の第 2 次調査に回答した中高年パネルの男女　*72*

表 1 - 4 a　学校卒業後に正規雇用についた確率および2007年の第 2 次調査時現在で正規雇
用についている確率のロジスティック回帰分析による説明変数のオッズ比
（Odds Ratios）の推計値：2004年の第 1 次調査時に18～49歳で2007年の第 2 次
調査に回答した若・壮年パネルの男女　*73*

表 1 - 4 b　学校卒業後に正規雇用についた確率，2010年の第 2 次調査時現在正規雇用につ
いている確率，および2010年現在就業している確率のロジスティック回帰分析
による説明変数のオッズ比（Odds Ratios）の推計値：2004年の第 1 次調査時
に50～69歳で2010年の第 2 次調査に回答した中高年パネルの男女　*76*

表 1 - 5 a　2007年の第 2 次調査の前年（2006年）現在の所得の重回帰分析による説明変数
の係数の推計値：2004年の第 1 次調査時に18～49歳で2007年の第 2 次調査に回
答した若・壮年パネルの男女　*79*

表 1 - 5 b　2010年の第 2 次調査の前年（2009年）の年収の重回帰分析による説明変数の係
数の推計値：2004年の第 1 次調査時に50～69歳で2010年の第 2 次調査に回答し
た中高年パネルの男女　*81*

表 1 - 6　未婚期の同棲経験の性・年齢別割合：2004年の第 1 次調査時に18～49歳で2007
年の第 2 次調査に回答した若・壮年パネルの男女，および2004年の第 1 次調査
時に50～69歳で2010年の第 2 次調査に回答した中高年パネルの男女　*83*

表 1 - 7 a　未婚期の同棲経験のロジスティック回帰分析による説明変数のオッズ比
（Odds Ratios）の推計値：2004年の第 1 次調査時に18～49歳で2007年の第 2 次
調査に回答した若・壮年パネルの男女　*84*

表 1 - 7 b　未婚期の同棲経験のロジスティック回帰分析による説明変数のオッズ比
（Odds Ratios）の推計値：2004年の第 1 次調査時に50～69歳で2010年の第 2 次
調査に回答した中高年パネルの男女　*85*

表 1 - 8　性・年齢別既婚者割合および既婚者の平均初婚年齢：2004年の第 1 次調査時に
18～49歳で2007年の第 2 次調査に回答した若・壮年パネルの男女，および2004
年の第 1 次調査時に50～69歳で2010年の第 2 次調査に回答した中高年パネルの

図表一覧　*xiii*

　　　　　男女　　*87*

表1-9a　初婚タイミングの比例ハザード分析による説明変数のリスク比（Relative Risk）の推計値：2004年の第1次調査時に18〜49歳で2007年の第2次調査に回答した若・壮年パネルの男女　　*89*

表1-9b　初婚タイミングの比例ハザード分析による説明変数のリスク比（Relative Risk）の推計値：2004年の第1次調査時に50〜69歳で2010年の第2次調査に回答した中高年パネルの男女　　*90*

第2章

表2-1　追加出生希望の時点間変化　　*107*

表2-2　独立変数の記述統計　　*108*

表2-3　追加出生希望の規定要因　　*109*

表2-4　出生と結婚に関する意識の規定要因（子どもをもつことによる不安）　　*112*

表2-5　出生と結婚に関する意識の規定要因（結婚生活満足度）　　*113*

第3章

図3-1　認可保育所の種別にみた在籍児童数の推移，1975〜2016年　　*124*

図3-2　女性の育児休業制度の利用率の推移，1996〜2016年　　*128*

表3-1　日本の育児休業制度の変化　　*126*

表3-2　結婚，第1子・第2子出生後における夫婦の属性別にみた妻の就業割合の変化　　*129*

表3-3　結婚，第1子・第2子出生前後における属性別にみた妻の就業状態の変化　　*130*

表3-4　就学前における第1子の年齢別にみた保育所利用パターン　　*134*

表3-5　夫婦の属性別にみた第1子出生後の保育サービスの利用状況　　*135*

表3-6　第1子出生後の妻の育児休業制度の利用率　　*136*

表3-7　夫婦の属性別にみた第1子出生後の育児休業制度の利用状況　　*137*

表3-8　第1子が就学前であった期間の保育所利用に関する説明変数の記述統計量：2004年に50歳未満で，2004年と2007年に少なくとも子どもが1人いる有配偶の日本人男女　　*141*

表3-9　第1子出生後の妻の職場復帰に関する説明変数の記述統計量：2004年に50歳未満で，2004年と2007年に少なくとも子どもが1人いる有配偶の日本人男女　　*142*

表3-10　子どもを1人以上もつ妻の第1子の保育所利用に関する二項ロジットモデルによる説明変数のオッズ比（係数の指数値）の推計値と統計的有意性：2004年に50歳未満で，2004年と2007年に少なくとも子どもが1人いる有配偶の日本人男女　　*143*

表3-11　子どもを1人以上もつ妻の第1子出生後の職場復帰に関する二項ロジットモデルによる説明変数のオッズ比（係数の指数値）の推計値と統計的有意性：2004

年に50歳未満で，2004年と2007年に少なくとも子どもが1人いる有配偶の日本人男女　*145*

第4章

表4-1　女性の年齢階級別出生率（1,000人当たり）の推移，1995〜2015年　*159*

表4-2　2004〜2007年の期間における出生の有無，2004年時点の子ども数，2004年時点の女性の就業状態別，2004年および2007年における結婚の幸福度複合指標の平均値：2004年に39歳以下の有配偶女性および39歳以下の妻をもつ有配偶男性　*162*

表4-3　2004〜2007年の期間における出生の有無，2004年時点の子ども数，2004年時点の女性の就業状態別，2004〜2007年間の幸福度複合指標の増減についてのパーセント分布：2004年に39歳以下の有配偶女性および39歳以下の妻をもつ有配偶男性　*167*

表4-4　プロビットモデルによる，2004〜2007年の間の出生に関する分析に使用した変数の記述統計量：2004年に39歳以下の有配偶女性および39歳以下の妻をもつ有配偶男性　*172*

表4-5　プロビットモデルによる，2004〜2007年の間の出生に関する分析における推定係数：2004年に39歳以下の有配偶女性および39歳以下の妻をもつ有配偶男性　*174*

表4-6　2004〜2007年の間の出生に関するプロビットモデル分析に基づく，2004年の結婚の幸福度の複合指標および子ども数別，推計出生確率：2004年に39歳以下の有配偶女性および39歳以下の妻をもつ有配偶男性　*175*

第5章

表5-1　JGGS中高年パネルデータにおける成人子との居住関係の変化　*195*

表5-2　成人子との同居への移行に関するマルチレベル分析によるオッズ比の推定値　*198*

表5-3　成人子との同居あるいは近居への移行に関するマルチレベル分析によるオッズ比の推定値　*201*

付表5-1　地域ブロックによる都道府県の分類　*205*

付表5-2　分析に用いた変数の記述統計　*205*

第6章

図6-1　推定結果をもとに作成した親の介護の要不要・親の居住状態・回答者の性別にみた回答者の母親に対する援助を行う確率　*224*

図6-2　推定結果をもとに作成した親の介護の要不要・親の居住状態別にみた親に対する援助を新たに行う確率　*231*

表6-1　援助を行うかどうかの規定要因に関する説明変数の記述統計　*218*

図表一覧　*xv*

表6-2	援助を行うかどうかの規定要因に関するマルチレベル・ロジスティック回帰分析の結果　*222*
表6-3	新たに援助を行うかどうかの規定要因に関する説明変数の記述統計　*226*
表6-4	新たに援助を行うかどうかの規定要因に関するマルチレベル・ロジスティック回帰分析の結果　*228*

第7章

表7-1　回答者の親への援助（親世代から祖父母世代への援助）　*244*
表7-2　親の配偶状態と援助（親世代から祖父母世代への援助）　*245*
表7-3　親の健康状態と援助（親世代から祖父母世代への援助）　*246*
表7-4　回答者の子どもへの援助（親世代から子ども世代への援助）　*247*
表7-5　子どもの配偶関係と援助（親世代から子ども世代への援助）　*248*
表7-6　親世代からの援助　*249*
表7-7　親世代から祖父母世代への支援（日用品の買い物）　*251*
表7-8　親世代から祖父母世代への支援（料理や洗濯）　*253*
表7-9　親世代から祖父母世代への支援（病気時の世話）　*255*

第8章

図8-1　JGGSパネル調査の推移と脱落状況　*270*
表8-1　JGGS第1次調査（2004年）における地区別標本数・調査地点数　*269*
表8-2　JGGSパネル調査における標本抽出第1次層別脱落率　*273*
表8-3　JGGSパネル調査における基本属性別パネル脱落状況　*275*
表8-4　JGGS若・壮年サンプルにおける属性別パネル脱落率　*277*
表8-5　JGGS中高年サンプルにおける属性別パネル脱落率　*277*

第9章

表9-1　JGGSパネル調査における期首調査時年齢別欠落率：2004年調査時に18〜49歳の男女日本人　*290*
図9-2　2004年調査時年齢別2004年調査回答者のうち2013年調査に協力しなかった理由別欠落率と期首調査時年齢別2004〜2013年の欠落ハザード　*294*
表9-1　JGGSパネル調査（第1次調査（2004年）から第4次調査（2013年））の調査完了ケース数および欠落率：2004年調査時に18〜49歳の男女日本人　*288*
表9-2　フォローアップ状態別調査対象者数と理由別欠落数，および理由別欠落率と欠落の理由割合　*292*
表9-3a　男女年齢別未婚率の比較：国勢調査とJGGS（2004〜2013年）で2004年調査時に18〜49歳の男女日本人　*298*
表9-3b　男女年齢別未婚率の変化の要因分解：国勢調査とJGGS（2004〜2013年）で2004年調査時に18〜49歳の男女　*301*

表9-4 有配偶男女の年齢別同居児数の分布の比較：国勢調査とJGGS（2004〜2013年）で2004年20〜49歳の有配偶男女およびフォローアップされた2007年20〜49歳，2010年25〜54歳，2013年30〜54歳の男女のうち各調査時点で有配偶　*304*

表9-5a フォローアップ期間別，フォローアップの状態（欠落／調査完了）の別，欠落に影響を及ぼすと考えられる変数の平均：JGGS2004年調査時に18〜49歳の男女日本人総数と，このうち2007〜2013年調査にフォローアップされた人　*312*

表9-5b フォローアップ期間別，フォローアップの状態（欠落／調査完了）の別，欠落に影響を及ぼすと考えられる変数の期首調査時の平均：JGGS2004年調査時に18〜49の日本人男性と，このうち2007〜2013年調査にフォローアップされた人　*314*

表9-5c フォローアップ期間別，フォローアップの状態（欠落／調査完了）の別，欠落に影響を及ぼすと考えられる変数の期首調査時の平均：JGGS2004年調査時に18〜49の日本人女性と，このうち2007〜2013年調査にフォローアップされた人　*316*

表9-6a フォローアップ期間別，男女・期首年齢，初婚と既往出生数および共変量をロジットモデルで統御した予測欠落確率：JGGS2004年調査時に18〜49歳の男女日本人と，このうち2007〜2013年調査にフォローアップされた人　*320*

表9-6b フォローアップ期間別，男女・期首年齢，初婚と既往出生数および共変量をロジットモデルで統御した場合の初婚と既往出生数別予測欠落確率：JGGS2004年調査時に18〜49歳の男女日本人と，このうち2007〜2013年調査にフォローアップされた人　*324*

表9-6c フォローアップ期間別，男女・期首年齢，初婚と既往出生数および共変量による欠落確率に関するロジットモデルの疑似決定係数：JGGS2004年調査時に18〜49歳の男女日本人と，このうち2007〜2013年調査にフォローアップされた人　*326*

表9-7a 2004〜2013年欠落ハザードに関する男女・期首年齢，フォローアップ期間，初婚と既往出生数および共変量をロジットモデルで統御した理由別予測欠落確率：JGGS2004年調査時に18〜49歳の男女日本人と，このうち2007〜2013年調査にフォローアップされた人　*328*

表9-7b 2004〜2013年欠落ハザードに関する男女・期首年齢，フォローアップ期間，初婚と既往出生数および共変量をロジットモデルで統御した場合の初婚と既往出生別・理由別予測欠落確率：JGGS2004年調査時に18〜49歳の男女日本人と，このうち2007〜2013年調査にフォローアップされた人　*332*

表9-7c 2004〜2013年欠落ハザードに関する男女・期首年齢，フォローアップ期間，初婚と既往出生数および共変量によるロジットモデルの疑似決定係数：JGGS2004年調査時に18〜49歳の男女日本人と，このうち2007〜2013年調査にフォローアップされた人　*334*

序章

少子高齢社会の諸相
——ジェンダーと世代間関係の視点から——

阿藤　誠・津谷　典子

はじめに

　本書の第1章から第9章は，方法論的には，すべて『結婚と家族に関する国際比較調査』（Japan Generations and Gender Survey, JGGS）のパネルデータを用いて実証分析を行うという点で共通している。JGGS は，2004年に第1次調査が実施された後，2013年まで3年ごとに計4回にわたり同一個人を追跡したパネル調査であり，本書を構成する各章はすべてこの JGGS のパネルデータ（少なくとも全4回分のデータのうちの一部）を用いて，多変量解析を中心とした実証分析を行っている[1]。一方，内容的にみると，本書の各章はいずれも少子高齢化時代の日本社会を取り巻く人口と家族の諸課題について，ジェンダー関係と親子関係の視点から接近・考察している。

　そこで本序章では，まず少子高齢社会がどのようにして出現したのかを人

---

1)　『結婚と家族に関する国際比較調査』（JGGS）の背景と計4回にわたる実施経過，およびその内容の概要については，本書第8章を参照されたい。また，これら4回にわたる JGGS の調査票は，慶應義塾大学出版会ホームページ内の本書紹介ページ（http://www.keio-up.co.jp/np/isbn/9784766424980/）に掲載されている。

口学的に明らかにする。ここでの中心概念は，少子化（特に超少子化）と長寿化である。それに基づき，政府の公式推計を用いて超高齢・人口減少社会のゆくえを概観する。続いて，少子化・超少子化をもたらした社会経済的背景について，ジェンダーの視点を中心として概括的に論じる。さらに，少子高齢社会の諸相のうち，高齢者の経済状況と健康・介護に関わるニーズ，およびそれに対する公的支援（社会保障）と私的支援（家族による扶養）について世代間関係の視点から論じる。最後に，このような少子高齢社会の諸相を踏まえて，各章の要約と位置づけを明らかにする。

第1節　今日の人口変動 ——少子高齢化——

1.1　人口転換後の予想外の変化：少子化と長寿化

1）人口転換

　先進諸国が近代になって経験した大きな人口変動は「人口転換（demographic transition）」と呼びならわされてきた（Casterlin 2003; Gavrilov 2003）。人口転換とは，一国の人口動態（出生率と死亡率）が伝統社会における多産多死（高出生率・高死亡率）の状態から，近代社会における少産少死（低出生率・低死亡率）の状態に移行することを意味する。伝統社会では，出生率（人口1000人当たりの出生数）と死亡率（人口1000人当たりの死亡数）が高水準で均衡しているため，人口はほぼ静止状態である。人口転換の過程では，死亡率が先行して低下するため，出生率と死亡率の差が開き，その結果人口増加が起こる。死亡率低下の中心は乳幼児死亡率の低下であるため，この時期人口の年齢構造はやや若返る。しかし，やがて出生率が追随して低下することにより人口増加は収束していき，それとともに人口の高齢化が始まる。人口転換後は，再び人口静止状態に戻るが，伝統社会に比べると人口の高齢化が進む。

　わが国の場合も，明治の近代化以降，以上のような人口転換モデルに近い過程を経て人口変動が進行してきた。19世紀末には死亡率の低下（平均寿命の伸長）が始まり，その後人口増加が加速した。1920年代に入って出生率が緩やかに低下を始め，人口増加率は史上最高（年率1.5％前後）となった。敗戦

を挟んで死亡率は急低下したが，出生率はそれ以上に急低下し，1960年頃には実質的に人口転換を終えた。実質的という意味は（現実には，その後も人口モメンタムによって年率1％程度の人口増加は続いたが）[2]，図0-1に示されているように，女性1人当たりの合計特殊出生率（Total Fertility Rate, TFR）は1950年代に一挙に低下して人口置換水準（当時 TFR=2.1強）に達し[3]，1950年代末には，人口静止社会の到来が潜在的に決定づけられたからである。

図0-1が示すように，1950年代末から1970年代半ばまで，わが国の TFR はほぼ人口置換水準を維持した。その当時，人口転換モデルが示唆するように，日本の人口はやがて人口静止状態に落ち着き，人口の高齢化は進むものの高齢化率（総人口に占める65歳以上人口の割合）はせいぜい10％台後半にとどまるものとみられていた（厚生省人口問題研究所 1976）。ところが，その後，人口転換モデルからみて予期せぬ人口動態の変化が起こった。すなわち少子化と長寿化である。

2）少子化・超少子化

わが国の TFR は1974年に人口置換水準（当時2.11）を下回って2.05に低下した。TFR は1980年代後半のバブル経済期に急低下し，1989年には人口動

---

2) 人口モメンタムとは，年齢構造が人口増加に及ぼす効果を指す。人口置換水準（注3参照）を上回る出生率が長期にわたって続き，人口が急速に増加している状況においては，出生率が死亡率の低下に合わせて人口置換水準に低下しそのままの状態が続いたとしても，直ちに人口増加が止まることはなく，その後もかなりの期間にわたり人口増加が続く。これは，高い人口増加率が長く続いた人口は，ピラミッド型の若い年齢構造をもつためであり，その若い人口層が相対的に小さくなっていくにつれて，人口増加率はしだいにゼロに収束していく。逆に，後述の少子化（人口置換水準を下回る出生率）が長く続くと，逆ピラミッド型（年取った）年齢構造になるため，出生率が直ちに人口置換水準に戻ったとしても，その後も人口減少が長く続くことになる（Feeney 2003; 国立社会保障・人口問題研究所 2013a）。

3) 人口置換水準とは，（人口移動のない閉鎖人口において）子ども世代の人口が，親の世代の人口と同じ規模になるために必要な人口再生産の水準を指す。人口再生産の水準は出生率と死亡率により決定され，専門的には，純再生産率（NRR）=1.00を意味するが，一般的には，合計特殊出生率（TFR）を純再生産率で除した値を用いることが多い。人口置換水準は死亡率が高いほど高いが，先進国ではおおむね TFR=2.1弱に相当する（人口学研究会編 2010）。

図0-1 女性1人当たりの合計特殊出生率，人口置換水準，および出生数の推移：1947〜2016年

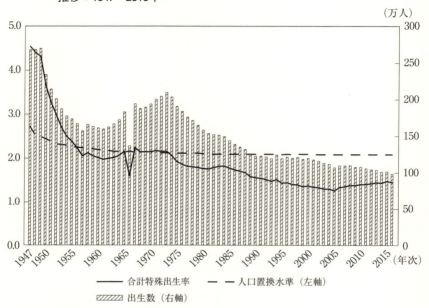

出所：国立社会保障・人口問題研究所（2017a）および厚生労働省（2017b）。

態統計史上それまでの最低を記録した。このことが翌1990年に公表されると，俗にいう「1.57ショック」を引き起こし，これが政府の少子化対策開始のきっかけとなった。しかし，TFRはさらに低下を続け，1995年には1.5を切り，2005年に1.25で底を打った。その後やや回復したものの，2016年現在1.44と低迷している。「少子化」を「TFRが人口置換水準を継続的に下回っていること」（人口学研究会編 2010）と定義するとすれば，少子化の時代はすでに40年以上続いていることになる。またTFRが1.5以下の国々を「超少子化国（very low fertility countries）」（McDonald 2000）と呼ぶとすれば，日本は20年以上超少子化状態から抜け出せない国ということになる。1970年代からの少子化現象は先進諸国にほぼ共通するものであり，これを「第2の人口転換（the second demographic transition）」と呼ぶ者もある（van de Kaa 1987）。

少子化の社会経済的背景は複雑であり，詳しくは本章第2節に譲るが，少

子化の人口学的メカニズムは比較的単純であり，一口にいって，「結婚・出産の高年齢への先送り（postponement）」（いわゆる晩婚化・晩産化）である（Lesthaeghe 2010）。2000年代後半以降の TFR の反転上昇は「先送り」後の「取り戻し」（recuperation）によるものとみることができるが，晩婚化・晩産化はすでに非婚化（生涯未婚率の上昇）と無子化（生涯無子率の上昇）につながってきており，「取り戻し」は容易でない。コホートの完結出生力も，1950年代半ば生まれの女性コホートの約2人から急激に減少し，1968年出生コホートでは1.5人を割っており，今後よほどの結婚・子育て環境の改善がないかぎり TFR の低迷は免れがたい（阿藤 2014）。超少子化が長く続いたことにより，人口高齢化が一段と進行するとともに人口の減少が始まり，「緩高齢・人口静止社会」に軟着陸するという人口転換モデルの見方は大幅な修正を余儀なくされている。

3) 長寿化

　人口転換理論が議論されていた1960年代の欧米先進諸国では，平均寿命はすでに男性で70年前後，女性では75年前後であったが，その後の寿命の伸びについては停滞説が支配的であった。当時の研究では，人口転換後の人口高齢化はほぼすべてが出生率の低下によるものと結論づけられていた（Coale 1957; 岡崎 1980）。しかるに，先進諸国の平均寿命は，1970年代半ば頃から「変性疾患遅滞の時代」（Olshansky and Ault 1986）が始まったことにより，再び緩やかに伸び始めた。日本の平均寿命は1970年代半ば頃に欧米先進諸国の水準に達し，その後そのまま欧米諸国よりも速い速度で伸び続け，2015年には男性80年，女性87年に達した（図0-2）。生まれてから65歳まで生存する人の割合は，男性で9割近く（89％），女性では9割以上（94％）となり，80歳までの生存率は男性で6割を超え（62％），女性では8割に達した（81％）。また65歳時の平均余命は，男性で19年，女性で24年，80歳時の平均余命は男性9年，女性12年となった。その結果，日本は老年期まで生き残ることが当たり前の大衆長寿の時代になり，人々の人生設計，高齢者への政策対応は大きな変更を余儀なくされたが，人口の年齢構造への影響についてみても，明らかに長寿化は人口の高齢化の加速要因となっている。

図0-2　男女別にみた出生時の平均余命（平均寿命），65歳時の平均余命，および65歳までの生存率の推移：1925～2015年

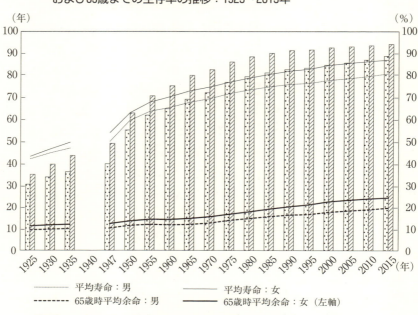

出所：国立社会保障・人口問題研究所（2017a）。

1.2　超高齢化と人口減少社会の到来
1）超高齢化と人口減少

　日本の総人口は，出生力転換（人口転換期の出生率低下）を終えた1950年代末以降1970年代半ばまで，年率1％前後で増加を続けた。総人口は1950～1975年の25年間に8300万人から1億1200万人へ1.34倍となった（図0-3）。その後，少子化が始まるとともに人口増加率は低下を始め，2010年の1億2800万人をピークにして，以後人口減少時代に入った（総人口は1975～2015年の40年間で14％の増加にとどまった）。世界の5000万人を超える人口を抱える人口大国のなかで，人口減少に見舞われているのは今のところ日本のみである（UNPD 2015）。

　出生力転換を終えるとともに，わが国の人口の高齢化も始まり，高齢化率

図0-3　総人口，年齢4区分別人口，65歳以上割合，および75歳以上割合の推移：1950～2115年

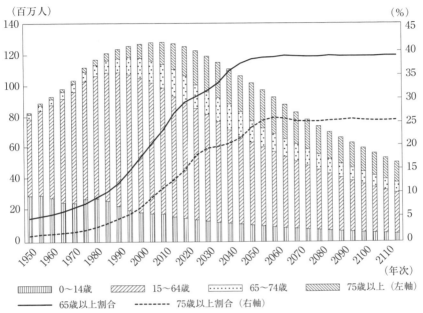

出所：国立社会保障・人口問題研究所（2017a, 2017b）。

（総人口に占める65歳以上人口の割合）は1970年に7％を超え，1985年に10％に達した。その後少子化・超少子化の影響が顕著になり，それに長寿化の影響も加わって，高齢化率は急上昇し，2015年には27％に達した。同時に後期高齢人口割合（75歳以上人口割合）も1990年頃から急上昇し，2015年には13％となった。今や日本は世界一の高齢化国といえる（UNPD 2015）。

国立社会保障・人口問題研究所（以下，社人研と略称）の最新の将来人口推計（基準年次を2015年とした中位推計）によれば，日本の総人口はこのまま減少を続け，2053年には1億人を下回り，（参考推計によれば）今世紀末には今日の人口から半減するものと予想される。一方，高齢化率は10年後の2025年には30％を超え，2050年代には40％弱でほぼ安定する。また後期高齢人口割合は2040年に20％を超え，2055年には25％に達してほぼ安定する。

もちろん，これらの将来人口推計の結果は出生率の仮定によるところが大きい。中位推計では，TFR が2015〜2065年に1.45からやや低下した後，再び1.44まで緩やかに上昇するという仮定に基づいて推計が行われている（2066年以降は2065年の TFR の水準で一定に推移するとする参考推計）。2005年以降の最近の10年間の動きをみると，前述のとおり，30歳代の女性の出産の「取り戻し（キャッチアップ）」現象によって TFR がやや上昇傾向にあるが，今のところ若産化（20歳代の出生率の上昇）の傾向はみられない（阿藤 2014：国立社会保障・人口問題研究所 2017a）。そのため，政府の期待するように，TFR が1.5を大きく上回る見通しは立ち難い。したがって，今後の人口動向が中位推計の示す持続的人口減少・超高齢化の趨勢から大きく外れることは当面考えにくい。

　超高齢化ならびに持続的人口減少の影響は長期にわたり，しかも広範囲に及ぶ。超高齢化の影響と政策対応の一端については後述するが，その主要な直接的要因である少子化への政策対応が始まってからすでに四半世紀が経つ。いわゆる少子化対策の中心は，従来から「子育ての経済支援」と「仕事と子育ての両立支援」であり，それ自体は適切な方向性であると考えられるが，近年，より幅広く「ワーク・ライフ・バランス（仕事と生活の調和）」に絡めた働き方の見直し，すなわち長時間労働の是正や若者の非正規雇用問題への取り組みなどにも焦点が当てられている。これらのすべてがきわめて今日的な重要政策課題であるとともに，喫緊の研究課題でもあり，本書でもその一端を明らかにすることを目指す。

２）人口減少下における東京一極集中

　日本の総人口は2010年代に入って本格的に減少を開始したが，地域別にみると非三大都市圏の多くの県は，戦後の高度経済成長が始まって以来今日まで，高度経済成長が終焉した後バブル経済期までの一時期を除いて，人口減少社会であったといえる[4]。これは主として，企業活動が集中する三大都市圏（とりわけ東京圏）における雇用機会を求めて，非三大都市圏の若者が継続的に流出してきた結果である。

　高度経済成長期にほぼ重なり合う1955〜1970年の15年間に，総数で786万

人，年平均で52万人の人口が非三大都市圏から三大都市圏に流出した（国立社会保障・人口問題研究所 2016）。非三大都市圏では，長期にわたって若者人口が減少した結果，人口の高齢化が早い時期から進行してきた。そのため，非三大都市圏は三大都市圏に比べると，人口当たりの出生率は低く，死亡率は高かったため，自然増加率も低くなった。さらに1970年代半ばから始まった少子化・超少子化は非三大都市圏でも同時進行したため，2000年代に入ると非三大都市圏のほぼすべての県で自然増加（出生数と死亡数の差）がマイナスになった（つまり死亡数が出生数を上回った）。そのため，2000年代に入ると，非三大都市圏では社会減と自然減の両方の要因が重なって，人口減少が急速に進行することとなった（阿藤 2010）（図0-4）。市町村単位でみると，

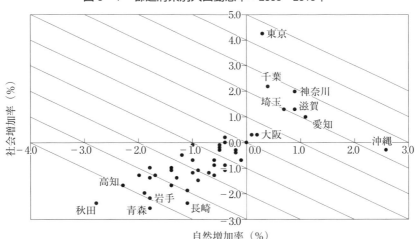

図0-4　都道府県別人口動態率：2005〜2010年

注：社会増加率，自然増加率，人口増加率は，2005年10月1日から2010年10月1日までの5年間のそれぞれの増加分を期首人口で除したもの。ただし社会増加は人口増加（『国勢調査』に基づく）と自然増加（『人口動態統計』に基づく）の差として算出。斜線は人口増加率（＝自然増加率＋社会増加率）を表す。
出所：国立社会保障・人口問題研究所（2016）。

4）三大都市圏・非三大都市圏の区分・名称は定まっておらず，ここでは特に断らないかぎり，三大都市圏を東京圏（東京，千葉，埼玉，神奈川），名古屋圏（愛知，岐阜，三重），大阪圏（大阪，京都，兵庫）とする。

特に農山村・漁村の人口減少・高齢化は激しく，長く過疎地域として指定されてきた地域の多くは，今や「限界集落」（大野 2008），「消滅可能性をもつ」自治体（増田編著 2014）などと呼ばれる状況である。

　他方，三大都市圏は高度経済成長期にはいずれの地域でも爆発的な人口増加を経験したが，その後大阪圏は人口流出・流入を繰り返す地域になり，名古屋圏でも人口流入が小規模化したため，両地域の人口増加はしだいに沈静化した（ただし，三大都市圏の人口構造は相対的に若いため，非三大都市圏に比べるとやや高い自然増加を続けている）。そのなかで，東京圏のみがバブル経済以降比較的高い社会増加を続けたため，「東京一極集中」といわれる状況が顕在化している。

　その結果，1950〜2010年の60年間に三大都市圏（なかでも東京圏）の人口は2.3倍（東京圏は2.7倍）に膨れ上がり，三大都市圏の人口割合は34％から50％へと上昇し，なかでも東京圏の割合はこの60年間で19％から29％へと増加している（図0-5）。また同期間に，都市化率（人口集中地区人口が総人口に占める割合）は34％から68％に上昇した。今や，国民の2人に1人は三大都市圏に，4人に1人以上は東京圏に，そして3人に2人は都市的地域に居住していることになる。

　2010年の国勢調査人口をベースとする社人研の『都道府県別将来推計人口』によると，少子化の影響により，非三大都市圏の人口減少は今後一段と急激に進行するが，三大都市圏でも，2010〜2015年に人口減少が始まっている大阪圏と名古屋圏では今後一段と人口減少が進み，東京圏でもやがて持続的人口減少が始まるものとみられている。一方で，三大都市圏（とりわけ東京圏）への人口集中は一段と進み，2040年には全国人口の53％（東京圏は30％）に達するものとみられる（国立社会保障・人口問題研究所 2013c）。それとともに，都市化率も上昇を続けると予想される。

　都道府県別人口の高齢化率を比べると，三大都市圏は非三大都市圏に比べて高齢化率は低く，2040年になってもその傾向は変わらない。ただし，三大都市圏においても，今後高齢人口の増加は著しく，高齢化の進行も速いとみられている。たとえば，東京都の65歳以上の高齢人口（ならびに高齢化率）は2010年の268万人（20％）から，「団塊の世代」が高齢者になる2015年には

図0-5 三大都市圏の人口が総人口に占める割合およびDID人口が総人口に占める割合の推移：1920〜2040年

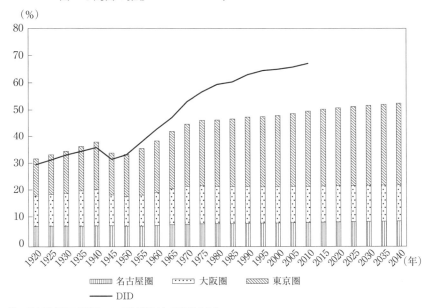

注：三大都市圏の定義については脚注4）を参照のこと。
出所：三大都市圏人口割合は，1920〜2010年は総務省統計局『国勢調査報告』による。2015〜2040年の三大都市圏人口割合は国立社会保障・人口問題研究所（2013c）による。DID人口割合は，1920〜1995年は大友（1979）による推計値。1960年以降のDID人口割合は総務省統計局『国勢調査報告』による。

304万人（23％）に急増し，「団塊ジュニア世代」が高齢者の仲間入りをする2040年には，412万人（34％）に達するものとみられる[5]。東京都の高齢人口は，2015年には全国の高齢人口の9％を占めるが，2040年には12％を占めることになる（国立社会保障・人口問題研究所 2013c）。東京一極集中は高齢人口についても当てはまるといえる。

2014年に，政府は地域振興と少子化対策を結びつけた「地方創生政策」を

5）「団塊の世代」は戦後の出生力転換直前の第1次ベビーブーム世代（1947〜1949年生まれの860万人）を指し，「団塊ジュニア世代」は団塊の世代の子世代に相当する第2次ベビーブーム世代（1971〜1974年生まれの820万人）を指す。

開始した（内閣官房・内閣府総合サイト 2017）。確かに子育て支援においても働き方の見直しにおいても，地域による実情の違いは大きく，地域単位で進めるほうが有効である場合が少なくない。ただし，「地方創生」と裏表の関係にある「東京一極集中是正」のような全国的・包括的政策の成否は，中央政府による説得力のあるグランドデザイン作りと政治的実行力によるところが大きい。一方，高齢者のケアに関しては，「地域包括ケア」の政策パッケージの一部として医療・介護・家庭の一体的取り組みが推進されつつあるが，ここでも，地域による実情の違いが政策の実効性に大きく関わってくるであろう。結婚・子育てについても高齢者ケアについても，政策的には人々のニーズと地域要因の関わりを踏まえて推進されなければならないであろうが，それらの関連を明らかにしていくことは重要な研究課題でもある。

第2節　ジェンダー関係の変化とライフコースの多様化

　前節でみたように，近年わが国では「超少子化」と呼ばれる人口置換水準を大きく割り込むような超低水準への出生力の落ち込みと停滞が続いている。この「超少子化」の最大の直接的要因が，結婚を中心とするパートナーシップ行動と結婚後の家族形成パターンの変化である。そして，このようなパートナーシップと家族形成パターンの変化をもたらしている主な社会経済的要因が，女性の高学歴化と家庭外での就業の増加および家庭内ジェンダー関係の変化のなさである。本節では，パートナーシップと家族形成パターンおよび女性の就業と家庭内ジェンダー関係をみることにより，わが国の労働市場と家庭におけるジェンダー関係の変化と，それにより示唆されるライフコースの多様化について考察する。

2.1　パートナーシップと家族形成パターンの変化

　わが国のように，結婚しないと子どもを生まない傾向の強い社会では，少子化は主に女性の結婚の年齢パターンの変化，なかでも「未婚化」と呼ばれる20〜30歳代の女性（そして男性）の結婚の減少により起こっている。さらに，1990年代以降，結婚している女性（夫婦）の出生力にも低下傾向がみら

れ，これがさらなる少子化の要因となっている。本項では，まず未婚化のトレンドをジェンダーの視点から（つまり男女別に）検討し，未婚化による家族形成のタイミングの変化について考察する。さらに，結婚とならぶパートナーシップ形成行動である同棲経験のパターンを男女別に検討する。次に本項では，少子化のもう1つの主要な直接要因である夫婦出生力の低下と出生意欲の変化をみる。

　少子化の背景には，高学歴化や雇用労働力化といった女性の社会経済的地位の変化がある一方で，家事・育児の分担をめぐる家庭内ジェンダー関係の不平等が根強く残っていることがあり，これが結婚と出産をめぐる女性の機会コストを押し上げていると考えられる。次項では，教育と就業パターンの変化を男女別に考察し，さらに成人男女が家事・育児に費やす時間と家庭内労働における男性の分担割合を概観することにより，わが国の家庭内ジェンダー関係について検討する。

1）未婚化と晩産化

　前述したように，出生のほとんどが結婚のなかで起こっているわが国では[6]，出生率（TFR）の変化は①人口再生産年齢（15〜49歳）の女性の結婚の年齢パターンの変化と，②結婚している女性（夫婦）の出生率の変化，という2つの人口学的要因の影響に分解することができる。この要因分解の結果，第二次世界大戦直後の急激な出生率低下期にほぼ相当する1950〜1960年の出生率（TFR）の低下は，約1割（11％）が女性の結婚の年齢パターンの変化（つまり未婚化）によるものであり，残りの約9割（89％）が夫婦の出生率の低下によるものであった。一方，1970年代半ば以降（1975〜2010年）の少子化はほとんどすべて未婚化によるものであり，同時期に夫婦出生率（ピリオド有配偶出生率）は若干増加したが，それでは埋め合わすことのできないほど未婚化が急激であったため，出生率（TFR）全体が大きく低下した。さらに，1990年代以降は夫婦出生率にも低下がみられ，それが出生率低下に寄与していることも複数の既存研究により指摘されている（岩澤 2002,

---

6）わが国の婚外出生割合（全出生に占める結婚していない女性による出生の割合）は，1951年以降，約1〜2％で推移している（国立社会保障・人口問題研究所 2016, p.67）。

14

2008；廣嶋 2000)[7]。

　したがって，1970年代半ば以降のわが国の少子化は主に女性の未婚化により引き起こされていることになる。そこで，年齢別未婚者割合の推移を男女別にみると（図0−6aと図0−6b），1975年を境として，1955〜1975年にはおよそ2割で安定していた25〜29歳の女性の未婚者割合は，その後急速に増加し，2010年には約60％に達したことがわかる。また，30〜34歳の女性の未婚者割合も，1975年まで約8〜9％で推移していたが，2010年には35％となり，35年間でほぼ4倍に急増した。さらに，1975年にはわずか5％であった35〜39歳の女性の未婚者割合は，2010年には23％と5倍近くに激増している。20歳代後半から30歳代前半は出産のピーク年齢であり，この年齢層の女性の未婚者割合の急増は，1970年代半ば以降のわが国の少子化（そして1990年代以降の超少子化）の主要な要因であり，いわば表裏一体の関係にあることがわかる。

　この20歳代後半から30歳代前半の女性の未婚者割合の上昇はまた，結婚してもそのタイミングが遅くなる傾向と結びついており，『人口動態統計』（婚姻届）による女性の平均初婚年齢は，1974年の24.3歳から2015年の29.4歳へと急激に上昇にしている（図0−7）。このような女性の平均初婚年齢の上昇と呼応して，第1子出生時の女性の平均年齢も上昇しており，1975年には26.5歳，1995年には27.8歳，そして2015年には30.7歳と加速度的に上昇している。ここから，晩婚化が晩産化を引き起こしていることがうかがえる。さらに，1990年代半ば以降，女性の平均初婚年齢と第1子出生時の平均年齢との間隔には縮小傾向がみられる。つまり，初婚が20歳代末から30歳代にずれこむことによる出産の開始の遅れ（生物学的不利）を埋め合わせるべく，女性が結婚後早いテンポで子どもをもつ傾向（いわゆる「キャッチアップ現象」）が強くなっていることがわかる。（生物学的に子どもを生むことができる時期を失する前に）子どもをもつことが女性の結婚の主な理由の1つであるとすれ

---

7)　たとえば，コホート出生力を女性の結婚行動と結婚後の夫婦の出生力に要因分解した岩澤の研究（2008, pp.19-49）によると，1935年生まれの女性と1960年生まれの女性のコホート累積出生率の差は，約70％が結婚の減少によるものであり，残りの約30％が夫婦出生力の低下によるものであった。

図 0-6a　女性の年齢別未婚者割合の推移：1950〜2010年

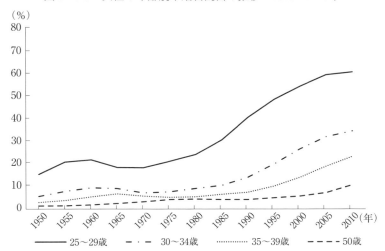

出所：総務省統計局『国勢調査報告』。

図 0-6b　男性の年齢別未婚者割合の推移：1950〜2010年

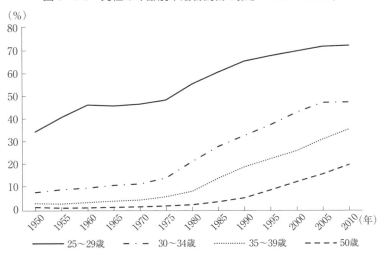

出所：総務省統計局『国勢調査報告』。

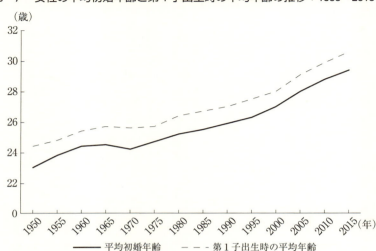

図 0-7　女性の平均初婚年齢と第1子出生時の平均年齢の推移：1950〜2015年

出所：厚生労働省統計情報部『人口動態統計』。

ば，結婚後の家族形成を急ぐ傾向が強くなっていることは，ある意味予想どおりと考えることもできる。

　未婚化は男性でも（むしろ女性より）急速に進行しており，1975年には48％であった25〜29歳の男性の未婚者割合は2010年には72％に上昇し，30〜34歳の男性の割合は同期間に14％から47％へと3倍以上に急増している（図0-6b参照）。さらに，1975年にはわずか6％であった35〜39歳の男性の未婚者割合は，2010年には実に36％と6倍に激増している。この加速する未婚化により，1975年には24.5歳であった女性の平均初婚年齢（SMAM）は2010年には29.7歳に上昇し，男性のそれは同時期に27.7歳から31.2歳に上昇した（国立社会保障・人口問題研究所 2015, p.109）[8]。

8）　SMAM（Singulate Mean Age at Marriage）は（架空の）集団が50歳に達するまでに未婚で生きた平均年数の指標であり，『国勢調査』などの人口静態統計から得られる年齢別未婚者割合から推計される平均初婚年齢である。算出方法の詳細は Hajnal(1953) を参照されたい。

このように，いわば「玉突き状態」で若い年齢層の男女の未婚化が進んだ結果，50歳時の未婚者割合によって示される生涯未婚率も1970年代半ば以降大きく増加している。戦後初期には，生涯未婚率は男女ともおよそ1〜2％とほぼ皆婚であったが，1970年代に入り生涯未婚率は増加に転じ，その後増加のスピードは上がっている。その結果，2010年の生涯未婚率は女性で11％，男性では実に20％（5人に1人が50歳時に未婚）となり，長い間わが国の伝統であった皆婚パターンからの急速な乖離が進んでいる。この生涯未婚率の近年の急増は，それが出生率に与える影響のみならず，社会制度への影響が危惧されるものである。わが国の社会制度（なかでも公的年金や国民健康保険や介護保険などの社会保障制度）は，ほとんどすべての男女が結婚して家庭をもつことを想定して構築されている。生涯未婚率の急増は自分の家庭と子どもをもたない中高年層が今後急激に増加することを示唆しており，これが今後の日本の社会保障・福祉制度に与える影響は深刻である。これについては，本章第3節でさらに詳しく検討したい。

2）パラサイト・シングルの増加と同棲

　前項でみたように，1970年代半ば以降わが国では未婚化が急速に進み，従来，結婚し家族形成を開始した20歳代から30歳代前半の年齢層で未婚者人口が急増している。この急増する未婚の若者のライフスタイルについてさまざまな社会学的研究が行われているが，なかでも注目を集め社会に浸透したものが山田（1999）により提唱された「パラサイト・シングル」である。パラサイトは「寄生虫」，シングルは「独身」を意味しており，「学校卒業後も親と同居し，基礎的生活条件を親に依存している未婚者男女」と定義されている。1980年代末のバブル経済の終焉とその後の経済のグローバル化のもとで，特に35歳未満の若者層における非正規雇用が増加する一方（総務省統計局2017），結婚が社会経済的必然から個人の選択の対象にシフトするなかで「パラサイト・シングル」が増加したと考えることができる。

　そこで，1990年代半ばから2000年代末までに実施された4つの全国調査のミクロデータを用いて，20〜34歳の未婚男女の親との同居割合の推移をみると（表0-1），若い独身女性の親との同居率はおよそ85％と非常に高く，ま

18

表 0-1　20～34歳の未婚男女の親との同居割合の推移：1994～2009年　(%)

	年次	20～24歳	25～29歳	30～34歳	総数	（N）
女	1994	86	84	87	86	（194）
	2000	85	87	88	86	（793）
	2004	86	84	74	83	（555）
	2009	85	85	81	84	（426）
男	1994	80	75	82	79	（201）
	2000	83	82	78	82	（840）
	2004	82	79	78	80	（527）
	2009	81	81	71	79	（482）

注：1994年の値および全年次のサンプル数は非加重値。2000年，2004年，2009年の値は加重値。
資料：『現代家族に関する全国調査』（1994年実施），『アジアとの比較からみた人口・家族調査』（2000年実施），
　　　『結婚と家族に関する国際比較調査（JGGS-1）』（2004年実施），『家族・人口全国調査』（2009年実施）の
　　　ミクロデータを用いて算出。

た明らかな年齢差はみられず，さらに1994年から2009年までほとんど変化し
ていないことがわかる。若い独身男性では，親との同居率はおよそ80％と女
性の率より若干低いが，その絶対水準は高く，また明らかな年齢パターンや
時系列変化もみられない。全国調査のデータを用いて多変量解析を行った既
存研究によると（Raymo 2003b; Raymo and Ono 2002, 2007），若い未婚男女の
親との同居は結婚の遅れと減少につながっており，それは親との同居が未婚
男女のもつ結婚の便益意識とマイナスにつながっていることによるのではな
いか。たとえば，親と同居する20歳代の未婚男女は，そうでない未婚者と比
べて，（結婚後の）生活水準ややりたいことをやる自由，および心の安らぎ
などの物心両面において，結婚による便益を感じる確率が有意に低い（津
谷・朝井 2010；Tsuya, Mason and Bumpass 2004）。このように，若い未婚男
女が親と同居することにより，従来結婚によって得られた物心両面の便益
（少なくともその一部）が得られる一方で，結婚と家族形成の必然性をめぐる
伝統的社会通念が弱まり，それにより結婚がさらに遅れ減少するという状況
を生み出しているのではないか。
　このように若者男女の結婚が遅れ減少するなかで，結婚に代わる（もしく
は結婚の前段階としての）同棲は増加傾向にあることが，既存研究により示

序章　少子高齢社会の諸相　*19*

されている。欧米諸国では1960年代〜1970年代に急速に未婚男女の同棲が広まったが（Bumpass and Sweet 1989; Kiernan 1999），わが国では同棲は低い水準にとどまっているとされていた。たとえば，『出生動向基本調査』の独身者調査によると，1980年代後半以降増加傾向にあるとはいえ，2002年における18〜34歳の未婚男女の同棲経験割合は7〜8％，最も高い25〜29歳でも10％であった（国立社会保障・人口問題研究所 2003）。しかし，同棲は結婚と連関する傾向が強く，また年齢による選択性も高い。さらに，同棲は比較的短期間しか継続しないことが多く（Rindfuss and VandenHeuvel 1990; Willis and Michael 1988），わが国のように同棲が結婚に代わるパートナーシップのかたちとして広く認知されていない社会では特にその傾向が強い。その結果，未婚者を対象として，同棲経験（現在同棲中もしくは過去に同棲したことがあるか）をクロスセクションの調査により測定しているかぎり，同棲経験割合は過小に評価されることになる。

　本書の各章の実証分析に用いられている2004年に実施された『結婚と家族に関する国際比較調査』の第1次調査（JGGS-1）では，同棲を「異性と結婚の届出なしで一緒に住むこと」と定義して，未婚者に対して現在同棲中であるか，もしくは以前同棲していたかを尋ねるだけでなく，既婚者に対しても，結婚前に同棲したことがあるか否かを質問している。これら既婚者と未婚者を合わせて，全配偶関係の男女における年齢別の同棲経験をみると（表0-2），まだ就学中で親と同居している可能性の高い20〜24歳を除き，年齢が若いほど同棲経験割合が高くなっていることがわかる。特に25〜39歳では，男女とも16〜21％とおよそ5〜7人に1人が同棲経験者である[9]。また，男性に比べて，女性で同棲経験割合の年齢パターンがより明確であり，年齢が若くなるにしたがって，男女格差は縮小傾向にある。ここから，同棲の広がりは女性でより急速であることが示唆される。

　以上を要約すると，近年わが国では未婚化が急速に進行し，結婚の遅れは

---

9)　2004年に毎日新聞社人口問題調査会により実施された20〜49歳の女性を対象とした全国調査データを用いた岩澤（2005）の分析によると，同棲経験のある者の割合は20〜24歳で12％，25〜29歳で20％，30〜34歳で20％，そして35〜39歳では17％であり，ここに示されている同年次のJGGS-1データの分析結果とほぼ合致している。

20

表 0 - 2　性・年齢別同棲経験割合：2004年に20〜69歳の全配偶関係男女

(%)

年齢	女		男		男女計	
	%	(N)	%	(N)	%	(N)
20〜24歳	11.7	(322)	11.0	(243)	11.4	(565)
25〜29歳	20.2	(352)	20.6	(289)	20.4	(641)
30〜34歳	16.5	(345)	20.6	(296)	18.6	(641)
35〜39歳	15.7	(602)	15.9	(472)	15.8	(1,074)
40〜44歳	11.5	(456)	15.5	(400)	13.5	(856)
45〜49歳	7.5	(504)	10.7	(418)	9.1	(922)
50〜54歳	7.0	(558)	12.1	(523)	9.5	(1,081)
55〜59歳	5.4	(527)	8.3	(492)	6.9	(1,019)
60〜64歳	4.4	(535)	9.5	(498)	6.9	(1,033)
65〜69歳	2.1	(425)	5.0	(489)	3.7	(914)
総計	10.0	(4,626)	12.6	(4,120)	14.6	(8,746)

注：割合はすべてサンプルウェイトを用いた加重値。
資料：『結婚と家族に関する国際比較調査（JGGS-1）』（2004年実施）のミクロデータを用いて算出。

晩産化を引き起こしている。急速に増加する未婚の若者男女の多くは親と同居し，それによって従来結婚により得られた物質的および精神的便益が低下する傾向がみられる。このことは，さらなる未婚化の要因となっているのではないか。一方，水準の絶対値としてはいまだ低いが，若者の同棲経験割合も増加傾向にあることが示唆されており，今後わが国のライフコースはより多様化が進むことが予想される。

3）夫婦出生力の低下と出生意欲

次に，結婚の減少とならぶ出生率低下の主要な直接的要因である結婚している女性（夫婦）の出生率の変化についてみてみたい。前述したように，わが国の少子化と超少子化は主に結婚の遅れと減少によって引き起こされているが，結婚している女性の出生率にも近年低下傾向がみられる。表 0 - 3 には，50歳未満の有配偶女性の結婚持続期間別にみた平均出生児数，平均予定子ども数，および平均理想子ども数の1977〜2015年の推移が示されている。ここから，結婚後15〜19年が経過した（つまりほぼ子どもを生み終えた）妻た

序章　少子高齢社会の諸相　*21*

表 0 - 3　50歳未満の有配偶女性の結婚持続期間別にみた平均出生児数，
平均予定子ども数，平均理想子ども数の推移：1977～2015年

年次	結婚持続期間					総数
	0 ～ 4 年	5 ～ 9 年	10～14年	15～19年	20年以上	
出生児数[a]						
1977	0.93	1.93	2.17	2.19	2.30	2.19
1982	0.80	1.95	2.16	2.23	2.24	2.23
1987	0.93	1.97	2.16	2.19	2.30	2.19
1992	0.80	1.84	2.19	2.21	2.21	2.21
1997	0.71	1.75	2.10	2.21	2.24	2.21
2002	0.75	1.71	2.04	2.23	2.32	2.23
2005	0.80	1.63	1.98	2.09	2.30	2.09
2010	0.71	1.60	1.88	1.96	2.22	1.96
2015	0.80	1.59	1.83	1.94	―	1.94
予定子ども数[b]						
1977	2.08	2.17	2.18	2.13	2.30	2.17
1982	2.22	2.21	2.18	2.21	2.21	2.20
1987	2.28	2.25	2.20	2.19	2.24	2.23
1992	2.14	2.18	2.25	2.18	2.18	2.18
1997	2.11	2.10	2.17	2.22	2.19	2.16
2002	1.99	2.07	2.10	2.22	2.28	2.13
2005	2.05	2.05	2.06	2.11	2.30	2.11
2010	2.08	2.09	2.01	1.99	2.23	2.07
2015	2.05	2.03	1.92	1.96	2.13	2.01
理想子ども数[c]						
1977	2.42	2.56	2.68	2.67	2.79	2.61
1982	2.49	2.63	2.67	2.66	2.63	2.62
1987	2.51	2.65	2.73	2.70	2.73	2.67
1992	2.40	2.61	2.76	2.71	2.69	2.64
1997	2.33	2.47	2.58	2.60	2.65	2.53
2002	2.31	2.48	2.60	2.69	2.76	2.56
2005	2.30	2.41	2.51	2.56	2.62	2.48
2010	2.30	2.38	2.42	2.42	2.58	2.42
2015	2.25	2.33	2.30	2.32	2.43	2.32

注：　a）初婚同士の夫婦についての平均値。
　　　b）予定子ども数は現存子ども数に追加予定子ども数を加えたもの（予定子ども数不詳を除く）。
　　　c）自分たち夫婦にとっての理想子ども数（理想子ども数不詳を除く）。
出所：国立社会保障・人口問題研究所『第 7 回～第16回出生動向基本調査（結婚と出産に関する全国調査）
　　　――第Ⅰ報告書――』。

ちの平均出生児数は，2000年代初めまでは約2.2人で安定していたが，2000年代半ば以降減少に転じていることがわかる。同様の減少傾向は結婚後5～14年が経過した妻にもみられ，ここから，わが国の夫婦の出生力は2000年代に入り低下していることが示唆される。特に，2010年と2015年には，結婚後15～19年が経過した（ほぼ子どもを生み終えた）妻の平均出生児数が2.0を割り込んでいることから，2010年以降夫婦出生力は置換水準を割り込んでいると考えられ，それが近年の超少子化の一因となっている可能性は高い。

　次に，予定子ども数をみると，平均出生児数の低下に呼応するように，2000年代に入って平均予定子ども数も減少している。しかし，結婚後15～19年が経過した妻については，実際の出生児数と予定子ども数が概ね一致していることから，子どもを生み終えた妻はほぼ意図した数の子どもを生んでいることが示唆される。しかし，結婚後10～14年の妻をみると，平均予定子ども数が平均出生児数を上回っており，この子ども数における実際値と予定値の差は結婚後5～9年の妻ではさらに大きい。2015年に結婚後5～9年の妻の平均出生児数は約1.6人であった一方，予定子ども数は約2.0である。これらの妻の多くは調査時には30歳代であると考えられるが，平均0.4人の実際の子ども数と予定子ども数との差を今後埋めることができるのか，予断は許されない。

　さらに，平均出生児数と平均予定子ども数を「自分たち夫婦にとっての理想子ども数」の平均と比べると，結婚持続期間にかかわらず（結婚後15年以上の妻でさえも）理想子ども数が実際の子ども数や予定子ども数よりもかなり多くなっている。結婚後5年未満の妻たちは今後子どもを生む確率が比較的高いと考えられることから，理想と実際の平均子ども数の間の大きなギャップ（2015年で平均1.45人）がどれほど縮まるのか現段階ではわからないが，結婚後5～9年の妻では，2015年には実際の子ども数は理想子ども数より平均0.7人少なく，結婚後10～14年の妻でも約0.5人少なくなっている。

　もしこの理想と現実の差が出産・子育てのコストにより生じているのならば，結婚している人口再生産年齢の女性1人につき平均0.5～0.7人の「子どもの潜在需要」があると考えることもできる。出産・子育てをめぐるさまざまな負担を軽減することを政策的に支援するためには，生みたい数の子ども

序章　少子高齢社会の諸相　23

を生むことができないでいる女性や夫婦にターゲットを絞った子育て支援を重点的に行うことが，わが国の少子化対策に求められているといえよう。

2.2　女性の社会経済的地位と家庭内ジェンダー関係の変化

　前項でみたように，1970年代半ば以降結婚が減少しており，その傾向は1990年代以降，より顕著になってきている。では，なぜ未婚化は急速に進行しているのだろうか。本項では，女性の結婚の年齢パターンに特に大きな影響を与えると考えられる女性の教育と就業についてみてみたい。

1）女性の高学歴化

　まず，わが国の男女の進学率の推移をみると，高校進学率は1950年代〜1970年代に急速に上昇し，1970年代半ば以降男女ともに90％を超え，2000年代に入るとほぼ全員が高校に進学していることがわかる（図0-8）。さらに，女性の短大・大学への進学率は1970年を境に顕著に増加している。急速な未婚化（と少子化）の始まる5年前である1970年前後から，女性の短大・大学への進学率が大きく上昇し始めたことは注目に値する。女性の大学への進学率は1980年代半ば以降増加が加速しており，この時期に女性の高学歴化が本格化したことがわかる。1990年代以降，男性の大学進学率も上昇しているが，女性に比べてそのスピードは緩やかであり，2010年代に入り頭打ち傾向がみられる。その結果，短大と大学を合計した高等教育機関への進学率は2015年には男女とも約57％となり，女性の高学歴化は男性のそれに追いついていることが確認される。

　このような女性の短大・大学への進学率の上昇は，人口再生産年齢層の女性に占める高学歴者の割合の急増となって跳ね返ってきている（表0-4）。1960年にはわずか4％であった25〜29歳の女性の高等教育卒業者割合は，1980年には26％と6倍以上に急増した。その後も20歳代後半の女性の高学歴者割合は急速な増加を続け，1990年には43％，そして2010年には60％と過半数を超える女性が高学歴者である。同様に，30〜34歳の女性をみると，1960年には4％にすぎなかった高等教育卒業者割合は，1980年には17％，そして2010年には60％となっている。つまり，25〜34歳という結婚と出産のピーク

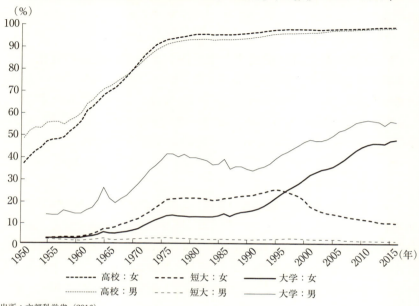

図 0-8 男女別高等学校・短大・大学への進学率の推移：1950〜2015年

出所：文部科学省（2016）。

年齢の女性における高等教育機関の卒業者割合は，戦後50年間でじつに15倍という驚異的な増加を示している。この急激な女性の高学歴化がわが国の未婚化と少子化の主要な社会経済的要因となっていることは，全国調査から得られるミクロデータを用いて多変量解析を行った複数の既存研究により確認されており（津谷 2009；Raymo 2003a; Tsuya and Mason 1995），2010年代に入りその速度が緩やかになってきているとはいえ，大学進学率により示される女性の高学歴化は続いていることから，わが国の未婚化と少子化に歯止めをかけることは当面難しいことが示唆される。

2）女性の就業の増加と雇用労働力化

では，このような急速な女性の高学歴化は学校卒業後の女性の就業行動にどのように反映されているのだろうか。図 0-9には，各年3月に学校を卒

序章　少子高齢社会の諸相　*25*

表 0 - 4　女性の年齢別高等教育卒業者割合の推移：1960～2010年

(%)

年齢	1960	1970	1980	1990	2000	2010
20～24	3.9	10.8	27.6	31.9	37.3	35.5
25～29	4.3	9.7	25.6	42.5	51.2	60.3
30～34	3.5	6.7	17.4	39.6	45.4	60.1
35～39	2.6	5.1	10.8	27.1	42.5	54.2
40～44	1.9	4.6	7.5	19.0	39.6	47.6
45～49	1.8	3.8	5.5	12.2	27.3	44.4

出所：総務省統計局『国勢調査報告』。
注：最終卒業学校の種類「不詳」を除いて算出された卒業者に占める高等教育卒業者の割合に，15歳以上人口
　に占める卒業者の割合を乗じて算出した割合。

業した新規学卒者のなかで，その後1年以内に就職した（正規雇用の職につ
いた）者の男女別割合の推移が，学歴別に示されている。1960年代～1970年
代初めにかけて大きかった4年制大学卒業者の就職率における男女格差
（1960年には女性が64％，男性は86％，1970年には女性が60％，男性は83％）は，
1970年代～1980年代に急速に縮小し，1990年には男女とも81％となり学校卒
業後の就職率における性差はほぼ完全に解消された。

　その後，バブル経済の終焉とそれに続く経済不況による人件費削減圧力お
よび経済のグローバル化の影響による国際競争力確保の必要性から，戦後長
期にわたりわが国の労働市場の特徴とされた終身雇用制度が1990年代に入り
大きく揺らぎ始め（Cargill, Hutchison and Ito 1997, pp.91-116），パート・アル
バイト，派遣社員や契約社員といった非正規雇用が特に若者層で増加した
（総務省統計局 2017）。このことは，1990年代に就職率が男女ともにすべての
学歴層で大きく減少していることからも確認される。とはいえ，この就職率
の低下期においても，新規大卒者の就職率には目立った男女差はみられず，
さらに，2000年代以降，就職率が回復に転じるなかで，大卒者の就職率は男
性よりも女性のほうが高くなっていることは注目に値する。ここから，バブ
ル経済崩壊と経済のグローバル化は若い高学歴男女の就職に同じような影響
を与え，その後経済が回復するにしたがって，女性のほうが男性よりも高い
経済的機会を享受していることが示唆される。

図 0 - 9　学歴からみた男女別新規学卒者の就職率の推移：1950〜2015年

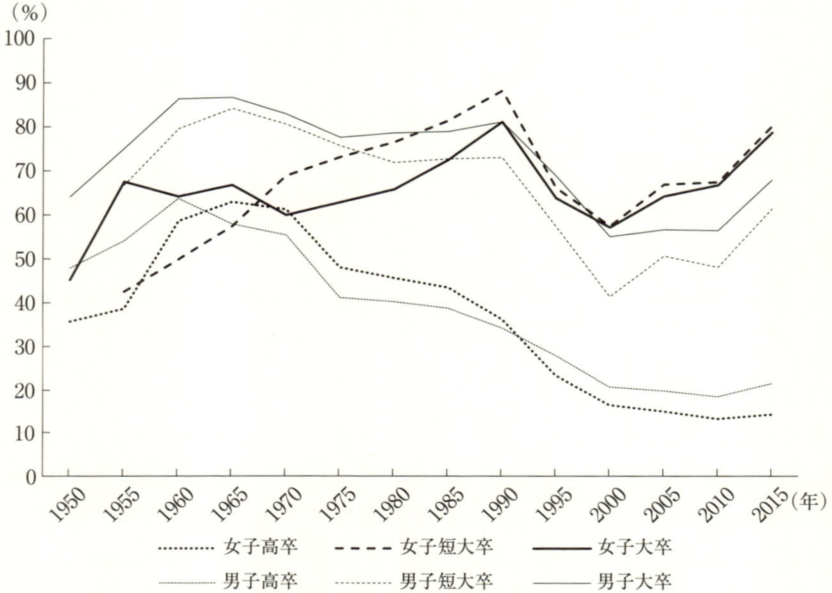

注：各年3月卒業者のなかで，その後1年以内に就職した（就職進学も含む）者の割合。
出所：文部科学省（2016）。

　このように，高学歴者の学校卒業直後の就職における男女格差はほぼ解消
されているが，その後のライフコースにおける女性の就業行動はどのように
変化しているのだろうか。図 0 -10には，女性の年齢別労働力率の推移が示
されている。労働力とは就業人口と完全失業人口の和であり，したがってこ
の率は就業している者および就業を希望して職を探している者の人口に占め
る割合を指す。この図から，15〜19歳の女性の労働力率は1970年代前半に大
きく低下していることがわかる。これは，前条でみたように，1970年代に入
り短大・大学進学率が大きく上昇したことにより，高校卒業後就職する女性
の割合が低下したことを反映している。一方，20〜24歳の女性の労働力率は
およそ7割の水準を1970年以降維持しており，同年齢層の男性の水準（およ
そ7〜8割で推移）と比較しても遜色ない水準である。

序章　少子高齢社会の諸相　*27*

図0-10　女性の年齢別労働力率の推移：1970〜2010年

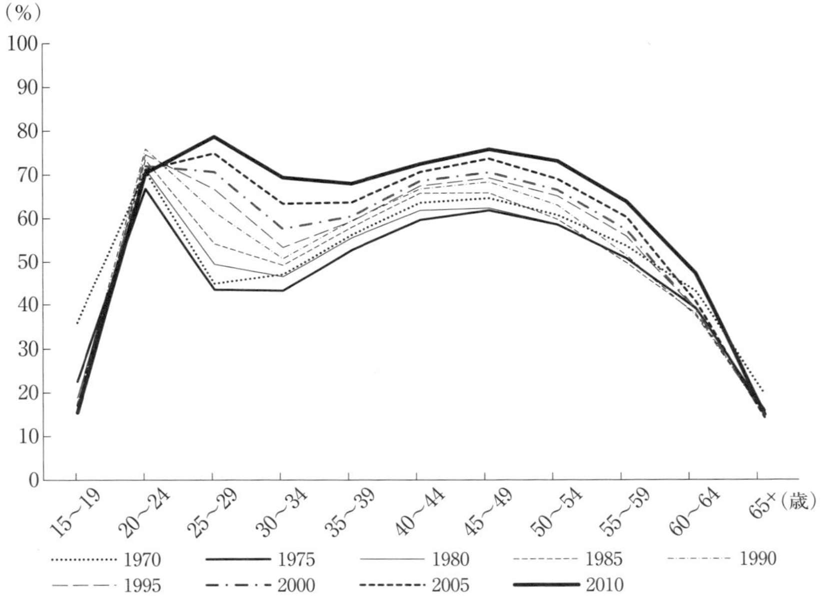

注：労働力状態「不詳」を除いた年齢別人口に占める労働力（就業者＋完全失業者）の割合。
出所：総務省統計局『国勢調査報告』。

　さらに重要なことに，1970年代前半には約44〜45％と低かった25〜29歳の
女性の労働力率は，1970年代後半以降急速に上昇し，2005年には従来から高
かった20〜24歳の女性の率を追い抜き，2010年には79％と全年齢層で最も高
くなった。この従来「結婚適齢期」とされた25〜29歳の女性の労働力率の急
増は，この年齢層の女性の結婚の減少（未婚化）と強く連関していると考え
られる。また，30〜34歳の女性の労働力率も1970年代半ばを境に増加に転じ
ている。
　その結果，結婚・出産のため一時的に仕事をやめる傾向が強かった25〜34
歳の女性の労働力率は大きく増加し，長年わが国の女性の就業の特徴とされ
た「M字型」の年齢パターンは弱まっている。さらに，25〜34歳の女性の
率ほどではないが，35歳以上の女性の労働力率も1975年を底として増加を続

けており，ここから，1970年代半ば以降，人口再生産年齢の女性の就業は増加し，また長期化していることが示唆される。

このような女性の就業の増加と長期化に加えて，女性の働き方も大きく変わっている。図0-11に示されているように，就業者に占める雇用者（employee，つまり雇われて働く者）の割合は，1970年以降すべての人口再生産年齢の女性で増加しているが，ここで特に注目されるのは，15～24歳の女性の雇用者割合は従来から高水準を維持しているなかで，25歳以上の女性の雇用者割合が大きく上昇していることである。その結果，2010年には，15～49歳のすべての人口再生産年齢の就業女性の9割以上が雇用者となった。ここから，わが国では女性の雇用労働力化が急速に進行していることがわかる。女性雇用者の多くは家庭外で賃金を得て働いていると考えられ，このことは女性の経済力の上昇を示唆すると同時に，結婚している女性にとって仕事と家庭の両立が難しくなっていることを示唆している。急速に増加する人口再生産年齢の働く妻（共働き夫婦）を対象とした効果的な仕事と家庭の両立支援の政策的必要性と重要性は大きく増加しているといえよう。

3）家庭内ジェンダー関係の変化

このように，労働市場における女性の地位は1970年代半ば以降急速に向上しているが，家庭内に目を向けると，伝統的なジェンダー関係がいまだ根強く残っている。表0-5には，わが国の生活時間調査である『社会生活基本調査』から得られる成人男女の1週間の平均家庭内労働時間（家事時間と育児時間の合計）と男性の分担割合の推移が示されている。ここから，1980年代半ばの男性の家事・育児時間の分担割合は平均7％と非常に低く，その後分担割合は上昇しているとはいえ，2011年でも18％にとどまっていることがわかる。男性の平均家庭内労働時間は若干増加しているが，同時期に女性の平均家事・育児時間は大きく減少しており，これが男性の分担割合の増加をもたらしている。これは，家庭内労働への男性の貢献度が1970年代以降目覚ましく増加し，2000年代には男性の家事・育児分担割合が3分の1から4割強に達している欧米先進諸国（Fuwa 2004; Geist and Cohen 2011）とは対照的であり，日本男性の家庭内労働への貢献の絶対水準は目立って低いといわざ

序章　少子高齢社会の諸相　*29*

図 0 -11　女性の年齢別にみた就業者に占める雇用者割合の推移：1970～2010年

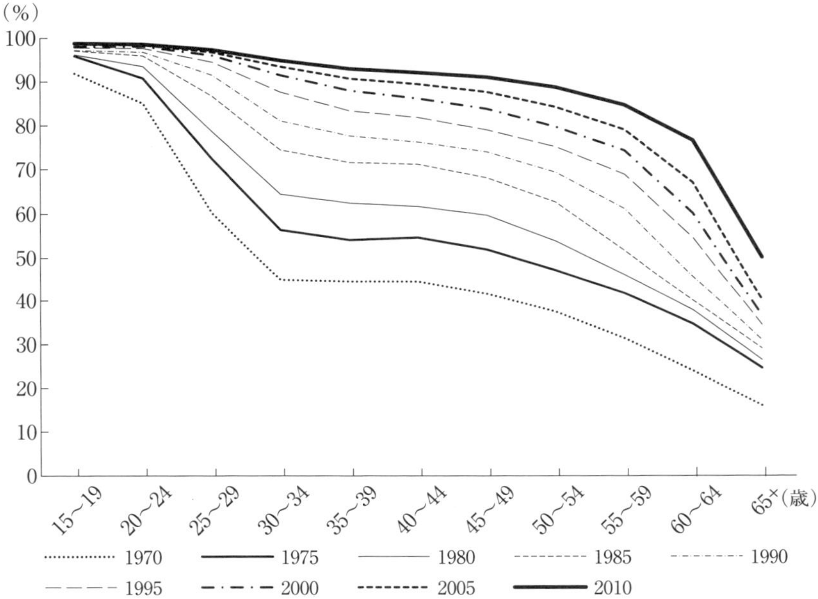

注：従業上の地位「不詳」を除いた年齢別就業者に占める雇用者（役員を含む）の割合。
出所：総務省統計局『国勢調査報告』。

るをえない（津谷 2007, 2016）。女性の就業の急速な増加と雇用労働力化のも
とでも，わが国の家庭内ジェンダー関係の不平等性は根強い。

　そして，不平等な家庭内ジェンダー関係は若い女性の未婚化と結婚してい
る女性の出生力の低下の一因となっているのではないか。事実，結婚により
女性の家事時間は劇的に増加する一方，男性の家事時間にはほとんど変化が
ないことが，クロスセクションとパネルの両方のミクロデータを用いた研究
（津谷 2016）により確認されている。このことは，結婚による家庭生活全般
における女性の負担が，男性に比べていまだ圧倒的に大きいことを示唆して
いる。ここから，わが国の超少子化に歯止めをかけるためには，子どもをか
かえて働く親を対象とした仕事と家庭の両立を支援するための政策対応が急
務となっており，そのためには雇用環境と雇用制度をより柔軟かつファミ

表 0 - 5　成人男女の１週間の平均家庭内労働時間および男性分担割合の推移：
　　　　 1976〜2011年

年次	1週間の家庭内労働時間		男性分担割合
	女性	男性	（%）
1976	23.1	0.9	4
1981	23.7	0.9	4
1986	28.0	2.1	7
1991	27.1	2.8	9
1996	26.4	3.2	11
2001	26.3	3.9	13
2006	26.1	4.6	15
2011	24.6	5.3	18

注：家庭内労働時間は家事時間と育児時間の合計。男性分担割合は女性の１週間の平均家庭内労働時間と男性
　　の１週間の平均家庭内労働時間の和を分母とし，男性の平均家庭内労働時間を分子とした場合の割合
　　（%）を指す。なお，家庭内労働時間の定義が変更されたため，1981年以前の値と1986年以降の値は厳密
　　には比較できない。
資料：総務省統計局『昭和51年〜平成23年社会生活基本調査』の集計値より算出。

リー・フレンドリーにすることが不可欠であることが示唆される。言い換え
れば，少子化対策において，保育サービスや育児休業を中心とした直接的子
育て支援のみならず，労働市場やひいては家庭内におけるジェンダー関係を
より平等にすることを目指した効果的かつ包括的なワーク・ライフ・バラン
ス政策の実施が急務となっている。

第3節　高齢者の生活ニーズと世代間関係

　前節では，ジェンダー関係の変化とそれに伴う男女のライフコースの多様
化に焦点を当てたが，本節では人口高齢化と長寿化に伴う世代間関係の変化，
なかでも親子関係と高齢者の生活ニーズの変化を中心に検討を加えてみたい。

3.1　高齢人口の増大と高齢者の生活ニーズ
１）高齢人口の増大
まず，高齢人口に焦点を当てると，総人口の伸び率の停滞とは対照的に，

65歳以上人口は急激な増加を続け，その結果，本章第1節でみたように，1950〜1975年の25年間で65歳以上の高齢人口は410万人から890万人へと2.2倍の増加を示し，さらに1975〜2015年の40年間では890万人から3400万人へと実に3.8倍となった（図0-3参照）。わが国の人口ピラミッドは1947〜1949年生まれの団塊の世代が突出しており，2015年には彼らは高齢人口の仲間入りをした。また団塊の世代は1971〜1974年に団塊ジュニア世代を生み出したが，後者が65歳以上の高齢者になるのは2040年であり，その年の65歳以上人口は3920万人に達すると予想される。高齢人口規模のピークはその頃であり，その後高齢人口は近年の少子化のエコー効果により減少傾向に転じる。

また，75歳以上の後期高齢人口は1975年には280万人にすぎなかったが，40年後の2015年には5.8倍の1630万人に膨れ上がった。団塊の世代が75歳以上人口の仲間入りをするのは2025年であり，その年に75歳以上人口は2180万人に達すると推計される。さらに団塊ジュニア世代が75歳以上となる2050年には，75歳以上人口は2420万人となると予想され，その後すぐにピークとなり，以後減少していくであろう。

以上のような高齢人口の急増と超高齢化の進展が問題となるのは，いうまでもなく，高齢者の多くが仕事をもたず，病気にかかりやすく，介護を必要とする場合が少なくないからであり，高齢者の扶養を誰がどのように担うかが大きな社会経済的問題となるからである。以下，高齢者の生活ニーズを①経済状態と②健康・要介護に絞ってみてみよう。

2）高齢者の生活ニーズ

① 高齢者の経済状態

わが国の高齢者の所得水準は現役労働者と比べてそれほど低くはない。2000年以降の『国民生活基礎調査』によれば，高齢者世帯の平均所得水準を一般世帯のそれと比較するとおよそ50％低いが，高齢者世帯の平均世帯規模は小さいため，世帯人員1人当たりで比較すると200万円前後でほとんど差はみられない（厚生労働省 2016a）[10]。実際，世論調査などによると，「暮ら

---

10) 『国民生活基礎調査』における「高齢者世帯」とは，「65歳以上の者のみで構成するか，またはこれに18歳未満の者が加わった世帯」をいう。

し向きに心配はない」と答える高齢者は約7割であり，若い世代と大きな差はない（内閣府 2013）。したがって，平均的にみれば，日本の高齢者は経済的には比較的恵まれているといえよう。

　高齢者世帯の所得の内訳をみると，平均的には，1980年代には公的年金が総所得の5割強を占め，稼働所得は3割前後を占めていたが，その後稼働所得の割合は減り続けて，2000年代に入っておよそ2割となり，公的年金の割合が増え続けて7割弱に達している（厚生労働省 2016a）。また，公的年金が世帯所得の8割以上の高齢者世帯は7割弱にのぼる。これは，高齢者の中で農業・零細自営業層が減少し，サラリーマン出身層が圧倒的になってきたことによるものであり，その結果，高齢者の所得において公的年金が中心的な位置を占めるようになってきていることを示している。

　高齢者の第2の所得源泉である稼働所得をもたらす就業の傾向をみると，65〜69歳の労働力率はバブル経済崩壊後には低下傾向にあったが，2004年の約34％を底にして2015年の43％にまで上昇している。65歳以上の高齢人口全体でもほぼ同様の傾向がみられ，2015年の労働力率は22％である（総務省統計局 2017）。日本の高齢者の労働力率は OECD 諸国のなかでも有数の高さであり（OECD 2017a），わが国の高齢者の就業意欲は国際的にみて相当高いといえよう。

　所得分布をみると，高齢者世帯は一般世帯に比べて所得格差が大きく，貧困世帯の割合が高い。世帯員の年齢階級別（等価再分配）所得のジニ係数をみると，60歳以上のジニ係数は他の年齢層に比べて明らかに高い（内閣府 2013）[11]。国際的には，OECD の再分配所得のジニ係数（2012〜2015年のデータ）をみると，日本は一般世帯（世帯主が18歳以上）については OECD35カ国中14番目であるが，高齢者世帯（世帯主が65歳以上）では8番目に高く，

11）　ジニ係数は分布の不均等度（不平等度）を測る指標の1つである。「縦軸に（この場合は）所得の累積百分比，横軸に人口の累積百分比をとった場合，両者の関係を示す曲線（ローレンツ曲線）と対角線（均等分布線）で囲まれた部分の面積の，対角線下の三角形の面積に対する比がジニ係数である」（人口学研究会編 2010）。ジニ係数は1.00（完全不平等）と0.00（完全平等）の間の値をとる。再分配所得は「当初所得から税金，社会保険料を控除し，社会保障給付（現物，現金）を加えたものであり，等価再配分所得はそれを世帯人員の平方根で除したもの」である（内閣府 2013）。

絶対的にも相対的にも高齢者の所得の不均等度合いは大きい（OECD 2017b）。また年齢階層別相対的貧困率をみると，50歳代前半（男性11％，女性11％）を底に上昇し，70歳代後半では2倍前後（男性20％，女性26％）が貧困層である（内閣府 2012）[12]。高齢者の経済格差は，貯蓄額や実物資産の格差まで考慮するとさらに顕著であり，「安心感をもてる高齢者とそうでない高齢者の格差」（橘木 2002）は，所得分布でみる以上に大きいとみるべきであろう。高齢者世帯の所得格差は，1980年代以降年金制度の充実などにより，ジニ係数でみて縮小傾向にある。ただし世帯別にみると，高齢女性の単身世帯の相対的貧困率は，改善傾向はみられるものの，なお他に比べて大きい（白波瀬 2009）。

　最貧層の最後の救済手段として生活保護制度がある。生活保護の被保護世帯数はバブル経済崩壊直後の1992年に最低（58万世帯）を記録したが，その後「平成の大不況」により増加傾向が続き，2014年までの22年間に2.7倍の160万世帯となり，被保護率は1.4％から3.2％に上昇した（図0-12）。高齢者世帯に限ると，被保護世帯は同じ22年間に24万世帯から76万世帯へと3.2倍となり，被保護率も4.8％から6.2％に増加した（国立社会保障・人口問題研究所 2017c）。

　わが国の高齢者の経済状態を所得の観点からみると，公的年金制度が充実してきたことにより平均的には現役労働者との間に大きな違いはないが，高齢人口内の所得格差は現役労働者の場合よりも大きい。高齢人口内での所得格差は縮小傾向にあるとはいえ，単身世帯の女性高齢人口では他に比べて貧困層が多いこと，そして1990年代半ば以降，生活保護を受ける最貧層の高齢者が急増していることに注意を払う必要がある。

②　高齢者の健康と要介護

　変性疾患遅滞傾向による長寿の時代に入り，高齢期の各年齢層の有病率と死亡率は全般的に低下を続けているが，高齢になるほど有病率，死亡率が急上昇する傾向に変わりはない。そのため，高齢人口の増加に伴う医療費の高

---

12)　相対的貧困率は，所得階層別人口分布の中央値（メディアン）の50％を下回る人口割合を指す。

図 0-12 生活保護世帯数と生活保護率の推移：総数と高齢者世帯，1975～2014年

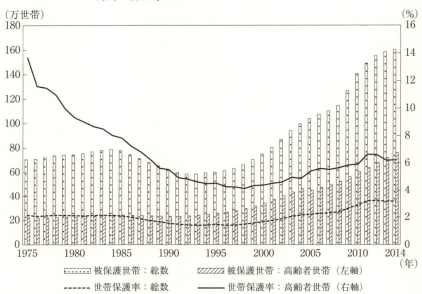

出所：国立社会保障・人口問題研究所（2017c）。

騰が続いている。国民医療費は1975～2013年の38年間に6倍となり，GDP比でも4.3％から8.3％へと2倍弱（1.94倍）となった[13]。その間，後期高齢者医療費は，1975～2002年には医療費全体の伸び率を大幅に上回って増加し続け，国民医療費全体に占める割合を13％から38％に急増させた。その後，介護保険制度導入の影響もあり伸び率は大きく鈍化したが，後期高齢人口が大きく増加したことにより，2009年頃から再び大きく伸び始めている（国立社会保障・人口問題研究所 2017d）。

　無病息災は万人の願いであるが，日常生活に支障をきたさない健康長寿も

---

13) 国民医療費は，「医療機関等における保険診療の対象となり得る傷病の治療に要した費用を推計したもの」（健康保険による公費負担と自己負担を合計したもの）である。したがって，ここには正常分娩，人間ドック，買薬の費用などは含まれない（厚生労働省 2016d）。

また高齢者の切なる願いである。大衆長寿の時代になり，政府も高齢者の健康増進による医療費削減を目指して，2000年から保健医療政策としての「健康日本21」を実施してきたが，2013年には「健康日本21（第二次）」を新たにスタートさせた。後者では，具体的政策目標の第1に，（平均寿命の増加分を上回る）健康寿命の延伸と健康格差の縮小を掲げている（厚生労働省2016b）。健康寿命とは生まれてから健康で過ごせる平均期間を指すが，「健康」の定義や測定方法・データはさまざまであり，必ずしも確立したものではない。厚生労働省では，健康を「日常生活に制限のない状態」とし，これを『国民生活基礎調査（大規模調査）』における自己申告（制限が「ある」か「ない」か）によって測定し，これを用いて健康寿命を算出し政策評価に利用している（厚生労働省 2016c）[14]。

　この厚生労働省資料を用いて，2001～2013年の間の3年ごとの健康寿命（カッコ内は平均寿命）のデータをみると，男性で69.4年（78.1年）から71.2年（80.2年）に伸長し，女性では72.7年（84.9年）から74.2年（86.6年）に伸長している。健康寿命と平均寿命を比べると，男性で9年前後，女性では12年強，健康寿命が平均寿命よりも短い。換言すれば，それだけ不健康な（日常生活に制限があると感じる）期間があるということになる。2001～2013年の12年間の変化をみると，健康寿命の伸び（男性1.8年，女性1.5年）は平均寿命の伸び（男性2.1年，女性1.7年）をやや下回っており，平均寿命と健康寿命の差を縮めるという政策目標の達成は簡単ではなさそうである。

　一方，日常生活に支障をきたし，他者の介護・支援を必要とする高齢者の数は増え続けている。わが国の介護保険制度は2000年に発足したが，65歳以上の要介護認定者数（毎年5月末現在）は2001～2016年のわずか15年間で260万人から615万人へと2.4倍になった（図0-13）。このうち要介護度2以上の認定者は155万人から322万人に増加したが，全認定者数に占める割合は60%

---

14)　厚生労働省が政策評価のために用いている健康寿命の計測値は，実際には厚生労働科学研究費「健康寿命における将来予測と生活習慣病対策の費用対効果に関する研究班」（研究代表者：橋本修二）による研究成果である（橋本他 2012）。この研究では健康寿命の測定のために3種類の健康の定義（および健康データ）が提案されているが，WHOはまた別個の定義（およびデータ）を用いて世界各国の健康寿命を推計し，公表している。

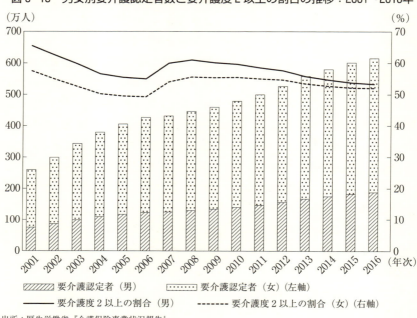

図 0-13 男女別要介護認定者数と要介護度 2 以上の割合の推移：2001～2016年

出所：厚生労働省『介護保険事業状況報告』。

から52％にやや低下した。平均寿命の男女差が大きく，高年齢層に占める女性の割合が大きいため，要介護認定者に占める女性の割合は 7 割前後である。

　要介護率は高齢になるほど高く，2015年のデータ（5 月末現在）によると，70～74歳では 7 ％であるが，75～79歳で15％，80～84歳で34％，85～89歳では65％と加齢とともに急上昇する（国立社会保障・人口問題研究所 2017d）。2015年の男女年齢別要介護・要支援率を一定とし，それを前述の国立社会保障・人口問題研究所（2017b）による男女年齢別高齢人口の将来推計値に乗ずると，将来の要介護・要支援人口の概数が推計できる。この推計によると，団塊の世代が75歳を超える2025年には，要介護・要支援人口は2015年の1.3倍の800万人，団塊ジュニアが75歳を超える2050年には1.6倍の970万人になるものと予想される。

　長寿化により後期高齢人口が増大し，それとともに医療・介護のニーズも

また急増している。政府は医療費の伸びを抑制すべく，健康寿命の延伸による「不健康な」期間の短縮化を目指しているが，それほど容易ではなさそうである。今後団塊の世代が後期高齢人口となる2025年に向けて要介護人口がさらに急増することは確実であるが，これに対する取り組みには介護施設・病院・在宅の連携が必要である。この連携には公的支援のみならず私的支援（家族介護）も関わってくるだけに，効果的な政策の実施のための制度設計は複雑であり，これについての総合的かつ多面的な研究が求められる。

3.2　世代間関係
1）高齢者扶養負担の増大と社会保障

　戦前の日本社会では，高齢者が経済的に自立困難になった場合，あるいは看護・介護が必要になった場合，同居する家族（主として直系家族の長男夫婦）による世代間扶養が一般的であった。しかし，戦後の経済発展と産業構造の変化によって，雇用者中心社会（サラリーマン社会）に変貌を遂げるとともに，家族の高齢者扶養機能は低下し，代わって政府による高齢者扶養機能の強化が図られてきた。高齢者のための社会保障制度（主として年金，医療，介護）の財源は，（高齢者自身が積み立てた部分，あるいは直接支払う部分もあるが）現役労働者の負担する税金と社会保険料により賄われる部分が大きい。したがって，高齢者扶養の中心が家族から社会保障制度に移行してきたということは，世代間の扶養関係が私的な関係から公的な関係に移行してきたことを意味する。

　高齢者のための社会保障の比重の増大は，GDP に占める高齢者関係の社会保障給付費の割合の変化からうかがうことができる（図0-14）。高度経済成長が終わった1973年からバブル経済が崩壊した1992年までの安定成長期に，GDP は4.1倍に拡大したが，そのなかで高齢者保障は GDP の1.3％から6.7％に増大した。さらに GDP の成長が止まった1992年以降も，高齢人口の増加に伴って高齢者保障費は伸び続け，2015年には GDP の14.6％を占めるまでになった。高齢者保障のなかで年金給付費の占める比重が最も重く，7割台を維持し続けているが，2000年以降は介護保険制度が始まったこともあり介護サービス費用の比重が高まっている。

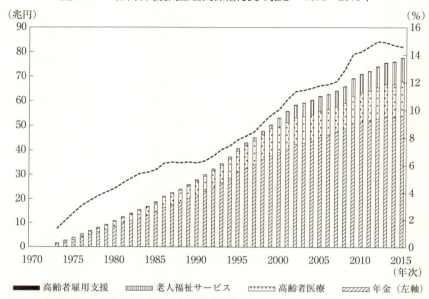

図 0-14 政策部門別高齢者関係給付費の推移：1973～2015年

凡例：高齢者雇用支援　老人福祉サービス　高齢者医療　年金（左軸）
------- 高齢者関係給付費総計：対GDP比（％）（右軸）
出所：国立社会保障・人口問題研究所『社会保障費用統計』。

　高齢者保障は公的な世代間扶養であるため，給付と負担の水準は高齢人口を支える現役労働者人口がどれだけいるか，端的には老年従属人口指数（すなわち生産年齢人口に対する高齢人口の比率）によって決まってくる部分が大きい。いま生産年齢人口を15～64歳，高齢人口を65歳以上とすると，老年従属人口指数は1970年頃までは10％以下であったが（すなわち10人以上の生産年齢世代で1人の高齢者を支えればよかったが），2000年には25％（4人で1人）となり，2025年には50％（2人で1人）になるものと推計されている（図0-15）。つまり，1970～2025年の55年間で，生産年齢世代の高齢者扶養負担は5倍になることになる。老年従属人口指数はその後も伸び続け，2065年には75％と，1人の生産年齢世代で1人の高齢者を支える状態に近づくと予想される。
　もちろん，老年従属人口指数は生産年齢人口をどのように定義するかで，世代間の負担の状況は変わってくる。いま生産年齢人口を労働力人口の実態

序章　少子高齢社会の諸相　*39*

図 0 -15　異なった定義による老年人口指数の推移：1920〜2065年

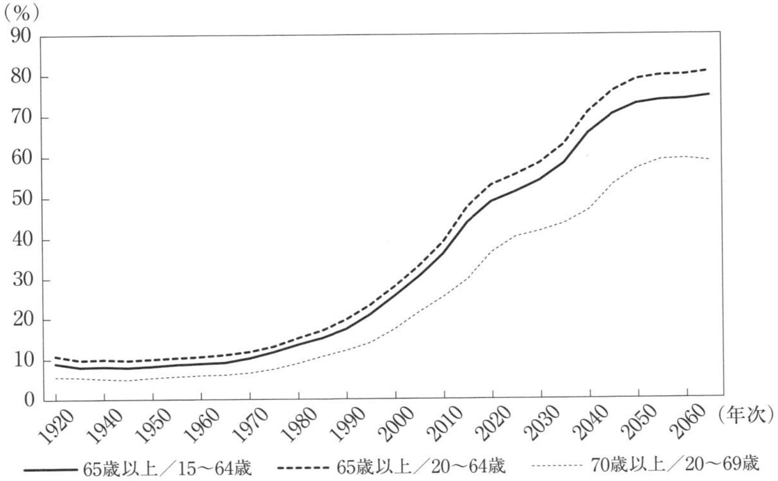

（％）

（年次）

――― 65歳以上／15〜64歳　-------- 65歳以上／20〜64歳　‥‥‥‥ 70歳以上／20〜69歳

出所：国立社会保障・人口問題研究所（2017a, 2017b）。

に近づけて20〜64歳とすると，現役世代の負担は一層重くなる。逆に，生産年齢人口を20〜69歳とすれば，2010年でようやく25％（4人で1人），2045年で53％（ほぼ2人で1人）となる。これは，もし今日の定年退職年齢をさらに延長し，高齢者の就業率を高め，年金支給開始年齢を引き上げることができれば，現役世代の高齢者扶養負担を相当程度軽減できることを示唆している。それでも，2055年には老年従属人口指数は59％（5人で3人）にまで増加すると予想され，長期的には，今日の少子化の趨勢が変わらないかぎり，現役世代の高齢者扶養負担が一段と大きくなるのは避けがたい。

　世代間扶養には，経済的側面のみならず医療・介護サービス供給のための人材確保などのマンパワーの問題もある。少子化が招いた看護・介護労働者の供給制約は，団塊の世代が後期高齢人口になる2025年には，37.7万人の介護人材不足を招くと推計されている（厚生労働省 2015）。この問題は「2025年問題」などと騒がれているが，その後も一段と深刻化することは確実である。

　低成長経済と少子高齢化の時代を迎えて，社会保障費の削減が大きな政策

課題になり，年金給付の抑制，医療・介護におけるサービス受給者の自己負担分の増加が進められる一方，介護施設の増設は抑制され，在宅介護・介護予防に重点が移され，全体として，高齢者保障機能のスリム化が図られてきた[15]。それは高齢者の自立自助を促す一方で，私的な扶養，すなわち家族への依存度を高め，家族（とりわけ女性）に大きな負担を負わせるリスクを伴っている。

2）高齢者と家族

　旧民法下では家の存続が最重要視され，長男の単独相続，結婚後の夫方の親との同居が一般的であった。この戦前の家制度のもとでは，経済的には家督を譲られた長男が老親の扶養責任をもち，老親の介護はもっぱら嫁の役割とされた。戦後，民法改正に伴い，日本の家族法制は直系家族制に基づく家制度から，夫婦家族を基盤とする核家族制に移行した（利谷 1999）。

　実際の世帯構造の推移をみると，1960年から1980年にかけて核家族世帯の割合が53％から60％に，そして単独世帯の割合が16％から19％に増加した一方で，直系家族的世帯の割合は31％から20％に減少し，「核家族時代」と呼ばれたりした（松原 1969）。これは，おおまかにいえば，戦後の経済発展により，都市，とりわけ三大都市圏における労働力需要が増大し，それに応えるかたちで農村，あるいは非三大都市圏の若者が大量に移住し，単独世帯を形成し，就職し，やがて結婚して核家族世帯を構えた結果である。

　一方，高齢者をみると，核家族化の影響がすぐに出たわけではなく，1970年時点でも高齢者の子らとの同居率（夫婦のみの世帯を除く親族世帯に居住する高齢者割合）は約8割であった（表0-6）。しかし，やがて後継者をもたない農家も増え，農村部においても「空の巣」となった高齢夫婦のみ世帯，配偶者との死別後の高齢単独世帯が増えた。また人口の比重が高まった都市部では，狭い住宅，労働者の移動性が高いことに加え，核家族志向，女性の権利意識が強まった。そのため（全国についての）高齢者の子らとの同居率

15）　近年の社会保障の制度改革の方向性については，2度にわたる国民会議，すなわち2008年に設置された社会保障国民会議，および2012年に設置された社会保障制度改革国民会議の報告書に詳しい（社会保障国民会議 2008；社会保障制度改革国民会議 2013）。

表0-6 65歳以上高齢者の帰属世帯の種類別パーセント分布：1970〜2015年の
推移と2015年における年齢別分布

年次	夫婦のみ世帯	その他親族世帯	非親族世帯	単独世帯	施設等の世帯
1970	11.7	79.8	0.3	6.0	2.2
1975	15.0	74.6	0.2	7.1	3.0
1980	18.1	69.8	0.2	8.3	3.6
1985	20.6	65.6	0.1	9.5	4.2
1990	24.1	60.6	0.1	10.9	4.3
1995	27.8	55.9	0.1	12.1	4.2
2000	30.9	50.5	0.2	13.8	4.7
2005	32.6	46.8	0.2	15.1	5.4
2010	33.7	43.7	0.5	16.4	5.7
2015	34.9	40.8	0.6	17.7	6.0
2015年：年齢別					
65〜69歳	39.7	43.0	0.8	15.3	1.3
70〜74歳	42.4	38.7	0.6	16.3	2.0
75〜79歳	38.6	38.5	0.5	18.7	3.7
80〜84歳	29.8	40.3	0.5	21.6	7.9
85歳以上	14.0	43.7	0.4	19.5	22.4

出所：国立社会保障・人口問題研究所（2017a），総務省統計局『国勢調査報告』。

は1970年から毎年およそ1％ずつ低下し，2000年には51％となった。その後，
低下率は減速し，2015年の高齢者の子らとの同居率は41％となった。一方，
夫婦のみの世帯および単独世帯に住む高齢者割合は，1970〜2015年の45年間
に18％から53％へ，さらには施設世帯への入居率も2％から6％へと，とも
にほぼ3倍となった。

　高齢者の多世代同居率についての将来推計はないが，「65歳以上の世帯主
がいる世帯」の家族類型別世帯分布の推計によれば，2010年から2035年にか
けて高齢単独世帯の割合は31％から38％へ伸び続けると予想されており，同
居率は今後さらに下がるものと考えられる（国立社会保障・人口問題研究所
2013b；阿藤 2013）。

　もちろん，高齢者の子らとの同居率の低下が，そのまま家族の高齢者保障
機能の低下を意味するわけではない。親子同居は減ったとしても，隣居・近

居により家族による看護・介護が可能な場合も少なくないであろう。2013年に実施された『国民生活基礎調査』によると，65歳以上の高齢者のうち子どもと同居している割合は40%，別居は36%であったが，別居のうち子どもが同一市区町村内に住む割合は53%と半数を超え，なかでも同一家屋・同一敷地内は8%を占めている（厚生労働省 2017）。実際の家族介護の状況をみると，施設入居以外の要介護者（65歳未満も含む）の主な介護者は，同居者が62%（そのうち配偶者が26%，子またはその配偶者が33%など）であり，別居の家族などが約1割を占める（その他は事業者，不詳などである）（厚生労働省 2017）。

　一方で，団塊の世代の高齢者に誰を介護者として希望するかを調べた調査によると，世代間扶養への期待は弱まっており，夫の場合は配偶者（妻）が過半数を占める。これも家族の介護機能ではあるが，介護者が高齢になればなるほどいわゆる「老老介護」の難しさをはらんでくる。他方，妻の場合には（夫との年齢差と余命の差があるため）配偶者への期待は小さいうえ，子どもによる介護の希望も少なく，介護施設やホームヘルパーへのニーズが大きい（内閣府 2013）。このような高齢者の側の介護期待は，2015年の『国勢調査』の結果が示すように，高齢者の年齢別にみた同居率の変化は小さく，夫婦世帯割合が死別により徐々に減って単独世帯割合が増えていき，85歳を過ぎると施設世帯への入居率が一挙に増えることにも表れている（表0-6参照）。

　さらに今後介護問題を深刻化する要素は，わが国の未婚化の特徴の1つとなっている生涯未婚率の上昇である。本章第2節で述べたように，男女ともに（特に男性では）50歳時の未婚者割合が近年急速に増加している。その結果，すでに高齢者の仲間入りをした団塊の世代の生涯未婚率は男性で約10%，女性で約5%であるが，この割合は今後急上昇し，1980年代のバブル経済期に生まれた世代では，男性で約3割，女性でも約2割が50歳時に未婚のままになるものと推計されている（国立社会保障・人口問題研究所 2013b）。このような生涯未婚の高齢者には子孫がない可能性が高いため，家族による世代間介護は期待できない。それだけに，高齢者介護のための公的サービスへのニーズは，上述の要介護・要支援人口の予測以上に高まることが予想される。

第4節　各章の要約と位置づけ

　本書は，ジェンダー関係，親子関係，およびパネルデータの質，という3つのパートからなる。これは，本書を構成するすべての章で実証分析に用いられている『結婚と家族に関する国際比較調査』（JGGS）の実施主体である国際比較プロジェクト（Generations and Gender Project，略してGGP）がジェンダーと世代間関係に焦点を当てて基本調査票を設計したことによるものであるが，結婚と夫婦関係を中心とするジェンダー関係と，親子関係に代表される世代間関係はまた，現代日本の主要な社会問題である少子高齢化の2つの側面，すなわち「少子化」と「高齢化」にそれぞれ深く関わることによるものでもある。

　第I部の「ジェンダーでとらえる仕事と家族」では，少子化の要因の解明と少子化対策に関連して，女性の高学歴化および雇用労働市場への進出と未婚化・同棲増加の関係（第1章），夫婦の家事育児参加と出生意欲と結婚・出生をめぐる意識との関係（第2章），少子化対策としての育児休業制度と保育サービスの女性の就業と育児の両立への影響（第3章），そして夫婦関係からみた結婚の幸福度と出生行動の関係（第4章）について実証分析し，その結果に基づいて政策的インプリケーションを引き出している。

　第II部の「親子関係でとらえる少子高齢社会」では，50～69歳の中高年期の男女の親との同居・近居状況の変化とその規定要因としての親側の健康状態ならびに地域レベル要因の解明（第5章），中高年期の男女の老親に対する非経済的支援（身の回りの世話や相談相手になること）の規定要因の解明（第6章），そして第7章では，現状分析を主眼として，「サンドイッチ世代（Sandwich Generation）」と呼ばれる親世代による祖父母世代および子ども世代への三世代間の支援関係を分析している。

　第III部の「パネルデータの質の検証」では，本書の第1章から第7章の実証分析で用いたJGGSパネルデータの質を詳しく分析している。第8章では，JGGSパネル調査の目的と内容を詳細に解説し，データ脱落の状況とその関連要因を分析し，それらが調査データの質に与える影響を検証している。第

9章では，JGGS調査におけるパネル欠落のパターンと要因を分析し，パネル脱落の結婚・出生分析への影響を分析している。以下，各章のポイントを要約する。

第1章（「雇用とパートナーシップ形成——ジェンダーとコホートの視点から——」）は，近年のわが国の少子化の直接的要因である結婚行動の変化（未婚化）の社会経済的要因を明らかにすることを目的として，若・壮年パネルデータと中高年パネルデータ（前者は2004年のJGGS-1で18〜48歳の男女の調査とそれを追跡した2007年調査（JGGS-2）のデータ，後者は2004年のJGGS-1で50〜69歳の男女の調査とそれを追跡した2010年調査のデータ）を用いて，学歴，初職・現職（正規か非正規か）と，同棲経験，そして初婚との関係について世代（1935〜1986年生まれの男女コホート）とジェンダーに焦点を当てて分析を行っている。

初職・現職の分析から，①若い世代ほど初職の正規雇用割合が低下し非正規雇用割合が上昇しているが，それは特に低学歴男性で顕著であること，②男女とも学卒後の初職が非正規であると現職も非正規につながる傾向が強く，所得も低くなる傾向が顕著であること，③低学歴であると現職が非正規になりやすい傾向が若い世代ほど顕著であることが見出された。また，学歴と初職の初婚確率への影響の分析から，④初職が非正規であると初婚確率が低い傾向は特に男性に当てはまり，なかでも若い世代で顕著であること，⑤高学歴女性は世代を超えて初婚確率が低いこと，が明らかとなった。

これらの実証分析の結果は，「近年の若者男性の雇用の不安定化はキャリア展望と経済力の低下に強く結びついており，それが未婚化の主要な要因の1つになっていること」，さらに，「高学歴化は女性の急速な未婚化と少子化の主要な要因となっていること」を示唆している。そして，これらの分析結果の政策的含意として，少子化対策として若者の雇用の安定化が重要であるが，それがジェンダー選択的にならない配慮が必要であること，女性の高学歴化の趨勢に合わせて仕事と出産・子育ての両立の障害を取り除くとともに，幅広くワーク・ライフ・バランスの実現を図ることが重要であることが指摘されている。

第2章（「結婚後の家族形成とパートナーシップ」）では，2004年に実施され

た JGGS-1 で18〜49歳であった男女を2007年に追跡した JGGS-2 （「若・壮年パネル」）と，さらにそれを 3 年後の2010年に追跡した JGGS-3 という 2 時点のパネルデータを用いて，近年のわが国の夫婦出生力の低下の要因を見出すことを目指して，「子どもをもう 1 人欲しい」という夫婦の追加出生希望に対して，夫婦の家事・育児参加や夫婦関係をめぐる意識が与える影響を分析している。

　分析の結果から，結婚生活や子どもに対する妻の意識は追加出生希望に有意な影響を与えることが示された。特に，妻の結婚生活の満足度の高さ，そして子どもをもつことに対する不安の少なさの追加出生希望へのプラスの影響が大きい。さらに，（夫婦の）母親との居住距離が近いことは追加出生希望を高める。ここから，夫婦の母親と距離が近いことにより妻の育児負担が軽減されることで夫婦の出生意欲が高まることが示唆される。

　また，結婚生活の満足度が高いと子どもをもつことへの不安が低くなる傾向がみられる。結婚生活満足度の規定要因としては，性別役割分業意識，子どもをもつことへの不安感のなさ，夫による家事の頻度，および妻の就業状態の（ 2 時点間の）変化の影響が大きい。すなわち，性別役割分業意識が強くなること，子どもをもつことへの不安がなくなること，そして夫がより育児に積極的に参加することによって妻の結婚生活満足度は高まる一方，妻の非正規雇用は満足度を低下させる。

　以上の結果から，夫婦の出生意欲を高めるためには，夫婦の働き方や家事・育児の分担のあり方などパートナーシップ全般を視野に入れる必要があり，育児への直接的支援のみならず幅広く多面的な政策的支援により結婚生活の満足度を高め，子どもをもつことへの不安感を軽減するような政策を実施する必要があることが示唆される。夫婦を取り巻く子育て環境をよりファミリー・フレンドリーなものにする政策の整備・拡充が求められている。

　第 3 章（「妻の就業と子育て支援政策」）では，仕事と家庭の両立支援政策としての保育サービスと育児休業制度の利用が妻の就業とどのように関係しているのかを明らかにするために，若・壮年パネルデータを用いて分析を行っている。まず二変量分析から，①第 1 子出生後に就業していた女性は第 2 子出生後も就業を継続する傾向がみられること，②保育所利用については，毎

年連続で利用する（もしくはずっと利用しない）というパターンよりも，子どもの就学前期間において利用と不利用が交錯する「まだら模様の利用」が多いことが見出された。また，第1子出生後の保育サービスの利用の多変量解析から，①出生1年前に週35時間以上の（フルタイム）就業をしていた女性は，保育サービスの利用確率が高くなり，②子どもの年齢が高いほど，また夫の学歴（夫の所得の代理変数）が低いほど，利用確率が高いことが見出された。さらに，育児休業利用者の職場復帰についての多変量解析から，①休業制度がありそれを利用した場合，制度がなかった場合，制度があっても利用しなかった場合の順で職場復帰の確率は低下し，②第1子出生前にフルタイム就業していた場合，そして妻の学歴が高いほど，職場復帰確率が高いことが明らかとなった。

　これらの分析結果は，第1子出生後の女性の就業継続や職場復帰のためには政策的支援が重要であることを示している。また，保育所利用者の多くは保育サービスを継続的に利用するよりも，利用したりしなかったりすることが多いことから，親が望む保育サービスは一様でなく，したがって保育サービスの多様化が必要であることが示唆される。さらに，育児休業制度の利用が拡大するにしたがって，勤務時間の短縮などの職場復帰後のきめ細かな対応・支援が必要になることも示唆される。

　第4章（「結婚の幸福度と子ども」）では，経済学における幸福度分析の枠組みに基づいて，第1に，出生による妻と夫の結婚の幸福度の変化，第2に，結婚の幸福度が次の出生確率（もう1人子どもをもつ確率）に与える影響を，若・壮年パネルデータを用いて分析している。ここでは，結婚の幸福度の指標として，家庭生活の複数の側面に関する夫婦の同意度により構築された総合指標を用いている。まず，出生による結婚の幸福度の変化の分析から，①（2004年から2007年の間に）子どもが生まれると，妻の幸福度は下がるが，夫の幸福度には大きな変化はみられないこと，②子ども数が多いほど妻が結婚に対して感じる幸福度は低くなるが，夫の結婚幸福度には子ども数による差異はみられないこと，③妻がフルタイム就業している場合，出生があると，妻の結婚幸福度は非常に大きく低下する一方，男性の幸福度はあまり変化しないこと，④妻が非就業の場合，出生があると男女とも幸福度が低下するこ

と，が明らかとなった。

さらに，結婚の幸福度が出生確率に与える影響の分析結果から，①妻の結婚幸福度はその後の出生確率には影響せず，（子どもから得られる効用は小さいため）次の出生の有無はもっぱら子どもの数，つまり育児負担の大きさによって決まること，②夫については，子どもがいない場合には，結婚幸福度が高いほど出生確率は低くなるが，子どもが1人の場合には，結婚幸福度が高いほど出生確率は高くなり，子どもが2人の場合には，幸福度が高いほど出生確率は低くなる。ここから，妻や夫の結婚の幸福度の（もう1人）子どもをもつか否かへの影響は，子ども数により異なることが示される。

これらの分析結果から，わが国の少子化対策には，子どもを生み育てることへの女性の負担感を軽減することが重要であり，特に子ども数が多い女性への政策的支援が重要であることが示唆される。子育ての負担感を軽減することにより，女性の感じる結婚の幸福度は上がる傾向があり，このことが出生確率を押し上げる可能性があることが示唆される。

第5章（「中高年期における健康状態と居住形態の変化」）では，中高年パネルデータ（2004年に50〜69歳の男女を2013年まで追跡）を用いて，2004年に（A）成人子と非同居の中高年者，および（B）成人子と同・近居（同居または近居）のなかった中高年者について，9年後の成人子との居住状況の変化（同居への移行，もしくは同・近居への移行）を分析している。特にここでは，中高年者個人の属性として「健康の悪化」に焦点を当てると同時に，地域要因として高齢者ケア施設の普及率および老親支援規範（JGGS調査の価値観項目から指標を作成）に着目することにより分析を行っている。

分析の結果，①中高年者の居住関係が，成人子との別居から同居に移行する場合，もしくは別居から（居住地間の距離が30分未満の）近居に移行する場合が一定程度あることが明らかとなり，「途中同居慣行」の存在が確認される。また②非同居から同居への移行確率には地域差があり，これは個人レベルの属性では説明できない（同近居への移行確率の地域差は小さい）こと，③中高年者の健康状態の悪化は成人子との同居への移行には有意な影響を与えないが，同・近居への移行には有意な影響をもつことが見出される。このことは，親子間の支援関係は同居率の低下ほどには弱まっていないことを示唆

している。また，地域レベルの要因としては，④高齢者介護施設定員割合は同居への移行および同・近居への移行の両方に強い影響を与えるが，健康の悪化との交互作用の効果はみられない。また，⑤老親支援規範は同居への移行についても，また同・近居への移行についても有意な影響はないが，同居への移行に対しては，老親支援規範と健康の悪化との間に交互作用がある。

　これらの分析結果から，加齢や健康状態の変化によって中高年期の世代間支援パターンは変化し，それは必ずしも同居や近居を伴わないことが示唆される。また，高齢者の私的介護（子どもとの同・近居による介護）と施設介護のどちらについても地域差があり，このことは，高齢者の支援・介護は高齢者の健康状態，家族との居住形態，および居住地域などを考慮したきめ細かい政策的配慮が必要であることを示唆している。

　第6章（「中高年者の高齢期の親に対する支援・援助の規定要因」）では，2010年と2014年に2度の追跡調査が行われた中高年パネルを用いて，高齢の親に対して中高年世代の子が行う身の回りの世話や相談といった非経済的サポートの規定要因を分析している。親への「世話的援助」は日用品の買い物，料理・洗濯，病気のときの世話の3種類のサポート，「情緒的援助」は悩みごとの相談相手になることである。規定要因としては，特に中高年世代の子の性別や老親の置かれている状況（親が要介護，親と同居など）に注目している。

　分析の結果，「世話的援助」については，高齢の親が介護を必要とする場合，中高年の子世代が老親と同居する場合，そして女性は男性よりも，老親への援助を行う確率が高いことが示される。「情緒的援助」についても，中高年の子世代が高齢の親と同居する場合，夫が長男で妻に男のきょうだいがいない場合，そして女性の場合に援助を行う確率が高いことが確認される。さらに，世話的援助も情緒的援助も義理の親（配偶者の親）よりも自分の親に対してより行われやすい。これらの結果は，長男を中心とした伝統的家族規範は世話的援助には影響を与えておらず，むしろ娘から自分の親への援助の確率が高いことを示しており，今後，夫の親との関係のみならず，妻の親との関係も親世代と子世代の双方にとって重要となることが示唆される。

　第7章（「親子の支援関係の特徴と規定要因——Sandwich Generation を中心にして——」）は，中高年パネルデータ（2010年と2014年に追跡）を用いて，未

婚化・晩婚化により成人している子どもの親への依存期間が長期化する一方，長寿化により「祖父母－親－子ども」の三世代併存の可能性が高まることによって出現した，祖父母と子どもに挟まれた親世代（これを「サンドイッチ世代」と呼ぶ）による両方向への支援関係の特徴と規定要因を分析している。分析の対象は，少なくとも1人の祖父母が生存し，少なくとも1人の18歳以上の子どもをもつ者とし，支援の種類として①日用品の買い物，②料理や洗濯，③病気時の世話を用い，祖父母世代への支援と子ども世代への支援が，限られた社会経済的な資源をめぐって競合関係にあるのか，それとも両世代ともに多く支援もしくは少なく支援する相似関係にあるのかを分析し，さらに（祖父母と子ども）両世代への支援の規定要因についても検討を加えている。

　分析の結果，①親（「サンドイッチ」）世代から祖父母世代への支援および親世代から子ども世代への支援のどちらをとってみても，世代間支援は女性の間で頻繁に行われる傾向があること，②サンドイッチ世代は祖父母世代が介護を必要とする場合，特に積極的に支援をする傾向があること，③子ども世代により多くの支援をしている親世代は祖父母世代に対してもより多くの支援を行う傾向があることが示される。ここから，親世代から上方の祖父母世代への支援と下方の子ども世代への支援は競合関係ではなく，むしろ相似関係にあることがわかる。さらに，④親（サンドイッチ）世代から祖父母世代への支援には世代間の居住距離とサンドイッチ世代の労働時間が影響を与えており，居住距離が遠いほど，またサンドイッチ世代の労働時間が長いほど祖父母世代への支援は少なくなる傾向がみられる。特に，この傾向は祖父母世代（老親）の病気のときの世話のように多くの労力と長い時間を必要とする支援において顕著である。

　ここから，社会福祉政策において，サンドイッチ世代からみて上方世代である祖父母世代への支援と下方世代である子どもへの支援の両方をセットにして展開する必要があることが示唆される。言い換えれば，上方世代により多くの支援を行う層は下方世代に対してもより多くの支援を行う傾向があるため，上方世代への支援におけるサンドイッチ世代が担う過剰な負担を軽減するためには，下方の子ども世代に対する支援を軽減する必要がある。さらに，老親の介護や世話は介護する側のもつ時間的・経済的余裕に左右される

ことから，特に要介護の親をもちながら長時間就業する層に焦点を当てた政策的支援を効果的に行うことで，介護離職を減少させる可能性が高くなることが示唆される。

第8章（「JGGSパネル調査の推移と脱落の関連要因」）は，2004年の第1次調査とその後3回の追跡調査の計4回のパネル調査の推移をたどり，パネル脱落の要因を分析している。パネル調査では，継続する期間が長くなり，追跡調査の実施回数が増えるにしたがって，パネルからの脱落が増え，そのことが分析結果に深刻な歪みを生じさせる恐れがある。本章では，2004年から2013年に実施されたJGGSパネル調査を，2004年の第1次調査時に18〜49歳であった「若・壮年パネル」と50〜69歳であった「中高年パネル」に分け，それぞれについて，第1次調査以降の追跡調査でどれくらいの脱落があり，脱落者にはどのような属性がみられたのかについて検討している。

分析の結果，2004年から2013年の9年間における若・壮年パネルと中高年パネルの合算標本の累積脱落率は約57％であり，都市規模別にみると，脱落率は大都市圏でより高く，また女性よりも男性で，そして若年層でより高い。居住形態別にみると，単身世帯居住者で脱落率が高く，特に若・壮年パネルでは80％を超える。一方，配偶関係別にみると有配偶者で脱落率が低く，また持ち家に居住する者も脱落率が低い。さらに，2004年のJGGS開始時点で就業していた者の脱落率は低く，逆に就学中であった者の脱落率は高い。

全体としてみると，2004年の第1次調査時点で30歳未満という最も若い年齢層のパネル調査実施期間中の早い段階での脱落率が高いが，それは20歳代が学校卒業，就職，結婚などのライフコースの主要イベントが集中して起こる時期でもあり，それが他の属性項目にも影響を及ぼしている可能性が高いと考えられる。ここから，パネルからの脱落により生じるデータのバイアスの問題に対応するためには，追跡調査によるデータ補充，脱落確率を反映したウェイト付与処置を行った重みづけデータの再構築などを検討する必要があることが示唆される。

第9章（「パネル欠落が初婚と出生の分析に与える影響」）は，2004年の第1次調査（JGGS-1）で18〜49歳であった男女に焦点を当て，3年後の2007年に追跡した第2次調査，さらに3年後の2010年の第3次調査，そして2013年

の第4次調査からなる「若・壮年パネル」全体を用いて，3回の追跡調査におけるパネル欠落の要因を探り，さらにパネル欠落に密接に関わる結婚と出生行動への影響を定量的に評価することを目的としている。特にここでは，配偶関係と子ども数（既往出生児数）は過去の結婚と出生行動の結果であり，そこには結婚・出生に影響する観察されない個人の異質性による選択性があることに注目して，①未婚者割合と（有配偶男女の）子ども数の分布について，JGGSパネルデータを悉皆調査である『国勢調査』データと比較・検討し，次に②JGGSのミクロデータを用いて，パネル欠落と初婚・出生に関わると考えられる要因について単変量分析を行い，さらに③パネル欠落確率の要因の多変量解析を（欠落全体および理由別に）行っている。

　分析の結果，『国勢調査』データと比較して，JGGPパネルデータでは（特に30歳以上の）未婚者割合および有配偶男女の無子（子どものいない）割合が低い一方で，子ども数の多い夫婦の割合が高いが，これはすでに2004年のJGGS-1時点で未婚者が過少代表されていたことによりほぼ説明される。ここから，パネル欠落は初婚や出生行動に直接影響を与える要因ではなく，世帯規模（の小ささ）や類型（単身世帯）といった実査を難しくするような要因がパネル欠落に大きく影響することが示唆される。

　さらに，パネル欠落確率の要因の分析の結果，性別や年齢といった個人の基本的属性および学歴や生育地（15歳までに最も長く住んだ地域）といった時間により変化しない個人の社会経済的属性はあまり影響を与えない一方，世帯構造や世帯属性が欠落確率に与える影響は大きく，特に世帯規模が大きくなるほど欠落確率は低下する。さらに，調査データから観察される要因がもたらす欠落バイアスは限定的であり，これは既存研究の結論を支持している。

　ここから，初婚や家族形成といったライフコース・イベントの実証分析にはパネル調査データは有用であるが，パネル調査開始時における抽出サンプルと回答者の配偶関係や家族類型および世帯属性について，その代表性を慎重に検討する必要があることが示唆される。さらに，（クロスセクション調査の場合と同様に），パネル調査データの質を向上させるためには，調査環境の悪化に歯止めをかけ，捕捉率の低い層の回答率を上げるための対策を効果的に行うことが重要であるといえる。

参考文献

阿藤　誠 2010「日本の人口動向と平成22年国勢調査の意義」『統計』7月号，pp.2-8.

阿藤　誠 2013「『ひとり暮らし高齢者』の増加とその要因」『統計』1月号，pp.63-66.

阿藤　誠 2014「日本の出生率はどこまで回復しうるか」『統計』1月号，pp.60-64.

岩澤美帆 2002「近年の期間 TFR 変動における結婚行動および夫婦の出生行動の変化の寄与について」『人口問題研究』第58巻3号，pp.15-44.

岩澤美帆 2005「日本における同棲の現状」，毎日新聞社人口問題調査会編『超少子化時代の家族意識——第1回人口・家族・世代世論調査報告書——』毎日新聞社人口問題調査会，pp.71-106.

岩澤美帆 2008『日本における超低出生力：パートナーシップ行動の変容と出生意欲の未充足をめぐって』東京大学大学院総合文化研究科博士論文.

大友　篤 1979『日本都市人口分布論』大明堂.

大野　晃 2008『限界集落と地域再生』北海道新聞社.

岡崎陽一 1980『人口統計学』古今書院.

金子隆一 2010「我が国近年の出生率反転の要因について——出生率推計モデルを用いた期間効果分析——」『人口問題研究』第66巻2号，pp.1-25.

厚生省人口問題研究所 1976『日本の将来推計人口（昭和61年12月推計）』.

厚生労働省 2015「2025年に向けた介護人材にかかる需給推計（確定値）について」（http://www.mhlw.go.jp/file/04-Houdouhappyou-12004000-Shakaiengokyoku-Shakai-Fukushikibanka/270624houdou.pdf_2.pdf）2016年8月27日アクセス.

厚生労働省 2016a「平成27年国民生活基礎調査（所得票・年次推移）」（http://www.e-stat.go.jp/SG1/estat/List.do?lid=000001154651）2016年8月26日アクセス.

厚生労働省 2016b「健康日本21（第二次）：『国民の健康の増進の総合的な推進を図るための基本的な方針』」（http://www.mhlw.go.jp/bunya/kenkou/dl/kenkounippon21_01.pdf）2016年8月26日アクセス.

厚生労働省 2016c「厚生科学審議会（健康日本21（第二次）推進専門委員会：第2回（2014年10月））配布資料：『平均寿命と健康寿命の推移』」（http://www.mhlw.go.jp/file/05-Shingikai-10601000-Daijinkanboukouseikagakuka-Kouseikagakuka/sinntyoku.pdf）2016年8月26日アクセス.

厚生労働省 2016d「国民医療費の範囲と推計方法の概要」（http://www.mhlw.go.jp/toukei/saikin/hw/k-iryohi/09/gaiyou.html）2016年8月26日アクセス.

厚生労働省 2017a「平成25年国民生活基礎調査（世帯　第3巻）」（https://www.e-stat.go.jp/SG1/estat/GL08020103.do?_toGL08020103_&listID=000001119406&requestSender=estat）2017年11月17日アクセス.

厚生労働省 2017b「平成28年人口動態統計月報年計（概数）の概況」（http://www.mhlw.go.jp/toukei/saikin/hw/jinkou/geppo/nengai16/index.html）2017年12月24日アクセス.

国立社会保障・人口問題研究所 2003『第12回出生動向基本調査　結婚と出産に関する全国調査——独身者調査の結果概要——』国立社会保障・人口問題研究所.

国立社会保障・人口問題研究所 2013a『日本の将来推計人口——平成24年1月推計の解説及び参考推計（条件付推計）——』国立社会保障・人口問題研究所.

国立社会保障・人口問題研究所 2013b『日本の世帯数の将来推計（全国推計）（2013（平成25）年1月推計）』国立社会保障・人口問題研究所.

国立社会保障・人口問題研究所 2013c『日本の地域別将来推計人口（平成25年3月推計）』国立社会保障・人口問題研究所.

国立社会保障・人口問題研究所 2015『人口統計資料集 2015』国立社会保障・人口問題研究所.

国立社会保障・人口問題研究所 2016『人口統計資料集 2016』国立社会保障・人口問題研究所.

国立社会保障・人口問題研究所 2017a『人口統計資料集 2017』国立社会保障・人口問題研究所.

国立社会保障・人口問題研究所 2017b『日本の将来推計人口（平成29年4月推計）』国立社会保障・人口問題研究所.

国立社会保障・人口問題研究所 2017c『「生活保護」に関する公的統計データ一覧』（http://www.ipss.go.jp/s-info/j/seiho/seiho.asp）2017年9月25日アクセス.

国立社会保障・人口問題研究所 2017d『社会保障統計年報データベース』（http://www.ipss.go.jp/ssj-db/ssj-db-top.asp）2017年9月25日アクセス.

国立社会保障・人口問題研究所 2017e『社会保障費用統計（平成27年度）』（http://www.ipss.go.jp/ss-cost/j/fsss-h27/fsss_h27.asp）2017年9月25日アクセス.

社会保障国民会議 2008「社会保障国民会議最終報告」（http://www.kantei.go.jp/jp/singi/syakaihosyoukokuminkaigi/saishu/siryou_1.pdf）2016年8月16日アクセス.

社会保障制度改革国民会議 2013「社会保障制度改革国民会議報告書～確かな社会保障を将来世代に伝えるための道筋～」（http://www.kantei.go.jp/jp/singi/kokuminkaigi/pdf/houkokusyo.pdf）2016年8月16日アクセス.

白波瀬佐和子 2009『日本の不平等を考える：少子高齢社会の国際比較』東京大学出版会.

人口学研究会編 2010『現代人口辞典』原書房.

総務省統計局 2017「労働力調査　長期時系列データ」（http://www.stat.go.jp/data/roudou/longtime/03roudou.htm）2017年9月21日アクセス.

橘木俊詔 2002『安心の経済学——ライフサイクルのリスクにどう対処するか——』岩波書店.

津谷典子 2007「ジェンダー関係のゆくえ」，阿藤　誠・津谷典子編著『人口減少時代の日本社会』原書房，pp.83-122.

津谷典子 2009「なぜわが国の人口は減少するのか——女性・少子化・未婚化——」津谷典子・樋口美雄編『人口減少と日本経済——労働・年金・医療制度のゆくえ——』日本経済新聞出版社，pp.3-52.

津谷典子 2016「ジェンダー・家族関係の変容」，佐藤龍三郎・金子隆一編著『ポスト人口転換期の日本』原書房，pp.135-158.

津谷典子・朝井友紀子 2010「わが国の若年未婚男女の結婚をめぐる意識と結婚意欲」日本人口学会第62回大会，お茶ノ水女子大学，6月13日.

利谷信義編 1999『現代家族法学』法律文化社.

内閣官房・内閣府総合サイト2017「地方創生（関係法令・閣議決定等）」（https://www.
　　　　kantei.go.jp/jp/singi/sousei/kakugi_index.html）2017年11月17日アクセス.

内閣府 2012『平成24年版高齢社会白書』印刷通販.

内閣府 2013『平成25年版高齢社会白書』日経印刷.

内閣府 2016『平成28年版高齢社会白書』日経印刷.

橋本修二他 2012「健康寿命の算定方法の指針」（http://toukei.umin.jp/kenkoujyumyou/
　　　　syuyou/kenkoujyumyou_shishin.pdf）2016年 8 月16日アクセス.

廣嶋清志 2000「近年の合計特殊出生率の要因分解：夫婦出生率は寄与していないか？」
　　　　『人口学研究』第26号，pp.1-19.

増田寛也編著 2014『地方消滅──東京一極集中が招く人口急減──』中央公論新社.

松原治郎 1969『核家族時代』日本放送出版協会.

山田昌弘 1999『パラサイト・シングルの時代』筑摩書房.

Bumpass, Larry L. and James Sweet. 1989. "National Estimates of Cohabitation: Cohort
　　　　Levels and Union Stability," *Demography*, Vol.26, No.4: 615-625.

Cargill, Thomas F., Michael M. Hutchison, and Takatoshi Ito. 1997. *The Political Economy
　　　　of Japanese Monetary Policy*. Cambridge, Mass.: MIT Press.

Casterlin, John. 2003. "Demographic Transition," Pp. 210-216 in Demeny, Paul and
　　　　Geoffrey McNicoll (eds.), *Encyclopedia of Population*. New York: Macmillan
　　　　Reference USA.

Coale, Ansley J. 1957. "How the Age Distribution of a Human Population Is Determined,"
　　　　Cold Spring Harbor Symposia on Quantitative Biology, Vol. 22: 83-88.

Feeney, Griffith. 2003. "Momentum of Population Growth," Pp.646-649 in Demeny, Paul
　　　　and Geoffrey McNicoll (eds.) *Encyclopedia of Population*. New York: Macmillan
　　　　Reference USA.

Fuwa, Makiko. 2004. "Macro-level Gender Inequality and the Division of Household
　　　　Labor in 22 Countries," *American Sociological Review*, Vol.69. No.6: 751-767.

Gavrilov, Leonid A. 2003. "Aging of Population," Pp.33-37 in Demeny, Paul and Geoffrey
　　　　McNicoll (eds.), *Encyclopedia of Population*. New York: Macmillan Reference USA.

Geist, Claudia and Philip M. Cohen. 2011. "Headed Toward Equality? Housework Change
　　　　in Comparative Perspective," *Journal of Marriage and the Family*, Vol.73, No.4:
　　　　832-844.

Hajnal, John. 1953. "Age at Marriage and Proportions Marrying," *Population Studies*,
　　　　Vol.7, No.2: 111-136.

Kiernan, Kathleen. 1999. "Cohabitation in Western Europe," *Population Trends*, No.96: 25-
　　　　32.

Lesthaeghe, Ron. 2010. "The Unfolding Story of the Second Demographic Transition,"
　　　　Population and Development Review, Vol.36, No.2: 211-252.

McDonald, Peter. 2000. "Gender Equality in Theories of Fertility Transition," *Population
　　　　and Development Review*, Vol.26, No.2: 427-440.

OECD 2017a. *OECD Statistics (Labor Force Statistics)*. (http://stats.oecd.org/#), accessed on November 18, 2017.

OECD 2017b. *OECD Statistics (Income Distribution and Poverty)*. (http://stats.oecd.org/#), accessed on November 18, 2017.

Olshansky, Jay S. and A. Brian Ault. 1986. "The Fourth Stage of the Epidemiologic Transition: The Age of Delayed Degenerative Diseases," *The Milbank Memorial Quarterly*, Vol.66, No.3: 355-391.

Raymo, James M. 2003a. "Educational Attainment and the Transition to First Marriage among Japanese Women," *Demography*, Vol.40: 83-103.

Raymo, James M. 2003b. "Premarital Living Arrangements and the Transition to First Marriage in Japan," *Journal of Marriage and the Family*, Vol.65: 302-315.

Raymo, James M. and Hiromi Ono. 2002. "The Attractiveness of Extended Coresidence with Parents as an Alternative to Early Marriage among Japanese Women," Paper presented at the 2002 Population Association of America Annual Meeting, Atlanta, May 9-11.

Raymo, James M. and Hiromi Ono. 2007. "Parental Home Environment, Women's Economic Resources, and the Transition to Marriage in Japan," *Journal of Family Issues*, Vol.28: 653-681.

Rindfuss, Ronald R. and Audrey VandenHeuvel. 1990 "Cohabitation: A Precursor to Marriage or An Alternative to Being Single," *Population and Development Review*, Vol.16, No.4: 703-726.

Tsuya, Noriko O. and Karen Oppenheim Mason. 1995. "Changing Gender Roles and Below-Replacement Fertility in Japan," Pp. 139-167 in Mason, Karen Oppenheim and An-Magritt Jensen (eds.), *Gender and Family Change in Industrialized Countries*. Oxford: Clarendon Press.

Tsuya, Noriko O. Karen Oppenheim Mason, and Larry L. Bumpass. 2004. "Views of Marriage among Never-Married Young Adults," Pp.39-53 in Tsuya, Noriko O. and Larry L. Bumpass (eds.), *Marriage, Work, and Family Life in Comparative Perspective*. Honolulu: University of Hawaii Press.

United Nations Population Division (UNPD). 2015. *World Population Prospects, 2015 Revision*. New York: United Nations. (https://esa.un.org/unpd/wpp/Download/Standard/Population/), accessed on August 26, 2016.

van de Kaa, Dirk J. 1987. "The Second Demographic Transition," *Population Bulletin*, Vol.42, No.1: 3-59.

Willis, Robert J. and Robert T. Michael. 1988 "Innovation in Family Formation: Evidence on Cohabitation in the U.S.," Paper presented at the IUSSP Seminar on the Family, the Market, and the State in Aging Societies, Sendai City, Japan, September.

第Ⅰ部

ジェンダーでとらえる仕事と家族

第1章

雇用とパートナーシップ形成
——ジェンダーとコホートの視点から——

津谷 典子

はじめに

　本章は，2004年に実施された『結婚と家族に関する国際比較調査』の第1次調査と，第1次調査時に18～49歳であった回答者男女を3年後の2007年に追跡調査した第2次調査からなる「若・壮年パネルデータ」，および第1次調査時に50～69歳であった回答者男女を6年後の2010年に追跡調査した第2次調査からなる「中高年パネルデータ」の両方を用いて，1950年代の戦後初期から2000年代にいたるわが国の若者の雇用とパートナーシップ形成との関係がどのように変化してきたのかについて，ジェンダーと出生コホートの視点から検証することを目的とする。特に本章では，20～30歳代のヤングアダルト期のライフコースを形成する主要人口学的イベントである初職とそれに先立つ就学，および未婚期の同棲と初婚について，そのパターンの変化とその要因を男女別に比較分析する。これらのヤングアダルト期を形成する主要イベントがどのように変化しているのかについて，1935～1986年生まれの男女を対象とすることにより50年以上にわたる出生コホートを比較し，さらにそれをジェンダーの視点から分析することにより，わが国の男女のヤングア

60 第Ⅰ部　ジェンダーでとらえる仕事と家族

ダルト期のライフコースの変化の構造的要因を探り，その政策的インプリケーションについて考察する。

　ヤングアダルト期は，学校卒業，入職と経済的自立，およびパートナーシップ形成など，互いに関連する複数の人口学的イベントが集中して起こる期間である（Rindfuss 1991）。ヤングアダルト期に関する社会人口学的研究は，これらのイベントが起こる順序（sequence）とタイミング，およびその要因に焦点を当てたものが主流となっている（e.g. Billari 2001, 2004; Marini 1984a, 1984b; Rindfuss et al. 2010; Rindfuss, Swicegood and Rosenfeld 1987; Shanahan 2000）[1]。なかでも，学歴と学校卒業後の初職は，ヤングアダルト期のみならずその後のライフイベントにも大きな影響を及ぼすという意味で，「関連するイベントが作り出す累積的プロセス（cumulative contingencies）」としてのライフコースの決定要因として重要である。

　西洋諸国を対象とした先行研究によると，ヤングアダルト期のライフコースにおける近年の最も顕著な変化は上記の人口学的イベントを経験するタイミングの遅れであるが，社会通念として期待されるイベントの経験の順序が崩れてきていることも指摘されている（Bell et al. 2007; Elman and O'Rand 2004; Lichter, McLaughlin and Ribar 2002; Oppenheimer 2003; Oppenheimer, Kalmijn and Lim 1997）。類似した変化は近年わが国においても起こっていると考えられるが（Rindfuss et al. 2010），その変化は男女同じようには起こっておらず，またイベント間の結びつきも男女間で異なることが予想される。さらに，このようなライフコースの変化がどの時期に顕著になったのかについても，出生コホート別にイベントの経験割合を比較することにより示唆を得ることができる。

　わが国の女性の短大・大学進学率は1965〜1975年に上昇を始め，特に女性の大学進学率の増加は1980年代半ば以降加速している（文部科学省 2016, pp.38-39）。男性の大学進学率も1990年代に入り上昇しているが，女性と比べてその速度は緩やかである。その結果，短大と大学を合計した高等教育機関への女性の進学率は，1990年代に入り男性のそれとほぼ肩を並べ，2015年に

---

1)　米国を中心とした欧米諸国における成人移行期のライフコースのパターンと要因に関する既存研究の総合的なレビュウは，Raymo and Vogelsang（2009）を参照されたい。

は約57％に達している。ここから，1980年代半ばから1990年代にかけてわが国の若者男女の高学歴化は本格化したと考えられ，なかでも女性の高学歴化は顕著である。

　このような高学歴化は学校卒業後の男女の就業行動にも反映されている。1950年代〜1960年代の高度経済成長を背景として，新卒男女を正社員・正職員として採用し，定年まで雇用するというわが国の正規雇用の慣行である「終身雇用制度」が一般化した（野村 2007）。新規学卒者のうち卒業後1年以内に正規雇用についた者の割合である就職率は，1950年代〜1960年代にはすべての学歴において増加傾向がみられ，その傾向は大卒の男性でより顕著であった（文部科学省 2016, pp.40-41）。さらに，1960年代〜1970年代初めには大きかった大学卒の就職率の男女格差は，1970年代〜1980年代にかけて主に女性の就職率が大きく上昇したことにより急速に縮小し，1990年には81％で男女同率の高水準に達した。

　しかしその後，バブル経済の終焉とその後の不況による人件費削減圧力，および経済のグローバル化による国際競争力維持の必要性から（五十嵐 2009），戦後のわが国の労働市場の特徴とされてきた終身雇用制度が揺らぎ始め（Hamaaki et al. 2010），派遣や契約および「フリーター」と呼ばれるパート・アルバイトなどの非正規雇用につく若者が増加した（Statistics Bureau 2005）。その結果，1990年代に入って就職率は男女ともに大きく低下したが，目立った男女格差はみられなかった。2000年以降，4年制大学卒の就職率は男性よりもむしろ女性でより高くなっており，2015年の大学新卒者の就職率は女性が79％である一方，男性では68％にとどまっている（文部科学省 2016, pp.40-41）。したがって，学校卒業後の最初の仕事としての正規雇用（つまり就職）における男女格差はなくなってきているということができよう。

　一方，上述したように，1990年代以降わが国の若者の雇用の安定性は低下している。たとえば，定義により違いはあるが，1996年に約100万人と推計された15〜34歳のパート・アルバイトの若者（いわゆるフリーター）人口は，2003年には約217万人と2倍以上に急増した（厚生労働省 2016, p.10）。その後，フリーター人口はおよそ180万人前後で高止まりの傾向をみせている。また，就学せず求職活動もせず職業訓練も受けていない「ニート（NEET）」と呼

ばれる15～34歳の若者の無業者も増加しており，1995年には約29万人と推計
されたニート人口は，2003年には約64万人に増加した（厚生労働省 2016,
p.10）。その後若者ニート人口はおよそ60～65万人で推移しており，無視で
きない数となっている。

　このような若者の雇用の不安定化の経済的影響は深刻であるが，近年これ
が未婚化や少子化の主な要因の１つとされ，若者の雇用の安定化を少子化対
策の一環としてとらえる政策的動きが顕著になってきている。たとえば，少
子化に対応するための基本指針として2004年に策定された「少子化社会対策
大綱」推進のための「少子化社会対策大綱に基づく重点施策の具体的実施計
画について（子ども・子育て応援プラン）」（2005～2009年度）では，「エンゼル
プラン」や「新エンゼルプラン」といった従来の少子化対策の中心であった
保育サービスおよび仕事と子育て両立支援といった直接的支援だけでなく，
若者の経済的自立を可能にするための政策的支援が重要課題の１つとなった
（厚生労働省 2006, pp.20-43）。さらに，2015年に改・策定された最新の「少子
化社会対策大綱」（2015～2019年度実施予定）においても，経済的基盤安定の
ための若者の雇用の安定が重要課題の１つとして挙げられている（内閣府 2016,
pp.63-66）。このように，若者の雇用の安定化は少子化対策の重要な柱の１つ
としても注目されており，経済と家族形成の両面にわたってその政策的意味
合いは大きい。

　本章では，２つのパネルデータを用いた実証分析を行うことにより，学歴
と学校卒業後の最初の雇用がパートナーシップ形成に及ぼす影響について長
期的かつ多面的に検証し，その政策的インプリケーションを考えてみたい。

第１節　データと分析モデル

　本章では，2004年に実施された『結婚と家族に関する国際比較調査』の第
１次調査（JGGS-1）と，第１次調査時に18～49歳であった回答者男女を３
年後の2007年に追跡した調査（「若・壮年パネル」と略称）から得られるミク
ロデータ，および2004年の第１次調査時点で50～69歳であった回答者男女を
６年後の2010年に追跡した調査（「中高年パネル」と略称）から得られるミク

ロデータ，という２つのパネルデータを用いて，①学歴からみた雇用と所得との関係，②雇用と学歴の未婚期の同棲経験への影響，そして③雇用と学歴の初婚行動への影響，について多変量解析を行う。

これらの分析の対象となるサンプルは，若・壮年パネルについては，2004年の第１次調査で18～49歳であり2007年の第２次調査に回答した3083名から，第１次と第２次の両調査時点において学校在学中であった52名，および学校在学についての情報が欠落している16名を除いた3015名（男1277名，女1738名）である。中高年パネルについては，2004年の第１次調査時点で50～69歳で2010年の第２次調査に回答した2611名（男1263名，女1348名）が分析対象となる。なお，中高年パネルでは，2004年と2010年の両時点において学校在学中であった者はいない。

次の第２節では，学歴，雇用，所得という３つの経済変数間の関係について，出生コホートによる差異と男女差に焦点を当てて検証する。特にここでは，①学歴と学校卒業後の最初の雇用との関係，②学卒後の最初の雇用と現在（若・壮年パネルでは2007年時点，中高年パネルでは2010年時点）の雇用との関係，③学卒後の最初の雇用と現在の所得との関係，についてそれぞれ男女別に分析を行う。

多変量解析に用いるモデルは被説明変数の種類によって選択されるが，①の学歴と学校卒業後の初職との関係についての分析では，被説明変数は学卒後の最初の雇用が正規雇用か否かの二項変数である。また②の学卒後の雇用と現在の雇用との関係の分析でも，被説明変数は現在（2007年もしくは2010年の追跡調査時）に正規雇用についているか否かの二項変数である。さらに，中高年パネルについては，2010年時点で正規雇用についているか否かのみならず，どのような雇用形態であれ就業しているか否かについても分析を加える。したがって，これらの雇用に関する分析ではすべてロジスティック回帰分析モデル（binary logistic regression model）を用いる。一方，③の学卒後の最初の雇用と現在の所得との関係の分析では，追跡調査の前年（若・壮年パネルでは2006年，中高年パネルでは2009年）の年収が被説明変数となる。これは当該年度の総所得であり，勤労所得のみならずその他すべての収入源からの所得の合計である。JGGS-1と２つの追跡調査では，調査前年の年収は

すべてゼロから1500万円以上の13のカテゴリーからなる変数を用いて測定されているため，ここでは各カテゴリーの中間値（mid-point）を用いて連続変数を構築する。したがって，この分析では重回帰分析モデル（OLS multiple regression model）を用いる。

　第3節では，学歴と学校卒業後の最初の雇用が未婚期の男女の同棲経験にどのような影響を及ぼしているのかについて分析する。若・壮年パネルでは，2004年の第1次調査時に未婚であり第2次調査が実施された2007年までの3年間に初婚を経験した者に対して，結婚前に同棲したことがあるかを尋ねている。また2007年の第2次調査時に未婚のままであった者に対しても，現在同棲しているか，今はしていないが以前したことがあるかについて質問している。ここから，若・壮年パネルについて，2004年の第1次調査から2007年の第2次調査までの3年間における未婚期の同棲経験についての情報を抽出することができる。しかしながら，2004年から2007年までの3年間に初婚を経験した者は76名であり，そのうち結婚前に同棲を経験した者はわずか20名にすぎなかった。また，2007年の第2次調査時に未婚であった者で2004年からの3年間に同棲を経験した者は，第2次調査時に同棲中であった者を含めても57名であった。したがって，2004～2007年の3年間における未婚期の同棲経験の分析対象となるイベント数の合計は77と少数であり，これをさらに男女別に分析すると，分析結果の統計的有意性と安定性に問題が生じる。そこで，第3節では，2004年の第1次調査で収集された全配偶関係の男女を対象とした未婚期の同棲経験の情報に，2007年の第2次調査で収集された2004年以降の3年間における未婚期の同棲経験の情報を付け加えることにより，若・壮年パネルの男女全員を対象とした未婚期の同棲経験の有無を示す二項変数を構築し，それを被説明変数として分析を行う[2]。一方，中高年パネルについても，2004年の第1次調査時点においておよそ98％が既婚であり，2010年の第2次調査までの6年間に初婚を経験した者はわずか6名であるため，若・壮年パネルの場合と同様に，第1次調査により収集された全配偶関係の男女を対象とした未婚期の同棲経験の有無を分析に用いる[3]。したがって，未婚期の同棲経験についての分析に使用する多変量解析モデルも，ロジスティック回帰分析モデルである。

最後に，第4節では，学歴と学校卒業後の最初の雇用が初婚行動に与える
影響について分析する。本来，この分析についても，2004年の第1次調査時
点で未婚であった男女を対象として，若・壮年パネルの場合には2007年の第
2次調査までの3年間における初婚経験の有無を分析することが，パネル
データの長所を生かすうえでも，また説明変数の外生性を高めるうえでも望
ましい。しかしながら，2004年の第1次調査以降の3年間に発生した初婚件
数は76と少数であり，分析結果に十分な統計的有意性と安定性が得られない。
一方，中高年パネルについては，上述したように，2004～2010年の6年間に
おける初婚発生件数はわずか6件である。そこで，第3節と同様に第4節で
も，2004年の第1次調査と第2次調査（若・壮年パネルは2007年，中高年パネ
ルは2010年に実施）のデータから構築される既婚者の初婚年齢，そして未婚
者については追跡調査時点の年齢を用いて，初婚タイミングのイベント・ヒ
ストリー分析を行う。この分析に使用する多変量解析モデルは，比例ハザー
ドモデル（proportional hazard model）である[4]。

---

2) 第1次調査（JGGS-1）では，未婚者に対して現在同棲中であるか，もしくは以前同
棲していたことがあるかを尋ねるだけでなく，既婚者に対しても，結婚前に同棲したこ
とがあるか否かを質問している。これらの未婚者と既婚者の同棲経験についての情報を
合わせることにより，全配偶関係の男女を対象とした未婚期の同棲経験を測定すること
ができる。同棲は比較的短期間しか継続しないことが多く（岩澤 2005; Rindfuss and
VandenHeuvel 1990; Willis and Michael 1988），わが国のように同棲が結婚に代わる
パートナーシップ関係として広く認知されていない社会では，特にその傾向が強い。そ
の結果，未婚者のみを対象としているかぎり，未婚期の同棲経験は過小推計されること
になる。本分析ではこのようなバイアスはかからない。

3) 中高年パネルについては，2004年の JGGS-1 実施時点で，パネルの98％に当たる
2546名が既婚者であった。それら既婚者に対して結婚前の同棲経験の有無が質問された。
また，残り2％（65名）の未婚者についても，調査時点現在同棲しているか，もしくは
以前に同棲したことがあるかを尋ねている。この65名の2004年の JGGS-1 実施時の未婚
者のうち6名がその後の6年間に初婚を経験しており，6名全員が2004年時点では同棲
経験がなかった。しかし，2010年の第2次調査では既婚者を対象に結婚前の同棲経験に
ついて尋ねなかったため，これら6名の初婚経験者について，2004～2010年までの6年
間における結婚前の同棲経験（つまり2004年の未婚時点では同棲経験がなかったが，そ
の後6年間において結婚前に同棲したかどうか）に関する情報を得ることができない。
そのため本章では，2004年の第1次調査（JGGS-1）における結婚前の同棲経験の有無
の情報を用いる。

66　第Ⅰ部　ジェンダーでとらえる仕事と家族

　以上の多変量解析モデルに共通して投入される説明変数は，回答者の学歴と出生コホートの近似変数としての2004年の JGGS-1 時点の年齢である。学歴は，中学以下，高校，各種専門学校，短大・高専，大学・大学院の５つからなるカテゴリー変数であり，高校をレファレンス（準拠カテゴリー）として，４つのダミー変数を構築した[5]。一方，2004年の JGGS-1 時点の年齢は出生コホートの近似変数である。若・壮年パネルについては，第１次調査（JGGS-1）時点の年齢である18〜49歳を７つの５歳階級グループに分け，カテゴリー変数として2004年の第１次調査時点の年齢を測定することにより出生コホートの影響を推計する。ここでは，25〜29歳をレファレンスとする６つのダミー変数を構築する。一方，中高年パネルについても，若・壮年パネルの場合と同様に，2004年の第１次調査時点の年齢である50〜69歳を４つの５歳階級グループに分け，最も若い年齢層である50〜54歳をレファレンスとした３つのダミー変数により，出生コホートの影響を推計する。なお，初婚タイミング（年齢別初婚確率）のハザードモデル分析では，年齢はベースライン・ハザード率を決定する被説明変数の一部としてモデルにあらかじめ組み込まれているため，新たに説明変数としてモデルに投入することはできない。そこで，この分析では，回答者の出生コホート（出生西暦年次から1900を引いたもの）を説明変数として用いる。

　これら外生性の高い説明変数に加えて，第３節の未婚期の同棲経験の分析と第４節の初婚タイミングの分析では，学校卒業後に最初についた職が正規

---

4)　初婚タイミングの分析では，選択性バイアスがかからないよう，実際に初婚を経験した既婚者だけに分析対象を限定するのではなく，未婚者を含むすべての配偶関係の男女を対象とする必要がある。このような選択性バイアスのかからない初婚確率の分析には，イベント・ヒストリー分析モデルが最適である。イベント・ヒストリー分析一般についての理論的枠組みとモデルとしての利点の詳細は，Cox（1972），津谷（2002），および Yamaguchi（1991）を，そして比例ハザードモデルについての詳細は，Retherford and Choe（1993, pp. 181-206）を参照されたい。

5)　なお，第１次調査時の学歴と第２次調査時の学歴が一致せず，第２次調査時の学歴のほうが第１次調査時の学歴よりも低い場合には，第２次調査時の学歴を用いた。その反対に，第２次調査時の学歴のほうが第１次調査時の学歴よりも高い場合には，第１次調査時点での学校在学状況および年齢を考慮に入れ，基本的には第２次調査時点の学歴を用いた。

雇用か否かという二項変数も説明変数としてモデルに導入する[6]。したがっ
て，これらの分析では，2004年時の年齢（出生コホート）と学歴の影響を制
御して，学卒後の最初の雇用が未婚期の同棲経験確率や年齢別初婚確率に与
える影響を推計する。

　なお，若・壮年パネルと中高年パネルでは第1次調査（JGGS-1）から追
跡調査（第2次調査）までの期間が異なるため，すべての多変量解析につい
て，これら2つのパネルを分けてそれぞれ分析を行う。

第2節　学歴とコホートからみた雇用と所得

　本節では，学歴と2004年のJGGS-1時点における年齢により測られる出生
コホートが学校卒業後の最初の雇用とどのように結びついているのか，また
学校卒業後に初めてついた職が正規雇用であることが，その後の雇用と経済
力にどのような影響を与えているのかについて検証する。前述したように，
戦後初期（1950年代〜1960年代）に増加し1970年代に一般的になった正規雇
用は1990年代以降減少傾向にあり，それに代わって派遣社員や契約社員およ
びパート・アルバイトなどの非正規雇用が増加している。これらの非正規雇
用の増加は35歳未満の若者で特に顕著であり，なかでもこの若い年齢層の男
性で増加が最も急速である（総務省統計局 2008, pp. 33-34）。非正規雇用は昇
進の機会が限られ雇用調整の対象とされやすいだけでなく，正規雇用との賃
金格差も大きく，この格差は女性よりも男性で大きい（厚生労働省 2008, pp.
11-12）。したがって，非正規雇用では安定した生活基盤を築くことが難しく
（五十嵐 2009），特に若い男性にとって，正規雇用の仕事につくことは雇用の
安定性を確保することと強く結びついているといえる。

　表1-1には，学校卒業後に初めてついた仕事が正規雇用である者の割合

---

6)　第1次調査と第2次調査の両方で学校在学中の者を除いた若・壮年パネルの男女で，
　仕事についたことのある者のほとんどは学校卒業後間もなく（多くは卒業とほぼ同時
　に）初めての仕事についており，またほぼ全員が卒業時には未婚であった。この結果，
　大多数の男女は学校卒業後初めての職についた当時未婚であったことから，この説明変
　数の外生性は高いと考えられる。

68　第Ⅰ部　ジェンダーでとらえる仕事と家族

表1-1　学校卒業後に初めてついた仕事が正規雇用であった者の性・年齢別割
合：2004年の第1次調査時に18〜49歳で2007年の第2次調査に回答した
若・壮年パネルの男女，および2004年の第1次調査時に50〜69歳で2010
年の第2次調査に回答した中高年パネルの男女

(%)

2004年の年齢[a]	男女計	男	女
18〜24歳	56.1	52.9	58.1
25〜29歳	74.0	76.8	71.9
30〜34歳	83.5	83.3	83.7
35〜39歳	83.7	84.5	83.0
40〜44歳	87.3	87.0	87.6
45〜49歳	86.8	87.0	86.6
18〜49歳	80.4	81.0	80.0
（実数）	(2,939)	(1,256)	(1,683)
50〜54歳	85.7	86.0	85.5
55〜59歳	84.9	86.4	83.6
60〜64歳	76.6	81.3	72.4
65〜69歳	64.7	69.5	59.2
50〜69歳	78.6	81.0	76.4
（実数）	(2,579)	(1,242)	(1,337)

注：2004年の第1次調査時に18〜49歳であった若・壮年パネルについては，2004年と2007年の両方の調査で学校在学中であった者を除く。
　a）2004年の第1次調査（JGGS-1）実施時点の年齢。

が2004年の JGGS-1 時点における年齢別に示されている（学卒後の初職についての情報は第2次調査によって収集されているが，若・壮年パネルと中高年パネルでは第2次調査の実施年次が異なるため，表1-1ではこれら2つのパネルが破線により区切られている）。まず，若・壮年パネルをみると，学卒後の最初の職が正規雇用であった割合は，2004年の JGGS-1 時点の年齢が30歳未満であった男女（つまり出生コホートが1975〜1986年であった男女）で目立って低くなっている。30歳代の男女ではこの割合はおよそ84％であるのに対し，25〜29歳では74％に低下し，そして18〜24歳では56％とさらに大きく落ち込んでいる。若干の男女差はあるものの，学卒後最初についた仕事が正規雇用である割合に30歳未満と30〜48歳との間で大きな差異（threshold）があることは共通しており，30歳未満では年齢が若いほど割合が低いというパターンが

男女ともにみられる。ここから，1975年代半ば以降に生まれた男女は，それ以前に生まれた男女に比べて，学校卒業後に正規雇用につく割合が大きく低下しており，それは男女共通であることがわかる。

　一方，中高年パネルをみると，若・壮年パネルとは対照的に，年齢が上がるにしたがって学校卒業後に正規雇用についた割合は，50〜54歳の86％から65〜69歳の65％へと低くなっていることがわかる。さらに，年齢が上がるにつれて男女差が大きくなっており，65〜69歳では，男性の70％に比べて女性では59％である。これは，1950年代〜1960年代のわが国の労働市場における正規雇用慣行である終身雇用制の広がりと1970年代〜1980年代の終身雇用制の一般化（関口 1996；野村 2007）を反映していると考えられるが，この正規雇用慣行（終身雇用制）の対象は初期（1950年代〜1960年代）においては男性労働者を中心としたものであったことが示唆される。

　また，2004年に50〜69歳であった中高年パネルについては，JGGS-1実施後に定年退職をする者や加齢により就業をやめる者が多いと予想されることから，2010年の第2次調査時点で正規雇用の職についている者，およびどのような雇用形態であれ就業している者の割合も年齢とジェンダー別にみてみたい。表1－2に示されているように，中高年パネルの男女で2010年の第2次調査時点で正規雇用の職についている者の割合は，男女平均で14％弱と低い。また，この割合は年齢が上がるにしたがって低下し，特に60歳代での落ち込みが大きく，男性で4〜7％，女性では1〜3％と正規雇用の職についている者はほとんどいない。さらに，男女差も大きく，2010年時点の正規雇用割合は男性では22％であるのに対し，女性ではわずか6％である。一方，どのような雇用形態であれ就業している者の割合をみると，中高年パネルのおよそ半数（49％）が就業していることがわかる。特に男性では就業率は高く58％となっており，女性でも40％が就業している。男女ともに年齢が上がるにしたがって就業率も低下するが，それでも2004年に60〜64歳であった男女の2010年の就業率は39％（男性で44％，女性で34％），そして65〜69歳の男女の就業率はおよそ25％（男性32％，女性16％）であり，欧米先進諸国と比べてわが国の高齢者の就業率は目立って高いという全国レベルのデータに基づく国際統計の結果を裏付けている（国立社会保障・人口問題研究所 2016,

70 第 I 部　ジェンダーでとらえる仕事と家族

表 1-2　2010年の第 2 次調査時に正規雇用の職についている者，およびどのような形態であれ就業している者の年齢別割合：2004年の第 1 次調査時に50〜69歳で2010年の第 2 次調査に回答した中高年パネルの男女

(%)

2004年の年齢[a]	男女計		男		女	
	正規雇用	就業	正規雇用	就業	正規雇用	就業
50〜54歳	32.2	72.2	53.7	87.0	14.2	59.6
55〜59歳	12.8	54.2	22.3	67.0	4.2	42.7
60〜64歳	4.9	38.7	6.8	44.3	3.1	33.6
65〜69歳	2.7	24.6	4.0	31.9	1.1	16.3
50〜69歳	13.7	48.5	21.8	57.8	6.1	39.8
（実数）	(2,601)	(2,611)	(1,258)	(1,263)	(1,343)	(1,348)

注：a) 2004年の第 1 次調査（JGGS-1）実施時点の年齢。

pp.140-141）。なかでも，2004年に60〜64歳であった者のおよそ 4 割が 6 年後の2010年に66〜70歳という高齢になっても就業しており，また2004年にすでに65〜69歳の高齢者であった者の25％が2010年に70歳を超えても働いていることは特筆に値する。したがって，中高年パネルでは，正規雇用で働いている者の割合は低いが，就業率自体はかなり高く，わが国では65歳以上の老年期に入っても労働市場にとどまる傾向が欧米に比べてずっと高いことが確認される。

　次に，学歴が学校卒業後の初職にどのような影響を及ぼすのか，そして学卒後に初めてついた仕事が正規雇用であることが第 2 次調査時点（若・壮年パネルでは2007年，中高年パネルの場合は2010年）の雇用とどのように結びついているのか，についてみてみたい。表 1-3 a と表 1-3 b には，本章で行うすべての多変量解析に用いられる説明変数の記述統計量が，若・壮年パネルと中高年パネルのそれぞれについて示されている。そして表 1-4 a と表 1-4 b には，学校卒業後に初めてついた仕事が正規雇用（以下「学卒後の正規雇用」と略称）である確率，および第 2 次調査時点で正規雇用（以下「現在の正規雇用」と略称）についている確率についてのロジスティック回帰分析による推計結果（説明変数の推計値のオッズ比）が，2 つのパネルについてそれぞれ男女別に示されている。オッズ比（odds ratio）は説明変数の係数

第1章　雇用とパートナーシップ形成　*71*

表1-3a　学歴と雇用との関係，未婚期の同棲経験，および年齢別初婚確率の多変量解析に用いられる説明変数の記述統計量：2004年の第1次調査時に18～49歳で2007年の第2次調査に回答した若・壮年パネルの男女

説明変数	男		女	
	平均	標準偏差	平均	標準偏差
学卒後の正規雇用	0.810	0.393	0.800	0.400
学歴				
中学以下	0.052	0.222	0.033	0.178
高校[†]	0.426	—	0.416	—
各種専門学校	0.125	0.331	0.173	0.379
短大・高専	0.034	0.181	0.220	0.414
大学・大学院	0.364	0.481	0.158	0.365
2004年の年齢[a)]				
18～24歳	0.110	0.313	0.136	0.343
25～29歳[†]	0.114	—	0.112	—
30～34歳	0.190	0.393	0.167	0.373
35～39歳	0.174	0.389	0.193	0.395
40～44歳	0.186	0.408	0.181	0.385
45～49歳	0.211	0.338	0.205	0.404
出生コホート[b)]	66.608	8.593	67.265	8.763

注：2004年の第1次調査と2007年の第2次調査の両方で学校在学中であった者を除く。
　　† レファレンス・カテゴリー。
　　a）2004年の第1次調査（JGGS-1）実施時点の年齢。
　　b）西暦出生年次−1900。

（coefficient）の指数であり，したがってこれは掛け算のモデルである。オッズ比が1.0よりも高ければその変数の影響はプラス，1.0未満であれば変数の影響はマイナス，そして1.0であればゼロである。

　まず，若・壮年パネルのロジスティック回帰分析モデルを用いた多変量解析結果を示す表1−4aをみると，高校卒の者と比べて，中学卒以下の低学歴層は学校卒業後に初めてついた仕事が正規雇用である確率が男女ともに有意に低く，特に女性でその影響が大きいことがわかる。学歴が中学卒以下の男性は，高校卒の男性に比べて，学卒後に正規雇用につく確率が約48％低く，女性では中学卒以下の確率は高校卒と比べて75％も低い。したがって，中学

72　第Ⅰ部　ジェンダーでとらえる仕事と家族

表1-3b　学歴と雇用との関係，未婚期の同棲経験，および年齢別初婚確率の多変量解析に用いられる説明変数の記述統計量：2004年の第1次調査時に50～69歳で2010年の第2次調査に回答した中高年パネルの男女

説明変数	男		女	
	平均	標準偏差	平均	標準偏差
学卒後の正規雇用	0.810	0.392	0.764	0.425
学歴				
中学以下	0.255	0.436	0.301	0.459
高校[†]	0.459	—	0.486	
各種専門学校	0.033	0.179	0.082	0.275
短大・高専	0.017	0.128	0.087	0.282
大学・大学院	0.236	0.425	0.043	0.203
2004年の年齢[a)]				
50～54歳[†]	0.250	—	0.277	—
55～59歳	0.254	0.436	0.264	0.441
60～64歳	0.257	0.437	0.263	0.440
65～69歳	0.238	0.426	0.196	0.397
出生コホート[b)]	43.914	5.577	44.403	5.480

注：†　レファレンス・カテゴリー。
　　a）2004年の第1次調査（JGGS-1）実施時点の年齢。
　　b）西暦出生年次−1900。

卒かそれ以下という低学歴は学卒後の正規雇用の確率を大きく低下させ，特に女性の場合に低学歴の負の影響が大きい。一方，大学・大学院卒という最も高い学歴の影響は男女で対照的であり，男性の場合には大学・大学院卒の高学歴は学校卒業後に正規雇用につく確率を押し上げる傾向がみられるが，それとは対照的に，女性では高校卒と比べて大学・大学院卒の確率は低くなっている。ここから，男性にとって高学歴は学校卒業後の正規雇用への就職に有利に働く傾向がある一方，女性の場合には，高学歴は正規雇用への就職に必ずしもプラスに働いていないことがうかがえる。1986年の「男女雇用機会均等法」施行および1999年の同法の改正などの法的措置を経て（内閣府男女共同参画局編 2001），就職における男女の雇用機会均等は広まってきているとはいえ，出生コホートの影響をコントロールすると，高学歴者の学校

表1-4a　学校卒業後に正規雇用についた確率および2007年の第2次調査時現在で正規雇用についている確率のロジスティック回帰分析による説明変数のオッズ比（Odds Ratios）の推計値：2004年の第1次調査時に18〜49歳で2007年の第2次調査に回答した若・壮年パネルの男女

説明変数	男		女	
	学卒後の正規雇用	現在の正規雇用	学卒後の正規雇用	現在の正規雇用
学卒後の正規雇用	—	8.512**	—	6.801**
学歴				
中学以下	0.519*	1.096	0.252**	1.549
高校†	1.000	1.000	1.000	1.000
各種専門学校	0.883	0.742	0.839	2.351**
短大・高専	1.025	0.422*	0.812	1.857**
大学・大学院	1.408#	1.766**	0.705#	2.071**
2004年の年齢[a]				
18〜24歳	0.322**	1.013	0.531**	1.516#
25〜29歳†	1.000	1.000	1.000	1.000
30〜34歳	1.420	1.398	1.896**	0.742
35〜39歳	1.509	0.829	1.818**	0.588**
40〜44歳	1.937*	0.764	2.575**	0.476**
45〜49歳	1.864*	0.505**	2.488**	0.482**
Log likelihood	− 566.6	− 594.4	− 783.1	− 1037.5
LR chi-square（d.f.）	85.9(9)	218.8(10)	109.5(9)	231.7(10)
Prob. > chi-square	0.000	0.000	0.000	0.000
（Number of cases）	(1,255)	(1,255)	(1,680)	(1,680)

**1％で有意。　　*5％で有意。　　#10％で有意。

注：オッズ比は推計された説明変数の係数（coefficient）の指数値。2004年の第1次調査と2007年の第2次調査の両方で学校在学中であった者を除く。

　　†　レファレンス・カテゴリー。

　　a) 2004年の第1次調査（JGGS-1）実施時点の年齢。

卒業後の就職におけるジェンダーの非対称性は，若・壮年パネルでもいまだ完全には解消されていないことが示唆される。

　また，2004年のJGGS-1実施時点の年齢により測られる出生コホートの学校卒業後に正規雇用につく確率への影響は大きく，特に女性で顕著である。表1−4aに示されているように，年齢が上がるにしたがって（出生コホー

74 第Ⅰ部 ジェンダーでとらえる仕事と家族

トをさかのぼるほど）学卒後の正規雇用への就職確率は高くなる傾向がみられ，特に女性では年齢（出生コホート）と正規雇用への就職確率とのマイナスの関係が強い。2004年に18～24歳であった女性の学校卒業後の正規雇用への就職確率は，25～29歳であった女性と比べて47％低い一方で，2004年に40歳代であった女性の確率は25～29歳の女性の約2.5～2.6倍である。男性の場合も同様の傾向がみられ，25～29歳に比べて25歳未満の正規雇用への就職確率は約68％低くなっている（つまり25～29歳の男性のおよそ3分の1である）一方，40歳代の男性の確率は約1.9倍であった。ここから，学校卒業後の正規雇用への就職確率の近年の低下傾向が確認されると同時に，1990年代のバブル経済崩壊以降のわが国の労働市場における若者男女の雇用の不安定化がうかがわれる。

　さらに，若・壮年パネルにおいて，学校卒業後についた仕事が正規雇用であったことが現在の雇用にどのように結びついているのかをみてみたい。表1－4aに示されている学卒後の正規雇用への就職と2007年の第2次調査時現在の正規雇用との関係をみると，男女ともにこれらは非常に強くプラスに結びついていることがわかる。学卒後に正規雇用の職についた者が2007年の第2次調査時現在でも正規雇用についている確率は，学卒後に正規雇用につかなかった者に比べて，男性では実に8.5倍，女性でも6.8倍となっている。また，男性の値（オッズ比）が女性のそれよりも大きいことから，学校卒業後の初職がその後の仕事に与える影響は，女性と比べて男性でより大きいことがわかる。

　若・壮年パネルが2007年現在正規雇用についている確率には学歴による差異もみられ，男性の場合は，高校卒に比べて，大学・大学院卒という最も高い学歴層ではその確率が有意に高く（大学・大学院卒の男性が2007年現在正規雇用についている確率は高校卒男性の約1.8倍である），女性の場合には高校卒より高い学歴の女性で高校卒女性のおよそ2倍～2.4倍と有意に高くなっている。さらに，男女ともに，中学卒以下の低学歴が学卒後の正規雇用に及ぼした有意なマイナスの影響は，2007年現在の正規雇用についてはみられなくなっていることから，最初の労働市場参入時における低学歴層の相対的不利は，その後時間の経過とともに解消される傾向があることが示唆される。一

方，高学歴者の相対的アドバンテージは，男女ともに最初の雇用よりも現在の雇用ではより大きくなっている。したがって，長期的な視点からみると，大学卒以上の高学歴男性が正規雇用を維持する確率は，それより低い学歴の男性と比べて高いことが示唆される。女性の場合には，高学歴の雇用への長期的影響はさらに大きい。ここから，男女ともに高学歴と正規雇用の維持・継続は強く結びついていると考えることができる。

　第2次調査時点で正規雇用についている確率には年齢（つまり出生コホート）による差異もみられるが，そのパターンは男女で大きく異なっている。男性の場合，2004年の第1次調査時に30〜34歳であった者（1970年代前半出生コホート）を頂点とした逆J形になっているが，45〜49歳（1950年代後半出生コホート）の2007年現在の正規雇用確率が25〜29歳のおよそ半分と有意に低くなっているのを除き，年齢による差異は比較的小さい。2004年に45〜49歳であった男性の2007年現在の正規雇用確率が25〜29歳の男性に比べて有意に低いことは，正規雇用で働いていた中年男性がリストラされ，非正規雇用にシフトしていることによるのではないか。もしそうであれば，ここからも近年のわが国の労働市場の流動化と不安定化がうかがわれる。一方，女性の場合には，年齢が上がるにしたがって（出生コホートをさかのぼるほど）2007年現在正規雇用についている確率はほぼ線形に低くなっており，特に35歳以上の女性で現在の正規雇用確率が低い。これは，30歳代半ば以上の女性は結婚や出産などにより正規雇用の仕事をいったんやめ，その後労働市場に再参入しても正規雇用の仕事にはつかない（つけない）傾向が，わが国ではいまだ根強いことを示唆している。

　次に，中高年パネルに目を向けて，学歴が学校卒業後の最初の雇用にどのような影響を及ぼしたのか，そして学校卒業後に初めてついた職が正規雇用であることが2010年の第2次調査時点の雇用とどのように結びついているのか，についてみてみたい。表1−4bに示されているように，若・壮年パネルの場合と同様，中高年パネルにおいても中学卒以下という低学歴は学校卒業後に正規雇用につく確率を大きく低下させたことがわかる。高校卒に比べて，中学卒以下の者の正規雇用への就職確率は男女ともにおよそ半分となっている。一方，高学歴層の学卒後の正規雇用への就職確率には男女で対照的

76　第Ⅰ部　ジェンダーでとらえる仕事と家族

表1-4b　学校卒業後に正規雇用についた確率，2010年の第2次調査時現在正規雇用についている確率，および2010年現在就業している確率のロジスティック回帰分析による説明変数のオッズ比（Odds Ratios）の推計値：2004年の第1次調査時に50〜69歳で2010年の第2次調査に回答した中高年パネルの男女

説明変数	男			女		
	学卒後の正規雇用	現在の正規雇用	現在の就業	学卒後の正規雇用	現在の正規雇用	現在の就業
学卒後の正規雇用	—	3.060**	0.269**	—	3.837**	0.965
学歴						
中学以下	0.492**	0.929	0.784	0.466**	1.050	1.250
高校†	1.000	1.000	1.000	1.000	1.000	1.000
各種専門学校	1.864	0.882	1.599	0.413**	1.592	1.341
短大・高専	2.352	0.813	0.969	0.812#	0.924	0.874
大学・大学院	2.754**	0.945	0.956	0.435**	2.624*	1.105
2004年の年齢a)						
50〜54歳†	1.000	1.000	1.000	1.000	1.000	1.000
55〜59歳	1.207	0.233**	0.296**	0.877	0.273**	0.491**
60〜64歳	0.961	0.062**	0.103**	0.461**	0.219**	0.316**
65〜69歳	0.463**	0.039**	0.051**	0.247**	0.095**	0.125**
Log likelihood	− 556.3	− 502.8	− 690.5	− 676.6	− 271.6	− 829.6
LR chi-square（d.f.）	94.9(7)	303.2(8)	308.0(8)	103.9(7)	72.9(8)	138.7(8)
Prob. > chi-square	0.000	0.000	0.000	0.000	0.000	0.000
（Number of cases）	(1,241)	(1,238)	(1,241)	(1,336)	(1,332)	(1,336)

** 1 ％で有意。　　* 5 ％で有意。　　# 10％で有意。

注：オッズ比は推計された説明変数の係数（coefficient）の指数値。

　† レファレンス・カテゴリー。

　a）2004年の第1次調査（JGGS-1）実施時点の年齢。

な差異がみられ，男性では大学卒以上の高学歴者が学校卒業後に正規雇用についた確率は高校卒男性の約2.8倍と顕著に高いのに対し，女性では高校卒よりも高い学歴をもつ者の学卒後の正規雇用への就職確率は有意に低く，大学卒以上の最も高い学歴をもつ女性の確率は高校卒の女性の半分以下であった。このような学歴と学卒後の正規雇用への就職確率における男女差（と類似点）は若・壮年パネルと中高年パネルに共通しているが，中高年パネルで

そのパターンはより鮮明かつ顕著である。ここから，学歴が学校卒業後の初職に及ぼす影響は，若・壮年パネルが労働市場への参入を開始した1980年代以降に比べて，中高年パネルの多くが初めて労働市場に参入したであろう1980年以前により強かったことが示唆される。

　では，中高年パネル男女の学卒後の最初の仕事は，2010年の第2次調査時現在の雇用に対してどのような影響を与えているのだろうか。表1－4bに示されているように，学校卒業後に初めてついた仕事が正規雇用であったことは，男女ともに2010年現在正規雇用についていることと強くプラスに結びついており，学卒後の最初の雇用が正規雇用であった者が現在も正規雇用についている確率は，学卒後に正規雇用につかなかった者と比べて，男性で約3倍，女性では実に3.8倍となっている。若・壮年パネルと比べて，中高年パネルの係数の推計値（オッズ比）がより小さいことから，学校卒業後の最初の仕事がその後の仕事に与える影響は，学校卒業後の最初の労働市場参入時から時間が経過するほど弱まる傾向があることが示唆される。一方，若・壮年パネルとは対照的に，中高年パネルでは，大学卒以上という高学歴の女性が2010年現在正規雇用の職についている確率が高校卒の女性の約2.6倍と顕著に高いことを除いて，学歴による現在の正規雇用確率への影響に有意な差異はみられない。ここから，大学卒以上という高学歴は女性が正規雇用を継続していくことと強く結びついており，その影響は長期的であることが示唆される。また，年齢（出生コホート）と2010年現在正規雇用についている確率との間には男女ともに強いマイナスの関係があり，年齢が高くなる（出生コホートをさかのぼる）にしたがって，現在の正規雇用確率は大きく低下する。これは表1－2に示した二変量分析の結果から予想されたことであり，この影響は学校卒業後の初職と学歴の影響をコントロールした後も残ることを示している。

　さらに，学校卒業後の初職が正規雇用であったことが2010年現在の中高年パネル男女の就業（どのような形態であれ現在働いているか否か）とどのように結びついているのかをみると，男性では学卒後の正規雇用は現在の就業確率を大きく低下させる一方，女性の就業には有意な影響を与えていないことがわかる（表1－4b）。学卒後の最初の仕事が正規雇用であった男性が2010

78 第Ⅰ部 ジェンダーでとらえる仕事と家族

年現在就業している確率は，学卒後に正規雇用につかなかった男性に比べて
73％低い。つまり，学卒後の初職が正規雇用であった男性が2010年現在働い
ている確率は，初職が正規雇用でなかった男性に比べておよそ4分の1であ
る。本節の分析結果が示唆するように，学卒後の初職が正規雇用であった男
性は定年まで正規雇用を継続する傾向が強い。また，中高年パネルの男性は
終身雇用制が一般化し安定していた時期に働き盛りの年齢であったことから，
正規雇用の職につきそれを定年退職まで維持した場合，定年退職後も退職金
や年金など経済的にも安定している確率が高く，高齢になっても働く経済的
必要性が低いからではないか。また，学歴は中高年男女の2010年現在の就業
には全く影響を与えていない一方，予想されたように，年齢が高くなる（出
生コホートをさかのぼる）にしたがって，2010年現在の就業確率は大きく低
下している。ライフコースにおける中高年期は労働市場からの撤退（退職・
離職）が起こる時期であり，中高年者の年齢（出生コホート）による雇用・
就業における差異は大きい。

　では，学歴と学校卒業後の初職は現在の所得にどのような影響を及ぼして
いるのだろうか。表1－5aには，若・壮年パネルの現在の所得（第2次調
査が実施された2007年の前年である2006年の年収）の重回帰分析の結果が男女
別に示されている。この表から，学歴および年齢の影響をコントロールして
も，学校卒業後に最初についた職が正規雇用であった者は，そうでない者に
比べて，現在の所得が有意に高いことがわかる。つまり，学校卒業後に正規
雇用についた者は，そうでない者に比べて現在の所得が高い傾向がある。ま
た，学卒後の初職が現在の所得に及ぼす影響は，女性よりも男性でより大き
く，男性では正規雇用についた者は，そうでない者に比べて，2006年の年収
で平均約88万円高かったのに対し，女性ではその差は約44万円となっている[7]。

　学歴による現在の所得の格差も大きく，男女ともに学歴が高いほど所得は

---

7) ここでは示していないが，男女を一緒にプールした分析も行った。その結果，男女
　間に大きな所得格差があり，女性の所得に比べて，男性の所得は2006年の年収にして平
　均約304万円高かった。女性のなかには就業していない専業主婦，および働いていても
　所得の低い派遣や契約およびパート・アルバイトなどの非正規雇用の割合が男性よりも
　格段に高いことから，これは予想された結果であるといえる。

表1-5a　2007年の第2次調査の前年（2006年）現在の所得の重回帰分析による説明変数の係数の推計値：2004年の第1次調査時に18〜49歳で2007年の第2次調査に回答した若・壮年パネルの男女

説明変数	男	女
学卒後の正規雇用	87.69**	43.90**
学歴（ref: 高校）		
中学以下	−101.24**	36.74
各種専門学校	35.32	67.84**
短大・高専	−2.42	41.01**
大学・大学院	141.48**	109.92**
年齢[a]（ref: 25〜29歳）		
18〜24歳	−103.35**	−10.22
30〜34歳	75.76**	−34.64#
35〜39歳	186.94**	−26.20
40〜44歳	234.55**	−7.98
45〜49歳	290.18**	21.14
定数	230.67*	102.86**
F-statistics（d.f.）	49.47（10, 1216）	9.72（10, 1635）
Prob. > F	0.000	0.000
Adjusted R-squared	0.283	0.050
（Number of cases）	(1,227)	(1,646)

** 1％で有意。　　* 5％で有意。　　# 10％で有意。

注：被説明変数である2006年の年収は，調査で用いたカテゴリー変数の各カテゴリーにおける中間値（mid-point）を用いて連続変数（単位は万円）に impute したもの。2004年と2007年の調査時の両方で学校在学中であった者を除く。

　a）2004年の第1次調査（JGGS-1）実施時点の年齢。

高い傾向があるが，そのパターンには若干の男女差がみられる。男性では，高校卒に比べて，中学卒以下の低学歴層の年収は平均約101万円低いが，大学・大学院卒の最高学歴男性の年収は高校卒よりも平均141.5万円高い。女性では，中学卒以下の低学歴層と高校卒との間には有意な所得格差はみられないが，専門学校や短大そして大学・大学院といった高校よりも高い学歴層の所得は有意に高い。特に大学・大学院卒の高学歴女性の年収は目立って高く，高校卒に比べて平均約110万円多くなっている。したがって，男性の場

合，低学歴のマイナスの影響と高学歴のプラスの影響の両方があり，総合すると学歴の所得への効果は非常に大きい。一方，女性の場合には，高校卒業後も就学を続けることによる所得効果がみられ，特に大学・大学院といった高学歴がその後の経済力に与える長期的な影響は大きいことが示唆される。

　次に，若・壮年パネルの現在の所得（第2次調査前年の2006年の年収）への年齢（出生コホート）の影響をみると，男女間で明らかな違いがあることがわかる。男性の場合は，年齢が上がるにしたがって所得はほぼ直線的に大きく増加している。ここから，近年雇用の不安定性と流動性が増しているとはいえ，少なくとも2004年に18〜49歳であった（つまり1950年代後半から1980年代半ばに生まれたコホート）の男性の雇用においては，年功序列賃金制の影響がいまだ強いことが示唆される。一方，女性では年齢（出生コホート）による有意な差異はみられない。

　次に，中高年パネルに目を向けると，学校卒業後に初めてついた仕事が正規雇用であったことの（第2次調査前年の2009年現在の）所得への影響はプラスであるが，その影響は若・壮年パネルに比べて小さく，また男性よりも女性で大きいことがわかる（表1−5b）。2009年現在の年収において，初職が正規雇用であった中高年パネル男性とそうでなかった男性との間には統計的に有意な差はみられないが，女性では平均約34万円の年収差があった[8]。

　さらに，中高年パネルにおける学歴と2009年現在の所得との関係は，男女ともに若・壮年パネルの場合と類似している。男女ともに，学歴による所得格差は大きく，学歴が高いほど所得は高い傾向がみられるが，そのパターンには若干の男女差がある。男性では，高校卒に比べて，中学卒以下の低学歴層の年収は平均107万円低いが，大学・大学院卒の高学歴の男性の年収は高校卒よりも平均127万円高い。女性では，中学卒以下の低学歴層と高校卒との間には有意な所得格差はみられないが，専門学校や短大そして大学・大学院といった高校よりも高い学歴層の所得は有意に高い。特に大学卒かそれ以上の高学歴女性の年収は目立って高く，高校卒に比べて平均約129万円高くなっている。したがって，若・壮年パネルの場合と同様に，中高年男性の場

8）表1−5bには示されていないが，男女を一緒にプールした分析も行った。その結果，2009年の年収は男性のほうが女性よりも平均約228万円高かった。

表1-5b　2010年の第2次調査の前年（2009年）の年収の重回帰分析による説明
　　　　変数の係数の推計値：2004年の第1次調査時に50〜69歳で2010年の第
　　　　2次調査に回答した中高年パネルの男女

説明変数	男	女
学卒後の正規雇用	24.16	33.64*
学歴（ref: 高校）		
中学以下	− 107.00**	− 16.37
各種専門学校	9.51	63.96**
短大・高専	44.14	61.60**
大学・大学院	127.05**	129.33**
年齢[a]（ref: 50〜54歳）		
55〜59歳	− 147.23**	− 7.33
60〜64歳	− 193.81**	− 0.52
65〜69歳	− 232.62**	3.57
定数	512.30**	105.83**
F-statistics（d.f.）	30.16（8, 1212）	6.25（8, 1295）
Prob. > F	0.000	0.000
Adjusted R-squared	0.161	0.031
（Number of cases）	（1,221）	（1,304）

** 1 ％で有意。　　* 5 ％で有意。　　# 10％で有意。
注：被説明変数である2009年の年収は，調査で用いたカテゴリ変数の各カテゴリにおける中間値（mid-
　　point）を用いて連続変数（単位は万円）に impute したもの。
　　a）2004年の第1次調査（JGGS-1）実施時点の年齢。

合，低学歴のマイナスの影響と高学歴のプラスの影響の両方がある一方，女
性の場合には，高校卒業後も就学を続けることによる所得効果がみられ，特
に大学・大学院卒といった高学歴がその後の経済力に与える長期的な影響は
大きいことが示唆される。最後に，中高年パネルの2009年現在の所得におけ
る年齢格差をみると男女間で大きな違いがあり，男性の場合は年齢が上がる
（出生コホートをさかのぼる）にしたがって所得はほぼ直線的に大きく減少し
ている一方で，女性では年齢（出生コホート）による差異は全くみられない。
これは，男性は老年期に入り正規雇用の職から定年退職する者が増えること
により所得が大きく減少する傾向がある一方，女性は（中高年期に入るずっ

82 第Ⅰ部 ジェンダーでとらえる仕事と家族

と前の20歳代〜30歳代に）出産・子育てのために正規雇用の仕事から離職した者が多く，その後労働市場に再参入した際，多くは年功序列賃金制の対象とはならないパートなどの非正規雇用の職につく者が多かったことを示唆している。

第3節　学校卒業後の初職の未婚期の同棲経験への影響

　次に本章では，学歴と学校卒業後の初職が未婚期の男女の同棲経験にどのような影響を与えるのかについて検証したい。表1-6には，若・壮年パネルと中高年パネルの男女の未婚期の同棲経験割合が，2004年の第1次調査（JGGS-1）時点の年齢別に示されている。この表から，2004年時に18〜49歳であった若・壮年パネルでは約15％（男性の16％，女性の14％）が，そして2004年に50〜69歳であった中高年パネルでは約6％（男性の8％，女性の4％）が未婚期に同棲を経験していることがわかる。また，未婚期の同棲経験割合を年齢別にみると，男女ともに2004年に25〜29歳であった者（1970年代後半出生コホート）をピークに，25歳未満（1980年代出生コホート）では低く，また30歳以上（1970年代前半以前出生コホート）では年齢が上がるにしたがって低下するという逆J形をとっている。言い換えれば，18〜24歳という最も若い年齢層を除くと，年齢が上がる（出生コホートをさかのぼる）にしたがって未婚期の同棲経験割合が低下する傾向がある。男性と比べて，女性の未婚期の同棲経験割合はすべての年齢層で低いが，年齢（出生コホート）による同棲経験割合の差異は男性よりも女性で大きい。このような2004年時に30歳以上（1970年代前半以前出生コホート）の男女における年齢と未婚期の同棲経験割合とのマイナスの関係は，近年のわが国における同棲の広がりを示唆していると考えることができ，その広がりのテンポは女性でより急速であるといえる。

　次に，未婚期の同棲経験確率への学歴と学校卒業後の初職の影響をみてみたい。表1-7aには，若・壮年パネルの男女の同棲経験（未婚期に同棲を経験したことがあるか否かの）確率のロジスティック回帰分析モデルにより推計された説明変数のオッズ比が示されている。この表から，学校卒業後に初

表1-6　未婚期の同棲経験の性・年齢別割合：2004年の第1次調査時に18〜49歳で2007年の第2次調査に回答した若・壮年パネルの男女，および2004年の第1次調査時に50〜69歳で2010年の第2次調査に回答した中高年パネルの男女

(%)

年齢[a]	男女計	男	女
18〜24歳	12.2	11.3	12.7
25〜29歳	24.5	26.2	23.2
30〜34歳	18.0	18.6	17.5
35〜39歳	15.4	16.0	14.9
40〜44歳	14.1	15.8	12.7
45〜49歳	9.4	12.0	7.4
18〜49歳	14.9	16.1	14.0
（実数）	(3,015)	(1,277)	(1,738)
50〜54歳	7.6	11.5	4.3
55〜59歳	5.5	6.0	5.1
60〜64歳	6.6	9.7	3.7
65〜69歳	3.1	4.7	1.2
50〜69歳	5.8	8.0	3.8
（実数）	(2,578)	(1,245)	(1,333)

注：2004年第1次調査時に18〜49歳であった若・壮年パネルについては，2004年の第1次調査と2007年の第2次調査の両方で学校在学中であった者を除く。
　a）2004年の第1次調査（JGGS-1）実施時点の年齢。

　めてついた職が正規雇用であることの未婚期の同棲経験への影響は男女で大きく異なり，学卒後の正規雇用は男性の同棲経験確率には全く影響を及ぼさない一方，女性の同棲経験確率を大きく低下させることがわかる。学校卒業後に正規雇用の仕事についた女性が未婚期に同棲を経験する確率は，そうでない女性のおよそ半分である。
　さらに，若・壮年パネルの男女の学歴と未婚期の同棲確率との間にはマイナスの関係があり，男女ともに高学歴は未婚期の同棲経験確率を有意に低下させるが，高学歴の影響は男性よりも女性で大きい。大学・大学院卒の男性の同棲経験確率は，高校卒の男性より約45％低い一方，女性では，高校卒に比べて，短大・高専卒の女性の同棲経験確率は52％低く，大学・大学院卒という最も高い学歴をもつ女性の同棲経験確率は63％も低くなっている。この

84　第Ⅰ部　ジェンダーでとらえる仕事と家族

表1-7a　未婚期の同棲経験のロジスティック回帰分析による説明変数のオッズ比（Odds Ratios）の推計値：2004年の第1次調査時に18〜49歳で2007年の第2次調査に回答した若・壮年パネルの男女

説明変数	男	女
学卒後の正規雇用	0.951	0.505**
学歴		
中学以下	1.404	1.090
高校†	1.000	1.000
各種専門学校	0.602#	1.209
短大・高専	1.057	0.478**
大学・大学院	0.550**	0.366**
年齢a)		
18〜24歳	0.357**	0.454**
25〜29歳†	1.000	1.000
30〜34歳	0.681	0.767
35〜39歳	0.584*	0.640#
40〜44歳	0.500**	0.529*
45〜49歳	0.385**	0.289**
Log likelihood	−535.6	−638.4
LR chi-square（d.f.）	33.0（10）	75.9（10）
Prob. > chi-square	0.000	0.000
（Number of cases）	(1,255)	(1,680)

**1％で有意。　　*5％で有意。　　#10％で有意。
注：オッズ比は推計された変数の係数（coefficient）の指数値。2004年の第1次調査と2007年の第2次調査の両方で学校在学中であった者を除く。
　　† レファレンス・カテゴリー。
　　a) 2004年の第1次調査（JGGS-1）実施時点の年齢。

学歴と未婚期の同棲経験とのマイナスの関係は，未婚期の同棲経験率が高学歴層でより高い傾向がみられる西欧諸国（Lesthaeghe 1995; Kiernan 1999, 2001）とは対照的であるが，わが国や米国を対象とした先行研究の結果とは合致している（岩澤 2005; 津谷 2006; Bumpass and Sweet 1989; Bumpass, Sweet and Cherlin 1989）。また，学歴と学校卒業後の初職の影響をコントロールした後も，上記の表1−6でみたように，年齢（出生コホート）と未婚期の同棲経験確率との間には逆J形の関係がみられ，2004年の第1次調査（JGGS-

第1章　雇用とパートナーシップ形成　*85*

表1-7b　未婚期の同棲経験のロジスティック回帰分析による説明変数のオッズ
　　　　比（Odds Ratios）の推計値：2004年の第1次調査時に50〜69歳で
　　　　2010年の第2次調査に回答した中高年パネルの男女

説明変数	男	女
学卒後の正規雇用	0.875	0.673
学歴		
中学以下	1.655*	0.861
高校 [†]	1.000	1.000
各種専門学校	1.447	0.789
短大・高専	0.668	0.186
大学・大学院	1.070	1.968
年齢 [a)]		
50〜54歳 [†]	1.000	1.000
55〜59歳	0.484*	1.181
60〜64歳	0.760	0.795
65〜69歳	0.351**	0.236*
Log likelihood	− 335.1	− 201.3
LR chi-square（d.f.）	17.4（8）	16.4（8）
Prob. > chi-square	0.026	0.037
（Number of cases）	（1,223）	（1,321）

** 1 ％で有意。　　* 5 ％で有意。　　# 10％で有意。

注：オッズ比は推計された変数の係数（coefficient）の指数値。2004年の第1次調査と2007年の第2次調査の
　　両方で学校在学中であった者を除く。

　　† レファレンス・カテゴリー。

　　a）2004年の第1次調査（JGGS-1）実施時点の年齢。

1）時点で25〜29歳であった1970年代後半出生コホートをピークとして，そ
れより低い年齢層（1980年代出生コホート）では同棲経験確率は有意に低く，
それより高い年齢層（1970年代前半以前出生コホート）では徐々に低くなって
いる。
　次に，中高年パネルに目を向けると，表1－7ｂに示されているように，
学校卒業後の初職が正規雇用であったことは未婚期の同棲経験とマイナスの
結びつきがあるが，その影響は統計的に有意ではない。学卒後の正規雇用の
マイナスの影響は男性よりも女性で若干大きいが，この影響が有意でないの

86 第Ⅰ部　ジェンダーでとらえる仕事と家族

は，表1－6でみたように，中高年パネルの未婚期の同棲経験水準が約8％
と非常に低いことにより，その影響（係数もしくはそのオッズ比）の推計値の
標準誤差（standard error）が大きいためであると考えられる。学歴の未婚期
の同棲経験確率への影響についても，中学卒以下という低学歴層の男性の同
棲経験確率が高校卒の男性と比べて有意に高い（約1.7倍）ことを除いて，男
女ともに目立った差異はみられない。これも，中高年パネルでは結婚前に同
棲を経験した割合が非常に低いことによると考えられる。

　年齢（出生コホート）の未婚期の同棲経験確率への影響についても，若・
壮年パネルとは対照的に，2004年に50〜54歳であった者（1950年代前半出生
コホート）と比べて，65〜69歳の最も高い年齢層（1930年代前半出生コホー
ト）の同棲経験確率が男女ともに有意に低いことを除けば，中高年パネルで
は年齢（出生コホート）による大きな差異は認められない。したがって，
若・壮年パネルと中高年パネルの出生コホートによる同棲経験確率への影響
を総合すると，わが国で未婚期の同棲が広まり始めたのは1980年代以降のこ
とであることが示唆される。

第4節　学校卒業後の初職の初婚行動への影響

　最後に本章では，学歴と学校卒業後の初職が初婚行動に及ぼす影響につい
て検証する。表1－8には，若・壮年パネルと中高年パネルの性・年齢階級
別既婚割合と既婚者の平均初婚年齢が，2004年の第1次調査（JGGS-1）時
点の年齢別に示されている。この表から，2004年の第1次調査時に40歳以上
であった男女（つまり1960年代前半以前出生コホート）では既婚割合は9割以
上であり，また年齢が上がる（出生コホートをさかのぼる）にしたがって既婚
割合はさらに上昇し，2004年時に60歳以上（1940年代以前出生コホート）の男
女では既婚割合は98％とほぼ皆婚であることがわかる。一方，2004年に40歳
未満であった（1960年代後半以降出生コホートの）男女では，年齢が下がるに
したがって既婚割合は大きく低下し，最も若い18〜24歳（1980年代出生コ
ホート）の男性の既婚割合は14％，女性でも18％と非常に低い。これは2004
年の第1次調査と2007年の第2次調査時の両方で学校在学中（つまり学生）

表1-8　性・年齢別既婚者割合および既婚者の平均初婚年齢：2004年の第1次調査時に18〜49歳で2007年の第2次調査に回答した若・壮年パネルの男女，および2004年の第1次調査時に50〜69歳で2010年の第2次調査に回答した中高年パネルの男女

年齢a)	男		女	
	既婚割合(%)b)	平均初婚年齢	既婚割合(%)b)	平均初婚年齢
18〜24歳	13.5	22.9	18.1	22.2
25〜29歳	45.5	24.6	58.8	24.2
30〜34歳	73.0	26.2	81.4	25.2
35〜39歳	84.8	27.9	92.9	25.5
40〜44歳	90.8	27.8	96.2	25.3
45〜49歳	93.7	28.2	95.6	24.7
18〜49歳	73.8	27.4	78.1	25.0
（実数）	(1,277)	(899)	(1,738)	(1,291)
50〜54歳	94.0	27.2	97.6	24.1
55〜59歳	97.2	26.8	97.8	23.9
60〜64歳	98.5	26.7	98.6	23.5
65〜69歳	100.0	27.2	98.5	23.8
50〜69歳	97.4	27.0	98.1	23.8
（実数）	(1,262)	(1,158)	(1,348)	(1,264)

注：若・壮年パネルについては，2004年の第1次調査と2007年の第2次調査の両方で学校在学中であった者を除く。

　a) 2004年の第1次調査（JGGS-1）実施時点の年齢。

　b) 若・壮年パネルについては2007年の第2次調査時点の割合，中高年パネルについては2010年の第2次調査時点の割合。

であった者を除いた数値であり，ここから近年のわが国の若者男女の急速な未婚化がうかがわれる。

　一方，既婚者（初婚を経験した者）の平均初婚年齢をみると，2004年の第1次調査時に30歳以上であった1970年代前半以前出生コホートでは，平均初婚年齢は男性で26〜28歳，女性では24〜26歳という比較的狭い幅に収まっている。一方，2004年に30歳未満であったより若い男女をみると，既婚者の平均初婚年齢は25〜29歳（1970年代後半出生コホート）の男女で24〜25歳，18〜24歳（1980年代出生コホート）の男女では22〜23歳と目立って低い。これは急速な未婚化の進行のもとで，非常に若い年齢で結婚する者には強い選択性

88　第Ⅰ部　ジェンダーでとらえる仕事と家族

バイアスがかかっているためであると考えられる。ここから，わが国の若者男女の結婚が遅れかつ減少するなかで，比較的少数の例外的に早婚である者を除き，実際に初婚を経験した男女の平均初婚タイミングには大きな変化はみられないことがわかる。

　次に，学校卒業後の最初の仕事が初婚タイミングに及ぼす影響を，若・壮年パネルと中高年パネルに分けて多変量解析してみたい。表1－9aには，比例ハザードモデルにより推計された若・壮年パネル男女の年齢別初婚確率の説明変数のリスク比（risk ratio）が示されている。リスク比は説明変数の係数の指数であり，相対リスク（relative risk）もしくはハザード比（hazard ratio）とも呼ばれる。リスク比も，オッズ比と同様に，値が1.0よりも大きければその変数の影響はプラス，1.0よりも小さければ影響はマイナス，そして1.0であれば影響はゼロである。表1－9aに示されているように，学校卒業後に最初についた仕事が正規雇用であることは男性の初婚確率を有意に押し上げる。学校卒業後に正規雇用についた男性の初婚確率は，そうでない男性に比べて平均39％高い（つまり約1.4倍である）。しかしながら，男性とは対照的に，学卒後の初職は女性の初婚確率には有意な影響を及ぼしていない。

　一方，若・壮年パネルの学歴の初婚確率への影響には大きな男女差がみられる。学歴は男性の初婚確率には全く影響を与えない一方で，女性の初婚確率には強いマイナスの影響を及ぼしている。中学卒以下の低学歴の女性の初婚確率は高校卒の女性の約1.8倍である一方，短大・大学・大学院卒という高学歴女性の初婚確率は高校卒の女性に比べて有意に低く，短大卒では26％低く，大学・大学院卒では43％も低い。言い換えれば，女性の学歴と初婚タイミングとの間には強い負の関係があり，高学歴化は女性の急速な未婚化をもたらす主要な一因となっていることが示唆される。また，男女ともに出生コホートと初婚確率との間には強いマイナスの関係があり，より近年の出生コホートほど初婚確率は大きく低下している。

　次に，中高年パネルに目を向けて，初婚確率への学歴と学校卒業後の初職および出生コホートの影響をみてみたい。表1－9bに示されているように，学校卒業後の最初の仕事が正規雇用であったか否かは，中高年パネル男女の初婚確率には有意な影響を与えていない。このことは，中高年パネルの男女

表1-9a　初婚タイミングの比例ハザード分析による説明変数のリスク比
　　　　（Relative Risk）の推計値：2004年の第1次調査時に18〜49歳で2007
　　　　年の第2次調査に回答した若・壮年パネルの男女

説明変数	男	女
学卒後の正規雇用	1.391**	1.087
学歴		
中学以下	1.025	1.793**
高校†	1.000	1.000
各種専門学校	1.033	0.892
短大・高専	0.861	0.742**
大学・大学院	0.914	0.567**
出生コホート	0.974**	0.961**
Log likelihood	−5620.9	−8215.4
LR chi-square（d.f.）	47.2（6）	198.8（6）
Prob. > chi-square	0.000	0.000
（Number of cases）	(1,215)	(1,619)

**1％で有意。　　*5％で有意。　　#10%で有意。

注：リスク比は推計された説明変数の係数（coefficient）の指数値。2004年の第1次調査と2007年の第2次調
　査の両方で学校在学中であった者を除く。
　　† レファレンス・カテゴリー。

の多くが初婚を経験した1960年代〜1970年代には，結婚は社会経済的必然で
あり，雇用形態や経済力にかかわらず結婚適齢期とされる年齢で結婚する傾
向が強かったことを示唆している。

　さらに，中高年パネルの男女では，出生コホートによる初婚確率の影響も
ほとんどみられない。これは，晩婚化と未婚化が始まった1970年代半ば以前
のわが国では初婚のタイミングに大きな変化はなく，かつ男女ともにほぼ皆
婚であった（国立社会保障・人口問題研究所 2016, pp. 108-109）ことを反映し
ていると考えられる。

　一方，学歴は中高年パネル男女の初婚確率に有意な影響を与えており，特
に女性でその影響が大きい。男性では，高校卒の男性と比べて，大学・大学
院卒という最も高い学歴をもつ男性の初婚確率は約23％低い。女性では，高
校卒と比べて，中学卒以下の最も低い学歴層の女性の初婚確率は約1.3倍高

90 第Ⅰ部 ジェンダーでとらえる仕事と家族

表1-9b 初婚タイミングの比例ハザード分析による説明変数のリスク比
(Relative Risk) の推計値：2004年の第1次調査時に50〜69歳で2010
年の第2次調査に回答した中高年パネルの男女

説明変数	男	女
学卒後の正規雇用	0.967	0.904
学歴		
中学以下	1.085	1.331**
高校†	1.000	1.000
各種専門学校	1.056	0.725**
短大・高専	0.988	0.787*
大学・大学院	0.771**	0.759*
出生コホート	0.990#	1.003
Log likelihood	− 7143.9	− 7956.2
LR chi-square（d.f.）	25.5（6）	52.5（6）
Prob. > chi-square	0.000	0.000
（Number of cases）	(1,175)	(1,282)

**1％で有意。　　*5％で有意。　　#10％で有意。
注：リスク比は推計された説明変数の係数（coefficient）の指数値。
　　† レファレンス・カテゴリー。

い一方，高校卒よりも高い学歴をもつ女性の初婚確率はおよそ21〜27％低く
なっている。したがって，若・壮年パネルの女性ほどではないが，中高年パ
ネルの女性の場合も学歴と初婚タイミングとの間には強いマイナスの結びつ
きがあり，高学歴化は女性の晩婚化・未婚化をもたらす主な要因となってい
ることがうかがわれる。

第5節　まとめと考察

　本章では，2004年に実施された『結婚と家族に関する国際比較調査』の第
1次調査（JGGS-1）と，第1次調査時に18〜49歳であった回答者男女を3
年後の2007年に追跡した第2次調査からなる若・壮年パネルデータ，および
JGGS-1実施時に50〜69歳であった回答者男女を6年後の2010年に追跡した
第2次調査からなる中高年パネルデータの両方を用いて，1950年代の戦後初

期から2000年代にいたるまでのわが国の若者男女の雇用とパートナーシップ形成との関係がどのように変化してきたのかについて検証した。

　まず，学歴と学校卒業後の初職の関係については，学校卒業後に正規雇用につくことにより得られる若者期の雇用の安定性は，男女ともに中学卒以下の低学歴層でとりわけ低く，この傾向は若・壮年パネルと中高年パネルの両方にみられることから，低学歴の労働市場における不利は1950年代から2000年代までの長期にわたり継続していることが示唆される。一方，大学卒以上の高学歴と学校卒業後の初職との関係は男女で対照的であり，高学歴男性は高校卒の男性に比べて学校卒業後の最初の仕事が正規雇用である確率が有意に高かったのに対し，女性では逆に低い傾向が認められた。

　また，男女ともに年齢（出生コホート）と学校卒業後の正規雇用への就職確率との間には凸形の関係があり，2004年に30歳代から50歳代（1970年代前半以前出生コホート）の者に比べて，2004年に29歳以下であった1980年代出生コホートの男女の正規雇用への就職確率は低く，また2004年に60歳以上であった1940年代前半以前出生コホートの正規雇用の就職確率も低かった。このような年齢（出生コホート）と学校卒業後の正規雇用との関係は，戦後のわが国の労働市場における終身雇用制の広がりと，その後1990年代以降の若者の雇用の不安定化を反映していると考えられる。

　さらに，学校卒業後の初職が正規雇用であった者は，現在も正規雇用の仕事についている確率が非常に高い。この学卒後の正規雇用と現在の正規雇用とのプラスの関係は中高年パネルよりも若・壮年パネルで強く，特に若・壮年男性において顕著であるが，男女ともに学校卒業直後のヤングアダルト期の始まりにおける雇用の安定性がその後のライフコースにおける雇用の安定性と強く結びついていることに変わりはない。一方，若・壮年パネルの男女においてみられた高学歴と現在の正規雇用とのプラスの結びつきは，中高年パネルではほとんどみられず，ここから高学歴化が長期的な雇用の安定性と結びつくようになったのは1980年代以降のことであることが示唆される。例外は，女性の高学歴の雇用への影響であり，高学歴の女性は学校卒業後に正規雇用の職につく確率は高校卒の女性と比べて低いが，いったん正規雇用の職につくとそれを継続する傾向がより強いことが示された。

92　第Ⅰ部　ジェンダーでとらえる仕事と家族

　さらに，学校卒業後の初職が正規雇用であることは男女ともに現在の所得を押し上げる効果があり，特に2004年に50歳未満であった（つまり1950年代半ば以降出生コホートの）男性でその影響は大きかった。また，高学歴は男女ともに現在の所得と強くプラスに結びついていた。ここから，高学歴は長期的な雇用の安定性と結びついており，その結果より高い経済力をもたらす傾向も強いことが示唆される。そして，このような高学歴の長期的なプラスの経済効果は特に女性で顕著であった。上述したように，大学卒以上の高学歴女性は学校卒業後に正規雇用の職につく確率が高校卒の女性に比べて低いが，いったん正規雇用の仕事につくと，それを長期にわたって続ける傾向が強く，その結果，学校卒業直後の労働市場参入時にはむしろ相対的に不利に働いた女性の高学歴は，長期的には雇用の安定性と経済力の上昇をもたらすことが示唆される。わが国の女性は男性よりも急速に高学歴化しており（国立社会保障・人口問題研究所 2016, pp.173-174），これが女性のキャリア形成および労働市場に与える影響は大きい。

　次に，学校卒業後の初職のパートナーシップ形成への影響はジェンダー間で大きく異なることがわかった。学校卒業後の初職が正規雇用であることは男性の同棲経験確率には影響を与えないが，女性の同棲経験確率を低下させ，特に2004年に50歳未満であった1950年代半ば以降出生コホートの女性でその傾向が顕著であった。対照的に，学校卒業後の初職が正規雇用であることは2004年に50歳未満であった（1950年代半ば以降出生コホートの）若・壮年パネルの男性の初婚確率を大きく押し上げたが，女性の初婚確率への影響はほとんどみられなかった。学校卒業後の正規雇用は現在の正規雇用と非常に強く結びついていることから，逆に初職が非正規雇用であった者がその後正規雇用に移行する確率は低く，その結果，経済的に困難な状況に陥ることが多いのではないか。そして，この傾向は若・壮年パネルの男性で特に強いことから，近年のわが国における若い男性の雇用の不安定化は特に男性の初婚確率を押し下げる主要要因の１つとなっていることが示唆される。

　一方，高学歴化はわが国の男女のパートナーシップ形成に強いマイナスの影響を与えている。この傾向は2004年に50歳未満であった1950年代半ば以降出生コホート（若・壮年パネル）で顕著であり，男女ともに高学歴は未婚期

の同棲確率にマイナスの影響を与えている。さらに、短大・大学・大学院といった高学歴は女性の初婚確率を大きく低下させており、この高学歴の初婚確率へのマイナスの影響は若・壮年パネルのみならず中高年パネルの女性でも強いことから、長期にわたり女性の高学歴化がわが国の未婚化の要因となっていることが示唆される。高学歴化はわが国の若い女性（そして男性）のキャリアアップおよび経済力の上昇に貢献する一方、同棲や初婚といったパートナーシップ形成を減少させている。高学歴化は1970年代以降特に女性で急速であることから（国立社会保障・人口問題研究所 2016, pp.173-174）、これが1970年代半ば以降急速に進行するわが国の未婚化の主な要因の1つであると考えることができる。

　本章での実証分析の結果、近年の若者男性の雇用の不安定化はキャリア展望と経済力の低下に強く結びついており、それが男性の未婚化の主要な要因の1つになっていることが示唆された。さらに、高学歴化は女性の急速な未婚化、そしてその結果としての少子化の主要な要因となっていることも示唆された。若者（特に若い男性）の雇用安定化が労働政策にもつ重要性はいうまでもないが、雇用政策を男性のみを対象として実施することは不適切であり、少子化対策の一環として若者の雇用を位置づけ政策立案する際には、ジェンダー選択的なものにならないようにする配慮が必要である。高学歴化（特に女性の高学歴化）はわが国のパートナーシップ形成そして出生率の大きなマイナス要因となっているが、高学歴化を逆行させることは不可能であり、未婚化や少子化に歯止めをかけるためには、むしろ長期的かつ根本的な政策的対応として、女性（そして男性）に仕事と出産・子育ての二者択一を社会が迫ることをやめ、出産・子育て期の男女の仕事と家庭の両立への障害を取り除くことを少子化対策の柱とするべきであろう。わが国の少子化対策は男女共同参画政策と結びついてきており、従来の子育てへの直接的支援の枠を超えて、個人のライフコースにおける仕事と生活の調和（ワーク・ライフ・バランス）の実現を視野に入れている（内閣府 2016）。本章の分析結果は、この政策的方向性は正しく、またそのような政策的努力を一貫して粘り強く続けることが不可欠であることを示唆している。

94 第Ⅰ部　ジェンダーでとらえる仕事と家族

参考文献

五十嵐吉郎 2009「非正規雇用の現状と課題——若者の問題を中心として——」『立法と調査』第288号，pp.183-188.

岩澤美帆 2005「日本における同棲の現状」，毎日新聞社人口問題調査会編『超少子化時代の家族意識——第１回人口・家族・世代世論調査報告書——』毎日新聞社人口問題調査会，pp. 71-106.

厚生労働省 2006『子ども・子育て応援プラン』厚生労働省.

厚生労働省 2008『平成19年賃金構造基本統計調査（全国）結果の概況』厚生労働省大臣官房統計情報部.

厚生労働省 2016『職業能力開発関係資料集』厚生労働省職業能力開発局.

国立社会保障・人口問題研究所 2016『人口統計資料集 2016』国立社会保障・人口問題研究所.

関口功 1996『終身雇用制——軌跡と展望——』文眞堂.

総務省統計局 2008『平成19年就業構造基本調査 結果の概要（速報）』総務省統計局.

津谷典子 2002「イベント・ヒストリー分析」，日本人口学会編『人口大事典』培風館，pp. 428-431.

津谷典子 2006「わが国における家族形成のパターンと要因」『人口学研究』第62巻1・2号，pp.1-19.

内閣府 2016『平成28年版　少子化社会対策白書　全体版（PDF 形式）』内閣府.

内閣府男女共同参画局（監修）2001『わかりやすい男女共同参画社会基本法』有斐閣.

野村正實 2007『日本的雇用慣行——全体像構築の試み——』ミネルヴァ書房.

文部科学省 2016『文部科学統計要覧 平成28年版』国立印刷局.

ワーク・ライフ・バランス推進官民トップ会議 2007『「仕事と生活の調和（ワーク・ライフ・バランス）憲章」及び「仕事と生活の調和推進のための行動指針」』（http://www.mhlw.go.jp/shingi/2008/03/dl/s0307-5d.pdf）2010年３月20日アクセス.

Bell, Lisa, Gary Burtless, Janet Gornick, and Timothy M. Smeeding. 2007. "Failure to Launch: Cross-National Trends in the Transition to Economic Independence," Pp.27-55 in Danziger, Sheldon and Cecilia Elena Rouse (eds.), *The Price of Independence: The Economics of Early Adulthood*, New York: Russell Sage Foundation.

Billari, Francesco C. 2001. "The Analysis of Early Life Courses: Complex Descriptions of the Transition to Adulthood," *Journal of Population Research* 18: 119-142.

Billari, Francesco C. 2004. "Becoming an Adult in Europe: A Macro (/Micro) - Demographic Perspective," *Demographic Research* 3: 15-43.

Bumpass, Larry L. and James Sweet. 1989. "National Estimates of Cohabitation: Cohort Levels and Union Stability," *Demography* 26 (4): 615-625.

Bumpass, Larry L., James Sweet, and Andrew Cherlin. 1989. "The Role of Cohabitation in Declining Rates of Marriage," *National Survey of Families and Households Working Paper*, No.5, Madison, Wis.: Center for Demography and Ecology,

第1章 雇用とパートナーシップ形成　*95*

University of Wisconsin–Madison.

Cox, D. R. 1972. "Regression Models and Life Tables," *Journal of the Royal Statistical Society* B34: 187–220.

Elman, Cheryl and Angela M. O'Rand. 2004. "The Race Is to the Swift: Socioeconomic Origins, Adult Education, and Wage Attainment," *American Journal of Sociology* 110: 123–160.

Hamaaki, Junya, Masahiro Hori, Saeko Maeda, and Keiko Murata. 2010. "Is the Japanese Employment System Degenerating? Evidence from the Basic Survey on Wage Structure," *ESPR Discussion Paper Series*, No. 232. Tokyo: Economic and Social Research Institute, Cabinet Office, The Government of Japan.

Kiernan, Kathleen. 1999. "Cohabitation in Western Europe," *Population Trends*, No.96: 25–32.

Kiernan, Katheleen. 2001. "The Rise of Cohabitation and Childbearing outside Marriage in Western Europe," *International Journal of Law, Policy and the Family* 15: 1–21.

Lesthaeghe, Ron. 1995. "The Second Demographic Transition in Western Countries: An Interpretation," Pp.17–61 in Mason, Karen Oppenheim and An-Magritt Jensen (eds.), *Gender and Family Change in Industrialized Countries*, Oxford: Clarendon Press.

Lichter, Daniel T., Diane K. McLaughlin, and David C. Ribar. 2002. "Economic Restructuring and the Retreat from Marriage," *Social Science Research* 31: 230–256.

Marini, Margaret M. 1984a. "Age and Sequencing Norms in the Transition to Adulthood," *Social Forces* 63: 229–244.

Marini, Margaret M. 1984b. "The Order of Events in the Transition to Adulthood," *Sociology of Education* 57: 63–84.

Oppenheimer, Valerie K. 2003. "Cohabiting and Marriage during Young Men's Career Development Process," *Demography* 40: 127–149.

Oppenheimer, Valerie K., Matthijs Kalmijn, and Nelson Lim. 1997. "Men's Career Development and Marriage Timing during a Period of Rising Inequality," *Demography* 34（3）: 311–330.

Raymo, James M. and Eric Vogelsang. 2009. "The Transition to Adulthood: A Brief Review of Recent Research,"『少子化の要因としての成人期移行の変化に関する人口学的研究　第1報告書』（所内研究報告　第29号），国立社会保障・人口問題研究所，pp. 43-90.

Retherford, Robert D. and Minja Kim Choe. 1993. *Statistical Models for Causal Analysis*, New York: John Wiley & Sons.

Rindfuss, Ronald R. 1991. "The Young Adult Years: Diversity, Structural Change, and Fertility," *Demography* 28（4）: 493–512.

Rindfuss, Ronald R., Minja Kim Choe, Maria Midea M. Kabamalan, Noriko O. Tsuya, and

96 第Ⅰ部 ジェンダーでとらえる仕事と家族

Larry L. Bumpass. 2010. "Order amidst Change: Work and Family Trajectories in Japan," *Advances in Life Course Research* 15（2‐3）: 76‐88.

Rindfuss, Ronald R., C. Gray Swicegood, and Rachel A. Rosenfeld. 1987. "Disorder in the Life Course: How Common and Does It Matter?" *American Sociological Review* 52（6）: 785‐801.

Rindfuss, Ronald R. and Audrey VandenHeuvel. 1990. "Cohabitation: A Precursor to Marriage or an Alternative to Being Single," *Population and Development Review* 16（4）: 703‐726.

Shanahan, Michael J. 2000. "Pathways to Adulthood in Changing Societies: Variability and Mechanisms in Life Course Perspective," *Annual Reviews in Sociology* 26: 667‐692.

Statistics Bureau. 2005. *Annual Report on the Labour Force 2005: Detailed Tabulation*, Tokyo: Statistics Bureau, Japan Ministry of Internal Affairs and Communication.

Willis, Robert J. and Robert T. Michael. 1988. "Innovation in Family Formation: Evidence on Cohabitation in the U.S.," Paper presented at the IUSSP Seminar on the Family, the Market, and the State in Aging Societies, Sendai City, Japan, September.

Yamaguchi, Kazuo. 1991. *Event History Analysis*, Newbury Park, Calif.: Sage Publications.

第2章

結婚後の家族形成とパートナーシップ

西岡　八郎・星　敦士

はじめに

　本章では，2004年から3年間隔で行われてきたパネル調査『結婚と家族に関する国際比較調査』（以下，JGGS）における JGGS-2 調査（2007年）と JGGS-3 調査（2010年）から得られた2時点のパネルデータを用いて，夫婦間の役割分担や夫婦関係といったパートナーシップをめぐる意識と実態が「子どもをもう1人欲しい」という妻の追加出生希望に対してどのような影響を与えているのかについて検討する。

　国立社会保障・人口問題研究所が長期にわたって継続的に実施している『出生動向基本調査』の最も新しい第15回調査（2015年）の結果によると，夫婦の最終的な平均出生子ども数は1.94人であった（国立社会保障・人口問題研究所 2017）。本調査に基づいて夫婦出生力の時系列的な動向をみると，夫婦がもつ子どもの数は戦後大きく減少したが，1972年（第6回調査）に2.20人となってからはほぼ30年間にわたって2.19〜2.23人の間で安定的に推移してきた。しかし21世紀に入ってからは2005年の第13回調査で2.09人に低下したことが示され，さらに2010年の第14回調査では1.96人と，直近2回の調査では2人を下回っている。また，厚生労働省が毎年公表している『人口動態

98　第Ⅰ部　ジェンダーでとらえる仕事と家族

統計（確定数）』の出生順位別出生数をみると，2010年以降において第2子以降の出生数が減少し続けている。これまで，出生率に影響を与える直接的な要因として生涯未婚者割合，初婚年齢，出産間隔などが挙げられてきたが，近年の出生率の低下には，生涯独身者の割合や初婚年齢の上昇だけではなく，上記のような夫婦が最終的にもつ子ども数の停滞と減少，すなわち結婚後における夫婦の出産抑制も影響を及ぼしていると考えられる。

　本章では，結婚後の家族形成，出生行動（出産抑制や出産間隔の調整）に関係する有配偶女性の追加出生希望，すなわち子どもがすでに1人，あるいはそれ以上いる世帯において妻がどのくらいさらに子どもをもつことを希望しているかに着目した。この追加出生希望に対して夫婦間のパートナーシップに関する諸要因がどのような影響を与えているのかを計量的に検証することを通して，今日の社会における少子化対策としてどのような政策が求められるのかを検討する。

　日本における夫婦の働き方をみると，1997年に夫婦ともに雇用者という，いわゆる「共働き世帯」の数が男性雇用者と無業の配偶者からなる「専業主婦世帯」の数を上回り，それ以降も約20年にわたって増加を続けている（内閣府 2016）。男性の雇用労働者に特徴的な長時間労働が改善されず，また伝統的な性役割規範が維持されたまま女性の労働力化が進み共働き世帯が増えた結果，もともと存在していた家事や育児といった夫婦間の役割分担における不均衡な状態が是正されることなく女性の負担感のみを増大させる結果となった。総務省による『社会生活基本調査』の2011年調査の結果では，子どもがいる共働き世帯における家事関連時間（週全体の平均時間）は女性がほぼ5時間（4時間53分）であるのに対して，男性は40分弱（39分）にすぎないことが示されている（総務省統計局 2012）。今日，男性の家事育児に対する積極的な参加がさまざまなかたちで呼びかけられているものの，家庭内の役割分担における性別分離は大きくは改善されておらず，このことが少なからず少子化の要因の1つとなっているとも考えられている。

　以上のような状況を背景として，男性の家事育児参加がどのような要因によって規定されているのか，また男性の家事育児参加によって夫婦がもつ子どもの数や子どもをもつことへの意欲はどのような影響を受けるのかという

問題に多くの実証研究が取り組んできた。まず男性の家事育児参加の規定要因に関する研究をみると，家事参加と育児参加のどちらを研究対象とし，またそれぞれをどのように測定するか，分析対象の限定をどのように行うかによって結果は異なるものの，労働時間や通勤時間といった時間制約（Nishioka 1998; 西岡 2004；永井 2004；白波瀬 2005；松田 2006, 2016；乾 2016），妻の就業状態や子どもの年齢，母親との同居などニーズ，必要性（Nishioka 1998; 松田 2004；中川 2010）のほか，夫婦間の勢力関係や性別役割分業意識といった規範意識，ジェンダー・イデオロギーによる影響などが検証されている[1]。近年の研究としては，家事参加と育児参加それぞれについて先行研究で指摘されてきた諸要因を整理し，その影響を国立社会保障・人口問題研究所が行っている『全国家庭動向調査』の第2回から第5回までの合併データを用いて検証した西岡・山内（2017）がある。それによると，家事参加が上記で挙げたような夫婦のパートナーシップに関わる多様な要因に影響を受けているのに対して，育児参加は主に時間制約に関する要因によって規定されていることが明らかになった。

　一方，男性の家事育児参加が出生希望や出生確率に与える影響について検証した研究をみると，その多くにおいて男性が家事や育児に積極的に関わることは子どもを欲しいと思う意欲に対してポジティブな効果を与えることが示されている。たとえば厚生労働省大臣官房統計情報部が行った『人口動態社会経済面調査（1歳児をもつ母親の子育て環境）』のデータを用いて夫の家事育児参加が与える影響を検証した西岡（2001）は，夫の家庭役割行動のなかでも，特に育児参加が追加出生希望を高める効果があることを示している。また藤野（2006）も兵庫県に限定したデータではあるが，夫の家事育児参加，特にもともと夫の分担度が高い「ごみ出し」ではなく食事，掃除，洗濯といった「家庭内で執り行われる中心的な家事」（藤野 2006, p.31）への参加や，

----

1)　ここで挙げた男性の家事育児参加に関する多くの研究では，時間制約や夫の家事育児参加の必要性の程度，規範意識など複数の要因が同時に影響していることが示されている。また松田（2006, 2016）は，規定要因が雇用不安や賃金低下といった就労環境の変化に伴って変化していることを指摘した。上記以外の要因に着目した例としては，家族援助ネットワークの影響から夫婦役割に関するBott仮説を検証した石井（2004）による研究がある。

育児では子どもの「世話」ではなく「遊び相手」を担うことが夫婦の追加予定子ども数を高めることを明らかにしている。

　夫の家事育児参加が出生希望，あるいは出生確率を高めるという傾向は日本家族社会学会が2004年に実施した『第2回全国家族調査（NFRJ03）』のデータを分析した小葉・安岡・浦川（2009）のほか，同一対象者に継続して調査を行って得られたパネルデータ分析による研究においても確認されている。本章も分析対象とするJGGSのうち2004年に行われたJGSS-1調査と2007年に行われたJGGS-2調査から得られたパネルデータを用いて交差遅延効果モデルと同時効果モデルによる因果順序を考慮した分析を行った西岡・星（2011）は，1時点前の夫の家事参加の程度がその後の妻の出生希望を高め，希望する子どもの数を増やすことを明らかにした。また厚生労働省が実施しているパネル調査『21世紀成年者縦断調査（平成14年成年者）』のデータを用いて1時点前の夫の家事育児に対する貢献度（家事育児の夫婦合計時間に対して夫の参加時間が占める割合）がその後の第2子の出生確率に与える影響を検証したNagase and Brinton（2017）においても，家事育児に対する夫の貢献が多いほど第2子の出生確率が高くなること，特に共働き世帯においてそのような影響が強いことが示されている。

　これら夫の家事育児参加をめぐって行われてきたその規定要因に関する研究と，夫の家事育児参加が出生行動に与える影響に関する研究を併せて考えると，夫婦間の役割分担のあり方に関係する家族観・ジェンダー観の変化をもたらすようなジェンダー政策は同時に家族政策にもなりうること，そして間接的には少子化対策としても有効であることが推測される。出産・育児に対する経済的支援や公的な保育サービスの充実といった直接的な施策とともに，男性がより積極的に家事や育児に参加することを可能にするような長時間労働の是正や通勤時間の短縮といった就業環境の改善，家事育児の役割分担をめぐる夫婦間の調整と合意を円滑にするようなワーク・ライフ・バランスの実現など広く夫婦のパートナーシップのあり方に働きかけるような施策も，子どもを欲しいと考えている人々が希望するだけの子どもをもち育てることができる社会の実現に資することをこれらの研究は示している[2]。

　そこで本章では，先行研究が検証してきた夫の家事育児参加の効果ととも

に，夫婦間のパートナーシップと役割関係に関する実態と意識が，妻の出生希望にどのような影響を与えるのかを計量的に検証する。本章の構成は以下のとおりである。まず第1節でパネルデータを分析するために本章が用いる分析手法を述べる。次に第2節でデータと変数について説明し，第3節で分析結果を示す。最後に第4節で本章の分析結果がもつ政策的含意と今後の課題を検討する。

第1節　分析方法

　本章では妻の追加出生希望について，同一の対象者に対して複数時点に調査を行って得られたパネルデータの特徴を踏まえて同一人物内における時点間の変化が与える影響とともに，回答者個々人の間にみられる差，すなわち個人間の差異の影響についても明らかにしたい。追加出生希望，すなわちどのくらいもう1人子どもを欲しいと思うかは，3年という調査間隔の間に生じた個人の生活環境や夫婦関係の変化によって影響を受けることが予測されるとともに，調査時までに形成された社会経済的な状態や夫婦関係のあり方における相対的な個人間の差によっても異なってくることが考えられるからである。そこで本章の分析では，パネルデータにマルチレベル分析を応用する手法の1つであるハイブリッドモデル（Allison 2009; 三輪・山本 2012；中澤 2012）を用いた。ハイブリッドモデルの推定では，個人iの時点tにおける従属変数をY_{it}，時間によって変わる独立変数をX_{it}，時間によって変わらない独立変数をZ_i，X_{it}の個人内の（同一個人の時点間の）平均値を$\bar{X}_i$としたとき，以下のような推定式が用いられる。

$$Y_{it} = a + \beta (X_{it} - \bar{X}_i) + \gamma \bar{X}_i + \delta Z_i + u_i + \varepsilon_{it}$$

---

2)　夫の家事育児参加に対して時間的な制約という点から通勤時間や労働時間の影響を検証した研究として，駿河・七条・張（2000）と駿河・七条（2001）が挙げられる。これらの研究では通勤時間が短い夫ほど家庭役割を担いやすくなり，妻の負担感が軽減されて育児コストが低減するため出産可能性が高まることを理論的に，また実証的に示している。

102　第Ⅰ部　ジェンダーでとらえる仕事と家族

　ここで α は定数項，β は独立変数 X についての個人内効果（レベル 1），γ は独立変数 X についての個人間効果（レベル 2），δ は時間によって変化しない独立変数 Z の効果を示している。ハイブリッドモデルでは，u_i（X によって説明されない Y の変化（観察されない個体固有の効果））と ε_{it}（各時点における誤差）の両方を独立した攪乱項として扱い（u_i は平均 0，分散 $\sigma_u{}^2$ の正規分布に，ε_{it} は平均 0，分散 $\sigma\varepsilon^2$ の正規分布にそれぞれ従うと仮定する），変量効果モデルの推定方法を用いる。この推定式からわかるようにハイブリッドモデルの特徴の 1 つとして，独立変数 X の効果について個人内（時点間）で変化する際の効果（β）と個人間での X の平均的な差異による効果（γ）が別のパラメータとして推定されることが挙げられる。第 3 節の分析ではこのモデルを用いて，出生希望に対する時点間における個人内の変化と，個人間に観察される意識や行動の差異の影響を明らかにする[3]。

第 2 節　データと変数

2.1　データ

　2004 年から 3 年おきに実施されている JGGS によって得られたパネルデータのうち，本章が分析に用いる夫婦のパートナーシップに関する諸変数を測定する質問項目が継続して含まれていること，それらの質問文や選択肢のワーディングに大きな修正や変更がないこと，そして分析対象としたい子どもを 1 人以上もっている一定の年齢以下の有配偶女性についてより多くのサンプルが得られることを条件に検討した結果，2007 年に実施された JGGS-2 調査と 3 年後の 2010 年に実施された JGGS-3 調査の 2 時点分のパネルデータを用いた[4]。

　分析対象は，子どもをもう 1 人欲しいという追加出生希望の程度に対して夫婦間の役割関係や夫婦関係に関する意識が与える影響を分析するという本章の目的と，近年の平均的な第 1 子出産年齢を踏まえて，JGGS-3 調査が行

---

3)　以降の分析では Stata（ver.14）の xtreg コマンドをオプション mle とともに用いて最尤法により変量効果モデルの推定を行った。
4)　JGGS の調査設計，サンプリング，調査方法など詳細については第 8 章を参照。

第2章　結婚後の家族形成とパートナーシップ　103

われた2010年時点で39歳以下，かつ両時点とも結婚しており，JGGS-2調査
が行われた2007年時点ですでに子ども１人以上をもっていた女性229人とした[5]。

2.2　変数

　従属変数は回答者（妻）の追加出生に関する希望である。具体的には「あなたは，これから子どもが（もうひとり）ほしいですか」という質問文に対して「1. ぜひほしい／2. ほしい／3. どちらともいえない／4. あまりほしくない／5. 絶対ほしくない」という５段階評価の選択肢を提示している。分析では，「ぜひほしい」の値が最も高くなるように数値を置き換えて用いた。

　独立変数は，JGGS-2調査時における回答者（妻）の年齢と各調査時点での子ども数（２人，３人以上のダミー変数）をコントロール変数として用いたほか，出生行動に関する先行研究を踏まえて夫婦の社会経済的状態，夫婦それぞれが諸種の家事を行う頻度，出生と夫婦関係に関連する妻の意識，夫婦それぞれが諸種の育児を行う頻度，育児をめぐる夫婦関係の様相，妻方・夫方の母親との居住関係と幅広く夫婦のパートナーシップに関わる要因を分析に含めた。各要因の具体的な内容と測定方法は以下のとおりである。

　夫婦の社会経済的状態を表すものとしては，妻の就業形態（正規雇用／非正規雇用（パート・アルバイト，派遣社員・契約社員）／自営（自営業，家族従業者）／仕事に就いていない）について，調査時点において仕事に就いていないケース（休職中も含む）を基準カテゴリとした各就業形態のダミー変数，夫の週当たりの労働時間（７段階の順序尺度），夫婦の昨年の収入（夫と妻それぞれについて13段階の順序尺度で質問された調査前年の年収総額について，選択肢で提示された金額幅の中央値を用いて実額に換算し，夫婦合計の金額を求めたうえで10を底とする常用対数に変換したもの）を用いた。

　夫婦それぞれが家事を行う頻度は，「料理や食後の後片付け」「洗濯」「部

5）　2012年における母親の出生時平均年齢をみると，第１子30.3歳，第２子32.1歳，第３子33.2歳である（内閣府 2016）。なお両時点の調査で既婚であるものの，その間に離別を経験して再婚したケース，配偶者（夫）に関する情報に欠損値が極めて多いケースはこの段階で分析対象から除外した。

104 第Ⅰ部 ジェンダーでとらえる仕事と家族

屋の掃除」「食料品・日用品の買い物」の4項目について「1. ほぼ毎日／2. 週に3～4回／3. 週に1～2回／4. 月に1～3回／5. ほとんどしない」という5段階の順序尺度により測定した質問を用いて，値が高いほど頻度が多い方向に変換したうえで4項目分の得点化された回答を総和し，妻の家事遂行の頻度，夫の家事遂行の頻度というかたちで別々の変数として用いた。藤野（2006），水落（2010），Nagase and Brinton（2017）など出生行動に関する研究では夫による分担の程度，すなわち個別の家事について妻が主に行うか夫が主に行うか，あるいは全体に対して夫がどのくらい貢献しているかを分析に用いる方法もみられるが，夫の協力以外のサポートや家事の外部化等によって妻の実質的な家事負担が軽減されること（夫を含めた他者に分担してもらうこと）が追加出生希望を高めるという関係も考えられるので，本章の分析では妻と夫それぞれの頻度を用いて分析することとした[6]。

　出生と夫婦関係に関連する意識は先行研究においても多様なとらえ方がみられるが，本章では回答者，すなわち妻の性別役割分業意識，結婚生活に対する満足度，そして回答者にとって子どもがもう1人いると仮定した場合に時間的な自由度がどのように変化するかという追加的な出産によるリスク認知を用いた。性別役割分業意識は，「男が家族を養い，女は家庭をまもるのが，みんなにとってよい」という提示文に対して提示された「1. 賛成」から「5. 反対」までの5段階尺度による回答を反転して，値が高いほど分業規範が強いことを表す変数とした。人口学的，社会経済的な状況が同じであれば，より近代家族規範が強いほうが追加出生に対する希望が強いと予測される。結婚生活満足度は，「あなたは，現在の結婚生活にどのくらい満足していますか」という質問文に対して提示された「1. たいへん満足」から「5. たいへん不満」までの5段階尺度による回答を反転して，値が高いほど満足度が高い変数とした。出生希望の要因分析を行った山口（2009）は，結婚生活満足度が特に第1子，第2子の出生希望に関して強い規定要因であること

6）　逆に夫がどれだけ協力的であっても妻の負担が大きいことが追加出生希望に負の影響を与えるという関係も予想される。追加希望子ども数の分析に妻本人の家事時間を用いた例としては松浦（2012）がある。それによると，家事時間が長い妻は追加的な出産の計画に対して抑制的になることが示されている。

を明らかにしており，ここでも追加出生希望に対して正の効果を示すことが予測される。子どもがもう1人増えた場合の自由な時間の変化に対する認知は，「あなたに（もう1人）子どもがいると仮定すると，あなたの生活は現在と比べて，どう変わると思いますか」という質問において提示された7つの項目（生活水準，やりたいことをやる自由，就職や昇進の機会，性生活，自分に対するまわりの見方，心のやすらぎ，生活全般の満足度）のなかから，余暇時間の増加が有配偶女性の生活満足度や幸福度を高めるとした荻原（2012）の議論を参照して，子どもが増えることによって「やりたいことをやる自由」がどのように変わると認知しているかを用いた。他の状況が同様であってもこの項目についてネガティブに評価する女性は追加出生を躊躇すると考えられる。分析ではこの質問の選択肢「1. ずっと良くなる」から「5. ずっと悪くなる」という5段階評価の順序尺度をそのまま用いているので，値が高いほどもう1人子どもができると「やりたいことをやる自由」が少なくなる，自由に使える時間が減ると認識していることを表す[7]。

　夫婦の育児行動に関する変数として，家事頻度と同じ理由で夫婦それぞれの育児遂行の頻度を，また育児をめぐる夫婦関係の様相については子育てをめぐる意見の食い違いの頻度を用いた。まず育児遂行の頻度については「おむつを替える」「寝かしつける」「食事をさせる」「風呂に入れる」の4項目について，家事と同じ選択肢を提示した質問を用いて値が高いほど頻度が多い方向に変換したうえで4項目分の回答を合算し，夫婦それぞれの育児遂行の頻度とした。子育てをめぐる意見の食い違いは，「あなたと配偶者は，この1年間にどれくらい意見の食い違いがありましたか」という質問において提示された10項目（レジャーや休日の過ごし方，友人や親との関係，飲酒・喫煙についてなど）から，「子育てについて」の評価を取り上げた。分析ではこの質問の選択肢「1. 全くなかった」から「5. ほとんど毎日」という5段階評価の順序尺度をそのまま用いたので，値が高いほど子育てについて夫婦間で意見の食い違いがあった，あるいは食い違いがあったと回答者である妻が認識していることを表す。

---

7)　以降の分析結果を示す表中では略して「子どもをもつことによる不安」と表記した。

106　第Ⅰ部　ジェンダーでとらえる仕事と家族

　妻方・夫方の母親との居住関係は，それぞれの母親の居住地との時間距離（よく使う交通手段でどのくらい時間がかかるか）を尋ねた項目における選択肢「1. 同じ建物内・敷地内の別棟／2. 15分未満／3. 15〜30分未満／4. 30〜60分未満／5. 1〜2時間未満／6. 2〜3時間未満／7. 3時間以上」という7段階の順序尺度をそのまま用いて値が大きいほど遠距離であることを示す変数として用いた。母親との居住距離が近くなることは、子育てについて道具的あるいは情緒的なサポートを得られる可能性が高まることを意味するので、追加出生希望に対して正の効果をもつことが予測される[8]。

第3節　分析結果

3.1　記述統計

　従属変数である追加出生希望，すなわち今後（もう1人）子どもが欲しいか，という質問について，2007年のJGGS-2調査と2010年のJGGS-3調査における回答をクロス集計によって表したものが表2-1である。両時点で回答が変わらなかったケースは91人（全体の40%），より強く子どもをもちたいと思うようになったケースは36人（全体の16%），逆に欲しくないという方向に変化したケースは102人（全体の45%）であった。両調査の間に出産を経験した回答者，特に希望していた数の子どもをもった回答者はJGGS-3調査ではこれ以上は欲しくないという方向に変化すると思われるので，全体としてはネガティブな方向に変化するケースのほうが多い。統計量としての変化をみると，2007年のJGGS-2調査では平均値2.17（標準偏差1.34），2010年のJGGS-3調査では平均値1.65（標準偏差1.24）であった。

　この追加出生希望について，個人内でこのような変化がどの程度生じているのかを独立変数を用いないヌルモデルによる変量効果モデルの推定から級内相関係数をみたところ，0.475であった。級内相関係数はデータにおけるすべての分散（個人間分散＋個人内分散）に占める個人間分散の割合を示して

8）　星（2008）はサポートネットワーク（普段の生活で何かと助けになってくれる人々）のなかに母親が含まれていることが出生希望に対して有意な正の効果をもつことを明らかにしている。

表2-1 追加出生希望の時点間変化

JGGS-2調査 （2007年）	JGGS-3調査（2010年）					
	絶対 ほしくない	あまり ほしくない	どちらとも いえない	ほしい	ぜひほしい	合計
絶対ほしくない	22 73.3%	5 16.7%	1 3.3%	2 6.7%	— —	30 100.0%
あまり ほしくない	15 31.3%	22 45.8%	8 16.7%	2 4.2%	1 2.1%	48 100.0%
どちらとも いえない	4 7.7%	12 23.1%	26 50.0%	9 17.3%	1 1.9%	52 100.0%
ほしい	7 14.0%	8 16.0%	19 38.0%	9 18.0%	7 14.0%	50 100.0%
ぜひほしい	4 8.2%	5 10.2%	16 32.7%	12 24.5%	12 24.5%	49 100.0%
合計	52 22.7%	52 22.7%	70 30.6%	34 14.8%	21 9.2%	229 100.0%

おり，従属変数において個人間の差異が大きいほど大きく，個人内の変化が大きいほど小さくなる。よって追加出生希望の全分散のうち48%は個人間の違いであり，残りは時点間における個人内での変化ということになる。

　独立変数の記述統計については，各調査時点の統計量を示した表2-2のとおりである。2時点間に共通した点として，夫の家事遂行頻度，育児遂行頻度が妻のそれよりも大幅に低く，また夫は家事よりも育児により積極的に参加していることが読み取れる。2時間点の変化としては，夫の週当たりの労働時間が減少していること，夫の家事遂行頻度はやや増加しているが，育児遂行頻度についてはやや減少していることが示されている。

108　第Ⅰ部　ジェンダーでとらえる仕事と家族

表2-2　独立変数の記述統計

変数名	n	JGGS-2 調査（2007年）				JGGS-3 調査（2010年）			
		平均	標準偏差	最小値	最大値	平均	標準偏差	最小値	最大値
子ども数（基準：1人）									
2人	229	0.48	0.50	0	1	0.54	0.50	0	1
3人以上	229	0.20	0.40	0	1	0.30	0.46	0	1
妻の就業形態									
（基準：就業していない）									
正規雇用	214	0.16	0.37	0	1	0.19	0.39	0	1
非正規雇用	214	0.27	0.44	0	1	0.41	0.49	0	1
自営業主・家族従業者	214	0.05	0.22	0	1	0.05	0.22	0	1
夫の週当たりの労働時間	222	5.56	1.22	1	7	5.43	1.20	1	7
夫婦の昨年の収入	216	2.70	0.19	2.18	3.28	2.72	0.20	1.70	3.35
妻の家事頻度	226	17.49	2.3	4	20	17.51	1.97	9	20
夫の家事頻度	225	5.18	4.00	0	20	5.42	4.03	0	16
性別役割分業意識	229	1.93	1.01	0	4	1.78	1.02	0	4
結婚生活満足度	226	2.76	0.89	0	4	2.56	0.92	0	4
子どもをもつことによる不安	229	3.26	0.73	0	4	3.21	0.73	2	4
妻の育児頻度	214	19.27	1.17	16	20	19.31	1.18	16	20
夫の育児頻度	216	10.89	4.29	4	20	10.56	4.40	4	20
子育てをめぐる意見の食い違い	227	1.21	0.99	0	4	1.15	0.98	0	4
妻方の母親との距離	213	3.16	1.66	1	7	3.1	1.62	1	7
夫方の母親との距離	205	3.05	1.97	1	7	3.13	1.95	1	7

3.2　追加出生希望の規定要因

　表2-3はハイブリッドモデルによる追加出生希望の分析結果である。表中の Between effect は個人間効果を，Within effect は個人内効果を示している。本章の分析では2007年の JGGS-2 調査時点における年齢のみ時間とともに変化しない変数としてモデルに含めており，他の独立変数はすべて時間とともに変化する変数である。なお，以下の分析結果の記述に際しては，10％水準で有意と判断される結果についても影響があるものとした。

　まず個人間の差による影響（Between effect）をみると，1時点目の調査時における年齢が高いことと，子ども数が1人であるケースに比べて2人，

第2章　結婚後の家族形成とパートナーシップ　*109*

表2-3　追加出生希望の規定要因

	Between effect		Within effect	
	coef.	std. err.	coef.	std. err.
時間とともに変化する変数				
子ども数（基準：1人）				
2人	−0.950**	0.202	−1.676**	0.222
3人以上	−1.493**	0.220	−2.537**	0.306
妻の就業形態（基準：就業していない）				
正規雇用	−0.389	0.256	0.091	0.317
非正規雇用	−0.567**	0.202	−0.233	0.157
自営業主・家族従業者	0.407	0.384	0.109	0.412
夫の週当たりの労働時間	−0.025	0.067	0.031	0.065
夫婦の昨年の収入	0.373	0.431	0.687	0.493
妻の家事頻度	−0.028	0.039	0.017	0.044
夫の家事頻度	0.013	0.022	−0.028	0.034
性別役割分業意識	0.013	0.087	0.094	0.078
結婚生活満足度	0.184#	0.095	0.247**	0.093
子どもをもつことによる不安	−0.678**	0.110	−0.233*	0.104
妻の育児頻度	−0.203**	0.068	−0.064	0.081
夫の育児頻度	−0.013	0.019	−0.015	0.027
子育てをめぐる意見の食い違い	−0.004	0.078	−0.221**	0.082
妻方の母親との距離	0.007	0.043	−0.396*	0.177
夫方の母親との距離	0.041	0.036	−0.286*	0.138
時間とともに変化しない変数				
JGGS-2調査時点（2007年）の年齢	−0.070**	0.023		
定数項	10.433**	1.682		
対数尤度		−384.183		
モデルχ^2（df=35）		225.820**		
人数／観察数		152／304		

**$p<0.01$。　　*$p<0.05$。　　#$p<0.10$。

3人以上であることはいずれも追加出生希望に対して負の効果を示している。夫婦の社会経済的状態を示す変数のなかでは，妻の就業形態が非正規雇用である場合に有意な負の効果となっており，不安定な雇用状態にあることが新

たな出産への希望を減少させている。出生と夫婦関係に関連する意識のなかでは結婚生活満足度が有意な正の効果を示しており，山口（2009）など先行研究が示しているように現在の結婚生活への満足感はこれからの出生希望を高めている。一方，子どもをもつことによって自分のやりたいことをやる自由が少なくなると考えていることは有意な負の効果を示していた。そのときの子ども数が同じであっても，子どもをもつことによって時間的な余裕がなくなること，やりたいことができなくなることへの不安が強いケースにおいて出生希望が低い。妻と夫それぞれの家事，育児の頻度では，妻の，すなわち回答者自身の育児頻度の高さが追加出生希望に有意な負の効果を示している。夫が家事，あるいは育児にどのくらい関わっているかではなく，妻自身が育児にどのくらい携わっているかという，個人的な負担量の多さが新たに子どもをもつことを躊躇させているという結果であった。

　次に個人内の変化による効果（Within effect）をみると，子ども数と結婚生活満足度，子どもをもつことによって自由がなくなることへの不安は Between effect 同様に有意な効果を示していた。子どもが 2 人，あるいは 3 人以上になることでそれ以上の出生は希望しなくなる。また結婚生活満足度が高くなるともう 1 人子どもをもちたいという気持ちも高くなり，一方で子どもをもつことによってやりたいことをやる自由が減るのではないかという不安が強くなると出生希望は減少する。個人内変化の効果では，これらの変数に加えて，子育てをめぐる意見の食い違いと，妻方，夫方双方の母親との居住距離がいずれも有意な負の効果を示していた。夫婦間で子育てをめぐる意見の食い違いが多くなる（多くなったと妻が感じる）ことによって，また妻方，夫方の母親との居住距離が遠くなることによって新たに子どもをもつことへの希望は弱まる。なお妻方，すなわち自分の母親との居住距離が遠くなることの効果のほうが，夫方の母親との居住距離の変化の効果よりもやや大きく，自身の母親と離れることによってより育児不安が高まりもう 1 人子どもをもつことを躊躇する傾向があることが示された。

　個人間効果と個人内効果を総合すると，コントロール変数として用いた年齢や子どもの数といった人口学的な要因以外では社会経済的状況や夫婦間のパートナーシップ要因，母親との居住距離（母親からのサポート可能性）など

多様な要因が個人間の差異として，あるいは個人内の変化において有意な効果を示していた。なかでも，結婚生活満足度や子どもをもつことによる時間的な自由の減少に対する不安といったパートナーシップと子どもをもつことに関する意識，リスク認知が追加出生希望に対する主要な要因となっていることが明らかになった。これらの変数については，個人間で意識の高低や強弱によってさらに子どもをもちたいという気持ちが異なるとともに，個人内で何かをきっかけに満足度が高くなる，あるいは不安が低くなることがもう1人子どもをもとうという気持ちを後押しする。そこで次項では，結婚生活満足度と子どもをもつことによる不安の2つの意識変数に焦点を当てて，本章の分析が用いたパートナーシップに関する要因がこれらの意識にどのような影響を与えているのかを確認する。表2-3の分析結果からは，出生行動の規定要因に関する先行研究が示してきたような夫の家事育児参加や時間制約に関わる労働時間，性別役割分業意識といった変数による直接的な影響は確認されなかったが，これらの要因と子どもをもつことによるリスク認知や結婚生活への満足度の関連を検証することで，夫婦のパートナーシップに関わる諸要因と追加出生希望の間接的なつながりについて明らかにする。

3.3　出生と結婚に関する意識の規定要因

表2-4，表2-5は表2-3に示した追加出生希望の分析と同じ手法，独立変数を用いて出生と結婚に関する2つの意識（子どもをもつことによる不安，結婚生活満足度）の分析を行った結果である[9]。

まず子どもをもつことによる不安，すなわちもう1人子どもが生まれたらやりたいことをする自由が減るのではないかというリスク認知に対して有意な効果を示した独立変数をみると，結婚生活満足度が高いケースほどもう1人子どもがいても自分の自由な時間が減るとは認識しておらず，また時点間で結婚生活に対する満足度が高くなることでもそのようには認識しなくなるという個人間，個人内の効果が示された。結婚生活満足度の規定要因に関す

---

9) 子どもをもつことによる不安と結婚生活満足度それぞれについて級内相関係数を求めたところ，前者は0.376，後者は0.483であった。いずれの変数も個人内の変化のほうが大きいが，結婚生活満足度のほうがよりその傾向が強い。

112　第Ⅰ部　ジェンダーでとらえる仕事と家族

表2-4　出生と結婚に関する意識の規定要因（子どもをもつことによる不安）

	Between effect		Within effect	
	coef.	std. err.	coef.	std. err.
時間とともに変化する変数				
子ども数（基準：1人）				
2人	0.190	0.148	0.018	0.173
3人以上	0.239	0.161	0.032	0.239
妻の就業形態（基準：就業していない）				
正規雇用	−0.052	0.189	0.383	0.245
非正規雇用	−0.230	0.148	−0.095	0.122
自営業主・家族従業者	−0.091	0.283	0.046	0.321
夫の週当たりの労働時間	0.146**	0.048	0.023	0.050
夫婦の昨年の収入	0.253	0.317	−0.214	0.384
妻の家事頻度	0.005	0.029	0.028	0.034
夫の家事頻度	0.013	0.016	−0.025	0.026
性別役割分業意識	0.055	0.064	0.075	0.060
結婚生活満足度	−0.208**	0.068	−0.192**	0.071
子どもをもつことによる不安	—	—	—	—
妻の育児頻度	−0.011	0.05	−0.004	0.063
夫の育児頻度	−0.010	0.014	−0.013	0.021
子育てをめぐる意見の食い違い	0.027	0.058	0.166**	0.063
妻方の母親との距離	−0.001	0.032	0.163	0.137
夫方の母親との距離	−0.008	0.026	0.078	0.107
時間とともに変化しない変数				
JGGS-2調査時点（2007年）の年齢	0.002	0.017		
定数項	2.191#	1.227		
対数尤度	−299.942			
モデルχ²（df＝自由度33）	55.900**			
人数／観察数	152／304			

** 1％で有意。　　 * 5％で有意。　　 # 10％で有意。

る分析結果からもわかるように追加出生希望に影響を与えていたこれら2つ
の意識変数は互いに関連している。それ以外については，夫の週当たりの労
働時間が長い妻ほど子どもが増えることによって自由な時間が減ると考えて

第2章　結婚後の家族形成とパートナーシップ　113

表2-5　出生と結婚に関する意識の規定要因（結婚生活満足度）

	Between effect		Within effect	
	coef.	std. err.	coef.	std. err.
時間とともに変化する変数				
子ども数（基準：1人）				
2人	0.192	0.172	0.055	0.194
3人以上	0.034	0.188	− 0.110	0.267
妻の就業形態（基準：就業していない）				
正規雇用	− 0.393$^{\#}$	0.217	− 0.327	0.275
非正規雇用	− 0.448**	0.169	0.032	0.137
自営業主・家族従業者	− 0.258	0.328	− 0.135	0.358
夫の週当たりの労働時間	0.058	0.057	− 0.031	0.056
夫婦の昨年の収入	0.837*	0.363	− 0.388	0.428
妻の家事頻度	− 0.021	0.034	− 0.006	0.038
夫の家事頻度	0.070**	0.018	− 0.007	0.030
性別役割分業意識	0.190**	0.073	0.174**	0.066
結婚生活満足度	—	—	—	—
子どもをもつことによる不安	− 0.281**	0.091	− 0.240**	0.089
妻の育児頻度	− 0.040	0.058	− 0.114$^{\#}$	0.070
夫の育児頻度	0.028$^{\#}$	0.016	0.038$^{\#}$	0.020
子育てをめぐる意見の食い違い	− 0.152*	0.066	− 0.079	0.072
妻方の母親との距離	− 0.036	0.036	− 0.005	0.154
夫方の母親との距離	0.039	0.030	0.055	0.120
時間とともに変化しない変数				
JGGS-2調査時点（2007年）の年齢	− 0.010	0.019		
定数項	1.718	1.433		
対数尤度		− 339.646		
モデルχ^2（df＝自由度33）		93.020**		
人数／観察数		152／304		

** 1％で有意。　　* 5％で有意。　　$^{\#}$10％で有意。

いるという個人間効果があるほか，子育てをめぐる意見の食い違いが多くな
るとやりたいことをやる自由が少なくなると考えるようになるという個人内
効果が示された。ここでの分析ではコントロール変数として用いた子ども数

114 第Ⅰ部　ジェンダーでとらえる仕事と家族

による影響はみられず，単純に子どもの数が多いこと，あるいは多くなることによって，これ以上子どもが増えると自身の自由な時間が減ると考えるようになるわけではないことがわかる。また，追加出生希望に比べて，夫の働き方や夫婦間の意思の疎通といったワーク・ライフ・バランス，パートナーシップに関わる要因による影響が強いといえる。

　次に結婚生活満足度の規定要因についてみると，子どもをもつことによる不安以外に，個人間効果として妻の就業形態と子育てをめぐる意見の食い違いが有意な負の効果を，収入，夫の家事頻度，性別役割分業意識が有意な正の効果を示していた。正規，非正規いずれかの形態で，すなわち被雇用者として就業している妻はそれ以外に比べて結婚生活に対する満足度が低い。また子育てをめぐって意見の食い違いが多いケースにおいて結婚生活満足度は低い。一方，収入が高いケースや自身の性別役割分業意識が強いケース，夫による家事や育児の遂行頻度が高いケースほど結婚生活満足度は高い。個人内効果では，性別役割分業意識と夫による家事，育児の頻度が有意な正の効果を，妻による育児の頻度が有意な負の効果を示していた。性別役割分業意識が強くなること，夫がより育児に積極的に参加するようになることによって結婚生活満足度は高まる一方，妻自身による育児の頻度が多くなることは結婚生活満足度を低める[10]。

　以上の分析から，子どもをもう1人もつことに対する希望には，子どもが増えることで自分自身のやりたいことをやる自由な時間がどのように変わるかということに対する不安や，現在の結婚生活に対する満足度といった妻の主観的な判断が主に影響していたが，そのような追加出生が自分の生活に与えるリスク認知や結婚生活への満足度には夫婦の働き方や家事，育児に対するそれぞれの関わり方，性別役割分業意識など幅広いパートナーシップ要因

---

10)　性別役割分業意識が個人間効果，個人内効果いずれにおいても結婚生活満足度に有意な正の効果を与えているが，これは家庭内分業に対して否定的であること，あるいは否定的に変化することが（実際には極めて分業的である現実との葛藤を経て）結婚生活満足度に負の影響を与えていると表現することもできる。そのような意味において，本章の分析結果は，家庭役割に関する性別分離が著しい現状ではそれに合致する規範意識をもっているほうがより結婚生活に対して満足を感じると解釈できるものであったといえる。

が関連していることが明らかになった。またそれぞれの要因は個人間の差異として影響するものと，個人内の変化が影響するもの，双方において影響するものに分かれていることが示された。たとえば，妻の就業状態や夫の労働時間といった社会経済的な状態は，追加出生希望や関連する意識変数に影響を与えていたが，それは個人間の差異であり，働き方が変化することによって，あるいは労働時間が減少することによって出生希望や結婚生活への満足度を高めたり，あるいは子どもが増えることによる不安を軽減したりするといった効果はみられない。一方，母親との居住距離は妻方でも夫方でもより近くなることで追加出生希望を高めること，夫の労働時間が少なくなると子どもをもつことによる不安が低くなること，妻の育児負担がより軽くなることや夫がより協力的になることは，結婚生活への満足度を高めることが示された。これらの変数の効果は，家庭における夫婦を取り巻く社会環境（特に男性の雇用環境）やパートナーシップの変化が個人の意識に影響を与え，それによって子どもをもとうという気持ちが高まる可能性を示唆している。

第4節　まとめ——考察と今後の課題——

　本章では，2004年から3年間隔で行われてきたパネル調査 JGGS における2007年実施の JGGS-2 調査と，2010年実施の JGGS-3 調査から得られた2時点のパネルデータについてマルチレベル分析の一手法であるハイブリッドモデルによって分析し，夫婦間の役割関係や夫婦関係をめぐる意識が「子どもをもう1人欲しい」という妻の追加出生希望に対してどのような影響を与えているのかについて検討した。その結果，子どもを欲しいと考えている人々が希望するだけの子どもをもち育てることができる社会を構想するうえで，夫婦それぞれの働き方や家事・育児の分担といった役割関係のあり方など幅広く夫婦の子育て環境とパートナーシップの充実に働きかける政策の実現に取り組んでいく必要性が示された。分析結果の概要は以下のとおりである。

　まず，追加出生希望に関する分析結果からは，結婚生活にどのくらい満足しているか，もう1人子どもをもつことよって自分がやりたいことをやる自由がどのくらいなくなるかというパートナーシップと子どもをもつことに関

する妻の主観的な評価や認識による影響が個人間効果としても個人内効果としても示された。結婚生活への満足度が高い妻，子どもをもつことに対する不安が少ない妻が追加出生に積極的であるとともに，満足度が高くなること，不安が少なくなることによってもさらに子どもをもつことに対して積極的となる。これら以外の要因としては，妻自身が非正規雇用であること，自身が育児に多く関わっている妻はさらに子どもをもつことに積極的ではないといった個人間の効果と，子育てをめぐって夫婦間で意見の食い違いが多くなると子どもをもつことに消極的になる，母親との居住距離が近くなりサポートを得られる可能性が増えると子どもをもつことに積極的になるといった個人内の効果がみられた。妻自身の働き方や育児負担は追加出生に対する希望と関連しているが，働くかどうかを含めて就業状態が変化すること，あるいは育児負担が減ることによってさらに子どもをもつことへの希望が高まるといった可能性は低い。それに対して，子育てについて夫婦の考え方が一致するようになること，近くにサポートの担い手となりえる母親が居住することは，そうした変化によって子どもをもつことへの希望が高まることが示された。

　次に，追加出生希望に影響を与えていた子どもをもつことによる不安と結婚生活に対する満足度という2つの意識変数について，追加出生希望の分析と同じ手法，独立変数を用いてその規定要因を確認した。これら意識変数相互の影響以外に有意な効果を示した変数をみていくと，子どもをもつことによる不安については，夫の週当たりの労働時間が長いケースで不安は高く，また子育てをめぐる意見の食い違いが多くなると不安も高まるという結果であった。結婚生活満足度については，より多様な要因によって規定されていることが示された。ただし多くは個人間の差異としての効果であり，個人内で変化することで結婚生活への満足度に影響を与える要因は，性別役割分業意識，妻自身の育児頻度，そして夫の育児頻度であった。追加出生希望に関する分析も含めて，妻の働き方や夫の労働時間，収入といった夫婦の社会経済的状況に関する要因は本章が従属変数として分析に用いた出生と結婚に関する諸種の意識と関連していたが，これらの多くは個人間効果として観察された。すなわち，数年間で夫婦の社会経済的状況が変化したとしても，それ

が子どもをもつことや結婚生活に対する意識を大きく変える可能性は低い。このことは，そもそも夫婦の社会経済的状況がどのように形成されるのか，また夫婦の働き方や雇用環境が子どもをもつことをめぐる諸種の意識にどのようなプロセスで影響を与えるのか，より詳細に分析する必要があることを示唆している。

　一方，夫婦が育児に関わる頻度や子育てをめぐる意見の食い違いは個人内の変化が追加出生に影響していた。すなわち育児に関して妻の負担が少なくなる，夫の関与が増える，夫婦間で意見が一致するようになるといった変化が子どもをもつことや結婚生活に対する意識にポジティブな影響を与えており，親との居住距離が近くなることの効果と合わせて，夫婦を取り巻く育児環境とパートナーシップの充実は子どもを欲しいという気持ちを高めることに寄与していることが明らかになった。子育て中の母親に対して家事や育児負担の軽減といった手段的な側面だけではなく，夫婦関係を含めた情緒的な側面も合わせて多様なかたちのサポートを提供していくことが第2子以降の出生希望につながることを本章の分析結果は示している。結婚生活，夫婦関係に対する肯定的な評価は結婚後の家族形成の大きな基礎であり，そこに働きかけるような家族政策，労働政策も重要な少子化対策と考えることができる。

　最後に今後の研究課題として，より規模の大きい，かつ時点数を増やした標本を対象とした分析を行って本章で得られた知見の頑健性を検証する必要があること，夫婦のパートナーシップと出生に関する意識，行動を結びつける多様な要因間に予測される複雑な連関の構造を解明していく必要があることを挙げておきたい。

　JGGSは2004年に行われた第1回調査において無作為抽出した18歳以上70歳未満の男女1万5000人のうち9074人（60％）から回答を得ており，社会科学分野における同種の社会調査のなかでも比較的規模の大きいデータセットをベースとして数次のパネル調査を行ってきた。しかし本章の分析のように，その対象を性，年齢，配偶関係，そして子どもの状況などで限定することで分析可能なケース数は必然的に小さくなってしまう。結婚後，最初の子どもをもつまでの数年間，あるいは2人目をもつまでの期間について，一定の規

模の標本を対象に夫婦のパートナーシップを継続的に検証することができれ
ば，本章の知見がどのくらい確かなものか確認できるだろう。

　また本章の分析結果から，結婚後の家族形成に関わる諸要因は相互に関連
しながら夫婦のパートナーシップと追加出生希望を規定していることが明ら
かになった。本章ではそれぞれの要因がもつ直接的，あるいは間接的な効果
について追加出生希望への影響を中心に部分的にしかみてこなかったが，夫
婦を取り巻く社会環境の変化とパートナーシップがどのように関連し，また
それらが結婚後の家族形成にどのような影響を与えるのか，要因間の関係を
繙きながら夫婦のどのような意識，行動に働きかけることが少子化対策とし
てより有効なのかを検証する必要がある。夫婦のパートナーシップをめぐる
多様な質問項目を含み，パネル調査として設計された JGGS のようなデータ
セットの整備は今後ますます重要になるといえる。

参考文献

石井クンツ昌子 2004「共働き家庭における男性の家事参加」渡辺秀樹・稲葉昭英・嶋﨑
　　　尚子編『現代家族の構造と変容――全国家族調査［NFRJ98］による計量分析
　　　――』東京大学出版会，pp.201-214.
乾順子 2016「有配偶女性からみた夫婦の家事分担」稲葉昭英・保田時男・田渕六郎・田
　　　中重人編『日本の家族 1999-2009――全国家族調査［NFRJ］による計量社会学
　　　――』東京大学出版会，pp.295-310.
荻原里沙 2012「結婚・出産前後の女性の生活満足度・幸福度の変化――『消費生活に関
　　　するパネル調査』を用いた実証分析――」『三田商学研究』第55巻 3 号，pp.19-35.
国立社会保障・人口問題研究所 2017『現代日本の結婚と出産――第15回出生動向基本調
　　　査（独身者調査ならびに夫婦調査）報告書――』.
小葉武史・安岡匡也・浦川邦夫 2009「夫の家事育児参加と出産行動」『季刊社会保障研究』
　　　第44巻第 4 号，pp.447-459.
白波瀬佐和子 2005『少子高齢社会のみえない格差――ジェンダー・世代・格差のゆくえ
　　　――』東京大学出版会.
駿河輝和・七條達弘 2001「男性の労働時間・通勤時間，家賃の子供の数に与える影響」
　　　『大阪府立大学経済研究』第46巻 2 号，pp.35-44.
駿河輝和・七條達弘・張建華 2000「夫の通勤時間・労働時間が出生率に与える影響につ
　　　いて――『消費生活に関するパネル調査』による実証研究――」『季刊家計経済

研究』第47号，pp.51-58.

総務省統計局 2012「平成23年社会生活基本調査　生活時間に関する結果　結果の概要」
　　（http://www.stat.go.jp/data/shakai/2011/pdf/gaiyou2.pdf）2017年 9 月11日アク
　　セス．

内閣府 2014『平成26年版　少子化社会対策白書』．

内閣府 2016『平成28年版　男女共同参画白書』．

永井暁子 2004「男性の育児参加」，渡辺秀樹・稲葉昭英・嶋﨑尚子編『現代家族の構造と
　　変容——全国家族調査［NFRJ98］による計量分析——』東京大学出版会，
　　pp.190-200.

中川まり 2010「子育て期における妻の家族責任意識と夫の育児・家事参加」『家族社会学
　　研究』第22巻 2 号，pp.201-212.

中澤渉 2012「なぜパネル・データを分析するのが必要なのか——パネル・データ分析の
　　特性の紹介——」『理論と方法』第27巻 1 号，pp.23-40.

西岡八郎 2001「少子化現象のジェンダー分析（ 2 ）——男性の家庭役割と追加出生に関
　　する意識——」，高橋重郷編『少子化に関する家族・労働政策の影響と少子化の
　　見通しに関する研究』厚生科学研究政策科学推進研究事業（課題番号 H12-政策
　　-009）報告書（平成12年度），pp.308-332.

西岡八郎 2004「男性の家庭役割とジェンダー・システム——夫の家事・育児行動を規定
　　する要因——」，目黒依子・西岡八郎編『少子化のジェンダー分析』勁草書房，
　　pp.174-196.

西岡八郎・星敦士 2011「夫の家事参加と妻の出生意欲」，阿藤誠・西岡八郎・津谷典子・
　　福田亘孝編『少子化時代の家族変容——パートナーシップと出生行動——』東京
　　大学出版会，pp.183-204.

西岡八郎・山内昌和 2017「夫の家事や育児の遂行頻度は高まったのか？」『人口問題研究』
　　第73巻 2 号，pp.97-116.

藤野（柿並）敦子 2006「夫の家計内生産活動が夫婦の追加予定子供数へ及ぼす影響」『人
　　口学研究』第38号，pp. 21-40.

星敦士 2008「出生行動とサポートネットワーク」，安河内恵子編著『既婚女性の就業と
　　ネットワーク』ミネルヴァ書房，pp.158-175.

松浦司 2012「希望子ども数が出生行動に与える影響」京都大学経済研究所ディスカッショ
　　ンペーパー No.1201（http://www.kier.kyoto-u.ac.jp/DPJ/DP1201.pdf），2016年
　　8 月10日アクセス．

松田茂樹 2004「男性の家事参加——家事参加を規定する要因——」渡辺秀樹・稲葉昭英・
　　嶋﨑尚子編『現代家族の構造と変容——全国家族調査［NFRJ98］による計量分
　　析——』東京大学出版会，pp.175-189.

松田茂樹 2006「近年における父親の家事・育児参加の水準と規定要因の変化」『季刊家計
　　経済研究』第71号，pp.45-54.

松田茂樹 2016「父親の育児参加の変容」，稲葉昭英・保田時男・田渕六郎・田中重人編
　　『日本の家族 1999 - 2009——全国家族調査［NFRJ］による計量社会学——』東京
　　大学出版会，pp.147-162.

水落正明 2010「夫の育児と追加出生に関する国際比較分析」『人口学研究』第46号, pp.1-13.

三輪哲・山本耕資 2012「世代内階層移動と階層帰属意識——パネル・データによる個人内変動と個人間変動の検討——」『理論と方法』第27巻1号, pp.23-40.

山口一男 2009『ワークライフバランス——実証と政策提言——』日本経済新聞出版社.

Allison, Paul. 2009. *Fixed Effects Regression Models*. Thousand Oaks: Sage.

Nagase, Nobuko and Mary C. Brinton. 2017. "The Gender Division of Labor and Second Births: Labor Market Institutions and Fertility in Japan," *Demographic research* 36: 339-370.

Nishioka, Hachiro. 1998. "Men's Domestic Role and the Gender System: Determinants of Husband's Household Labor in Japan,"『人口問題研究』第54巻3号, pp.56-71.

第3章

妻の就業と子育て支援政策

可部 繁三郎

はじめに

　女性の高学歴化と雇用労働力化の進展を背景に，20世紀後半から低出生力水準が続く日本では，少子化対策の一環として，働く女性が育児と就業を両立させるのを支援するさまざまな施策がとられてきた。子育て支援は大きな政策課題の1つとして多様な観点から制度設計がなされているが，本章では，早くから取り組まれてきて，働く女性にとって重要な施策である保育サービスと育児休業制度に焦点を当てる。

　保育サービスの拡充が女性の就業を促進する（滋野・大日 1999；森田 2002；永瀬 2003）ほか，育児休業制度の利用が就業継続につながる（樋口 1994；樋口・阿部・Waldfogel 1997；駿河・張 2003；樋口・佐藤 2010）ことで，育休制度は就業と出生・育児の両立支援に寄与する（滋野・松浦 2003；駿河・西本 2002）といった先行研究が数多く積み重ねられてきた。

　ただ，子育て支援政策が拡充される一方で，人々の働き方も多様化しており，保育サービスを例にとると，子どもの年齢ごとに親の求める需要が異なることも考えられる。

　本章では，保育サービスの利用について，子どもが就学前であった時期の

各歳別のデータを使うことで，多様化する人々の働き方や需要を念頭に置いた実証分析を試みる。具体的には，家族に関する全国調査のミクロデータを使って，就学前児童がいる有配偶者を対象に，保育サービスの利用と就業との関係について人年データを使って検証する。さらに，育児休業制度の利用と職場復帰との関係についても検証する。

　分析に先立って，第1節ではまず日本の子育て支援政策を概観する。第2節で妻の就業について，結婚および子どもの出生を経験することでどのように変化するのかを探る。次いで，第3節では保育サービスと育児休業制度の利用のパターンと利用者の属性を概観し，第4節で就業と子育て支援に関する多変量解析について，分析の枠組みや使用したデータの説明，および分析結果を詳述する。最後に第5節で分析結果を踏まえて政策的なインプリケーションを述べる。

第1節　日本の子育て支援政策の概要

1.1　保育サービス

　就学前児童を対象とした施設には保育所と幼稚園がある。

　保育所は児童福祉法に定められた児童福祉施設の1つで，厚生労働省が管轄している。保育を必要とする児童（保護者が就労や病気などの理由によって家庭で育児をするのが難しい状態にある）が対象で，原則として1日8時間，0歳から就学前までの子どもの保育を行う。一方，幼稚園は文部科学省が管轄する学校の一種で満3歳から就学前までの児童が対象で，1日の教育時間は4時間が標準である。ただ，実際には午後2時ごろまで児童が在園していたり，教育時間終了後に希望園児を対象に預かり保育をする場合も少なくないほか，2歳児の受け入れも行われている（高杉 2015）。

　保護者の就労にかかわらず子どもが利用可能な幼稚園では，預かり保育を実施している割合が1997年の29.2%から2006年には70.6%に高まっており，保育所との区別があいまいになってきた側面もある（池本 2009）[1]。

　保育所は自治体が設置する公立と，民間の事業者が設置・運営する私立に分かれており，公立には自治体が自ら運営する場合と，運営を民間に委託す

る場合の2種類がある。自治体の財政不安増や，私立保育所の設置主体の制限が撤廃されて学校法人や株式会社，NPOなどが運営する保育所が増えてきたこともあり，運営主体別にみた施設数は2009年に民間の運営する保育所が公営を上回った。自治体が保育所を設置したうえで民間に運営を委託する公設民営方式が増えている背景には，財政難に加え，利用者側の多様な要望に応えるには民間の力を借りたほうが良いという判断がある。延長保育の実施やそのための人員配置，総コストが膨らまないような運営のノウハウなどは，自治体の直営ではカバーできないこともあるためだ。

　また，保育所は児童福祉法に基づく都道府県知事の認可を受けた保育施設，すなわち認可保育所と，認可を受けていない保育所に分類することもできる。国が定めた設置基準（施設の広さや保育士などの職員数，設備など）を満たして都道府県知事に認可されている認可保育所に比べ，認可を受けていない保育所は保育環境や質の面で劣る可能性がある。さらに，認可保育所は保護者の収入により保育料の負担が軽減されるが，認可外では軽減措置はなく，公的補助もないか少ないため，保護者の負担する保育料が高くなる（池本2009）。

　認可保育所の設置件数をみると2016年で2万3642カ所（公営9190カ所，民営1万4452カ所），在籍者数は229万7443人（公営82万7784人，民営146万9641人）だった[2]。認可保育所の在籍者数は1980年代前半に200万人に接近した後，170〜180万人で推移していたが，2003年に200万人を超え，増加傾向を維持している。その内訳をみると，2006年以降継続して，民営保育所の在籍者数が公営保育所の在籍者数を上回っている（図3-1）。

　一方，認可外保育所は2016年3月時点で6923カ所あり，在籍している児童

---

1) 2006年には，保育所と幼稚園の機能を併せ持つ認定こども園制度が導入された。認定こども園は保護者が働いているかどうかにかかわらず，就学前児童を対象に保育・教育を一体的に行うのが特徴である。2015年4月には改正認定こども園法に基づいて，新たな「幼保連携型認定こども園」が創設された。

2) 2015年創設の「幼保連携型認定こども園」に移行した保育所が増えたこともあり，全国保育団体連絡会・保育研究所（2017）では認可保育所と「幼保連携型認定こども園」の在籍者を併記しているが，混乱を避けるため，本章では認可保育所の数値のみを示した。

124　第Ⅰ部　ジェンダーでとらえる仕事と家族

図3-1　認可保育所の種別にみた在籍児童数の推移，1975〜2016年

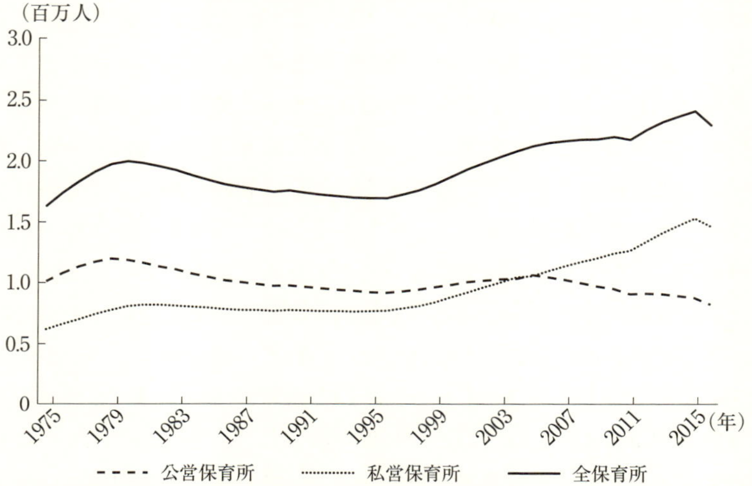

（百万人）

注：全国保育団体連絡会・保育研究所（2017）では2015年から認可保育所と「幼保連携型認定こども園」の在籍者数を併記しているが，本図の2015，2016年は認可保育所のみの値を示している。
資料：全国保育団体連絡会・保育研究所（2015，2017）。原資料は1989年以前については厚生労働省『社会福祉施設等調査報告』，1990年以降は同省『福祉行政報告例』（同調査では在籍児童数に私的契約児を含む）。

数は17万7877人である（厚生労働省 2017）[3]。

　待機児童対策として多くの自治体が認可保育所の新設や拡充に力を入れているが，予算措置や人員の手当てなどの制約のため，保育所利用の希望者が急増した場合には直ちに対応できるわけではない。職場復帰などを目指す女性にとっては，認可保育所が利用できない場合，認可保育所に比べて費用負担が重く，施設環境も劣る可能性もある認可外保育所に頼らざるをえないことから，認可外保育所の利用は依然，高水準にある。

3）　厚生労働省のウェブサイトでは認可外保育所の在籍児童数のデータを1998年度までさかのぼって公表しており，1998年度の児童数は14.9万人だった。なお，厚生労働省（2017）の認可外保育施設の統計には，事業者や病院などの事業所内保育施設の利用は含まれていない（2016年3月の施設数は4561カ所，在籍児童数は7万3660人）。事業所内保育施設の児童数を合算すると，認可されていない保育施設の在籍児童数は2016年3月時点で25万1537人に達し，認可保育所の在籍児童数の10.9％に相当する。

1.2　育児休業制度

1972年制定の「勤労婦人福祉法」の第11条で「育児休業の実施その他の育児に関する便宜の供与」を行うことが事業主の努力義務とされた。藤井（1992）によると，日本の法律に育児休業という言葉が最初に登場したのは同法という。

1975年4月から，育児休業普及促進を目的とした育児休業奨励金制度が発足した。同年7月には，教職員や保母，看護婦といった特定の職業を対象に，日本で最初の育児休業法である「義務教育諸学校等の女子教職員及び医療施設，社会福祉施設等の看護婦，保母等の育児休業に関する法律」が成立した。並行して，女性差別的な法制度の見直しが進み，1985年に勤労婦人福祉法を改正するかたちで，「男女雇用機会均等法」が成立した（労働政策研究・研修機構 2006）。

企業の努力義務だった育児休業制度が義務化されたのは，1991年に成立された「育児休業法（育児休業等に関する法律）」からである。これにより，子が1歳に達するまでの育児休業が労働者の権利として保障され，労働者の申請があったときに雇用主は拒否できなくなった。同法では女性のみならず，男性も，育児休業制度の対象とした。ただし，1992年の施行時点では育児休業制度の利用者に対する賃金の補償措置はなかった（表3-1）。

育児休業法の適用は常用雇用者30人超の事業所で始まり，常用雇用者30人以下の小規模事業所についても1995年から適用されるようになった。

企業は1歳未満の子をもつ労働者を対象に，勤務時間短縮措置，すなわち短時間勤務制度，フレックスタイム制，始業・終業時刻の繰り上げ・繰り下げ，所定外労働の免除などのうちから何らかの措置を講じることが求められるようになった（労働政策研究・研修機構 2006）。

1995年の同法改正に伴い，介護休業制度を含めた「育児・介護休業法（育児休業・介護休業等育児又は家族介護を行う労働者の福祉に関する法律）」が成立した。同年の雇用保険法改正で，育児休業給付金制度が創設され，育児休業制度を利用した労働者に対し，休業開始前の賃金の20％が休業中に支払われ，職場復帰後に5％が支給されるようになった（合計25％）。支給率はその後上昇し，2000年には基本給付金が30％，復帰給付金が10％に引き上げられ

126　第Ⅰ部　ジェンダーでとらえる仕事と家族

表3-1　日本の育児休業制度の変化

	1991年育児休業法成立	1995年[a]	2001年改正	2004年改正	2009年改正
育児休業	企業の義務化（それ以前は努力義務）		解雇のみならず，降格減給など不利益取り扱いも禁止に		
対象となる子の年齢	1歳になるまで			1歳半まで延長可能[b]	両親とも育児休業制度利用の場合，1歳2カ月まで延長可能（従来は1歳まで）
対象の労働者	常用雇用者			一定条件を満たす有期雇用労働者に拡大[c]	
対象事業所	常用雇用者30人以下（小規模事業所）は適用除外	常用雇用者30人以下も適用			
育児給付金制度	なし	雇用保険法改正で休業前賃金の20%を休業中支給，職場復帰後5%支給[d]。その後の同法改正でさらに給付率は引き上げられ，支給方式も休業中・復帰後の分割支給から，2010年以降，休業中に統合して支給する方式に変わった。2014年からは，最初の半年の支給率は67%で，半年経過後は50%に。			

注：a）育児・介護休業法に変更。
　　b）本人か配偶者が，子どもが1歳になるまで育児休業制度を利用後に，保育所入所ができないなどの事情がある場合。2017年10月から，1歳6カ月後も保育所に入れない場合は，2歳まで再延長可能になった。育児休業給付金の給付期間も2歳までとなった。
　　c）2017年から有期雇用労働者に関する育児休業制度の利用要件が，「継続雇用1年以上で，子どもが1歳6か月になるまでの間に，雇用契約がなくなることが明らかでない場合」へと緩和された。
　　d）対象者は原則として，育児休業開始日前の2年間に通常の就業をした期間が12カ月以上ある一般被保険者。
資料：労働政策研究・研修機構（2006），厚生労働省・内閣府の法改正に関する資料を基に筆者作成。

（合計40％），2007年には合計50％となった。支給方法も休業中と復帰後に分けて支給する方式から，2010年には休業中に統合して支給されるかたちに変更となった。2014年からは最初の半年間について支給率が67％に引き上げられた（半年経過後は50％）。

　育児休業に関する制度は度重なる育児・介護休業法の改正により次のように変化している。2001年の改正では，育児休業や介護休業の申し出や育休取得を理由とする解雇の禁止に加え，降格や減給，昇進の大幅な延伸などの不利益取り扱いも禁止された。さらに，時間外労働時間についても，小学校入学前の子を養育する労働者から要請があった場合は1カ月24時間，1年150時間以内に制限することを事業主の義務とした。

　2004年には，常用の雇用労働者に限定されていた育児休業制度の対象者の範囲が拡大し，一定条件を満たす有期雇用の労働者も対象に含まれるようになった。併せて，育児休業制度の利用期間も，従来の子どもが1歳になるまでから，本人か配偶者が1歳まで育休取得後，保育所入所ができないなどの事情がある場合には1歳6カ月まで延長可能になった。

　2009年の改正では3歳までの子どもをもつ労働者に対して，短時間勤務制度を設けることが事業主の義務となった。

　2017年の改正では，一定条件を満たす有期雇用の労働者に対する要件が緩和されたほか，1歳6カ月までだった育児休業制度の利用期間も，保育所入所ができない場合には2歳まで再延長が可能になった（給付期間も2歳まで）。

　図3-2は育児休業制度の利用率の推移を示している。利用率は1996年に50％程度だったが，2008年には90％に達し，その後は80％台で推移している。

第2節　妻の就業

　保育サービスや育児休業制度といった子育て支援関連の多変量分析（第4節）に入る前に，本節と次節では予備的な分析を行う。まず，第2節では結婚および子どもの出生を経験することで，女性（妻）の就業がどのように変化するのか，そして第3節では保育サービスや育児休業制度がどのように利用されているのかを概観する。両節とも，第4節で使用する『結婚と家族に

128 第Ⅰ部 ジェンダーでとらえる仕事と家族

図3-2 女性の育児休業制度の利用率の推移，1996～2016年

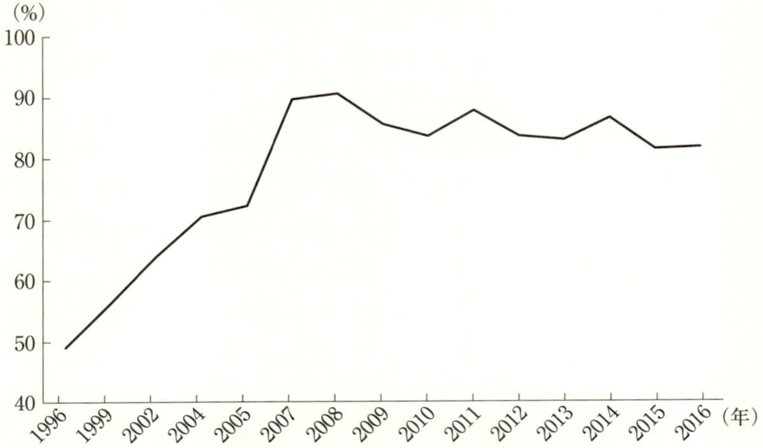

注：育児休業制度の利用率＝$\dfrac{\text{子どもを生んだ人のうち，調査時点までに育児休業を始めた人の数}}{\text{調査前年度1年間に子どもを生んだ人の数}}$

資料：厚生労働省『雇用均等基本調査』各年版。

関する国際比較調査』のデータを使って分析しており，分析対象は2004年および2007年の調査時点で少なくとも子どもが1人以上いる有配偶の日本人男女1676人である。男性の場合は配偶者について調査している（分析対象の詳細は4.1項を参照）。

2.1 結婚と就業

まず，妻の就業について，結婚前後における変化をながめてみる。表3-2によると，学校卒業後の初めての就業の比率は高く，就業率は97％以上で，分析対象者のほとんどが働いている。学歴別でも，出生コホート別でもほとんど差はない。正規職の就業割合についても，高卒以上は8割台と高い。

次に結婚後の状況をみると，どの学歴であっても妻の就業割合は低下しており，54～63％となっている。特に，学歴が低くなるほど，正規就業の割合が低下し，大卒以外は4割を下回る。1960年代生まれ以降になると，最近の

第3章　妻の就業と子育て支援政策　*129*

表3-2　結婚，第1子・第2子出生後における夫婦の属性別にみた妻の就業割合の変化

		初職時 （%）	初婚 1年後 （%）	第1子出生 1年後（%）	N （人）	第2子出生 1年後（%）	N （人）
妻の学歴	中卒以下	98（70）	60（28）	37（14）	57	37（12）	49
	高卒	99（88）	54（36）	28（16）	729	30（14）	603
	専修・高専・短大卒	98（84）	59（38）	32（22）	678	32（20）	546
	4年制大卒以上	98（86）	63（47）	43（31）	212	38（28）	167
妻の出生コホート	1950～59年	98（86）	56（36）	36（21）	571	33（17）	498
	1960～69年	99（87）	60（41）	30（21）	827	31（19）	692
	1970～79年	97（81）	53（34）	31（18）	274	31（16）	172
	1980～89年	100（50）	50（25）	25　0	4	33　0	3
夫の学歴	中卒以下	…　…	53（28）	34（18）	128	38（19）	112
	高卒	…　…	55（38）	32（19）	650	35（18）	537
	専修・高専・短大卒	…　…	61（38）	31（19）	274	27（13）	211
	4年制大卒以上	…　…	59（41）	32（23）	624	29（20）	505
					1,676		1,365

注：括弧内は正規職の就業割合。

　出生コホートほど妻の就業割合は低下する。また夫の学歴が高いと妻の就業割合が高くなる傾向がある。

　結婚の前後でどのような変化があったかを詳しくみるため，表3-3を参照すると，結婚1年前に正規職だった場合に，結婚1年後も正規職を維持しているのは46%と半減するとともに，40%は働かなくなる。非正規職の場合も結婚1年後にそのまま非正規職で働き続けるのは38%にとどまり，52%は働かなくなる。正規職の割合が高いと考えられる専門職や週間労働時間が35時間以上（フルタイム）の場合も，結婚後もそのまま働き続ける割合はそれぞれ65%，52%に低下する。専門職の場合は働かなくなる割合は26%にとどまるが，週間労働時間が35時間以上の場合は40%が働かなくなる。

表3-3 結婚、第1子・第2子出生前後における属性別にみた妻の就業状態の変化

結婚前後

従業上の地位

	結婚1年前(人)	結婚1年後の割合(%) 働いていない	正規職	非正規職
働いていない	65	75	15	6
正規職	1,343	40	46	10
非正規職	192	52	3	38
N	1,670			

仕事の種類

	結婚1年前(人)	結婚1年後の割合(%) 働いていない	専門職	事務職など
働いていない	64	75	8	17
専門職	362	26	65	9
事務職など	1,226	46	1	53
N	1,652			

第1子出生前後

従業上の地位

	出生1年前(人)	出生1年後の割合(%) 働いていない	正規職	非正規職
働いていない	469	97	1	1
正規職	824	54	41	4
非正規職	282	80	0	17
N	1,668			

仕事の種類

	出生1年前(人)	出生1年後の割合(%) 働いていない	専門職	事務職など
働いていない	470	97	0	3
専門職	281	37	62	1
事務職など	909	63	1	36
N	1,660			

第2子出生前後

従業上の地位

	出生1年前(人)	出生1年後の割合(%) 働いていない	正規職	非正規職
働いていない	869	97	0	2
正規職	291	13	84	3
非正規職	99	40	0	59
N	1,357			

仕事の種類

	出生1年前(人)	出生1年後の割合(%) 働いていない	専門職	事務職など
働いていない	869	97	1	3
専門職	153	9	90	1
事務職など	329	21	0	79
N	1,351			

1週間の労働時間		ゼロ	1～34時間	35時間以上
ゼロ（働いていない）	65	75	6	18
1～34時間（パートタイム）	119	55	39	6
35時間以上（フルタイム）	1,477	40	8	52
N	1,661			

→

		ゼロ	1～34時間	35時間以上
ゼロ	467	96	2	1
1～34時間	220	69	30	1
35時間以上	970	53	4	43
N	1,657			

→

		ゼロ	1～34時間	35時間以上
ゼロ	856	97	2	1
1～34時間	120	26	72	3
35時間以上	364	14	2	84
N	1,340			

注：網かけ部分は％。それ以外は人数。従業上の地位のうち、自営業などは人数が少ないので割愛したほか、四捨五入のため、パーセントの合計が100にならない場合がある。

132 第Ⅰ部　ジェンダーでとらえる仕事と家族

2.2　子どもの出生と就業

　次に，子ども出生後の妻の就業状況に目を向けてみる。表3-2が示すように，第1子の出生1年後，妻の就業割合は結婚1年後の水準をさらに下回る。4年制大卒以上でも43%と5割を割り込んでおり，それ以外の学歴の場合は2～3割に低下する。正規職の割合はさらに低下し，4年制大卒以上で31%にすぎず，中卒以下と高卒はそれぞれ14%，16%にまで低下する。

　妻の出生コホート別でみても，いずれのコホートも第1子出生後の就業割合は低下し，最近に近づくほど概ね低くなる。夫の学歴別でも妻の就業率は3割強にまで低下する。

　表3-3で第1子出生前後の就業割合の変化を詳しくみると，第1子出生1年前に正規職，専門職，週労働時間が35時間以上（フルタイム）の場合，出生1年後も引き続き同じ状態で働く割合は，それぞれ41%，62%，43%に低下する。結婚後に正規職，専門職，週労働時間が35時間以上の場合で，働かなくなる比率は5割を超えることはなかった。しかし，第1子出生後は，正規職の54%，専門職の37%，週労働時間が35時間以上の場合の53%が働かなくなり，働かない人の割合のほうが大きくなる。

　同様に，非正規職，事務職など，週労働時間が1～34時間（パートタイム）の場合は，結婚後に5割前後だった働かない人の割合が，第1子出生後は急増し，それぞれ80%，63%，69%にまで上昇する。

　では，第2子の出生の場合はどうだろうか。第2子の出生経験者は第1子の出生経験者よりも人数が減るので単純な比較はできないが，おおよその傾向は読み取ることができるはずである[4]。

　第2子の出生1年後の妻の就業割合はやや低下する場合が多いものの，落ち込みの幅はそれほど大きくない。正規職に限ってみても，第1子出生後に比べて，それほど大きな変化はみられない（表3-2）。表3-3も同様の傾向を示しており，第2子出生1年前に妻が正規職，専門職，週労働時間が35

4）表3-2と表3-3は第1子出生経験のある人が過去にさかのぼって，初職や結婚時の就業状況をみた形式で作成しているため，全員が初職 → 結婚 → 第1子出生を経験しており，異時点での比較が可能である。しかし，第1子出生経験者の全員が第2子を出生しているわけではない点に注意する必要がある。

時間以上の場合，出生1年後も同じ状態で働く割合は，それぞれ84%，90%，84%に達する。第1子出生後に働いている場合，第2子出生後も出生前と同じ状態で働き続けるケースが多いことが推察される。第1子出生後に，子育てをしながら働き続けることができれば，第2子が生まれた場合，子育ての負担は増えるものの，妻が就業を続ける可能性が高いことを示唆している。

同様の傾向は非正規職，事務職など，週労働時間が1～34時間の場合にも当てはまる。第2子出生後に働かない人の割合は40%，21%，26%にとどまり，継続して働く人の割合が6～8割にのぼる。

以上の結果は，子育て支援を考える際，第1子の出生後に妻が就業継続できるかどうかが重要であることを示唆する。第2子の出生前に就業していた場合は，第2子出生後も継続就業する人の割合が第1子出生の場合に比べて高いためだ。この点を踏まえ，第3節では，第1子の出生後に焦点を当てて，保育サービスと育児休業制度の利用について概観する。

第3節　保育サービスと育児休業制度の利用

3.1　保育サービスの利用パターンと利用者の属性

第1子が就学前であった時期の保育サービスの利用について，各歳別の状況を調べる。第4節で行う保育サービスに関する多変量解析で，第1子が1歳未満のケース（0歳のデータ）を除いて分析しているため，ここでも第1子が1歳未満のケースを除いて1～6歳における各歳の保育サービスの利用状況をみる。ある年齢（たとえば5歳）で利用していれば1回利用したとみなし，1～6歳までのすべての年齢で利用していれば毎年（6回）利用したと計算する。第1子が1～6歳の期間中，全く保育所を利用しないのは55.3%と過半を占めた。1回以上の利用は44.7%だが，そのうち，毎年利用した場合は7.4%だった。1～2歳と3～6歳に分けてみると，1～2歳の時点の利用率は2割を切るのに対し，3～6歳では42%に達するだけでなく，毎年の利用者も17.2%と1～2歳より高い水準になった（表3-4）。

特徴的なのは就学前の子どもの年齢ごとに利用と不利用が入り組んで，連続していない場合が多いことである。1～2歳でも3～6歳でもその期間中

134 第Ⅰ部　ジェンダーでとらえる仕事と家族

表 3-4　就学前における第 1 子の年齢別にみた保育所利用パターン

子どもの年齢	利用状況（%）	
1～6歳	全く利用せず	55.3
	1回以上利用	44.7
	毎年利用	7.4
1～2歳	全く利用せず	80.5
	1回以上利用	19.5
	毎年利用	13.0
3～6歳	全く利用せず	57.8
	1回以上利用	42.2
	毎年利用	17.2

注：就学前の第 1 子が 1 歳未満のケース（0 歳のデータ）は保育利用に関する分析の対象外とした。

連続して利用するケースは 1 割台である。第 1 子出生後，妻の働く場所がも
し変わらないのであれば，毎年通うのが前提となる中学や高校などと同様に，
保育所にも継続して通うほうが，母親にとっても子ども自身にとっても負担
は少ないはずである。にもかかわらず，子どもが 1～6 歳の間に利用／不利
用が入り組むのは，保育所の利用の仕方が多様であり，利用者の希望と実際
の利用環境が必ずしも合致していないことが背景にあると考えられる。保育
所の利用の仕方が多様である点は，第 5 節のまとめで再度議論する。

　利用者を夫婦の属性別にみると，妻の出生コホート別では特には差がみら
れず，いずれのコホートも利用率は40%台であった。妻の働き方に関しては，
第 1 子出生 1 年前の週当たり労働時間が35時間以上（フルタイム），正規雇用，
専門職の場合でいずれも利用率が 5 割を超えており，働く女性の保育所利用
率が高いことがうかがえる。学歴については，妻と夫のいずれも 4 年制大卒
以上の利用率が 4 割を下回る半面，中卒以下では 6 割前後に達する（表
3-5）。ただ，子どもが 1～2 歳の時期と 3～6 歳の時期に分けて妻の学歴
別の利用率をみると，子どもが 1～2 歳の時期では 4 年制大卒以上が高卒を
やや上回るのに対し，3～6 歳の時期では逆に高卒が 4 年制大卒以上をやや
上回り，利用率は子どもの年齢によって変化していることがうかがえる。

第3章　妻の就業と子育て支援政策　*135*

表3-5　夫婦の属性別にみた第1子出生後の保育サービスの利用状況

		利用率（%）	N（人）
妻の出生コホート	1950～59年	47.0	472
	1960～69年	43.8	854
	1970～79年	43.7	343
	1980～89年	42.9	7
妻の学歴	中卒以下	57.9	57
	高卒	49.0	729
	専修・高専・短大卒	41.0	678
	4年制大卒以上	38.2	212
夫の学歴	中卒以下	61.7	128
	高卒	48.5	650
	専修・高専・短大卒	46.7	274
	4年制大卒以上	36.4	624
第1子出生1年前の妻の就業時間	ゼロ（働いていない）	28.7	467
	1～34時間（パートタイム）	40.7	226
	35時間以上（フルタイム）	53.2	983
第1子出生1年前の妻の就業	働いていない	28.7	470
	正規雇用以外で働いている	48.7	376
	正規雇用で働いている	51.9	830
小計			1,676
第1子出生前の妻の仕事の種類	働いていない	28.7	470
	事務など	48.9	916
	専門職	57.2	285
小計			1,671

注：就学前の第1子が1歳未満のケース（0歳のデータ）は保育利用に関する分析の対象外とした。

3.2　育児休業制度の利用パターンと利用者の属性

1.2項で述べたように，育児休業法が施行された1992年以前は，育児休業制度は企業の努力義務であり，導入が義務づけられていなかった。常用雇用者が30人以下の事業所にも制度が適用されるようになったのは1995年の法改正からである。そのため，分析対象者のうち，第1子出生後に育児休業制度がないケースが7割に達しており，制度はあっても利用しないというケース

136　第Ⅰ部　ジェンダーでとらえる仕事と家族

表3-6　第1子出生後の妻の育児休業制度の利用率

	(%)
制度なし	70.2
制度あるが利用せず	13.1
利用した	16.7
N（人）	870

が13.1%で，育児休業制度を利用したのは16.7%であった（表3-6）[5]。妻の出生コホート別にみると，育児休業法の施行が20歳代半ばから30歳代初めに始まった1960年代生まれでは，利用率が2割を超えている。1970年代生まれになると，利用率は3割を超える（表3-7）。

　妻の学歴が高いほど育児休業制度の利用率は高くなる。第1子出生1年前の妻の働き方が，週当たり労働時間が35時間以上（フルタイム），正規雇用，専門職の場合には，いずれも制度の利用率が2割前後にのぼっている。また，官公庁に勤務する公務員は，民間企業に勤務する場合に比べて利用率がやや高い。

第4節　就業と子育て支援に関する多変量解析

4.1　分析の枠組み

　本節では，第3節と同様に，第1子の出生に焦点を当て，出生後の保育サービスの利用と，出生後の育児休業制度の利用と妻の就業継続について多変量解析を行う。第1子に焦点を当てた分析を行うのは，保育サービスの利用については調査票で第1子についてのみ質問しているというデータ上の制約に加えて，第2節で行った二変量解析の結果が示すように，第1子の出生前後の子育て支援が第2子の出生と就業を考えるうえで重要と思われるためである。

　保育サービス利用の分析は，第1子が就学前期における各歳別のデータ，

5）　育児休業制度は父親，母親のいずれも利用することができるが，男性の育児休業の利用率は2016年度で3.16%と低い。本章では母親の育児休業の利用について議論する。

第3章　妻の就業と子育て支援政策　*137*

表3-7　夫婦の属性別にみた第1子出生後の育児休業制度の利用状況

		利用率（%）	N（人）
妻の出生コホート	1950〜59年	1.9	318
	1960〜69年	23.1	403
	1970〜79年	31.3	147
	1980〜89年	0	2
妻の学歴	中卒以下	14.3	28
	高卒	11.7	358
	専修・高専・短大卒	19.0	364
	4年制大卒以上	25.0	120
夫の学歴	中卒以下	9.1	66
	高卒	14.0	350
	専修・高専・短大卒	15.0	153
	4年制大卒以上	22.3	301
第1子出生1年前の妻の就業時間	1〜34時間（パートタイム）	6.2	129
	35時間以上（フルタイム）	18.5	741
第1子出生1年前の妻の就業	正規雇用以外で働いている	6.6	181
	正規雇用で働いている	19.3	689
第1子出生1年前の妻の勤務先	民間	16.0	799
	官公庁	23.9	71
小計			870
第1子出生前の妻の仕事の種類	事務など	13.4	618
	専門職	24.9	249
小計			867

すなわち，就学前の時期における人年データを作成したうえで，被説明変数として保育サービスを利用したかどうかの二項変数を用いたロジスティック回帰分析を行う。次に，育児休業制度の利用と妻の就業継続については，被説明変数として第1子出生後に職場復帰をしたかどうかの2項変数を用いて，ロジスティック回帰分析モデルを使って変数の影響を推計する[6]。

---

6)　育児休業制度の利用について検討する際，各歳別のデータは使用しないので人年データは作成しない。

138　第 I 部　ジェンダーでとらえる仕事と家族

　2004年に実施された『結婚と家族に関する国際比較調査』の第 1 次調査
（JGGS-1 ），第 1 次調査時に18〜49歳だった回答者男女を 3 年後の2007年に
追跡した第 2 次調査（JGGS-2 ）から得られたミクロデータを使用する。
JGGS-1 は層化 2 段確率サンプルを用いて抽出された18〜69歳の全配偶関係
の男女 1 万5000人を対象に調査しており，9074人（男性4265人，女性4809人）
から回答を得た。有効回収率は60.5%である。また，JGGS-2 は JGGS-1 時点
で18〜49歳である回答者4568人を対象に，3 年後の2007年に追跡調査し，
3083人（男性1307人，女性1776人）から回答を得た。有効回収率は67.5％であ
る。

　上記のデータソースのうち，実際の分析対象は，① JGGS-1 の調査時点
（2004年）において50歳未満，②2004年および2007年のいずれの時点でも少
なくとも子どもが 1 人以上いる有配偶[7]の日本人男女，1676人（男性679人，
女性997人）である。

　また，回答者が在学中の場合は分析対象から除外している。

　すでに述べたように，被説明変数は①出生後の保育サービスの利用，②育
休制度利用の観点からみた出生後の妻の就業継続，すなわち妻の職場復帰で
ある。

　①保育サービスの利用については，当該子が 1 歳時点の妻の就業に関する
説明変数を使用するほか，0 歳の時期は育児休業制度を利用すれば保育所を
利用しなくても済むことも考慮し，当該子の保育所の利用データを 1 歳以上
とした。2004年の調査時点の直前に子どもが生まれたばかりで子どもの実年
齢が 1 歳未満の場合も利用データの対象外とした。

　第 1 子の各年齢（1 〜 6 歳）別に保育所の利用に関する人年データを構築
することで，年齢ごとの利用状況を分析することが可能になる。3.1項で述
べたように，保育所の利用は年齢ごとに異なる場合が少なくないため，各歳
別に利用の有無を調べる必要がある。また，当該子の実年齢がたとえば 3 歳

───────────

7)　結婚 → 離婚 → 結婚を2004〜2007年に経験した人がいる可能性もあるが，結婚履
　歴がないのでわからない。また，離死別者を除いたのは，有配偶者の場合と子育ての環
　境が異なるほか，本章では妻本人のみならず，配偶者（夫）からの代理回答のデータも
　使用しているためである。

の場合は，実年齢が達していない4歳，5歳と6歳における利用データを分析対象から外している[8]。

②職場復帰については，第1子出生後に「出生前と同じ職場」ないしは「同じ会社の職場」で働く場合を，職場復帰したとみなした。別の会社に変わった場合は，仕事を辞めた場合と同様に，職場復帰しなかったと分類した。職場復帰の有無を検証するため，第1子出生1年前に雇用労働者として働いていた妻を分析対象とする[9]。職場復帰を果たしたのは43.9%で，56.1%は復帰しなかった。表3-3でみたように，第1子出生により，正規職の54%，非正規職の80%が働かなくなり，職場復帰の割合は半数以下となっている。

説明変数については，まず，それぞれの分析のみで用いる変数について詳述し，その後で両分析で共通に使う変数について説明する。

①保育サービスの利用の分析では，第1子出生前の働き方に注目するため，説明変数として「第1子出生1年前の妻の就業時間」（1週間の通常の労働時間がゼロ［働いていない：レファレンス］，1〜34時間［パートタイム］，35時間以上［フルタイム］）を使用する。働き方の変数としては従業上の地位も考えられるが，週労働時間が35時間以上（フルタイム）である妻の2割が非正規職のため，週労働時間のほうが適切と判断した。

また，当該子が出生時点からどのくらいの時間が経過しているかを制御するための変数として，「就学前だった時期の子どもの年齢」を説明変数として使用した。

②職場復帰の分析では，育児休業制度を利用したかどうかに着目し，育児休業制度の利用（育休制度がない［レファレンス］，育休制度があるが利用せず，育休制度を利用）を説明変数として使用した。育児休業制度の利用は，出生前の時点で働いていることが前提になるため，出生1年前に働いていない場合は分析対象から外した。育児休業制度は1992年に法制化され，その後も改

---

8) JGGS-1で当該子が3歳の場合，4歳以降の年齢には達していないが，JGGS-2のデータで補完できる場合は，4〜6歳の利用データを得ることができる。その際，接続する年齢以前（1〜3歳）における利用データがJGGS-1とJGGS-2で一致する場合に限定した。

9) 妻の職場復帰に関する分析では，子どもの年齢が1歳未満の場合も分析対象としている。

140　第Ⅰ部　ジェンダーでとらえる仕事と家族

正されていることを踏まえ，「第1子の出生年次」（出生年から1900を引いた値）を制御変数として使用した。

　また，妻の働き方として「第1子出生1年前の妻の就業時間」（1週間の通常の労働時間が35時間以上［＝1］，1〜34時間［＝0］）をダミー変数として使用した。

　このほか両分析で共通して使用した変数は以下のとおりである。「妻の出生年次」（出生年から1900を引いた値），「第1子出生時の妻の年齢」，「妻の学歴」（中卒以下，高卒［レファレンス］，専修・高専・短大卒，4年制大卒以上），「夫の学歴」（中卒以下，高卒［レファレンス］，専修・高専・短大卒，4年制大卒以上），「回答者の15歳時点の居住地」（都市部［＝1］，農村部［＝0］），「回答者の性別」（回答者が妻［＝1］，夫［＝0］）。なお，夫の学歴は世帯の経済力の代理変数として使用する。

　①保育サービスの利用，②職場復帰の分析に使用した説明変数の記述統計量はそれぞれ表3-8，表3-9に示したとおりである。

4.2　分析の結果
1）保育サービスの利用と妻の就業

　分析結果を示した表3-10によると，「第1子出生1年前の妻の就業時間」が長いほど，働かない場合に比べて，保育サービスの利用確率は高まる。パートタイム（1〜34時間）に比べ，フルタイム（35時間以上）の場合の説明変数のオッズ比（係数の指数値）は大きくなり，利用確率がより高くなることを示している。

　当該子が「就学前だった時期の子どもの年齢」をみると，子どもの年齢が高いほど，保育サービスの利用確率は高くなる。子どもの年齢を1〜2歳と3〜6歳に分けて推計すると，3〜6歳のほうが高い。保育所の利用率はもともと，1〜2歳よりも3〜6歳のほうが高い（表3-4）ほか，子どもが大きくなると，保育所に子どもを預けて妻が働きに出るケースが増えることも一因と考えられる。

　「妻の出生年次」は最近であればあるほど，保育サービスの利用確率が高まる。これは保育所の設置増に伴い，在籍児童数が増加傾向にあることが背

表3-8　第1子が就学前であった期間の保育所利用に関する説明変数の記述統計量：2004年に50歳未満で，2004年と2007年に少なくとも子どもが1人いる有配偶の日本人男女

	mean	SD	min	max
第1子出生1年前の妻の就業時間（1週間の通常の労働時間）				
ゼロ（働いていない）†	0.282	—	—	—
1～34時間（パートタイム）	0.131	0.337	0	1
35時間以上（フルタイム）	0.587	0.492	0	1
妻の出生年次（＝出生年−1900）	63.395	5.758	54	83
第1子出生時の妻の年齢	26.381	3.609	15	42
妻の学歴				
中卒以下	0.034	0.181	0	1
高卒†	0.442	—	—	—
専修・高専・短大卒	0.399	0.490	0	1
4年制大卒以上	0.125	0.331	0	1
夫の学歴				
中卒以下	0.076	0.265	0	1
高卒†	0.391	—	—	—
専修・高専・短大卒	0.157	0.364	0	1
4年制大卒以上	0.376	0.484	0	1
就学前だった時期の子どもの年齢	3.355	1.692	1	6
回答者の15歳時点の居住地（都市部＝1）	0.719	0.449	0	1
回答者の性別（女性＝1）	0.597	0.491	0	1
N	8,145			

注：上記のデータの単位は preschool-child years。Nは第1子が就学前の年齢であった時期の総人年である。
　　ただし，0歳児は分析から外している。
　　†レファレンス・カテゴリー。

景にあると考えられる[10]。

　日本における女性の高学歴化と結婚時期の後ずれを考慮して，モデル2と3では，「妻の学歴」と「第1子出生時の妻の年齢」を別々に投入してみたが，結果はモデル1と変わらなかった。

[10]　ただし，都市部では希望する認可保育所に入所できない待機児童が依然多いため，認可外保育施設が保育需要の一端を担っている。

142　第Ⅰ部　ジェンダーでとらえる仕事と家族

表3-9　第1子出生後の妻の職場復帰に関する説明変数の記述統計量：2004年に50歳未満で，2004年と2007年に少なくとも子どもが1人いる有配偶の日本人男女

	mean	SD	min	max
第1子出生時の育休制度の利用				
育休制度がない†	0.702	—	—	—
育休制度があるが，利用せず	0.131	0.338	0	1
育休制度を利用	0.167	0.373	0	1
第1子出生1年前の妻の就業時間（1週間の通常の労働時間が35時間以上＝1）	0.852	0.356	0	1
妻の出生年次（＝出生年－1900）	63.714	6.228	54	83
第1子出生時の妻の年齢	26.467	3.586	15	40
妻の学歴				
中卒以下	0.032	0.177	0	1
高卒†	0.411	—	—	—
専修・高専・短大卒	0.418	0.494	0	1
4年制大卒以上	0.138	0.345	0	1
夫の学歴				
中卒以下	0.076	0.265	0	1
高卒†	0.402	—	—	—
専修・高専・短大卒	0.176	0.381	0	1
4年制大卒以上	0.346	0.476	0	1
第1子の出生年次（＝出生年－1900）	90.180	6.851	74	103
回答者の15歳時点の居住地（都市部＝1）	0.682	0.466	0	1
回答者の性別（女性＝1）	0.621	0.485	0	1
N（人）	870			

注：†レファレンス・カテゴリー。

　「妻の学歴」については利用確率への影響はみられなかった。これに対し，「夫の学歴」が低いと保育所の利用確率は高くなり，学歴が高いと利用確率は低くなる。「夫の学歴」は世帯収入の代理変数であることを踏まえると，夫の学歴が低い場合は，保育所を利用するなどして妻も何らかのかたちで働いて収入を増やす必要が高まり，学歴が高い場合は妻が保育所を活用して働

第 3 章　妻の就業と子育て支援政策　*143*

表 3-10　子どもを 1 人以上もつ妻の第 1 子の保育所利用に関する二項ロジットモデルによる説明変数のオッズ比（係数の指数値）の推計値と統計的有意性：2004年に50歳未満で，2004年と2007年に少なくとも子どもが 1 人いる有配偶の日本人男女

	モデル 1	モデル 2	モデル 3
第 1 子出生 1 年前の妻の就業時間（ 1 週間の通常の労働時間）			
ゼロ（働いていない）[†]	1.000	1.000	1.000
1 ～34時間（パートタイム）	2.067**	2.084**	2.098**
35時間以上（フルタイム）	3.183**	3.196**	3.197**
妻の出生年次（＝出生年－1900）	1.030**	1.029**	1.029**
第 1 子出生時の妻の年齢	1.011		1.010
妻の学歴			
中卒以下	1.234	1.215	
高卒[†]	1.000	1.000	
専修・高専・短大卒	0.926	0.934	
4 年制大卒以上	1.108	1.126	
夫の学歴			
中卒以下	1.648**	1.633**	1.755**
高卒[†]	1.000	1.000	1.000
専修・高専・短大卒	1.049	1.053	1.028
4 年制大卒以上	0.802**	0.813**	0.809**
就学前だった時期の子どもの年齢	1.376**	1.374**	1.375**
回答者の15歳時点の居住地（都市部＝ 1 ）	0.627**	0.630**	0.633**
回答者の性別（女性＝ 1 ）	0.942	0.939	0.942
Log pseudo-likelihood	－ 4612.80	－ 4613.86	－ 4616.49
Wald chi 2 （df）	895.70 (13)	894.04 (12)	890.66 (10)
Prob ＞ chi 2	0.000	0.000	0.000
Obs.	8,145	8,145	8,145

** 1 ％で有意。　　* 5 ％で有意。

注：標準誤差は robust standard error である。

　　† レファレンス・カテゴリー。

144 第Ⅰ部 ジェンダーでとらえる仕事と家族

く必要性が低下することが背景にあると考えられる。

　夫の学歴が高い場合に保育所の利用確率が低下するもう1つのケースとして，保育所以外のサービスを利用する可能性が増すということはないだろうか。具体的には，幼稚園の利用である。幼稚園は学校教育法により，小学校や中学校，大学などと同様に学校の一種と位置づけられているが，就学前の児童が日中に通うことで保育サービスを補完する機能をもつと考えることもできる。保育所に代わって，幼稚園が保育機能をもつ機関として利用されているかどうかを検討するために，被説明変数として保育所の利用の代わりに幼稚園の利用[11]を入れて表3-10と同じ説明変数を使って推計を行った。その結果，夫の学歴が高いと幼稚園の利用確率は高まり，低いと利用確率が低下するという傾向が示された。夫の学歴が高い場合，すなわち世帯収入が多いと，子どもの教育効果を考えて，幼稚園を利用する可能性があることも考えられる[12]。

2）育児休業制度と妻の職場復帰

　妻の職場復帰に関する分析結果（表3-11）によると，「第1子出生時の育休制度の利用」については，利用した場合の職場復帰の確率は，育休制度がない場合に比べて高くなる。育休制度は1992年に施行され，その後も改正されているが，育休制度の有無を含めた変化を制御するために使用した変数「第1子の出生年次」は有意でなかった。注目されるのは育休制度があるのに利用しなかった場合，職場復帰の確率は育休制度がない場合よりも低いことである。法的に認められたはずの制度が活用できない背景としては，もともと出生を機に退職する考えだった場合もあるだろうが，職場の事情や担当している仕事の都合で育休制度が利用しにくかったり，育休制度を利用した

11）　被説明変数は幼稚園利用の有無である。保育所を利用せず，幼稚園だけを利用している場合にのみ1をとり，それ以外の場合は0である。保育所と幼稚園の両方を利用している場合は，保育所利用（幼稚園は利用していない）とみなす。

12）　このほか，保育所の推計結果と異なるのは，妻の就業時間が長いと，幼稚園の利用確率が有意に低下することである。保育時間が原則1日8時間の保育所に対し，幼稚園は1日の教育時間が4時間を標準としており，最近（2014年度で82.5%）ほどには幼稚園の預かり保育の割合が高くない時期もあったためと考えられる。

表 3 -11　子どもを 1 人以上もつ妻の第 1 子出生後の職場復帰に関する二項ロジットモデルによる説明変数のオッズ比（係数の指数値）の推計値と統計的有意性：2004年に50歳未満で，2004年と2007年に少なくとも子どもが 1 人いる有配偶の日本人男女

	モデル 1	モデル 2	モデル 3	モデル 4
第 1 子出生時の育休制度の利用				
育休制度がない[†]	1.000	1.000	1.000	1.000
育休制度があるが，利用せず	0.505*	0.481*	0.481*	0.460**
育休制度を利用	9.052**	8.721**	8.190**	7.895**
第 1 子出生 1 年前の妻の就業時間 （ 1 週間の通常の労働時間が35時間以上＝ 1 ）			2.330**	2.295**
妻の出生年次 （＝出生年－1900）	0.948*	0.976	0.948*	0.979
第 1 子出生時の妻の年齢		1.040		1.044[#]
妻の学歴				
中卒以下	0.926		1.061	
高卒[†]	1.000		1.000	
専修・高専・短大卒	1.498*		1.513*	
4 年制大卒以上	2.503**		2.591**	
夫の学歴				
中卒以下	1.411	1.362	1.509	1.512
高卒[†]	1.000	1.000	1.000	1.000
専修・高専・短大卒	0.858	0.938	0.857	0.939
4 年制大卒以上	0.952	1.341	0.932	1.329
第 1 子の出生年次 （＝出生年－1900）	1.026		1.030	
回答者の15歳時点の居住地（都市部＝ 1 ）	0.612**	0.618**	0.641**	0.648*
回答者の性別 （女性＝ 1 ）	0.459**	0.458**	0.444**	0.444**
Log-likelihood	－ 508.63	－ 514.40	－ 501.45	－ 507.39
LR chi 2 （df）	184.39 （12）	172.85 （ 9 ）	198.74 （13）	186.87 （10）
Prob ＞ chi 2	0.000	0.000	0.000	0.000
Obs.	870	870	870	870

** 1 ％で有意。　　* 5 ％で有意。　　[#]10％で有意。

注：[†]レファレンス・カテゴリー。

146 第Ⅰ部 ジェンダーでとらえる仕事と家族

後での育児と就業の両立が困難と予想されるために，育休制度の利用そのものを諦めたなどの理由が想像される。

妻の出生年次が最近になると制度の利用確率が若干低下するのは，育休制度が普及して利用者のすそ野が広がった半面，育児と就業の両立の困難さは依然残っており，育休制度を利用して職場復帰することが困難と判断するケースも増えているためと考えられる。実際，出生コホート別に，育児休業制度を利用する場合と，休業制度があっても利用しない場合をみてみると，いずれの場合も1970年代前半生まれの比率が高い。出生コホートが最近になると，利用者が増加する一方で，利用可能性のある人のすそ野が広がるなかで利用を諦める人も増えかねない。

「妻の学歴」については，学歴が高いほど，復職確率が高まる。妻の学歴の高さは育児休業制度の利用率の高さと正の相関関係があり，さらに，フルタイム就業や正規雇用で働いている場合は制度利用率が高い（表3-7）ことを踏まえると，妻の学歴が高い場合は育休制度を利用するなどして職場復帰する傾向が強まると考えられる。

「回答者の性別」では復職確率に差が出ており，妻が回答している場合は夫が回答している場合より低くなる[13]。その理由として，職場復帰に関するとらえ方が妻と夫では差があり，夫からからみれば職場に復帰したようにみえても，妻本人にとっては復帰とは受け入れにくいケースが少なくないことが影響していると考えられる[14]。

なお，妻の第1子出生前の働き方として，就業時間の代わりに，勤務先が官公庁かどうかを変数として入れて推計したところ，復職確率はフルタイムの場合よりも高かった。

---

13) 回答者を妻のみに絞って推計しても，結果は表3-11と比べてほとんど変わらない。

14) 調査票では第1子出生後の職場復帰について，①復帰しなかった，②出産前と同じ職場に復帰した，③出産前と同じ会社で，別の職場に復帰した，④別の会社に変わった，⑤その他——という選択肢で尋ねているが，復帰の時期や復帰後の仕事の内容については触れていない。そのため，夫からみれば職場に復帰したようにみえても，妻にとっては，従業上の地位が正規職から非正規職に変わったり，さらには業務内容が大幅に変わってしまい，実質的には復帰したとは感じにくいという場合もあるかもしれない。

第5節　まとめ ——分析結果の政策的インプリケーション——

　第2〜4節における分析の結果をまとめると，以下のとおりである。まず，予備的な分析である二変量解析では，第2子出生時の妻の就業継続確率が，第1子出生時と大きく変わらない可能性があることが明らかになった。この点は，第1子出生時の子育て支援の重要性を浮かび上がらせる。表3-3が示すように，第1子出生後に，正規職や専門職，フルタイム職だった人のなかで働かない割合が急増することを考慮すると，第1子出生時に就業が継続できるように支援することが肝要となる。

　そして，保育サービスの利用については，就学前の子どもの年齢ごとに利用と不利用が入り組んで，連続した利用となっていない場合が少なくない。保育所の利用の仕方が多様であることがうかがえるわけで，保育サービスの提供においても，その点を考慮に入れる必要がある。

　次に多変量の解析では，保育サービスの利用に関して，第1子出生1年前に週35時間以上のフルタイム就業をしていた妻は，働いていない場合に比べて，当該子が就学前の時期に保育サービスを利用する確率が高くなる。週1〜34時間のパートタイム就業していた妻の保育サービスの利用確率も，フルタイムには及ばないものの，働いていない場合に比べると高い。本章ではデータの制約から，保育サービスを利用した妻が実際に就業したかどうかについての分析は行っていないが，表3-5が示すように，出生前に働いていた妻の保育サービスの利用確率が高いことは，出生後の妻の就業を後押しする可能性があると推察される。

　妻の出生年次が最近になるほど，そして，就学前だった子どもの年齢が大きいほど保育所の利用確率は高まる。夫の学歴については，学歴が低いほど利用確率が高まるが，これは妻も保育所を利用しながら働くことで収入を得る必要があるためと考えられる。

　育児休業制度を利用した場合の妻の職場復帰に関しては，制度がない場合に比べて復帰の確率が高くなる。一方で，制度があっても利用しない場合は，制度がない場合よりも復帰確率が下がるが，その理由として，職場や仕事な

148 第Ⅰ部 ジェンダーでとらえる仕事と家族

どの事情で育休制度が利用しにくかったり，利用後の育児と就業の両立が困難と予想されるために制度の利用自体を諦めるなどが考えられる。第1子出生前に週35時間以上のフルタイム就業をしていた場合，週1〜34時間のパートタイム就業の場合に比べて職場復帰の確率が高まる。同様に，妻の学歴が高い場合も職場復帰の確率は高くなる。

このように出生前に働いていた妻の保育サービスの利用確率が高いことは，出生後の妻の就業継続を後押しする可能性があると推察されるほか，育児休業制度の活用はフルタイム就業をしている妻の職場復帰の確率を高める。

こうした分析結果から，子育て支援政策について，以下のような政策的な含意が導き出される。

まず，第2子出生時の妻の就業継続確率が，第1子出生時と大きく変わらない可能性があるという二変量解析の結果は，第1子出生時の子育て支援が重要なカギを握ることを示す。妻が第1子の出生後に就業をしている場合，第2子出生を経た後も働き続ける確率が高くなるかもしれないためである。第1子出生前に働いていた場合は継続就業できるようにし，働いていなかった場合も，出生後に働きたいと思う女性を後押しすることが求められる。

具体的には保育サービスの整備と育児休業制度は重要な政策対応策となるが，いずれもきめ細かな配慮が必要となる。

保育サービスから検討してみよう。保育サービスが提供されるとしても，利用のされ方は個々の利用者の事情を反映して多様である。就学前の時期（1〜6歳）における各歳の保育の利用状況をみると，毎年連続して利用したり，不利用だったりというケースもあるが，子どもの年齢によって使ったり使わなかったり，場合によっては2歳で利用して3〜4歳は利用せず，5〜6歳でまた利用するという，まだら模様の利用パターンが目立つ[15]。これは保育サービスの実情が一定期間継続して利用されやすいとはかぎらないことを示唆する[16]。

就学前の子どもの各歳でまだら模様の利用パターンが起きるのは，①希望

---

15) 保育所と幼稚園の利用を各歳で調べるとさらに複雑で，1〜3歳で保育園，4歳でどちらも利用せず，5〜6歳で幼稚園の利用など，保育園と幼稚園を使い分けるケースが少なくない。

に合致した選択肢がないために、やむをえない選択をする場合[17]と、②女性が数ある選択肢のなかから状況に合わせて利用・不利用を決める場合[18]とが考えられる。

　①のケースを減らすための対応策としては、認可保育所の入所枠を広げることがまず考えられるが、居住地域の認可保育所に空きがあっても、駅から遠かったりすると、働いている女性にとっては送り迎えの負担がかかり、利用は難しくなる。駅前など交通の便が良い保育所の数は限られるうえ、建物などが密集しているので、保育所のスペースを拡大して収容児童数を増やそうとしても限度がある。仮に自治体が予算を確保して、交通の便が良い保育所の数を増やすことができたとしても、認可保育所の利用を諦めていた人が子どもの入所を希望したり、そうした保育サービスの拡充という評判を聞きつけて他地域から転入してくる人が増加する可能性がある。そうなると、自治体の保育所増設の努力にもかかわらず認可保育所を利用できない人は依然多く残り、その人たちがやむをえず、認可外の保育所を利用したり、一時的に就業を棚上げして自分で子どもの面倒をみる、ないしは子どもの祖父母に世話をしてもらう、という選択を迫られることに変わりはなくなる。

　利用者の希望に合致した選択肢を増やすという意味では、駅前など交通の便が良い場所に保育園児の送迎用の拠点を設け、やや遠くにある保育所に専用バスなどで送迎するという送迎保育サービスは有効な策の1つであろう[19]。交通の便があまり良くなくて、働く女性が自分で送り迎えするには負担が大きい保育所であっても、自治体が送迎保育サービスを提供していれば、利用が可能になる。その結果、保育所の選択肢が広がることになる。送迎保育は

---

16)　角田他（2004）で、座談会の司会を務めた小川益丸氏は、認可保育所が子育て支援を十分やっていたのか、という問題意識を提示している。

17)　希望する認可保育所の枠が足りず、いったんは認可外保育所に預けたものの、費用が高かったり、保育サービスの質に満足できず、次の年は自分や親が面倒をみて、その後で認可保育所の空きが出るまで待つ場合などが考えられる。

18)　子どもが小さいときはパート勤務と子育ての両立が大変なので、1〜2年仕事をせず、その後、保育所を利用して仕事を再開する場合などが想定される。

19)　送迎保育については公式の統計は見当たらないが、筆者の自治体に対する聞き取り調査では、2017年で全国に少なくとも30カ所以上の送迎保育サービス拠点がある。

保育児童をバスなどに乗せて移動させるため，安全面の考慮から長時間の乗車を避けるために移動ルートを工夫するなどの細かい配慮が欠かせない。実際の導入例をみても，比較的少人数を対象とするケースが大半を占め，量的な貢献度は大きな期待をしにくいかもしれない。ただ，利用者の希望が多様化しているのであれば，こうしたきめ細かな対応策を積み上げていくことが，利用者の希望するような選択肢を広げるうえで重要となる。

　一方，②のケースについては，利用者の働き方が多様化していった場合も，利用者が状況に合わせて利用・不利用を決めることができるかどうかが課題となる。たとえば，認可保育所では各自治体が親の就業状況など利用要件を定めているが，自治体の想定以上に利用者の働き方が柔軟になっていくと，①のように希望に合致した選択肢がないという状態も起こりえよう。多様化する働き方の実態に，保育サービスに関連する制度設計が追いつかないというような事態が生じないように配慮することが求められる。

　多変量解析の結果からも，同様のインプリケーションが引き出せる。表3-10は，出生1年前に妻がフルタイム就業であってもパートタイム就業であっても保育サービスの利用確率は働いていない場合より高いことを示しており，子どもをもつ妻が働いていると，1週間の労働時間の長短にかかわらず保育サービスは利用されることがわかる。一方で，妻の出生年次や就学前だった子どもの年齢によって保育所の利用確率には差があるという結果を踏まえると，潜在的な利用者である働いている女性のすそ野は広がっていると同時に，個々の女性の就業に付随する労働・生活環境はかなり異なっている可能性がある。換言すれば，永瀬（2007）が指摘するように，親が望む保育が一様ではなく，保育施設そのものを含めたサービス全体の多様化がより求められていると考えられる。

　需要の多様化への対応という点から考えると，保育所と幼稚園の機能を統合した認定こども園は，工夫の余地はまだ大きい。受け入れ余力が小さい保育所と，比較的人員の余裕がある幼稚園を合体させることで，受け入れ枠を拡大するという効果は期待できるが，異なる基準や方針をもとに運営されてきた保育所と幼稚園の統合の利点を最大限に引き出すには，統合後の運営の仕方を見直す必要があるだろうし，時間も要するかもしれない。それよりは，

両者それぞれの機能を拡充して，より幅広いサービスを提供できるように後押しするほうが優先順位は高いのではないだろうか。

たとえば，通常の保育サービスに加えて，延長保育や一時保育，休日保育，病児保育などの特別保育サービスも行われているが，通常の保育サービスと違って，日によって利用者数や利用時間は異なる可能性があるうえに，担当する保育士などの確保も必要になる。通常の保育所に加えて，専用の保育施設で対応することもあるほか，延長保育は幼稚園でも行われている。通常の保育サービスと同様に，サービス内容に高い質が問われるため，公立，私立を問わず，保育施設を運営する側にとって人的資源や財源の確保が必要になる。そうした面での支援や環境整備に力を入れるほうが，利用者にとって，必要に応じてサービスを選択しやすくなることにつながると思われる。

育休制度の議論で考慮すべきなのは，表3–11が示すように育休制度があるのに利用しない場合には，育休制度がない場合よりも職場復帰の確率が下がることである。育休制度の利用を通じて，職場復帰を促すという政策的意図が実現していないわけで，育休制度のさらなる利用を促進するうえで重要なポイントとなる。

育休制度がなかったときに復職を目指そうとすれば，子どもの祖父母の力を借りたり，保育サービスの費用を負担するなど，復職はそれが可能な一部の人（高学歴者など）に限られていたと考えられる。育休制度も同様であり，阿部（2005）は高学歴者や長期勤続者ほど，制度を利用する確率が高いと指摘しており，表3–7からも同様の傾向がうかがえる。正規職や専門職の場合，育休制度を使って復職する確率が非正規職や事務職などよりも高いことは，働く女性の属性によって制度利用に差があることを示している。

しかし，育休制度の対象に有期雇用労働者も含まれるようになり，その利用要件も徐々に緩和されてくるなど，利用者のすそ野が次第に広がってきた。このことは，より多くの人が育休制度の利用による職場復帰ができるように制度面での後押しが進んでいることを意味する。ここで焦点になるのは，制度があっても利用しない人たちである。

制度があっても利用しない人のなかには，育休制度を経て職場復帰できたとしても，その後の子育てと就業の両立が困難になると懸念して，利用その

ものを諦めてしまうケースも含まれると思われる。というのも，日常の職場で「子どもが生まれる」というニュースは，働く女性にとって大変であろうという印象を上司や同僚に与えるので，育児休業の制度そのものは利用しやすくなっている一方で，利用希望者の観点からは，復帰後に子どもの育児負担が明確に職場内で認識されるのかどうかについての懸念が依然残るかもしれない。そうなると，職場復帰後の子育てと就業の両立に伴う負担が重すぎるという懸念が先行することになりかねない。樋口・佐藤（2010）が指摘するように，継続就業率の上昇につなげるためには，育児休業制度の導入とともに，それをいかに利用しやすくするかといった企業や職場における環境整備や運用上の工夫が欠かせない。

　育休制度の利用度合いを深め，一段と定着させるには，復職後にも視野を広げた利用が考慮されるべきだろう。育児・介護休業法の改正は復帰後の勤務時間の短縮や，こうした措置の対象となる子どもの年齢の引き上げを進めているが，こうした制度の変化が職場に浸透するようになれば，言い換えれば，職場環境や職場の意識が制度の変化に追いつくようになれば，育休制度の利用については，休業中はもちろん，復帰後も含めて長期的な視点から考えるという認識が利用者と職場の上司・同僚との間で共有されてくるだろう。

　多くの人がさまざまな生活環境・職場環境のなかで育児と就業の両立を果たすには，働き方についてさらなる細かな支援の積み重ねが必要であろう。こうした環境改善の蓄積が，育児休業の利用率の分母（子どもを生んだ女性の就業者数）と分子（育児休業制度の利用者数）の両方を増やしながら，利用率そのものも上昇させることにつながると期待される。

参考文献

阿部正浩 2005「誰が育児休業を取得するのか——育児休業制度普及の問題点——」，国立社会保障・人口問題研究所編『子育て世帯の社会保障』東京大学出版会，pp.243-264.

池本美香 2009「女性の就業と子育てに関する社会制度——保育・育児休業・経済的支援制度の動向——」，武石恵美子編著『女性の働き方（叢書・働くということ⑦）』

ミネルヴァ書房，pp.259-289.

厚生労働省 2017「平成27年度　認可外保育施設の現況取りまとめ」（http://www.mhlw.
go.jp/file/04-Houdouhappyou-11907000-Koyoukintoujidoukateikyoku-
Hoikuka/0000112872_1.pdf）2017年8月9日アクセス.

厚生労働省「雇用均等基本調査」各年版（http://www.mhlw.go.jp/toukei/list/71-23c.html）
2017年8月9日アクセス.

滋野由紀子・大日康史 1999「保育政策が出産の意思決定と就業に与える影響」『季刊 社会
保障研究』第35巻2号，pp.192-207.

滋野由紀子・松浦克己 2003「出産・育児と就業の両立を目指して――結婚・就業選択と
既婚・就業女性に対する育児休業制度の効果を中心に――」『季刊 社会保障研
究』第39巻1号，pp.43-54.

駿河輝和・張建華 2003「育児休業制度が女性の出産と継続就業に与える影響について
――パネルデータによる計量分析――」『季刊家計経済研究』第59号，pp.56-63.

駿河輝和・西本真弓 2002「育児支援策が出生行動に与える影響」『季刊 社会保障研究』第
37巻4号，pp.371-379.

全国保育団体連絡会・保育研究所 2015『保育白書2015年版』ちいさいなかま社.

全国保育団体連絡会・保育研究所 2017『保育白書2017年版』ちいさいなかま社.

高杉展 2015「保育所と幼稚園」，森上史朗・大豆生田啓友編『よくわかる保育原理（第4
版）（やわらかアカデミズム・〈わかる〉シリーズ）』ミネルヴァ書房，pp.44-47.

角田雄三・柏女霊峰・普光院亜紀・小川益丸 2004「認可保育所の原点とは――認可保育
所の今後と課題――」，全国保育協議会編『保育年報2004』全国社会福祉協議会，
pp.9-24.

永瀬伸子 2003「保育政策と都市再生」，山崎福寿・浅田義久編著『都市再生の経済分析』
東洋経済新報社，pp.243-278.

永瀬伸子 2007「少子化にかかわる政策はどれだけ実行されたのか？　――保育と児童育
成に関する政策の課題――」『フィナンシャル・レビュー』第87号，pp.3-22.

樋口美雄 1994「育児休業制度の実証分析」，社会保障研究所編『現代家族と社会保障――
結婚・出産・育児――』東京大学出版会，pp.181-204.

樋口美雄・阿部正浩・J. Waldfogel 1997「日米英における育児休業・出産休業制度と女性
就業」『人口問題研究』第53巻4号，pp.49-66.

樋口美雄・佐藤一磨 2010「女性就業・少子化」，樋口美雄編『労働市場と所得分配（バブ
ル／デフレ期の日本経済と経済政策6）』慶應義塾大学出版会，pp.469-512.

藤井龍子 1992「育児休業法制定の背景とその概要」『季刊 労働法』第163号，pp.29-44.

森田陽子 2002「保育政策と女性の就業」，国立社会保障・人口問題研究所編『少子社会の
子育て支援』東京大学出版会，pp.215-240.

労働政策研究・研修機構 2006「仕事と育児の両立支援――企業・家庭・地域の連携を
――」『労働政策研究報告書』No.50，pp.1-85.

第4章

結婚の幸福度と子ども

吉田　千鶴

はじめに

　経済学的な視点から，夫婦の子ども数と社会経済的要因との関係を研究する際，幸福度のような心理的要因が，明示的に含まれることはほとんどなかった。伝統的な手法では，夫婦はそれぞれの効用を最大化するように子ども数を決定するとの理論に立脚し，意思決定した結果の行動と客観的要因との関係が分析されてきた。1990年代から心理的な要因を経済学的な分析に含めた「幸福の経済学（economics of happiness）」と呼ばれる研究が盛んに行われるようになり，個人が意思決定する際には心理的な要因が重要な役割を果たしており，決断をする時点での心理的な状況次第で決断結果が変わりうる，つまり，個人は必ずしも効用を最大化していないという批判がなされるようになった（Frey and Stutzer eds. 2013）。

　心理的な要因，たとえば，結婚の幸福度が，夫婦の子ども数の決定に関する経済理論において，重要な要因であるのか，重要な要因であるなら経済理論にどのように導入されるのかについて結論は出ていない。実証研究においても，ある時点の個人の幸福度とその後の出生とがどのような関係にあるのかについて研究は少なく，合意された結論は出ていない。夫婦の関係が中程

度に良好であるときに出生確率が高く，夫婦関係が非常に良好あるいは非常に不良である場合に出生確率が低いという非線形の関係を指摘するもの（Rijken and Liefbroer 2008）や，夫婦関係の満足度が高いほど出生確率が，線形的に高いとするもの（樋口・深堀 2013），第1子の出生の経験が重要で，第1子出生時の幸福度の低下が，第2子をもつ可能性を押し下げるとするもの（Margolis and Myrskylä 2015）があるが，合意された結論はない。

　本章は，個人を追跡調査したデータを使用し，結婚の幸福度と子どもとの関係を検証することを目的とする。第1に，出生前後の結婚の幸福度の変化を検証する。英国とドイツについての先行研究では，第2子までの出生は幸福度を上昇させるが，第3子の出生は上昇させないと指摘している（Myrskylä and Margolis 2014）が，日本の夫婦の結婚の幸福度はどのように変化しているであろうか。第2に，個人の幸福度と出生確率との関係について，出生確率に影響しうる他の要因をコントロールし，多変量解析で検証する。

　本章の構成は以下である。次の第1節で，結婚の幸福度と子どもをもつ効用について理論的な背景を，第2節で本章が使用するデータについて，第3節で結婚の幸福度を表す複合指標の構築について，第4節で出生前後の幸福度の変化を検証し，第5節で，意思決定に心理的要因が影響するという先行研究に基づき，出生に関する意思決定に，結婚の幸福度という心理的要因が影響を与えるという観点から，結婚の幸福度がその後の出生確率とどのような関係にあるかについて仮説を立て，プロビットモデルを使用した多変量解析で仮説を検証する。最後にまとめを述べる。

第1節　結婚の幸福度と子どもをもつ効用

　本章は，結婚の幸福度を，ある時点での結婚生活についての個人の主観的な評価で捕捉する。結婚の幸福度は，結婚生活について，個人がどのくらい満足できるものであると感じているかを示すものであり，ある種の結婚の効用であるということもできる。結婚生活には，お金の使い方，家事や育児の分担の仕方などさまざまな面があり，これらについて，夫と妻は常に決断を

下している。この決断の結果がどの程度満足できるものであるかという，ある時点での評価が，本章で考える結婚の幸福度であり，結婚の効用である。決断の結果の満足さを評価したものであるという観点から，本章の結婚の幸福度は，Kahneman and Thaler（2013）が experienced utility と呼ぶものであるといえる。

　一方，子どもをもつかどうかの決断をするうえでの，子どもをもつ効用は，experienced utility と区別されるもので，Kahneman and Thaler（2013）が decision utility と呼んでいるものである。子どもをもつかどうかの決断について経済学の理論を援用すると，夫と妻は，子どもをもつ選択肢ともたない選択肢を比較して，選択の結果の効用がより大きいと予想される選択肢を選ぶと考える。子どもをもつ効用は，子どもをもつ選択肢を説明するものであり，子どもをもった結果を評価した効用ではなく，子どもをもったと仮定した場合の予想される効用である。前述の experienced utility は，選択をした結果の状態について実際の経験を評価したものであり，decision utility と明確に区別されるものである。

　ある時点での結婚の幸福度は，子どもをもった場合の効用の予想と関係があるのだろうか。伝統的な経済学的アプローチでは，合理的な個人は，正しく decision utility を予想できるという前提に立つため，決断をする時点での主観的な評価を示す experienced utility は影響しない。これに対して，個人は正しく効用を予想できないという批判がある。正しく予想できない理由は，①決断する時点での心理的な要因が影響する，②効用を予想する際に重視する要因は，必ずしも，実際に効用を経験するときに重要な要因ではない，③決断するときに参考とする過去の経験の評価は，必ずしも正しくない，④予想をする際に注目する要因の影響は過大評価されやすいことにある（Kahneman and Thaler 2013）。

　本章は，心理的な要因すなわち結婚の幸福度が，子どもをもつ効用の予想に影響するという観点から，結婚の幸福度と子どもとの関係を検証する。

第2節　分析に使用するデータ

　本章が使用するデータは，2004年に日本で実施された『結婚と家族に関する国際比較調査』の第1次調査（以下「JGGS-1」と呼ぶ）と，第1次調査時点で18〜49歳であった回答者を追跡調査した2007年の第2次調査（以下「JGGS-2」と呼ぶ）のパネルデータから得られた個票のデータである。JGGS-1は，結婚，家族，生活状況や意識に関する情報収集を目的として，18〜69歳の全配偶関係の男女から，2000年の『国勢調査』の調査地点をもとに層化二段確率サンプルによって抽出された1万5000人を対象とし，60％に当たる9074名（男性4265名，女性4809名）から有効回答を得た。2004年に49歳以下であった回答者4568名（男性2058名，女性2510名）が，2007年にフォローアップ調査され，67％に当たる3083名（男性1307名，女性1776名）から有効回答を得た。

　本章は，結婚の幸福度と出生との関係を検証するため，JGGS-1およびJGGS-2で有配偶であった男女のうち，2004年時点で40歳未満の女性と，2004年時点で40歳未満の妻をもつ男性のデータを使用する。女性の年齢を40歳未満とし，35〜39歳の女性を含める理由は，35〜39歳の女性の出生動向が全体の出生動向に占めるウェイトが近年高くなっていることにある。表4-1は，1995〜2015年の期間の女性の年齢階級別出生率の推移を示している。表4-1から，年齢階級別出生率のピークは2000年まで25〜29歳であったが，2005年以降30〜34歳へと遅くなっている。35〜39歳の出生率は，この期間，26‰から56‰へと大きく上昇している。2005年では，35〜39歳の出生率は20〜24歳の出生率とほぼ同水準であり，2015年には35〜39歳の出生率は20〜24歳の出生率を上回っている。

　JGGS-1において，40歳未満の有配偶女性回答者は955名，妻が40歳未満の有配偶男性回答者は831名である。彼らのうち，JGGS-2においても回答しており，かつ有配偶である女性609名，男性487名を分析対象とする。

第4章　結婚の幸福度と子ども　*159*

表4-1　女性の年齢階級別出生率（1,000人当たり）の推移，1995〜2015年

(‰)

年次	女性の年齢						
	15〜19歳	20〜24歳	25〜29歳	30〜34歳	35〜39歳	40〜44歳	45〜49歳
1995	3.9	40.4	116.0	94.4	26.2	2.8	0.1
2000	5.5	39.9	99.5	93.5	32.1	3.9	0.1
2005	5.2	36.6	85.3	85.6	36.1	5.0	0.2
2010	4.6	36.1	87.4	95.3	46.2	8.1	0.2
2015	4.1	29.4	85.1	103.3	56.4	11.0	0.3

出所：国立社会保障・人口問題研究所（2017a）。

第3節　結婚の幸福度の複合指標

　JGGS-1 では，結婚の幸福度についての全般的な主観を聞く質問項目がないため，JGGS-1 と JGGS-2 で共通の質問項目を使い，結婚の幸福度の複合指標を構築した。使用した質問項目は，お金の使い方や家事分担など，家族生活のさまざまな面での回答者と配偶者の同意の程度についてのものである。その質問は，「次のa）〜h）について，あなたと配偶者は，この1年間にどれくらい意見の食い違いがありましたか。それぞれについて，当てはまる番号を1つ選んで〇をつけて下さい。a）家事分担について，b）お金について，c）レジャーや休日の過ごし方，d）性生活，e）友人関係，f）親との関係，g）子どもをもつこと，h）子育て」である。回答の選択肢は，同意の程度に応じて，「全くなかった」から「ほとんど毎日」の5段階であり，同意の程度が最も低いものにスコア1を，最も高いものにスコア5をつけた。家族生活の8つの側面についてのスコアの合計を，結婚の幸福度の複合指標とした[1]。上述のa）からh）の8つの側面についての配偶者間の合意の程度が高いほど，結婚の幸福度の複合指標は高く，最大スコアは40，最低スコ

---

1)　これら8項目の principal component factor analysis の推計結果によると，1つ目の component（factor loading）が，全体の分散の4割強（女性で44%，男性で47%）を説明する。他の component の説明力は13%以下である。

160　第Ⅰ部　ジェンダーでとらえる仕事と家族

アは 8 である。

　配偶者の合意の程度が高いほど，結婚の幸福度が高いと考えた理由は以下
である。この質問項目は，1 年間という長期間について配偶者間の同意の程
度を尋ねている。結婚の幸福度が高ければ，夫婦間のコミュニケーションは
スムーズに行われていると考えられ，意見の食い違いがあったとしても調整
することは容易であり，意見の食い違いが長期間にわたって続くとは考えに
くい。本章は，結婚の幸福度と配偶者間の同意の程度には正の相関があり，
結婚の幸福度が高いほど，配偶者間での同意の程度が高いと仮定し，配偶者
間の同意の程度から構築した結婚の幸福度の複合指標で，結婚の幸福度を表
す。

　結婚の幸福度に複合指標を使うことには，以下の利点がある。第 1 に，個
人の主観的な幸福感は，質問された時点の個人の気分に影響されうる。した
がって，たとえば 2 週間の短い期間であっても，同一個人の異時点の幸福感
の相関は高くない。幸福感について，1 つの質問でなく，複数の関連項目を
質問することで，同一個人の異時点間の相関が高くなることが指摘されてい
る（Kahneman and Krueger 2006）。複数の質問項目から複合指標を構築する
ことで，ある程度，このようなバイアスに対応できると考えられる。第 2 に，
全般的な幸福度を質問する場合には，幸福度の程度は，通常多くとも10段階
である。JGGS-2 は，全体的な結婚の幸福度について質問しているが，その
幸福の程度は 5 段階である。一方，複合指標の幸福度は，最大スコアが40，
最小スコア 8 と，変数のスコアの範囲が広い。そのため，適応可能な統計モ
デルが広く，安定な多変量解析を可能とする。

第 4 節　出生前後の結婚の幸福度の変化

　出生前後で結婚の幸福度はどのように変化するだろうか。本章が使用する
結婚の幸福度は，結婚生活の 8 つの側面についての個人の評価である。これ
ら 8 つの側面には，家事分担，お金，子育てなど，子どもが 1 人増えると直
接影響を受ける側面が含まれ，結婚の幸福度が，出生後に変化する可能性は
十分に考えられる。

第 4 章　結婚の幸福度と子ども　*161*

　子どもの養育には，お金と時間が必要である。特に，乳幼児の子育ては，深夜の授乳など親の時間を多く必要とし，妻が働いている場合には，育児と就業のバランスをとるために大きな負担がかかる。この負担が，結婚の幸福度と関係があるのかどうか検証するため，妻の就業状態を観点に加える。日本では，男性の家事や育児への参加が少ないことが低出生力水準の背景にあるという指摘が多くの先行研究でなされており，妻の就業状態の観点を加えて分析することは重要である。

　以下では，2004年と2007年に同一の個人を調査した JGGS-1 と JGGS-2 のデータから，2004〜2007年の出生の有無で，結婚の幸福度の複合指標にどのような違いがみられるかについて，妻の就業状態を観点に加えて検証する。第 1 に，出生有無および妻の就業状態別に，結婚の幸福度の複合指数の平均値がどのように変化しているか，第 2 に，幸福度の複合指標が増大している人，変わらない人，減少している人の 3 つのグループに分け，そのパーセント分布の違いを，出生の有無および妻の就業状態によって検証する。平均値の変化とパーセント分布によって幸福度と出生，幸福度と女性の就業状態との関係を検証するので，多変量解析を行った場合に生ずる出生と女性の就業状態の内生性の問題を回避することができる。

4.1　結婚の幸福度の平均値からみた出生前後の結婚の幸福度の変化と女性の就業

　本節は，結婚の幸福度の平均値が，出生の有無によってどのように変化したかをみることによって，結婚の幸福度と出生・就業の関係を検討する。JGGS-1 と JGGS-2 を使い，2004年に39歳以下の有配偶女性および39歳以下の妻をもつ有配偶男性について，2004年時点の子ども数別，2004年時点の女性の就業状態別にグループ分けを行い，それぞれのグループの結婚の幸福度の平均値が，2004〜2007年の期間における出生の有無で，2004年および2007年でどのように違うかをみる。それらの平均値は，表 4 - 2 に掲げられている。

　表 4 - 2 から，2004〜2007年の間に出生があってもなくても，男女とも結婚の幸福度の平均値は統計的に有意に低下している。出生があった女性の幸

162　第Ⅰ部　ジェンダーでとらえる仕事と家族

表4-2　2004～2007年の期間における出生の有無，2004年時点の子ども数，2004年時点の女性の就業状態別，2004年および2007年における結婚の幸福度複合指標の平均値：2004年に39歳以下の有配偶女性および39歳以下の妻をもつ有配偶男性

幸福度複合指標の平均値	女性				男性			
	2004年	2007年	変化	N	2004年	2007年	変化	N
全体	33.8	33.0	− 0.8**	604	33.8	33.2	− 0.6**	482
2004～2007年間の出生								
あり	33.9	32.4	− 1.5**	126	34.1	33.5	− 0.6	114
なし	33.8	33.2	− 0.6**	478	33.7	33.1	− 0.6*	368
2004年時点の子ども数								
0	34.9	34.2	− 0.8	72	34.9	34.7	− 0.2	60
1	33.3	32.7	− 0.6#	147	34.1	33.0	− 1.0*	112
2	33.8	33.2	− 0.6*	247	33.4	33.0	− 0.4	213
3 +	33.6	32.6	− 1.0**	136	33.5	32.8	− 0.7	95
2004年に子ども1人								
2004～2007年間に出生あり	33.5	31.7	− 1.7**	63	34.7	33.4	− 1.4*	61
出生なし	33.2	33.4	0.2	84	33.3	32.6	− 0.6	51
2004年時点の女性の就業状態								
非就業	34.2	33.3	− 0.9**	280	34.3	33.3	− 1.0**	225
フルタイム就業	33.3	33.2	− 0.2	103	34.0	33.4	− 0.5	108
パートタイム就業	33.6	32.7	− 0.9*	160	32.8	33.0	0.3	110
2004年時点女性が非就業								
2004～2007年に出生あり	34.5	33.3	− 1.2*	71	34.4	32.9	− 1.5*	62
出生なし	34.1	33.3	− 0.8*	209	34.3	33.4	− 0.9*	163
2004年時点女性がフルタイム就業								
2004～2007年に出生あり	34.2	31.5	− 2.7*	24	34.8	35.0	0.3	28
出生なし	33.1	33.7	0.6	79	33.7	32.9	− 0.8*	80
2004年時点女性がパートタイム就業								
2004～2007年に出生あり	33.0	32.0	− 1.0	22	33.2	34.5	1.4	20
出生なし	33.7	32.9	− 0.9*	138	32.7	32.7	0.0	90

** 1％で有意。　　* 5％で有意。　　# 10％で有意。

福度の平均値の低下の幅は，出生がなかった場合の2倍以上と大きい。男性の幸福度は，出生があると変化していないが，出生がないと幸福度が統計的に有意に低下している。出生があると女性の幸福度がより大きく低下し，男

性の幸福度は変化していない。

2004年の子ども数別に，2004年の幸福度の平均値を比べると，平均値が最も高いのは，男女とも子どもがいない場合である。子どもがいない場合に比べ，子どもがいると，女性の幸福度の平均値は明確に低い。2004〜2007年の間に出生があると，女性の幸福度が低下することと整合的である。子どもが生まれると，女性の幸福度は低下する傾向があると，ここからもいえる。2004年時点での子ども数が多いほど，統計的に有意に3年後の幸福度の低下の幅が大きい。女性にとっては，子どもをもつということは，結婚の幸福度にマイナスの要因になっており，マイナスの程度は子ども数が多いほど大きい。

子ども数別にみた，男性の2004年の幸福度の平均値は，子どもがいない場合と1人いる場合とではほとんど変わらないが，子どもが2人以上いると低い。男性では，子ども数と3年後の幸福度の変化との相関はみられず，2004年に子どもが1人いた場合にのみ，統計的に有意に3年後の幸福度が低下している。なぜ，子どもが1人いる場合だけ男性の幸福度が3年後に低下しているのだろうか。2004年に子どもが1人いた男女について，2004〜2007年の間の出生の有無別に幸福度の変化を検討する。2004年に子どもがいなかった男女はサンプル数が少なく，3人以上子どもをもつ人は少数であるので，2004年に子どもが1人であった男女についてのみ，ここでは検討する。男女ともこの期間に出生があると，統計的に有意に大きく幸福度が低下し，出生がない場合には幸福度は変化していない。2004年に子どもが1人いた男性で幸福度が低下していたのは，出生があった男性に由来しているといえる。2004年の子ども数で条件づけをせず，全体でみると，出生があった場合に男性の幸福度は低下していなかった。全体でみると統計的に有意な低下を検出できていないが，2004年に子どもが1人いて，2人目以降の出生を経験した男性は統計的に有意に幸福度が低下している。これは，男性にとっては，何人目の子どもの出生かによって，幸福度の変化が異なることを示唆する。先行研究は，英国とドイツでは，第2子までは幸福度が上昇し，第3子以降は幸福度が上昇しないと指摘している（Myrskylä and Margolis 2014）。日本男性は，第2子以降の出生で幸福度が低下する点は，先行研究と類似している。

164　第Ⅰ部　ジェンダーでとらえる仕事と家族

　以上から，女性にとって，子どもをもつことは結婚の幸福度にマイナスな要因で，子ども数が多いほど結婚の幸福度は大きく低下する。男性にとって子どもをもつことは，第1子までは結婚の幸福度にそれほどマイナスの要因とならないが，第2子以降はマイナスの要因になる可能性が示唆される。

　次に，表4-2から，2004年時点の女性の就業状態別に，2004年の幸福度の平均値を比べると，女性が非就業の場合に，女性の平均値は最も高く，フルタイム就業の場合に最も低い。男性にとっては，妻が非就業の場合にその平均値は最も高いが，妻がフルタイム就業している場合の平均値は僅差でそれに次ぎ，妻がパートタイム就業している際に最も低い。

　女性が非就業またはパートタイム就業の場合，統計的に有意に女性の3年後の幸福度が低下し，女性がフルタイム就業の場合は，3年後に幸福度は変化していない。これらの変化により，2007年には，非就業の女性とフルタイムの女性の平均値がほぼ同様の水準になり，パートタイム就業の女性の平均値がより低くなっている。

　非就業の女性は，出生の有無にかかわらず幸福度が有意に低下しているが，特に，出生があった非就業女性で大きく幸福度が低下している。フルタイム就業の女性はサンプル数が少ないので，出生の有無別に検討することには注意が必要であるが，フルタイム就業でかつ出生があると，サンプル数が少ないにもかかわらず統計的に有意に幸福度が低下している。彼女らの幸福度の低下の程度は，他のグループと比べて顕著に大きく，非就業女性の2倍を超える。フルタイム就業女性が出生を経験すると，就業と育児の両立が非常な負担であることがうかがわれる。

　女性の就業状態と出生の関係で，もう1つ特徴的なことは，出生がない場合にはフルタイム就業の女性の結婚の幸福度は低下していないのに，非就業の女性とパートタイム就業の女性の結婚の幸福度は低下していることである。

　2004〜2007年の期間，男性の幸福度は，妻が非就業の場合に有意に低下し，妻が働いている場合には変化しない。妻が非就業の場合には，出生の有無にかかわらず男性の幸福度は低下しているが，出生があった場合に顕著に低下している。育児をするうえで夫婦の時間配分上の困難が最も少ないのは，性別役割分業をしている，妻が非就業の夫婦であると考えられるが，彼ら両者

とも，幸福度が低下している。フルタイム就業の妻をもつ男性のサンプル数が少ないので注意が必要であるが，彼らは，非就業の妻をもつ男性と異なり，出生があっても幸福度は下がらず，出生がない場合に低下している。

　妻が非就業で，性別役割分業をしていても，出生あった場合に，男女両者の結婚の幸福度が有意に低下していることから，出生があると結婚の幸福度が低下するのは，女性の就業と育児とのバランスをとることが困難であることのみに由来しているのではなく，他の要因があることを示唆する。特に男性の場合，出生があって幸福度が低下しているのは，妻が非就業の場合のみで，妻がフルタイムやパートタイムで就業している場合には幸福度は低下していない。妻の就業と育児とのバランスをとること以外の要因で，出生によって男女の結婚の幸福度を低下させる要因が何であるのかについての分析は，今後の意義ある課題の1つであろう。なぜなら，就業と子育ての両立という課題を解決したとしても，結婚の幸福さを保持できない他の要因があるとすれば，それを明らかにすることは，個人の質の高い結婚生活のために役立つ知識となるからである。また，第1子出生時の幸福度の低下が，第2子をもつ可能性を押し下げる（Margolis and Myrskylä 2015）のであれば，就業と子育ての両立支援を推進しても，第1子の出生後の幸福度の低下を通じて，夫婦が第2子をもたない可能性が高まる。これは，就業と子育ての両立支援の少子化対策としての効果が表れないことを意味する。

　表4-2から，女性がフルタイム就業で出生があると，非就業の女性の2倍以上の大きさで，女性の幸福度が顕著に低下し，男性の幸福度は変化しないといえる。フルタイム就業の女性は，出生があると育児と就業のバランスをとるために非常なストレスを受けているが，男性は女性ほどストレスを受けていないことが示唆される。フルタイム就業の女性には，育児と就業のバランスをとる支援がさらに必要であるといえる。また，ワーク・ライフ・バランスがよりいっそう推進されれば，日本男性がもっと育児に参加することができると期待できる。このことは，日本男性の結婚の幸福度に対してもメリットがあるといえる。なぜなら，妻がフルタイム就業で出生がなかった男性では，結婚の幸福度が有意に低下していることが，子どもをもちたいという夫の希望にもかかわらず，実現できなかったことで結婚の幸福度が低下し

166　第Ⅰ部　ジェンダーでとらえる仕事と家族

ていることを，もしも示唆しているとすれば，ワーク・ライフ・バランスが
推進され，夫婦が協力して子どもをもつことが容易になることは，フルタイ
ム就業の女性の負担軽減になるだけでなく，男性の結婚生活の質の向上につ
ながる可能性が考えられるからである。

4.2　結婚の幸福度の増減のパーセント分布からみた出生前後の幸福度の変化と女性の就業

　結婚の幸福度の複合指標を2004年と2007年について比較し，それが増加し
ている者と，変化していない者，減少している者の３つに分けたとき，それ
ぞれのパーセント分布は，出生の有無や女性の就業で異なるであろうか。表
４−３は，2004年に39歳以下の有配偶女性および39歳以下の妻をもつ有配偶
男性について，2004〜2007年の期間における出生の有無，2004年時点の子ど
も数，2004年時点の女性の就業状態別，2004〜2007年間の幸福度複合指標の
増減についてのパーセント分布を示している。表４−３から，出生がなかっ
た場合と比べて，男女とも，出生があった場合に，幸福度の複合指標が増加
した割合が低く，減少した割合が高い。2004年時点の子ども数別にみると，
女性では，子ども数が多いほど３年後に幸福度が増加している割合が低下し，
減少の割合が高くなる傾向がある。男性では，子ども数と結婚の幸福度増減
のパーセント分布との間に明瞭な関係はみられないが，2004年時点で子ども
が１人の場合に，顕著に増加の割合が低く，減少の割合が高い。男性全体の
分布と比べても，2004年時点で子どもが１人いた場合には，幸福度が増えた
割合が小さく，減少割合が大きい。子どもが１人いたグループ内で，出生の
有無別に比べると，出生があると幸福度の増加割合が８％低く，減少割合が
11％大きい。すなわち，子どもが１人の男性の結婚幸福度は減少する傾向に
あり，出生があると減少する傾向がより強い。女性の場合は，男性と異なり，
２人目の出生がない場合には，結婚の幸福度の増加割合が大きく，減少割合
は小さい。すなわち，結婚の幸福度が増加する傾向にある。ここからも，女
性にとって出生は，結婚幸福度に対しマイナスの要因であるといえる。男性
と同様な点は，２人目の出生があると，結婚の幸福度の減少割合が大きく，
増加割合が小さい点である。以上の傾向は，表４−２とほぼ同様である。

第 4 章　結婚の幸福度と子ども　*167*

表 4 - 3　2004〜2007年の期間における出生の有無，2004年時点の子ども数，2004年時点の女性の就業状態別，2004〜2007年間の幸福度複合指標の増減についてのパーセント分布：2004年に39歳以下の有配偶女性および39歳以下の妻をもつ有配偶男性

（％）

	女性				男性			
	増加	変化なし	減少	計[a]（N）	増加	変化なし	減少	計[a]（N）
全体	34	12	53	99（604）	36	14	51	101（482）
2004〜2007年間の出生								
あり	28	14	58	100（126）	32	12	55	99（114）
なし	36	12	52	100（478）	37	14	49	100（368）
2004年時点の子ども数								
0	42	11	47	100（ 72）	40	18	42	100（ 60）
1	35	14	51	100（147）	27	14	59	100（112）
2	32	14	54	100（247）	40	12	48	100（213）
3 ＋	33	9	58	100（136）	34	14	53	101（ 95）
2004年に子ども 1 人								
2004〜2007年間に出生あり	24	19	57	100（ 63）	23	13	64	100（ 61）
出生なし	44	10	46	100（ 84）	31	16	53	100（ 51）
2004年時点の女性の就業状態								
非就業	33	12	55	100（280）	33	12	55	100（225）
フルタイム就業	44	15	42	101（103）	33	15	52	100（108）
パートタイム就業	31	14	56	101（160）	43	15	42	100（110）
2004年時点女性が非就業								
2004〜2007年に出生あり	28	14	58	100（ 71）	27	10	63	100（ 62）
出生なし	34	11	54	99（209）	35	13	52	100（163）
2004年時点女性がフルタイム就業								
2004〜2007年に出生あり	29	13	58	100（ 24）	43	7	50	100（ 28）
出生なし	48	15	37	100（ 79）	30	18	53	101（ 80）
2004年時点女性がパートタイム就業								
2004〜2007年に出生あり	27	23	50	100（ 22）	40	30	30	100（ 20）
出生なし	31	12	57	100（138）	43	12	44	99（ 90）

注：ａ）四捨五入の誤差で計の数値が99または101の場合がある。

168 第Ⅰ部 ジェンダーでとらえる仕事と家族

　2004年時点の女性の就業状態別に幸福度の複合指標の増減のパーセント分布をみると，女性ではフルタイム就業の場合に，男性では妻がパートタイム就業である場合に，増加の割合が顕著に高く，減少の割合が顕著に低い。この女性の傾向は，平均値でみた表4-2での女性の傾向と一致する。表4-2で妻が非就業である場合に，男性の幸福度の平均値が有意に減少していたことは，表4-3で，非就業の妻をもつ男性の幸福度の減少割合が多いことと整合的である。

　表4-3から，女性の就業状態と出生の有無別に幸福度の増減のパーセント分布をみると，女性では，就業状態によらず，出生があると幸福度の増加割合が低く，減少割合が高い。女性で特徴的なのは，出生がないフルタイム就業の女性のほぼ半数の幸福度が増加し，彼女らの減少割合が低いことである。すなわち，出生がない場合に最も幸福度が増加しているのはフルタイム就業の女性である。男性で特徴的なのは，妻の就業状態によって，出生後の幸福度の変化が異なることである。出生があって妻が非就業の場合に，彼らの6割強の幸福度が減少し，幸福度が増加している割合も低い。一方，出生があって妻がフルタイム就業の男性は数が少ないが，幸福度の増減の分布は二極分化して，変化なしの割合が非常に少ない。妻がパートタイム就業の男性では，出生の有無にかかわらず，幸福度が増加している割合が相対的に高い。フルタイム就業と比べて，パートタイム就業の労働時間は柔軟性が高いこと，パートタイム就業の収入は世帯収入とって補助的なものであることを考えると，パートタイム就業の女性は，フルタイム就業の女性よりも家庭内活動をより多く担いやすく，ある程度家計にも貢献するという，両方の役割を果たしていると考えられる。これが，高い男性の幸福度の要因の1つである可能性は高い。一方，パートタイム就業の女性の幸福度は低いことから，女性の負担感は大きいといえる。

　表4-3からも，表4-2と同様に，女性が非就業で出生があると男女の結婚の幸福度は低下する。性別役割分業は，出生があったときに，男女の結婚の幸福度を高める要因になっていない。女性がフルタイム就業をして出生があると，女性の幸福度増大の割合が顕著に少なく，男性の幸福度は増大している層と減少している層に二極分化する。女性がフルタイム就業をして出生

がないと，女性の幸福度増大割合が顕著に高く，男性の幸福度増大がやや低い。これらから，女性がフルタイム就業をして経済的に自立していることは女性の結婚の幸福度にプラスであるが，出生があると，女性は育児と就業の両立に支援が必要であることがうかがわれる。妻がフルタイム就業で出生があると，男性の幸福度が二極分化していることと，男性の育児参加推進やワーク・ライフ・バランスなどの政策との関係の分析は，今後の課題である。幸福度が増加している男性は，家事・育児に参加できる環境にあって，そのことが幸福度の増大に影響しているのだろうか。それとも，妻または親に家事・育児を任せることのできる環境にあって，子どもをもつことができ，かつ，妻と自身の収入という高い経済的水準にあることが幸福度の増大に影響しているのだろうか。後者が，男性の幸福度の増大の根拠であれば，ワーク・ライフ・バランスの推進が男性の結婚の幸福度につながるとはかぎらない。

第5節　結婚の幸福度と出生

　前節から，出生があると，フルタイム就業の女性で特に大きく幸福度が低下し，非就業の女性においても幸福度は低下すること，男性の幸福度は第2子以降の出生の場合に低下するが，第1子の出生では変わらない傾向があるといえた。本節は，結婚の幸福度はその後の出生確率とどのような関係にあるのか，第1に，理論的背景について述べ，第2に，結婚継続期間など出生確率に影響しうる他の要因をコントロールするために多変量解析によって，結婚の幸福度と出生確率との関係を検証する。

5.1　理論的背景

　ミクロ経済学の理論では，個人は自身の効用を最大化するように意思決定すると考える。出生の決定についても同様に，夫や妻はそれぞれの効用を最大化するように子どもをもつか否かを決定すると考える。この理論では，重要な前提が2つある。1つは，個人は出生後の自身の効用を事前に正しく予想できるというものである。すなわち，子どもをもつか否かの意思決定をす

170　第Ⅰ部　ジェンダーでとらえる仕事と家族

る時点での出生後の予想効用と，実際に子どもをもって経験する効用は一致すると仮定することである。もう1つは，出生前に予想した効用が，実際に経験した効用と一致しなかったとしても，その誤りはランダムに発生すると考えることである。

　これら2つの前提に立った効用の最大化理論に対し，次のような2つの批判がある。第1に，個人が予想する将来の効用は，意思決定時点での心理要因に左右され，個人は正しく事前に将来の効用を予想できない。たとえば，空腹な人は，買い物をする際に，食材を過分に購入する傾向があり，自分が食事から得る効用を誤って予想する。予想上のこの誤りは，ランダムなものではなく体系的なものである（Kahneman and Thaler 2013）。

　子どもをもつ効用の予想が，その時点での心理的要因に左右されるなら，子どもをもつか否かの意思決定に，その時点での結婚の幸福度が影響する可能性がある。空腹な人が誤って過分に消費するという考えを応用すると，結婚の幸福度が低いほど，より多く子どもをほしいと考えるという仮説が考えられる。言い換えると，「結婚の幸福度が低い人ほど，より強く子どもから得られる効用を欲する」という仮説である。この仮説を仮説1とする。

　第2に，個人は過去の経験から学んだことを評価し，将来の効用を予想する際に利用するが，過去の経験の評価は，評価する時点の心理的な状態に左右され，正確なものではない。よって，効用を誤って予想しうるが，この誤りはランダムではなく，体系的なものである（Kahneman and Thaler 2013）。この批判の考え方を，第2子をもつか否かの決断に応用すると，第1子をもって経験した効用についての評価は，第2子をもつか否かの決断時点での結婚の幸福度に左右される。Kahneman and Thaler（2013）は，過去に比べて最近の経験のつらさがより小さいほど，つらい経験の期間が長くとも，振り返って行う評価はより高くなると指摘している。この視点を応用すると，第1子をもったのちに子育てでつらいことがあったとしても，直近の幸福度が高ければ，過去の経験の効用を高く評価すると考えられる。そうであるなら，第2子をもつか否かの決断をする時点での幸福度が高いほど，振り返って第1子のもたらした効用を評価する際に高く評価して，第2子をもつ可能性が高いという仮説2が考えられる。

以上から，意思決定や過去の経験の評価は，意思決定や評価を行う時点での心理的な要因に左右されるという観点に立ち，次の2つの仮説を検証する。それらは，仮説1「結婚の幸福度が低いほど，子どもから得られる効用を強く欲して，子どもをもちやすい」，仮説2「第1子と異なり，第2子以降は，結婚の幸福度が高いほど，第1子の経験を振り返って評価するときに高く評価しやすく，子どもをもちやすい」である。なお，仮説の検証は，男女を分けて別々に行う。なぜなら，前節でみたように，出生前後の幸福度の変化が男女で異なることから，幸福度と出生確率の関係の決定構造が男女で異なる可能性が考えられるからである。また，日本では，家庭と育児の責任は主として女性が担っており，子ども養育のコストが男女で異なるので，子どものコストの観点からも，男女で決定構造が異なることは十分に考えられる。

5.2　分析モデルと変数

結婚の幸福度と出生確率との関係を分析するため，2004～2007年の間に出生がある場合に1，出生がない場合に0の数値をとる変数を従属変数とし，プロビットモデルを使用して多変量解析を行う。説明変数は，2004年時点での結婚の幸福度の複合指標，2004年時点での子ども数，そして，それら幸福度と子ども数の交差項である。子ども数を説明変数に加えるのは，もう1人子どもをもつかどうかは，その時点での子ども数によって左右されるからである。幸福度と子ども数の交差項を加えるのは，次の理由による。前節でみたように，男性の結婚幸福度が出生によってどのような変化をするかは，その出生が何人目の子どもかによって異なる。結婚の幸福度が出生確率に与える影響も，同様に，出生が何人目の子どもであるかによって異なる可能性が考えられるためである。

結婚の幸福度の複合指標を構築する際に使用した質問項目は8つであるが，8つのうち一部の項目に回答していない回答者がいる。回答していない項目は，中央値の値3を付与し，質問項目の一部に回答していないものを1，すべての項目に回答したものを0とした変数を分析に含める。

出生確率は，結婚継続期間や女性の年齢に依存する。なぜなら，結婚継続期間が長いほど妊娠のリスクにさらされている期間が長く，女性の年齢が高

172　第Ⅰ部　ジェンダーでとらえる仕事と家族

いほど身体的に妊娠の可能性は低くなるからである。これらの要因を考慮するため，結婚継続期間と女性の生年の2つの変数をコントロール変数として加える。男女の学歴は，出生確率に影響しうるが，結婚の幸福度と相関が高く，多重共線性の問題があるため分析には含めない。

　表4-4は，2004年に39歳以下の有配偶女性および39歳以下の妻をもつ有配偶男性について，プロビットモデルを使用して，2004〜2007年の間の出生に関する分析に使用した変数の記述統計量を示している。2004年時点の結

表4-4　プロビットモデルによる，2004〜2007年の間の出生に関する分析に使用した変数の記述統計量：2004年に39歳以下の有配偶女性および39歳以下の妻をもつ有配偶男性

変数	女性				男性			
	平均	S.D.	最小	最大	平均	S.D.	最小	最大
2004年の結婚の幸福度の複合指標	33.79	4.68	14	40	33.83	5.00	15	40
質問項目の一部に回答なし[a]	0.02	0.15	0	1	0.03	0.16	0	1
2004年の子ども数								
0[†]	0.12	0.32	0	1	0.16	0.36	0	1
1	0.24	0.43	0	1	0.29	0.45	0	1
2	0.41	0.49	0	1	0.55	0.50	0	1
3以上	0.23	0.42	0	1	—[c]	—	—	—
幸福度と子ども数の交差項								
幸福度＊子ども1人					9.86	15.68	0	40
幸福度＊子ども2人					18.47	17.08	0	40
幸福度＊子ども3人以上								
2004年時点の結婚継続期間	8.32	4.74	0	20.96	7.31	4.41	0	18.88
結婚継続期間ミッシング	0.03	0.17	0	1	0.03	0.16	0	1
女性の生年[b]	70.06	4.06	64.21	83.63	70.70	3.98	64.29	83.46
女性の生年の2乗					50.14	5.70	41.33	69.65
N	603				387[c]			

注：a）複合指標を構築するために使用した夫婦の調和度に関する8つの質問項目の一部に回答していないものを1，8項目すべてに回答したものを0とした。質問項目の一部に回答していないものの複合指標を構築する際には，回答していない質問項目に対して中央値の3を付与した。

　　b）妻の生年から1900を引いた数字。

　　c）2004年に39歳以下の妻をもつ有配偶男性で，2004年に3人以上子どもをもっていた有配偶男性は全員，2004〜2007年の期間出生を経験していないため，分析に含めることができない。2004年に子ども数が2人以下であった有配偶男性の数は，387である。

婚の幸福度の複合指標の平均値は約34と，男女でほぼ同様である。2004年時点で，子どもがいないのは，男女とも1割強と多くない。男女とも約6割が，2人以上子どもをもっている。なお，2004年に3人以上子どもをもっていた男性は全員，2004～2007年の期間出生を経験していないため，分析に含めることができない。男性は，2004年に子ども数が2人以下であった者が本節での分析対象である。

結婚継続期間の平均は，女性が8年，男性が7年とほぼ同じである。女性本人の生年と男性の配偶者の生年の平均はともに1970年代で，大きな違いはない。使用しているデータで確率サンプルであるのは，回答者本人で，回答者の配偶者はランダムに選択された個人ではない。男性の妻は，ランダムに選択された個人ではないが，出生確率に影響する生年は，女性のサンプルとほぼ同様であるといえる。

5.3 結婚の幸福度と出生確率

女性の年齢や結婚継続期間をコントロールしたうえで，結婚の幸福度と出生確率はどのような関係にあるだろうか。表4-5は，2004年に39歳以下の有配偶女性および39歳以下の妻をもつ有配偶男性の2004～2007年の出生について，プロビットモデルを使用して分析した推定係数を示している。表4-5から，女性にとって，結婚の幸福度はその後の出生確率と統計的に有意な関係がないといえる。女性の出生確率に影響しているのは，2004年に何人子どもをもっていたかということと，女性の生年および結婚継続期間である。女性の生年と結婚継続期間の影響をコントロールしたうえで，2004年の子ども数が2人以上であれば，子どもがいない場合に比べて，女性の出生確率は統計的に有意に下がる。結婚継続期間が長くなるほど，出生確率は低下する。また，女性の生年が遅い，つまり女性が若いほど出生確率は高い。この結婚継続期間の影響は，男性の場合もほぼ同様である。男性にとっても，結婚継続期間が長いほど出生確率は低下する。表4-5で示されている男性の妻の生年と出生確率の関係は二次関数である。

表4-5のM5およびM7の列で示しているように，男性の幸福度の複合指標と子ども数との交差項は，統計的に有意な推定係数をもつ。一方，女性

表 4 - 5　プロビットモデルによる，2004〜2007年の間の出生に関する分析におけ
　　　　　る推定係数：2004年に39歳以下の有配偶女性および39歳以下の妻をもつ
　　　　　有配偶男性

変数	女性		男性			
	M 1	M 2	M 4	M 5	M 6	M 7
2004年の結婚の幸福度の複合指標	0.00	0.00	−0.01	−0.12*	−0.01	−0.11*
質問すべてに回答していないもの[a]	−0.09	−0.11	−1.12#	−1.24#	−1.13#	−1.07#
2004年の子ども数						
0 †						
1	−0.05	0.14	−0.01#	−4.86**	0.52*	−4.78*
2	−1.06**	−0.63**	−1.12**	−4.85**	−0.33	−3.51#
3 以上	−2.31**	−1.63**				
交差項：						
幸福度＊子ども 1 人				0.15**		0.15**
幸福度＊子ども 2 人				0.11*		0.09#
幸福度＊子ども 3 人以上						
2004年の結婚継続期間		−0.07**			−0.12**	−0.12**
結婚継続期間ミッシング		−0.64			−0.73	−0.59
女性の生年[b]		0.06**			1.62*	1.76**
女性の生年の 2 乗					−1.07*	−1.16*
定数	−0.13	−4.28*	−0.01	3.90*	−60.97*	−62.49*
Log likelihood	−245.21	−223.09	−200.77	−196.27	−167.24	−163.07
LR chi 2	125.06	169.31	67.65	76.65	134.71	143.05
Prob ＞ chi 2	0.00	0.00	0.00	0.00	0.00	0.00
Pseudo R 2	0.20	0.28	0.14	0.16	0.29	0.30
N	603		387[c]			

** 1 ％で有意。　　* 5 ％で有意。　　# 10％で有意。

注：a）複合指標を構築するために使用した夫婦の調和度に関する 8 つの質問項目の一部に回答していないも
　　　のは 1，8 項目すべてに回答したものを 0 とした。質問項目の一部に回答していないものの複合指標
　　　を構築する際には，回答していない質問項目に対して中央値の 3 を付与した。
　　b）妻の生年から1900を引いた数字。
　　c）2004年に39歳以下の妻をもつ有配偶男性で，2004年に 3 人以上子どもをもっていた有配偶男性は全員，
　　　2004〜2007年の期間出生を経験していないため，分析に含めることができない。2004年に子ども数が
　　　2 人以下であった有配偶男性の数は，387である。

では，幸福度の複合指標と子ども数との交差項は統計的に有意な推定係数を
もっていないので，表には掲げられていない。このことから，男性にとって，
幸福度はその後の出生確率に対し統計的に有意な影響をもち，その影響は子

第 4 章　結婚の幸福度と子ども　*175*

表 4 - 6　2004〜2007年の間の出生に関するプロビットモデル分析に基づく，2004
年の結婚の幸福度の複合指標および子ども数別，推計出生確率：2004年
に39歳以下の有配偶女性および39歳以下の妻をもつ有配偶男性

推計出生確率	2004年時点の子ども数						
2004年の結婚の 幸福度の複合指標	女性 [a]				男性 [b]		
	0 人	1 人	2 人	3 人以上	0 人	1 人	2 人
10	0.27	0.32	0.12	0.02	0.91	0.14	0.29
15	0.28	0.32	0.13	0.02	0.83	0.18	0.27
20	0.28	0.33	0.13	0.02	0.72	0.24	0.25
25	0.29	0.33	0.13	0.02	0.58	0.30	0.23
30	0.30	0.34	0.14	0.02	0.43	0.37	0.21
35	0.30	0.35	0.14	0.02	0.28	0.44	0.20
40	0.31	0.35	0.14	0.03	0.15	0.52	0.18

注： a) 表 4 - 5 におけるモデル M 2 に基づき，推計出生確率を算出。
　　 b) 表 4 - 5 におけるモデル M 7 に基づき，推計出生確率を算出。

ども数によって異なる。子ども数によって異なる幸福度の影響をみるため，
幸福度の水準および子ども数別に出生確率を推計した。その結果は，表
4 - 6 に掲げられている。

　幸福度と子ども数が，その後の出生確率に与える影響を推計する際，女性
については表 4 - 5 のモデル M 2 を，男性については M 7 を使用した。幸福
度と子ども数以外の変数には平均値を入れて出生確率を推計した結果が，表
4 - 6 である。表 4 - 5 から女性にとって結婚の幸福度と出生確率は統計的に
有意な関係になかったこと，および表 4 - 6 の推計値から，女性の結婚の幸
福度の水準とは関係なく，女性にとって 1 人目の出生確率は約0.29， 2 人目
の出生確率は約0.33， 3 人目の出生確率は約0.13， 4 人目以上の出生確率は
約0.02である。 1 人目と 2 人目で出生確率はほぼ同様であるが， 3 人目以上
の出生確率は非常に低い。このことから，女性にとっての出生確率は，結婚
の幸福度に関係なく，何人子どもがいるかで決まり， 2 人目まではほぼ同様
の出生確率である。そして， 3 人以上もつ可能性は非常に低いといえる。経
済学の理論では，子ども数が多いほど，子どもから得ている効用は高く，も
う 1 人子どもをもつことで増える効用は小さい。この観点から，女性にとっ

て，２人目までは，もう１人子どもをもつことによって増えると予想する効用は同程度に高く，出生確率が相対的に高いが，３人目以上では，もう１人子どもをもつことによって効用はほとんど増えないと予想し，出生確率が低いと解釈できる。これらのもう１人子どもをもつ効用の予想に，結婚の幸福度は影響していない。第４節でみたように，出生があると女性の結婚の幸福度は平均的に低下し，出生によって結婚の幸福度は変化していた。この幸福度の低下とその後の出生確率に関係はないといえる。女性にとって，子どもをもう１人もつ効用の予想に，心理的な要因が影響する余地がなく，もっぱら子ども数で決まっている結果は，子ども数で決まる育児の時間や養育費用というコストを女性が担えるかどうかという判断で，次の子どもをもつかどうかを決定している可能性を示唆する。

　表４-６から，男性の幸福度，子ども数と出生確率の関係をみると，子どもがいない場合には，結婚の幸福度が高くなるほど出生確率は低下する。幸福度の複合指標が10と低いときには，出生確率は0.9と非常に高く，幸福度の複合指標平均値34に近い35の場合には0.3と出生確率は約３分の１に低下し，複合指標の最大値40になると出生確率は0.2と非常に低くなる。これは，子どものいない男性では，仮説１「結婚の幸福度が低いほど，子どもから得られる効用を強く欲して，子どもをもちやすい」を支持する。

　次に，子どもが１人いる男性の場合には，幸福度の複合指標が高いほど出生確率は高くなる。表４-６から，幸福度の複合指標が10と非常に低いときには，出生確率は0.1と非常に低く，幸福度の複合指標平均値34に近い35の場合には0.4と出生確率は４倍に上昇し，複合指標の最大値40になると出生確率は0.5と高くなる。これは，仮説２「第１子と異なり，第２子以降は，結婚の幸福度が高いほど，第１子の経験を振り返って評価するときに高く評価しやすく，子どもをもちやすい」を支持する。

　第３に，子どもが２人いる男性の場合には，結婚幸福度の複合指標が高いほど出生確率は低い。これは，仮説２を支持しない。子どもが１人いる男性の場合と異なり，仮説２を支持しない理由として考えられることは次のとおりである。仮説２は，過去の経験から将来の効用を予想する際に，予想時点の心理的な要因で，予想を間違えると指摘する先行研究に基づいている。１

人目の子どもの経験から，2人目の子どもがもたらす効用を予想する際には予想時点の幸福度が予想を左右するが，子どもを2人もった経験から，3人目の子どもがもたらす効用を予想する際には，子ども2人分の経験が十分にあるため予想時点の幸福度に左右されることなく，効用を予測することができる。ただし，子どもがいない場合と同様に，幸福度が低い男性ほど，3人目の子どもをもたらす効用を強く欲して，出生確率が高いと解釈することができる。この解釈を確認することは，今後の検討課題である。

　男性では，幸福度が出生確率に有意な影響をもつにもかかわらず，女性では幸福度が有意な影響をもたないのはなぜであろうか。幸福度が影響しないことは，子どもをもつ効用を，女性だけが正しく予想でき，女性だけに効用最大化理論が適応できるという解釈を示唆しうるが，子どもをもつ効用の予想の理論的メカニズムが男女で根本的に異なるとは考えにくい。第4節でみたように，出生があると女性の幸福度は下がり，子ども数が多いほど経年による幸福度の低下幅がより大きかった。これは，女性にとって，子どもをもつと，育児などのコストのほかに，結婚の幸福度低下というコストがかかることを意味する。子ども数が多いほど，養育に関わるコストと結婚の幸福度低下のコストは大きく，子どもから得られる効用をそのコストが上回る可能性が高い。子どもをもちたいと思うかどうかの意思決定において女性が重視する要因は，子どもから得られる効用の予想というよりもむしろ，結婚の幸福度低下のコストや育児の時間のコストを担うかどうかの判断であると考えられる。子どもをもつかどうかの決断が，子どもをもつ効用の予想に依存しないことは，その予想に影響する結婚の幸福度にも依存しないと考えられる。

　第4節でみたように，男性の結婚の幸福度は，2人目の出生の場合にのみ統計的に有意に低下し，子ども数と結婚幸福度の変化との間に有意な関係はみられなかった。このことから，女性と比べて，男性にとって，出生による結婚の幸福度の低下のコストは低いといえる。また，日本の夫婦では，家事・育児の大部分を女性が担っていること（Tsuya and Bumpass 2004，吉田 2010）から，男性にとっては結婚幸福度低下のコストと家事育児のコストは低く，子どもから得られる効用の予想が大きければ，男性は子どもをもちたいと思い，その予想をする際に結婚の幸福度が影響していると考えられる。

178　第Ⅰ部　ジェンダーでとらえる仕事と家族

　女性において，第１子と第２子の出生はほぼ同じ水準の出生確率をもち，第３子以降に出生確率は低下する。これは，結婚の幸福度の低下や育児のコスト等を勘案しても，女性は子ども２人をもつ傾向があり，子ども２人までは女性は子どもをもちたいと思うことを示す。夫婦関係の悪化を招かなくとも，希望する子ども数をもてることは，人々にとって重要なことではないだろうか。男女が十分にコミュニケーションをとれる時間をもてるように，男女ともに就業と家庭のバランスをとりやすく，就業以外の活動に時間を使いやすいワーク・ライフ・バランスの推進が重要であるといえる。

おわりに

　女性の結婚の幸福度がその後の出生確率に影響しない理由として，女性にとって，出生によって結婚の幸福度が低下することや育児などのコストが，子どもから得られる効用を上回る可能性があることが示唆された。これは，男性が育児などに参加し，主として女性が担っている育児コストを削減する必要性を意味する。しかし，男性が育児参加することは容易ではない。なぜなら，世帯での家事・育児時間における男性のシェアは少ないが，労働時間における男性のシェアは多く，家事・育児時間のシェアと労働時間のシェアを合わせると，ほぼ男女同等になるからである（吉田 2010）。男性が長時間労働をしながら家事・育児参加をすることは，男性自身の結婚の幸福度を低下させる可能性がある。少子化対策の観点からも，第１子出生後の男性の結婚の幸福度は重要である。男性にとっての第２子の出生確率は，男性の結婚幸福度と正の相関関係をもち，男性の結婚の幸福度が高いほど第２子出生確率は高い。男性の結婚の幸福度を維持しつつ，男性に育児参加を促すには，男性の育児参加を容易にするワーク・ライフ・バランスの推進が重要であるといえる。

　出生前後の結婚幸福度の変化には，大きな男女間のギャップがある。出生があると，女性は結婚の幸福度が下がったと評価している一方で，男性は必ずしも下がったとは評価していない。また，子ども数と結婚の幸福度の関係にも，男女間のギャップがある。子ども数が多いほど，３年後に女性の結婚

の幸福度は有意に下がるか，男性の結婚の幸福度は変わらない。このような
ギャップは，夫婦の結婚生活の質にとってマイナス要因となりうる。なぜな
ら，幸福度が下がったと女性が認識している一方で，男性は変わらないと認
識しているなら，妻が認識している問題に，夫は気がついていないことを示
唆するからである。出生を機に，結婚生活にこのような問題が起こるとする
と，女性は負担に耐えられる以上の子ども数を欲しいとは思わないであろう
し，子どもをもつことで結婚生活が不幸になるのは，男女にとって幸せなこ
とではない。

　男女の認識のギャップが顕著であるのが，フルタイム就業の男女である。
出生があると女性の結婚の幸福度が下がり，男性のそれは変わらない。さら
に，フルタイム就業の男女の場合，出生がないと，女性の結婚の幸福度は平
均的には変わらないが，男性の結婚の幸福度は下がる。この場合，男性が認
識している問題に，女性は気がついていないといえる。出生があってもなく
ても，フルタイム就業の男女では認識のギャップが顕著である。他の就業形
態と比べ，フルタイム就業の男女では，家庭生活と就業を両立させるうえで
の時間的な制約が最も厳しいことから，夫妻のコミュニケーションを交わす
時間が少ないと考えられる。このコミュニケーションのないことが，ギャッ
プを生ずる要因の１つであろう。育児休業や育児サービスの供給だけでは支
援として不十分であり，十分コミュニケーションがとれるようなワーク・ラ
イフ・バランスの支援が必要であることが，この点からもいえる。

　唯一，男女の認識のギャップがない妻の就業形態が非就業，つまり性別役
割分業をしている場合である。この場合，出生があってもなくても，男女と
も結婚の幸福度が下がり，出生があった場合に低下幅がより大きいのも男女
とも共通である。経済学の理論では，男女での賃金率格差があるという状況
においては，男女がそれぞれ得意な分野，女性は世帯内の生産活動，男性は
労働市場での活動をして，それぞれの成果を分けあう性別役割分業が，効率
的であり，夫妻で到達可能な効用水準が高くなるとする。経済学での効用の
主な規定要因は，消費水準と余暇時間の量である。消費水準と余暇時間は，
世帯の資源である夫と妻の時間を効率的に労働時間と家事・育児時間に使う
ことで，より多くの収入を得て消費水準を高め，かつ，夫と妻に余暇時間を

確保することができる。しかし，性別役割分業の場合，出生があってもなくても，男女とも結婚の幸福度は下がる。結婚の幸福度は，結婚生活に関わる選択の結果，体験した効用についての評価であり，個人の幸福を規定する重要な要因の１つである。個人は幸福を追求して人生の選択をすると考えるなら，近年，幸福の経済学が注目されているように，経済学的効率性だけでなく，心理的要因も含めて分析をすることは，出生行動のような世帯の選択行動を分析するためには重要であるといえる。

　これまでの伝統的な経済理論による研究では，幸福度という心理的要因が研究に明示的に組み込まれることはほとんどなかった。本章の分析結果は，心理的要因の重要性を示唆している。

参考文献

国立社会保障・人口問題研究所 2017a「人口統計資料集2017改訂版」（http://www.ipss.go.jp/syoushika/tohkei/Popular/Popular2016.asp?chap=0）2017年 8 月 6 日アクセス.
────2017b「現代日本の結婚と出産──第15回出生動向基本調査（独身者調査ならびに夫婦調査）報告書──」（http://www.ipss.go.jp/ps-doukou/j/doukou14/doukou14.asp）2016年 8 月13日アクセス.
樋口美雄・深堀遼太郎 2013「女性の幸福度・満足度は出産行動に影響を与えるのか」『季刊家計経済研究』No.98, pp.70-83.
吉田千鶴 2010「育児」，内閣府『平成22年度少子化社会に関する国際意識調査報告書』，pp.126-150.
Frey, B.S. and A. Stutzer (eds.) 2013. *Recent Developments in the Economics of Happiness*. Cheltenham: Edward Elgar Publications.
Kahneman, Daniel and Alan B. Krueger. 2006. "Developments in the Measurement of Subjective Well-Being," *Journal of Economic Perspectives* 20（1）: 3 -24.
Kahneman, D. and R.H. Thaler. 2013. "Anomalies: Utility Maximization and Experienced Utility," Pp. 425-438 in B.S. Frey and A. Stutzer (eds.) *Recent Developments in the Economics of Happiness*. Cheltenham: Edward Elgar Publications.
Margolis, R. and M. Myrskylä. 2015. "Parental Well-being Surrounding First Birth as a Determinant of Further Parity Progression," *Demography* 52（4）: 1147-1166.
Myrskylä, M. and R. Margolis. 2014. "Happiness: Before and After the Kids," *Demography* 51（5）: 1843-1866.
Rijken, A.J. and A.C. Liefbroer. 2008. "The Influence of Partner Relationship Quality on

Fertility." *European Journal of Population / Revue européenne de Démographie* 25 (1): 27-44.

Tsuya, O. Noriko and Larry L. Bumpass. 2004. "Gender and Housework," Pp.114-133 in Tsuya, Noriko O. and Larry L. Bumpass (eds.) *Marriage, Work & Family Life in Comparative Perspective*. Honolulu: University of Hawaii Press.

第Ⅱ部

親子関係でとらえる少子高齢社会

第5章

中高年期における健康状態と居住形態の変化

中川　雅貴

はじめに

2000年4月の介護保険制度の導入により，日本では「介護の社会化」が制度的に担保され，その推進が図られてきたが，高齢者に対するケアやサポートにおいては，子どもをはじめとする親族資源が依然として重要な役割を担っているといえる（小山 2012；西岡2000）。中高年期以降の世代間支援関係，特に加齢に伴う身体的な変化や機能低下を背景に生じる支援ニーズへの対応，あるいは成人子の出産・育児に際しての種々のサポートの提供においては，親子間の居住関係が重要な規定要因になることが，国内外の研究によって確認されている（千年 2013；山内 2011；Mulder and van der Meer 2009; Himes, Hogan and Eggebeen 1996; Chappell 1991）。一方で，子どもと同居する高齢者の割合は一貫して低下し続けており，夫婦のみ，あるいは単身で暮らす高齢者の割合が増加している[1]。こうした中高年期以降における居住形態，特に

---

1) 厚生労働省の『国民生活基礎調査』によると，65歳以上の高齢者のうち子どもと同居する割合は1980年に69.0％であったが，2015年には39.0％にまで低下している。一方で，「夫婦のみ」で居住する高齢者の割合は，同期間中に19.6％から38.9％に，単独世帯に居住する割合は8.5％から18.0％にそれぞれ増加している。

186　第Ⅱ部　親子関係でとらえる少子高齢社会

成人子との居住関係の変化は，親子関係をはじめとする親族内サポート資源の授受およびその配分パターンの変化を通じて，今後さらなる需要の増大が見込まれる高齢者ケアをめぐる社会的環境にも大きな影響を与えると考えられる。

　子と同居する高齢者の割合の長期的な低下傾向を踏まえたうえで，中高年期以降の居住形態の変化の実態についてみると，たとえば子どもの独立や結婚により一時的には親子が別居しても，親が高齢になり，健康上の問題や配偶者との死別が生じると，再び同居するという「途中同居慣行」の存在が従来から指摘されている（廣嶋 1984；直井 1993；清水 2013）。また，より近年では，高齢者が成人子（特に有配偶成人子）と同居する傾向は弱まっているものの，同時に，別居親子間では近居の傾向が強くなっている傾向を指摘したうえで，同・別居という二項分類にとどまらない親子の居住関係（居住距離）の規定要因を分析の対象とする研究が進められている（田渕・中里 2004；田渕 2006；千年 2013）。

　これらの研究では，老親と成人子それぞれの支援ニーズに応じて，親子間の居住関係が状況適合的かつ合理的に選択されている可能性が示唆されている[2]。一方で，山内（2011）が指摘するように，居住形態と世代間の支援パターンについては，親子間の居住関係，とりわけ成人子の居住地選択が，既存の支援関係を含む親子関係に規定される可能性も考えられる。これらの見解は互いに排他的な立場にあるものではないが，中高年期以降の居住形態と世代間関係——特に支援ニーズの生起——の関連については，一時点での横断調査から得られるクロスセクション・データによる観察に依拠した場合，その機序を必ずしも明示的に検証できないという問題を含んでいる（Brown et al. 2002; Young and Grundy 2010）。

　また，親子間の支援をめぐる居住関係については，日本国内においても地

2）　たとえば，成人子の側からみた世代間の居住関係について分析した千年（2013）は，同居に際しては親のニーズが，近居に際しては成人子のニーズが優先されている可能性を示したうえで，若年世代においては基本的には自分たちのニーズが優先されるが，老親が単独での生活が困難になったときには親のニーズが優先されるという傾向を指摘している。

域的差異が存在し，その規定要因として，経済的状況や住宅事情といった個人に帰属する要因に加えて，世代間支援・援助に関する規範や制度，さらには地域の家族構造といった地域的・集団的特性を反映する要因との関連が指摘されてきた（西岡 2000；中西 2011；清水 2013）。しかしながら，こうした地域的・集合的に共有される要因が，個人あるいは親子による居住形態の選択に与える影響およびその不均質性について，定量的に十分な検証が行われてきたとは必ずしもいえない。これは，後述のとおり，従来の分析において用いられてきた手法ならびにデータの制約によるところが大きい。

　本章では，こうした方法論的課題を踏まえて，中高年期における支援ニーズと居住形態の関連について，経時的変化のパターンと地域特性による影響という時間的・空間的な側面をとらえる分析のフレームワークを用いて検証し，既存の研究成果に新たな知見を加えることを目的とする。具体的には，JGGS パネルデータの中高年サンプルを用いて，健康状態の悪化が成人子との居住関係の変化に与える影響について分析したうえで，その影響の地域的・文脈的不均質性についても検証する。

　本章は，以下の５節から構成される。まず次節では，中高年期における居住形態の変化とその関連要因を分析するうえでの本章における分析視角を提示する。ここでは，JGGS パネルデータの利点を生かして，経時的な変化を分析対象とする動態的なフレームワークの有用性について確認するとともに，個人レベルの属性と地域レベルの特性要因の双方の影響およびそれらの相互作用を考慮した分析視角を提示する。第３節では，こうした分析を行うための手法ならびに手順，分析モデルの概要について説明する。続く第４節において，分析に用いるデータの概要を説明したうえで，第５節で分析結果を示し，本章の分析結果から得られた含意を確認するとともに，今後の研究課題に関する若干の展望を示す。

第１節　分析の視角

　高齢期における成人子との居住関係を含む中高年期以降の居住形態の規定要因については，日本においても，特に1980年代後半以降，全国を対象とした

188　第Ⅱ部　親子関係でとらえる少子高齢社会

大規模標本データを用いた多変量解析による分析成果が蓄積されている[3]。これらの研究では，親と子の年齢や性別，配偶関係といった人口学的基本属性に加えて，同居規範あるいは老親支援規範の強さの指標としての学歴や職業といった社会経済的属性変数を含む分析モデルが用いられてきた（Kojima 1989; Tsuya and Martin 1992; 高山・有田 1996；Ogawa and Retherford 1997; 鈴木 2001；田渕 1998, 2006）。一方で，特に中高年期以降の親側の支援ニーズに関するより直接的な尺度と考えられる健康状態が，分析の対象や中心的な関心となることは，あまりなかったと思われる。この点について，たとえば，Brown et al.（2002）は，クロスセクション・データを用いた中高年期の居住形態に関する分析に際して，健康状態を説明変数としてモデルに投入した場合，いわゆる内生性の問題が生じることを指摘している。

　成人子との居住関係を含む中高年期以降の居住形態について，冒頭で指摘したその機能的側面を考慮すると，ケア需要の発生とそれへの対処をめぐる制約あるいは選好を含む動態的なフレームによって分析することが有効であると考えられる。具体的には，居住形態の変化は，個人のライフコースあるいは家族のライフサイクルにおいて生じる，（時として予期せぬ）環境変化に対処するための家族（親族）内資源配分をめぐる意思決定の帰結としてとらえることができる（Moen and Wethington 1992; Chen 2005）。1990年代以降は，2時点以上のパネルデータを用いた海外の研究により，中高年期における居住形態あるいは子どもとの居住距離の変化が，配偶者との離死別，経済状態の変化に加えて，健康状態の悪化と密接に関連をもつという分析結果が報告されるようになっている（Mutchler and Burr 1991; Spitze, Logan and Robinson 1992; Zimmer 2005）。こうした海外，特に北米や欧州における研究成果と比較して，日本に関しては中高年期を対象としたパネルデータを用いた分析結果の報告は限られているが，たとえば，60歳以上の日本人男女2200人を9年間追跡したデータを分析した Brown et al.（2002）により，身体的・精神的な健康状態が，居住形態の変化に対して直接的・間接的な効果をもつことが確認されている。

---

3)　特に老親と成人子の同別居の規定要因に関する研究については，田渕（1998）が詳細にレビューしている。

第5章　中高年期における健康状態と居住形態の変化　*189*

　動態的な分析のフレームワークとパネルデータの利用に依拠した時間的変化の分析に加えて，ここでは，空間的な要因——すなわち地域の特性を反映したコンテクスト要因——の効果についても着目する。高齢人口における子との同居割合については，日本国内においても地域的差異が存在し，居住地の地域的特性と高齢者の居住形態との関連が指摘されてきた。清水（2000, 2011）では，たとえば，「老年人口割合」（65歳以上人口割合）と高齢者世帯における「別居世帯割合」（65歳以上世帯員の世帯のうち「夫婦のみ世帯」と「単独世帯」によって占められる割合）の組み合わせによって全国の都道府県を4類型に分類し，人口高齢化と居住形態の地域差についての検討を行ったうえで，それに依拠した家族構造の地域類型を導出している。また，清水（1992）では，意識に関する都道府県レベルの検討が行われており，上記の「老年人口比率」と「別居率」がともに高い西南日本において核家族志向が強いという傾向を指摘している。

　こうした一連の知見は，社会科学における古典的な命題の1つである，ミクロ（個人・家族）とマクロ（地域・集団・コンテクスト）という2つの異なる水準で観察される事象の相互規定性を示唆しているといえる。すなわち，他の人口学的地域特性と同様に，地域の世帯構造や居住形態の特徴は，そこに住む個人や家族の意識ならびに選択が集積したものであり，その意思決定や行動に影響を与えるミクロレベルの要因が背景に存在する。同時に，個人の意識や行動は，それぞれが居住する地域や帰属する集団によって共有される特性要因の影響や制約を受け，居住地や居住形態の選択もその例外ではないと考えられる。

　それでは，親子の居住関係と関連をもつ地域の特性にはどのようなものがあるのだろうか。たとえば，Kojima（1989）や黒須（1998）では，親と子の同居割合が高い地域に居住する場合には，本人の同居確率も高くなるという分析結果が示されている。また，居住地域の都市度や人口規模も，高齢者と成人子との同居確率に関連をもつことが指摘されてきた（Tsuya and Martin 1992；高山・有田 1996；田渕 1998 など）。上述のとおり，居住形態およびその変化は，基本的には個人あるいは家族レベルでの意思決定を反映したものであり，親や子どもの意識や属性といったミクロ的要因が第一義的な分析対象

190　第Ⅱ部　親子関係でとらえる少子高齢社会

となる。一方で，ここに示した居住形態の地域性や，それに関連する地域特性要因の存在は，居住形態の選択がミクロレベルの要因にとどまらない多層的な要因の影響を受けるものであることを示唆している。すなわち，居住形態およびその変化の分析に際しては，個人の属性やライフコース選択といったミクロ的要因と，集団あるいは地域に関する特性に起因するマクロ的要因の双方の影響を考慮した分析のフレームワークを構築することが有効であると考えられる。

　個人と集団・地域といった異なったレベルの要因については，それらが互いに関連し合いながら，個人の意識や行動に影響を与えるという交互作用を考慮する必要がある。たとえば，上述の Brown et al.（2002）等の先行研究によっても示されている健康状態と居住形態の変化の関連性については，それぞれの居住地における地域特性要因の影響によって介入される可能性が考えられる。具体的には，高齢期における健康状態の悪化あるいは要介護状態への移行は，高齢者ケア施設等による地域レベルでのケア資源が乏しい地域において，親族内資源としての子どもとの同居（あるいは近居）をより強く誘引する可能性がある。個人の属性による効果が，居住する地域の特性や社会環境によって異なるということは，同時に，地域の相違に起因するマクロレベルの要因——すなわちコンテクスト要因——が，すべての個人に対して等しい影響をもたらさないということを示唆している。これは，「文脈効果の不均質性（Contextual Heterogeneity）」ともいわれるが，中高年期以降の健康状態と居住形態の変化の関連についての分析において，こうした異なる水準の要因間の交互作用効果が十分に検証されてきたとは言い難い。

　中高年期における成人子との居住関係に影響を与える地域特性要因として，ここでは，老親支援規範の文脈性についても考慮する。前述のとおり，日本における成人子と老親との居住関係については，規範的要因との関連が確認されてきた（Kojima 1989; 田渕 1998；西岡 2000）。たとえば西岡（2000）は，成人した子が同居するかどうかについては，学歴や職業といった社会経済的属性よりも，長男であるかといったきょうだい構成などの影響が強いという分析結果に依拠し，規範的要因の重要性を指摘している。また，Kojima（1989）では，より直接的に，「三世代世帯同居が望ましい」という意見が親

によって強く支持される場合に，既婚子との同居確率が高まることが報告されている。これらの先行研究によって検証されてきた規範的要因についても，個人レベルの要因としてではなく，地域に関する特性に起因する集団的な要因とみなし，居住形態の変化といった個人レベルで観察される事象に与える影響について検証することが可能であると考えられる。

　以上のとおり，本章は，第1に，パネルデータの利点を生かし中高年期における居住形態の経時的な変化を分析の対象にするという点，また第2に，その関連要因として，個人レベルの属性だけではなく，地域環境や老親支援規範といったコンテクスト要因の影響を検証するという点に，分析視角の特徴をもつといえる。次節では，とりわけ後者について，多層的な要因の影響を検証するための分析上の課題と，それを克服するために本章で用いる分析手法について具体的に述べる。

第2節　分析の方法

　高齢期における子との居住関係については，個人を分析の単位とする実証分析においても，全国の都道府県を複数の地域ブロックに分類したり，居住地を都市規模別に分類するなどの操作化を行い，こうした地域分類変数の効果を推定する（あるいは統制する）試みが行われてきた。このような分析では，居住する地域あるいはその特性の影響は地域分類変数の効果として推定され，地域間の差異については観察されない異質性として把握される。また，個人の属性および意識や選択に，それぞれが居住する地域などの空間的集合（あるいは学校や職場といった非空間的集合）が与える具体的な効果を検証する試みとして，個人レベルで計測したデータ（ミクロデータ）に，それぞれの集団・地域の特性を示すデータ（コンテクストデータ）をマッチングさせた階層構造をもつデータセットが用いられることが多い。こうした階層構造をもつデータにおいては，必然的に，個人はそれぞれが所属する集合によってグループ化される。ここで注意が必要なのは，分析の対象となる事象（たとえば本章の分析対象となる居住形態の変化など）に関して，各グループ内における個人間で一定の傾向が共有されている場合，通常の回帰分析において採

192 第Ⅱ部 親子関係でとらえる少子高齢社会

用される最小二乗法が仮定する誤差項の独立性が満たされない可能性が高いという問題である。すなわち，一般的にコンテクスト要因といわれる集団・地域等の特性に起因する要因の影響は，その集合に属するすべての個人に対して共通に及び，結果として標準誤差が過小推定され，モデルに投入されたコンテクスト要因の効果の統計的有意性の過誤に関する問題を生起させる。

こうした理論的・計測的に階層構造をもつデータの分析において，コンテクスト要因が個人レベルの従属変数に与える影響を精緻に推定するための手法の1つがマルチレベル分析である[4]。ミクロ－マクロといった異なる水準の効果を同時にモデル化（multilevel modeling）する手法は，階層モデル（Hierarchical Model）あるいは混合効果モデル（Mixed Effects Model）と呼ばれる場合もあるが，変動項を個人レベルだけでなく，地域レベルにおいても仮定するのが共通の特徴である（Rabe-Hesketh and Skrondal 2008; Luke 2004; 筒井・不破 2008）。

共変量を含んだ一般的なマルチレベル・モデルは，以下のように定式化される。

$$\text{レベル1（個人）：} Y_{ij} = \beta_{0j} + \beta_{1j} X_{ij} + r_{ij}$$
$$\text{レベル2（地域）：} \beta_{0j} = \gamma_{00} + \gamma_{01} Z_j + u_{0j}$$
$$\beta_{1j} = \gamma_{10} + \gamma_{11} Z_j + u_{1j}$$

例として，レベル1式の Y_{ij} は，地域 j における個人 i の居住形態（例：成人子との同居）を示し，X_{ij} は性別や年齢，健康状態といった個人 ij の属性を示すとする。上述のとおり，マルチレベル・モデルにおいては，従属変数に関する誤差項が，個人レベルの r_{ij} と地域レベルの u_{0j} および u_{1j} に分解され，下位レベルすなわち個人レベルの切片 β_{0j} や傾き β_{1j} が，上位レベルすなわち地域や集団に固有の特性 Z_j の関数として推定されることが確認できる。マルチレベル・モデルが混合効果モデル（Mixed Effects Model）とも呼ばれるのは，このように，異なるレベルの固定効果とランダム効果を同時に推定するからである。

---

4) マルチレベル分析の基本的な考え方や手法については，Courgeau（2003）およびSubramanian（2004）がわかりやすく解説している.

マルチレベル・モデルを用いることによって，こうしたデータの階層構造を考慮したコンテクスト効果をより精緻に推定できることに加え，分析の対象となる事象に関するグループ間のばらつきの度合いを把握したり，その分散の要因を識別することが可能になる。具体的には，所属するグループの違いによって説明される分散の割合を級内相関係数（Interclass Correlation Coefficient: ICC）といい，この指標は，それぞれのグループがもつ固有の傾向の度合いを示す指標として用いられる。個人レベルと地域レベルの誤差項の分散をそれぞれσ_r^2，σ_{u0}^2とすると，ICC は以下の式によって求められる。

$$\text{ICC}=\frac{\sigma_{u0}^2}{\sigma_{u0}^2+\sigma_r^2}$$

　この ICC の値が高い場合，「標本間の独立性」に関する仮定が満たされていないことを意味する。つまり，誤差項が個人レベルにのみ設定されている通常の一般化線形モデルを用いた場合には，コンテクスト要因の標準誤差が過小推定される可能性があり，マルチレベル・モデリングの必要性が示唆される。

　異なるレベルの分析モデルと変数の組み合わせによって地域の特性が個人に与える影響を識別する利点として，前節で述べた「文脈効果の不均質性」の検証が可能になることが挙げられる。地域レベルでの文脈効果が，個人の属性によって異なるかどうかを検証する際には，異なるレベルで計測された変数を組み合わせたクロスレベル交互作用（Cross-level Interaction）をモデルに投入する必要がある。クロスレベル交互作用が強ければ強いほど，特定の個人属性に対する文脈要因の影響は強いということになる（Kreft and de Leeuw 1998）。

　本章では，定数項のみに地域レベルの変動項を含んだランダム定数項モデルに，前節で述べた高齢者ケア施設によるサービスの提供状況や，老親支援規範といった地域レベルの特性に関する変数を投入し，個人属性である健康状態との交互作用が，中高年期における居住形態の変化に与える影響を分析する。次節では，分析に用いるデータおよび変数の詳細について説明する。

194　第Ⅱ部　親子関係でとらえる少子高齢社会

第3節　分析データの説明

　本章における分析に際しては，JGGS パネルデータのうち，2004年の第1次調査時点で50歳以上であった男女を対象としたフォローアップ調査の結果に基づく中高年パネルデータを用いる。観察期間は，2004年の第1次調査から2013年に実施された調査までの9年間である。2004年に実施された JGGSの第1次調査は，全国の18～69歳の日本人男女を母集団とした層化二段確率法によって標本抽出を行ったが，3年後の2007年に実施された第2次調査では，未婚化・少子化の背景および構造に関するさらなる理解と政策提言に資することが中心的な研究課題と位置づけられたため，調査対象者が第1次調査時点に49歳以下であった回答者に限定された[5]。したがって，第1次査時点で50歳以上であった中高年調査対象者については，2010年に実施された6年ぶりのフォローアップ調査が実質的な第2次調査となり，第1次調査で回答した4061人の男女のうち64.3％に該当する2611人から回答を得ている。さらに3年後の2013年調査では，このうち2056名の男女（年齢は59～79歳）からフォローアップ調査の回答を得た。2004年に開始された調査から9年後に実施された第3次調査までのパネル残存率は50.6％となっている。本章では，この第3次調査が完了した中高年対象者のうち，少なくとも1人の成人子（同居・別居の有無を問わない）が生存している1915人について，調査期間中における居住形態の変化およびその関連要因を分析する。

　表5-1は，上記で示した分析対象について，その居住形態を成人子との居住関係によって分類したうえで，2004年の第1次調査から9年後の第3次調査の変化を示したものである。まず，同居する成人子の有無でみると，第1次調査時点（対象者者の年齢は50～69歳）で少なくとも1人の成人子との同居が確認されたのは，全体の62％に該当する1195人であったが，この割合は9年後の第3次調査では47％に低下している[6]。

---

5)　JGGS パネル調査の実施状況に関する詳細については，本書第8章を参照されたい。
6)　ちなみに，厚生労働省が実施した『平成25年　国民生活基礎調査』によると，子と同居する65歳以上高齢者（子夫婦と同居する高齢者を含む）の割合は40.0％であった。

第5章　中高年期における健康状態と居住形態の変化　*195*

表 5 - 1　JGGS 中高年パネルデータにおける成人子との居住関係の変化

(%)

		2013年調査における居住形態				
		同居する成人子なし			同居する成人子あり	
			近居なし	近居あり		総計
調査開始時点（2004年）の居住形態						
総数	1,915人	52.6	23.6	29.0	47.4	100.0
同居する成人子あり	1,195人	31.5	11.9	19.7	68.5	100.0
同居する成人子なし	720人	87.4	42.9	44.4	12.6	100.0
近居する成人子なし	376人	89.4	70.2	19.1	10.6	100.0
近居する成人子あり	344人	85.2	13.1	72.1	14.8	100.0

注：集計の対象は第1次調査（2004年）時点で50歳から69歳であった回答者のうち，2013年の第3次調査が完
　了した対象者。生存する成人子が1人もいないケースを除く。

　さらに表5-1では，同居する成人子がいないケースについて，近くに住
む成人子がいるかどうかによって2つのグループに分類している。JGGS の
中高年調査票では，すべての調査回で，別居する子どもに関しても，回答者
（親）からみた居住距離（よく使う交通手段による所要時間）についての質問項
目を設けている（回答の対象は最大3人目までの子ども）。ここでは，「30分未
満」の場所に居住する成人子が1人でも確認されるケースを「近居する成人
子あり」とした[7]。この定義にしたがうと，2004年調査時点では，同居する
成人子がいない回答者720人のうち48％に該当する344人について近居する子
どもの存在が確認された（総数に占める割合は18％）。

　調査開始時点において成人子との同居が確認されなかった対象者720人に
ついて，2013年の第3次調査における居住関係の変化をみると，約13％の
ケースで調査期間中に成人子への同居に移行していることが確認される。ま
た，調査開始時点で「同居する成人子：なし／近居する成人子：なし」の

---

7)　なお，鈴木（2012）は『国民生活基礎調査』における「最も近くに住んでいる子の
　居住場所」に関する回答データを用いて，「同一家屋」「同一敷地」「近隣地区」までを
　「近居」，「同一市区町村内」「その他の地域」を「遠居」と分類している。

196　第Ⅱ部　親子関係でとらえる少子高齢社会

ケースにおいても，9年後も同じ居住関係にとどまっている割合は70％で，近居への移行および同居への移行がそれぞれ19％と11％になっている。以下では，これら「同居する成人子なし → 同居する成人子あり」および「同居あるいは近居する成人子なし → 同居あるいは近居する成人子あり」の2パターンの居住形態の変化について，その関連要因を検証する。

　分析の対象となるサンプルの規模による制約のために，分析モデルには限定された説明変数を投入する。すなわち，個人レベルの変数としては，人口学的基本属性である性別・年齢・配偶関係に加え，社会経済的属性の指標となる教育水準，そして健康状態の変化に関する変数をモデルに投入する。健康状態については，観察期間中に悪化が確認されたか否かに関する二項変数を用いた。具体的には，JGGS調査ではすべての調査回で回答者本人を含む全世帯員について，その健康状態を，「1. とても健康」「2. まあまあ健康」「3. 具合がよくない」「4. 介護・介助が必要」の4件法で質問しているが，ここでは，回答者本人に関する2004年と2013年の値の比較に基づいて，「健康状態が悪化した」とする変数を作成した[8]。

　地域レベル（第2水準）における個人のグループ化に際しては，JGGS調査の標本抽出第1次層を構成する11地域ブロックを基準に，埼玉県・千葉県・東京都・神奈川県を関東地域から分離して南関東ブロックに，そして京都府・大阪府・兵庫県を近畿地域から分離して京阪神ブロックとした計13ブロックによる分類を用いた[9]。そのうえで，地域ブロックレベルの変数として，家庭外の施設による高齢者ケアサービスの供給状況および老親支援規範に関する2つの地域特性指標を作成した。前者については，厚生労働省が実施する『介護サービス施設・事業所調査』による公表データを用いて，65歳

---

8)　この設問は，いわゆる主観的健康度（Self-Rated Health: SRH）に関するものであり，国内外の社会調査において広範に採用されている設問項目であるが，計測の簡便性に加えて，他の健康指標との関連性，特に死亡リスクに対する予見力をある程度ももつことが報告されている（たとえば，Idler and Benyamini 1997; Ford, Spallek and Dobson 2008など）。また，主観的な指標であるSRHについては，精神的な健康状態も反映したwell-beingに関する総合的（holistic）な指標としての有用性も指摘されている（Grundy and Sloggett 2003など）。
9)　地域ブロックによる都道府県分類の詳細については付表5-1を参照。

第 5 章　中高年期における健康状態と居住形態の変化　*197*

以上の高齢者人口1000人当たり介護老人保健施設（老健施設）定員割合を地域ごとに算出し，その2010年から2013年までの平均値を用いた。後者の老親支援規範の作成に際しては，JGGS 調査における世代間関係に関する意識を尋ねる項目のうち，老親支援に関する意識項目において肯定的な回答をした回答者の割合を地域別に算出した。具体的には，「親のめんどうをみるのは、長男の義務である」「親が経済的に困っている時、成人した子どもは親を助けるべきだ」という 2 項目について，それぞれ「賛成」あるいは「どちらかといえば賛成」と回答した人の割合の平均値を用いて，老親支援規範の強さに関する指標とした。なお，老親支援規範指標については，地域ごとの人口構造の違いによる影響を調整するために，年齢構造を標準化した値を用いた。個人レベルの変数も含めて，分析モデルごとの変数の記述統計量については，本章末尾の付表 5-2 を参照されたい。

第 4 節　分析結果

　表 5-2 は，調査開始時点で同居している成人子が 1 人もいない回答者を対象に，その後の成人子との同居への移行について，居住地域ブロックによって個人を階層化したマルチレベル・ロジスティック回帰分析の結果を示したものである。まず，定数項（地域変動項 u_{0j} を含む）のみを用いたモデル 1-1 の結果をみると，地域変動項の分散が0.249で有意であることが示され，成人子との同居への移行確率について地域間の差異が一定の水準で存在することが統計的に認められる。

　個人レベルの属性に関する変数を追加したモデル 1-2 からは，以下のような推定結果が得られた。まず，性別については，子どもとの同居への移行確率との有意な関連がみられない一方で，年齢については負の影響が確認できる。また，回答者が離死別を経験している場合には，成人子との同居に移行する確率のオッズ比が40％以上高くなっている（ただし有意水準は10％）。社会経済的属性に関する指標となる教育水準については，中高年期における成人子との同居への移行確率に対する負の影響が有意に確認される。具体的には，最後に行った学校が高校（旧制中学等を含む）である場合と比較して，

198　第Ⅱ部　親子関係でとらえる少子高齢社会

表5-2　成人子との同居への移行に関するマルチレベル分析によるオッズ比の推定値

	モデル1-1	モデル1-2	モデル1-3a	モデル1-3b	モデル1-4a	モデル1-4b
個人レベル						
定数項	0.235**	2.339*	2.467*	3.190*	2.896*	3.570*
性別（男性＝0, 女性＝1）		0.777	0.742	0.742	0.745	0.762
年齢		0.930**	0.929**	0.929**	0.930**	0.930**
配偶関係						
離別・死別		1.403#	1.436#	1.436#	1.410#	1.374#
健康状態						
悪化		0.843	0.848	0.850	0.853	0.573#
教育水準（Ref.高校）						
高校未満		1.576*	1.626*	1.627*	1.637*	1.614*
大学以上		0.831#	0.788#	0.788#	0.806#	0.836
地域レベル						
高齢者介護施設定員割合（1,000人当たり）			0.948#	0.951#		
健康状態（悪化）との交互作用				0.972		
老親支援規範					1.045	1.040
健康状態（悪化）との交互作用						1.069#
ランダム効果（地域レベル）						
地域変動項の分散	0.249*	0.224	0.190	0.191	0.191	0.196
級内相関	0.070*	0.064*	0.055*	0.055*	0.055*	0.056*
ケース数	720	720	720	720	720	720
地域数	13	13	13	13	13	13
地域内平均ケース数	55.4	55.4	55.4	55.4	55.4	55.4
Log likelihood	-270.68	-262.43	-262.17	-262.16	-261.98	-260.32

**1％で有意。　*5％で有意。　#10％で有意（カテゴリー）。
Ref.：レファレンス・カテゴリー。
注：分析の対象は少なくとも1人の成人子がいる回答者のうち、調査開始時点で同居する成人子がいないケース。

第5章　中高年期における健康状態と居住形態の変化　*199*

大学以上（大学院を含む）の場合は成人子との同居に移行する確率が20％近く低下するのに対して，中学校以下であった場合は，その確率が50％以上上昇する。なお，本分析における主たる分析関心である健康状態の変化については，成人子との同居への移行との有意な関連は確認されなかった。

　加えて，これらの個人レベルの属性に関する変数を投入したモデル1-2の推定結果に関して着目すべきは，地域変動項の分散の変化である。表5-2に示した分析結果からは，定数項のみを用いたモデル1-1と比較して，地域変動項の分散が約11％低下していることが確認される（0.249 → 0.224）。これは，中高年期における成人子どの同居への移行確率に関する地域間のばらつき——すなわち地域間格差——が，モデル1-2で投入された個人レベルの基本属性の違いに起因する構成効果によってはほとんど説明されないことを意味している。

　モデル1-3とモデル1-4では，モデル1-2に投入された個人レベルの属性に関する変数に加えて，前節で説明した地域特性要因としての高齢者介護施設定員割合および老親支援規範に関する指標が追加されている。さらに，それぞれの地域特性要因変数について，主効果のみのモデル（a）と，健康状態の悪化とのクロス水準交互作用項を投入したモデル（b）による推定結果が示されている。表5-2に示したモデル1-3aによる推定結果からは，各地域における高齢者介護施設定員割合が，個人の属性とは独立の効果として，成人子との居住関係の変化に影響を与える可能性が示唆される（ただし有意水準は10％）。具体的には，居住する地域における高齢者介護施設定員割合が高いほど，成人子との同居に移行する確率は低くなり，逆に，介護施設定員割合が低い——すなわち施設による高齢者ケアの供給が乏しい——地域に居住する人ほど，子と同居に移行する確率が高くなるという傾向が確認される。ただし，個人レベルの要因としての健康状態の悪化とのクロス水準交互作用効果は認められなかった。

　一方，老親支援規範については，主効果のみを投入したモデル1-4aでは居住関係の変化との有意な関連は示されなかったが，健康状態の悪化との交互作用効果のオッズ比が1.069と有意に推定された（モデル1-4b）。これは，地域レベルの指標としての老親支援規範が，中高年期における居住形態

の変化との関連において，健康状態が悪化した個人と悪化しなかった個人に対して異なった効果を与えることを示している。つまり，地域における老親支援規範の強さは，中高年期に健康状態が悪化した場合に，成人子との同居への移行確率を有意に上昇させる効果をもつことを意味している。

表5-3は，調査開始時点で同居あるいは近居する成人子がいなかったケースを対象に，被説明変数を「成人子との同近居への移行の有無」に関する二項変数とした分析モデルによる推定結果を示したものである。個人レベル変数および地域レベル変数ともに，モデルに投入された変数は表5-3で分析結果を示した5つの分析モデルと同じであり，それぞれの分析結果をモデル2-1からモデル2-4bで示している。まず，定数項のみを用いたエンプティ・モデル（モデル2-1）の結果による地域変動項の分散は0.016となっており，表5-3で示した従属変数を「同居への移行」としたモデル（モデル1-1）の結果よりも顕著に低くなっていることが確認できる。これは，中高年期における成人子との「同近居」への移行確率に関する地域間の格差が，「同居」のそれと比較して小さいことを示すものである。

モデル2-2に投入された個人レベルの属性に関する変数のうち，性別と年齢に関しては，前出の成人子との「同居」への移行を被説明変数とした分析結果と共通する結果がみられた。すなわち，性別に関しては有意な影響がみられないが，年齢については負の効果が確認された。一方で，成人子との「同居」への移行確率に関して有意な効果が確認された配偶関係については，ここでは有意な効果がみられなかった。また，教育水準については，最終校が高校未満である場合の正の効果が有意にみられるものの，大学以上である場合の効果が有意ではなくなっている。健康状態の悪化については，有意水準が10%にとどまるものの，オッズ比が1.19という推定結果となり，性別・年齢および配偶関係といった人口学的基本属性ならびに学歴水準によって計測された社会経済的属性を調整しても，中高年期における健康状態の悪化が，成人子との別居から同近居への移行に対して有意な効果をもつことが示された。

地域特性要因に関する変数については，まず，高齢者介護施設定員割合のオッズ比が0.83となり，前出の「同居」への移行と同様に，地域レベルでの

表5-3 成人子との同居あるいは近居への移行に関するマルチレベル分析によるオッズ比の推定値

	モデル2-1	モデル2-2	モデル2-3a	モデル2-3b	モデル2-4a	モデル2-4b
個人レベル						
定数項	0.376**	2.928*	8.129*	7.952*	4.555*	2.680*
性別（男性＝0，女性＝1）		0.910	0.908	0.907	0.908	0.900
年齢		0.940**	0.933**	0.933**	0.939**	0.939**
配偶関係						
離別・死別		0.730	0.785	0.786	0.736	0.744
健康状態						
悪化		1.189#	1.150#	1.225#	1.186#	3.033#
教育水準（Ref.高校）						
高校未満		1.640*	1.691*	1.696*	1.642*	1.655*
大学以上		1.113	1.076	1.074	1.104	1.078
地域レベル						
高齢者介護施設定員割合（1,000人当たり）			0.830*	0.836#		
健康状態（悪化）との交互作用				0.970		
老親支援規範					0.991	1.003
健康状態（悪化）との交互作用						0.956
ランダム効果（地域レベル）						
地域変動項の分散	0.016*	0.007	0.005	0.006	0.006	0.006
級内相関	0.009	0.003	0.002	0.002	0.002	0.002
ケース数	376	376	376	376	376	376
地域数	13	13	13	13	13	13
地域内平均ケース数	28.9	28.9	28.9	28.9	28.9	28.9
Log likelihood	−229.00	−223.51	−221.03	−221.03	−223.49	−221.62

** 1 ％で有意。　* 5 ％で有意。　# 10％で有意。

Ref.：レファレンス・カテゴリー。

注：分析の対象は、少なくとも1人の成人子がいる回答者のうち、調査開始時点で同居あるいは近居する成人子がいないケース。

202 第Ⅱ部 親子関係でとらえる少子高齢社会

高齢者ケア施設の供給が豊かな地域ほど，「同近居」への移行が抑制される傾向が確認された。さらに，表5-2で示された「同居」への移行を被説明変数とするモデルの推定結果と比較して，「近居」への移行も考慮したモデル2-3aでは，高齢者介護施設定員割合の効果が大きくなっている（オッズ比：0.95 → 0.83）。これは，地域における高齢者介護施設の供給状況が，別居から「同近居」への移行に対して，より強い効果をもつことを示している。ただし，健康状態の悪化との交互作用については，被説明変数が「同居」への移行である場合と同様に，成人子との「同近居」への移行についても有意な効果が確認されなかった。また，老親支援規範指標については，主効果および健康状態の悪化との交互作用効果ともに，有意な効果は検出されなかった。

第5節　考察とまとめ

　世帯構成や居住形態は，世代間の支援関係を規定するとともに，より広範な家族関係さらには地域社会との関わり方も含めて，中高年期以降の生活状況に大きな影響を与える要素である。本章ではJGGSパネルデータを用いて，中高年期における居住形態について，成人子との居住関係の変化に着目し，そのパターンと関連要因についての分析を行った。2004年の第1次調査時点で50歳以上であった男女のうち，少なくとも1人の子どもがいる回答者の居住形態について，9年後の2013年調査における居住形態との比較を行ったところ，調査開始時点では成人子と同居していなかった対象者のうち13％のケースにおいて，調査期間中における同居への移行が確認された。また，同居していないケースについても，居住地間の距離が「30分未満」という基準に該当する近居のケースも考慮すると，同居あるいは近居する成人子が1人もいない別居状態から，同居・近居のどちらかの居住関係に移行する割合は30％になることが示された。パネルデータを用いて個人の居住形態を縦断的に分析することにより，従来の研究において指摘されてきた「途中同居慣行」（廣嶋 1984；直井 1993）の実態も含めて，子との居住関係の変化のパターンの多様性があらためて確認された。

第5章 中高年期における健康状態と居住形態の変化 *203*

　中高年期における成人子との同近居への移行について，回答者の個人属性に加えて，地域レベルの特性要因の影響を考慮したマルチレベル・モデルを用いた分析の結果，以下のような知見が得られた。まず，近居への移行も考慮したモデルと比較して，同居への移行のみを被説明変数とするモデルでは地域変動項の分散が大きく推定され，中高年期に成人子との（再）同居へ移行する確率の地域間格差が比較的大きいことが示された。また，特に同居への移行については，個人レベルの属性に関する変数を投入したモデルによる推定でも，この地域変動項の分散の縮小は限定的であり，地域に特有の傾向が比較的強いことが確認される。サンプル規模およびモデルの制約により，個人属性に関する変数については限定的な組み合わせを投入するにとどまったが，この分析結果により，中高年期における成人子との居住関係の変化が，個人の属性に加えて，制度や規範といった地域的・集団的な要因の影響を比較的強く受けていることが示唆される。個人属性に関する変数のうち，性別や配偶関係については居住関係の変化との有意な関連が認められなかったものの，社会経済的属性の指標である教育水準による有意な効果が確認できたことも，規範的要因による影響の強さを示しているといえる。

　健康状態の悪化については，中高年期以降における居住形態の変化を誘引する支援ニーズを反映した指標として分析モデルに組み込んだが，別居から同近居への移行に関してのみ有意な関連がみられた。この結果は，高齢者における子どもとの同居割合が低下する一方で，別居する親子間においては，近居の傾向が強くなっており，支援関係もそれほど弱まってはいないとする千年（2013）による指摘とも整合的であるといえる。なお，同居への移行に際しては，健康状態の悪化による直接的な影響が確認されなかったものの，地域レベル変数として検証した老親支援規範との交互作用効果が検出された。この分析結果は，上述の規範的要因による影響が，親側の支援ニーズが生じた際に，より強くなることを示唆している。施設による高齢者ケアの提供状況（定員割合）も含めて，こうした地域特性の効果が，マルチレベル・モデルによってより精緻に識別できたことは，本分析による重要な成果であるといえよう。方法論的にも，田渕（2006）をはじめとする先行研究において示されてきた居住地域の特性による高齢期の居住関係，さらには親子関係への

204 第Ⅱ部　親子関係でとらえる少子高齢社会

影響に関する分析において，新たなアプローチの可能性を示すものである。

　中高年期以降の居住形態の変化に関する地域間格差およびその関連要因を検証することにより，政策的にも重要な含意が得られる。たとえば，現在，国の介護保険制度をはじめとする高齢者ケア施策の中心として「地域包括ケアシステム」の構築が進められているが，そこで重視されている各地域の状況に応じたケア体制の整備，さらにはそれを支えるための地域の特性に起因する課題の把握やリソースの評価の必要性を，本章の分析結果はあらためて示すものである。

　ただし，本章における分析には残された課題も多い。まず，分析に用いたJGGSパネルデータの中高年サンプルは，調査開始時点に50〜69歳であった回答者をその後9年間追跡調査したものであり，2013年の第3次調査における対象者の年齢は80歳未満である。このデータからも成人子との居住関係の変化のパターンの多様性が確認されたことは上述のとおりであるが，たとえば，厚生労働省の『国民生活基礎調査』の結果を分析した千年（2013）によると，子との同居率が顕著に高くなるのは80歳以降であり，近年，この傾向が出現する年齢が上昇傾向にあることが確認されている。すなわち，本分析で用いたデータでは，健康状態の悪化や身体的機能の低下を背景とした支援ニーズの発生が居住形態の変化に結びつきやすいと考えられる年齢層をとらえきれていない可能性がある。また，地域・集団レベルで観測される制度や規範の効果が，個人の意識や特定の属性への影響を通じて，その行動や選択にどのように作用するのかといった機序に関する問いが，今後の分析課題として残っている。個人レベルの要因としては，回答者自身，すなわち親側の属性のみを対象とした分析にとどまったが，今後，子ども側のニーズや制約の影響についても考慮した分析モデルを検討する必要がある。

第5章　中高年期における健康状態と居住形態の変化　205

付表5-1　地域ブロックによる都道府県の分類

北海道	北海道
東北	青森県・岩手県・宮城県・秋田県・山形県・福島県
北関東	茨城県・栃木県・群馬県
南関東	埼玉県・千葉県・東京都・神奈川県
北陸	新潟県・富山県・石川県・福井県
東山	山梨県・長野県・岐阜県
東海	静岡県・愛知県・三重県
近畿（京阪神を除く）	滋賀県・奈良県・和歌山県
京阪神	京都府・大阪府・兵庫県
中国	鳥取県・島根県・岡山県・広島県・山口県
四国	徳島県・香川県・愛媛県・高知県
北九州	福岡県・佐賀県・長崎県・大分県
南九州・沖縄	熊本県・宮崎県・鹿児島県・沖縄県

付表5-2　分析に用いた変数の記述統計

対象	調査開始時点で同居する成人子がいないケース	調査開始時点で同居もしくは近居する成人子がいないケース
被説明変数	同居への移行あり：12.6% 同居への移行なし：87.4%	同近居への移行あり：29.8% 同近居への移行なし：70.2%
説明変数		
個人レベル変数	$N_i = 720$	$N_i = 376$
性別		
女性	56.7%	53.5%
男性	43.3%	46.5%
年齢：平均	70.12	69.68
（標準偏差）	(5.09)	(5.30)
配偶関係：離死別経験あり	13.8%	13.6%
健康状態：悪化	20.1%	22.6%
教育水準：高校未満	23.9%	20.2%
教育水準：高校	62.8%	61.2%
教育水準：大学以上	13.3%	18.6%
地域レベル変数		
高齢者介護施設定員割合 （65歳以上人口1,000人対）	平均：12.72	平均：12.73
老親支援規範	平均：46.51	平均：46.50

参考文献

黒須里美 1998「加齢と世帯形成——高年齢層の職業経歴・所得・家族に関する分析——」岩井八郎編『1995年 SSM 調査シリーズ13　ジェンダーとライフコース』1995年 SSM 調査研究会，pp.113-130.

小山泰代 2012「女性から見た家族介護の実態と介護負担」『人口問題研究』第68巻1号，pp.54-69.

清水浩昭 1992『高齢化社会と家族構造の地域性——人口変動と文化伝統をめぐって——』時潮社.

清水浩昭 2000「人口学的に見た高齢期家族の特徴」，染谷俶子編『老いと家族——変貌する高齢者と家族』ミネルヴァ書房，pp.13-33.

清水浩昭 2011「高齢化社会における居住形態と介護の地域性」『新情報』Vol.99，pp.24-32.

清水浩昭 2013『高齢化社会日本の家族と介護——地域性からの接近——』時潮社.

鈴木透 2001「人口減少社会の親族資源」『理論と方法』第16巻2号，pp.185-197.

鈴木透 2012「高齢者の居住状態の地域パターン」国立社会保障・人口問題研究所『高齢者の居住状態の将来推計』所内研究報告書，第44号，pp.32-43.

高山憲之・有田富美子 1996『貯蓄と資産形成——家計資産のマイクロデータ分析——』岩波書店.

田渕六郎 1998「老親・成人子同居の決定要因——子どもの性別構成を中心に——」『人口問題研究』第54巻第3号，pp.3-19.

田渕六郎 2006「高齢期の親子関係」『季刊家計経済研究』第70号，pp.19-27.

田渕六郎・中里英樹 2004「老親と成人子との居住関係——同居・隣居・近居・遠居をめぐって——」渡辺秀樹・稲葉昭英・嶋﨑尚子編『現代家族の構造と変容——全国家族調査［NFRJ98］による計量分析——』東京大学出版会，pp.121-148.

千年よしみ 2013「近年における世代間居住関係の変化」『人口問題研究』第69巻4号，pp.4-24.

筒井淳也・不破麻紀子 2008「マルチレベル・モデルの考え方と実践」（計量社会学ワンステップアップ講座），『理論と方法』第23巻2号，pp.139-149.

直井道子 1993『高齢者と家族——新しいつながりを求めて——』サイエンス社.

中西泰子 2011「老親扶養規範意識と地域特性——地域の家族構造が及ぼす影響について——」稲葉昭英・保田時男編『第3回家族についての全国調査（NFRJ08）第2次報告書 第4巻：階層・ネットワーク』日本家族社会学会全国家族調査委員会，pp.99-110.

西岡八郎 2000「日本における成人子と親との関係——成人子と老親の居住関係を中心に——」『人口問題研究』第56巻3号，pp.34-55.

廣嶋清志 1984「戦後日本における親と子の同居率の人口学的実証分析」『人口問題研究』第169号，pp.31-42.

山内昌和 2011「別居する有配偶成人子に対する親からの援助の動向と規定要因」『人口問題研究』第67巻1号，pp.24-37.

第 5 章　中高年期における健康状態と居住形態の変化　*207*

Brown, Joseph W., Jersey Liang, Neal Krause, Hiroko Akiyama, Hidehiro Sugisawa, and Taro Fukaya. 2002. "Transitions in Living Arrangements among Elders in Japan: Does Health Make a Difference?" *Journals of Gerontology Series B: Psychological Sciences and Social Sciences* 57（4）: S209–S220.

Chappell, Neena L. 1991. "Living Arrangements and Sources of Caregiving," *Journal of Gerontology* 46（1）: S 1 –S8.

Chen, Feinian. 2005 "Residential Patterns of Parents and Their married Children in Contemporary China: A Life Course Approach," *Population Research and Policy Review* 24（2）: 125–148.

Courgeau, Daniel. 2003. "From the Macro-Micro Opposition to Multilevel Analysis in Demography," Pp.43–91 in Courgeau, Daniel. (ed.) *Methodology and Epistemology of Multilevel Analysis: Approached from Different Social Sciences.* Dordrecht: Kluwer Academic Publishers.

Ford, Jessica, Melanie Spallek and Annette Dobson. 2008. "Self-rated Health and a Healthy Lifestyle Are the Most Important Predictors of Survival in Elderly Women," *Age and Ageing* 37（2）: 194–200.

Grundy, Emily and Andy Sloggett. 2003. "Health Inequalities in the Older Population: the Role of Personal Capital, Social Resources and Socio-economic Circumstances." *Social Science & Medicine* 56（5）: 935–947.

Himes, Christine L., Dennis P. Hogan, and David J. Eggebeen. 1996. "Living Arrangements of Minority Elders," *Journals of Gerontology Series B: Psychological Sciences and Social Sciences* 51（1）: S42–48.

Idler, Ellen L. and Yael Benyamini. 1997. "Self-rated Health and Mortality: A Review of Twenty-seven Community Studies," *Journal of Health and Social Behavior* 38（1）: 21–37.

Kojima, Hiroshi. 1989 "Intergenerational Household Extension in Japan," Pp.163–184 in Goldscheider, Frances K. and Calvin Goldscheider (eds.) *Ethnicity & the New Family Economy: Living Arrangements and Intergenerational Financial Flows.* Boulder: Westview Press.

Kreft I. and J. de Leeuw（1998）*Introducing Multilevel Modeling.* Thousand Oaks: Sage Publications.

Luke, Douglas A. 2004. *Multilevel Modeling.* Thousand Oaks: Sage Publications.

Moen, Phyllis and Elaine Wethington. 1992. "The Concept of Family Adaptive Strategies," *Annual Review of Sociology* 18: 233–251.

Mulder, Clara H. and Marieke J. van der Meer. 2009. "Geographical Distances and Support from Family Members," *Population, Space and Place* 15（4）: 381–399.

Mutchler Jan E. and Jeffrey A. Burr. 1991. "A Longitudinal Analysis of Household and Nonhousehold Living Arrangements in Later Life," *Demography* 28（3）: 375–390.

Ogawa, Naohiro and Robert D. Retherford. 1997. "Shifting Costs of Caring for the Elderly Back to Families in Japan: Will It Work?" *Population and Development Review*

23（1）: 59-94.

Rabe-Hesketh, Sophia and Anders Skrondal 2008. *Multilevel and Longitudinal Modeling Using Stata（Second Edition）*. College Station: Stata Press.

Spitze, Glenna, John R. Logan and Joyce Robinson. 1992. "Family Structure and Changes in Living Arrangements among Elderly Nonmarried Parents," *Journal of Gerontology* 47（6）: S45-54.

Subramanian, S.V. 2004. "The Relevance of Multilevel Statistical Methods for Identifying Causal Neighborhood Effects," *Social Science & Medicine* 58（10）: 1961-1967.

Tsuya, Noriko O. and Linda G. Martin. 1992. "Living Arrangements of Elderly Japanese and Attitudes toward Inheritance." *Journal of Gerontology* 47（2）: S45-54.

Young, Harriet and Emily Grundy. 2010. "Living Arrangements, Health, and Well-Being," Pp.127-150 in Stillwell, John, Ernestina Coast and Dylan Kneale（eds.）Fertility, Living Arrangements, *Care and Mobility*. Dordrecht: Springer.

Zimmer, Zachary. 2005 "Health and Living Arrangement Transitions among China's Oldest-Old," *Research on Aging* 27（5）: 526-555.

第6章

中高年者の高齢期の親に対する
支援・援助の規定要因

西岡　八郎・山内　昌和

はじめに

　2000年に介護保険制度が始まり，家族介護の軽減を目途に介護の社会化が
スタートした。その介護の担い手であった団塊世代は2025年には後期高齢期
に入り，今度は介護される側へと変わっていく。そうなると，団塊世代の人
口規模の大きさからみて，高齢者の介護は公的制度のみでは支えることが困
難になる可能性がある。また現在でも，終末期を病院で迎える高齢者が圧倒
的である反面，家庭での看取りを望む高齢者は多い。家族は高齢者にどのよ
うに関わっており，そのなかで公的な支援・援助（以下では，原則として援助
とする）はどうあるべきなのだろうか。本章では，中高年期の子世代からみ
た高齢期の親世代への援助，なかでも世話的・情緒的関係の状況を把握する
ことによってその手がかりを探りたい。

　さて，親子の間にみられる援助関係はライフステージによって異なる。現
代日本では，子が成人して以降も親からさまざまな援助を受けている。成人
子が未婚であれば親元での日常生活全般にわたる援助，結婚して子をもって
いれば家事や育児，住宅取得時の資金の援助といった具合である（岩上

2010；施 2012；山内 2011；国立社会保障・人口問題研究所 2015）。

それに対して，成人子から親への援助は行われにくくなっているようである。実際，以前は同居した子が資産を継承するとともに老親を支えることが広くみられたが，近年は親子同居自体が少なくなっている（廣嶋 1997；厚生労働省 2016）。また，60歳以上の高齢者の主な収入源について1980年と2015年を比較すると，「公的な年金」が35％から71％に上昇したのに対し，「子供などからの援助」は16％から１％に低下した（内閣府 2016）。さらに，親との関係に関する人々の意識にも変化が生じている。たとえば，「年をとった親は子ども夫婦と一緒に暮らすべきだ」「年老いた親の介護は家族が担うべきだ」「高齢者への経済的援助は公的機関より家族が行うべきだ」という考え方に賛成する有配偶女性の割合は，1993年に比べ2013年はいずれも低下した（国立社会保障・人口問題研究所 2015）。

こうした背景には，平均寿命の伸長とともに子が成人した後も十分な健康状態にある親が増えたこと，年金や介護保険といった制度が整備されことで比較的安定した経済状態にある親が増えたこと，その一方で1990年代以降の経済環境の変化もあって十分な経済状態にない成人子が増えたこと等が考えられる。

このように，総体としてみれば，成人子にとっての親は援助するよりは頼る存在になっていると見受けられる。しかし，親のなかには必ずしも十分な健康状態や経済状態にある者ばかりではない。とりわけ親の年齢がより高齢になるにつれ，成人子からの援助を必要とする場面は増えるだろう。実際，近年も親を援助する成人子は一定程度存在しており（国立社会保障・人口問題研究所 2015），成人子の年齢が上がるにつれて親を援助する割合のほうが親から援助を受ける割合よりも高くなる（田渕 2009）。では，成人子が親を援助するかどうかはどのような要因に規定されているのだろうか。また，親を援助していなかった成人子が新たに援助するようになるのはどのような要因によるのだろうか。

本章では，『結婚と家族に関する国際比較調査』（以下，JGGS）のパネルデータを利用して，有配偶の中高年者がその親に対して援助を行うのかどうか，行っていないのであればその後に行うようになるのかどうかの規定要因

について，特に世話的援助と情緒的援助に注目して検討する。以下，第1節で先行研究を概観し，第2節でデータと方法について述べる。第3節ではJGGSの2010年調査（第3次調査。以下，JGGS-3）の結果を利用して，有配偶の中高年者が親に対する世話的援助と情緒的援助を行うかどうかの規定要因を検討する。第4節では，JGGS-3の時点で親に対する世話的援助と情緒的援助を行わなかった有配偶の中高年者に限定し，JGGSの2013年調査（第4次調査。以下，JGGS-4）時点で親に対する世話的援助と情緒的援助を行うようになったのかどうかという状態変化の規定要因を検討する。最終節では，全体のまとめと考察を行う。

第1節　先行研究

　親に対する成人子の援助に関する研究は以前から行われてきた（たとえば三谷・盛山 1985；三谷 1991；春日井 1997）が，全国を対象として無作為抽出された標本データを利用した成果が公表されるようになったのは2000年代に入ってからといってよい。その背景には，1990年代に入って以降に『全国家庭動向調査』（国立社会保障・人口問題研究所，以下，NSFJ）や『全国家族調査』（日本家族社会学会，以下，NFRJ），『日本版総合的社会調査』（大阪商業大学・東京大学，以下，JGSS）が実施され，それら調査データが活用されるようになったことがある。

　主たる研究成果には，西岡（2000），保田（2004），白波瀬（2005），岩井・保田（2008），千年（2010），施（2012），施他（2016）がある。これらは，いずれも経済的援助とそれ以外の援助（ここでは暫定的に非経済的援助と呼ぶ）について検討しているが，以下では本章の関心事項である非経済的援助を中心に整理しておきたい。

　上述の研究成果は3つに類型化できる。1つ目は基礎的な知見を提示した西岡（2000），保田（2004），白波瀬（2005），施（2012）の研究である。西岡（2000）はNSFJのデータを利用して，有配偶女性とその親の同別居について検討するなかで，有配偶女性のなかで親に非経済的援助をする割合が高いのは，その援助の種類（日常の買い物，炊事・洗濯，病気時の世話，悩み事の相

212　第Ⅱ部　親子関係でとらえる少子高齢社会

談相手）にかかわらず，親と同居の場合であることを指摘した。

　保田（2004）はNFRJのデータを用いて，成人子の年齢が上がるにつれて親から非経済的援助を受けるよりも親に非経済的援助をする成人子の割合が高くなること，男性より女性のほうが親に非経済的援助をする傾向があることを明らかにした。

　白波瀬（2005）はNSFJのデータを用いて，有配偶女性が親に対して非経済的援助（同研究では世話的支援としている）をするかどうかの規定要因を網羅的に検討した。その結果，実親と義親，父親と母親による違いはみられるものの，非経済的援助をするかどうかには親との同別居や親の居住地までの距離，親の健康状態，親に配偶者がいるかどうかといったことが影響していた。また，義親に非経済的援助をするかどうかについては有配偶女性の夫が長男かどうかも影響していた。

　施（2012）はNFRJのデータを用いて，有配偶の子とその父母との会話頻度や援助関係を検討した。その一環として実施された子から親への非経済的援助に関する分析では，息子よりも娘のほうが，遠居よりも近居のほうが親に非経済的援助をする傾向にあること，また母親に対しては父親が死亡している場合に非経済的援助をする傾向にあることを指摘した。

　類型の2つ目は，夫親と妻親のいずれに援助をするのかに焦点を当てた岩井・保田（2008）と千年（2010）の研究である。これら研究の背景には，資産継承の場合には父系規範を重視する傾向にあることを踏まえて，子から親への非経済的援助にも同様の傾向がみられるのか，それとも親子それぞれの置かれた状況に左右されるのかという研究上の関心があった[1]。

　岩井・保田（2008）はJGSSのデータを用いて，有配偶の成人子が夫親と妻親のどちらに援助しやすいのかを検討した。その結果，非経済的援助（同研究では家事や介護，育児などを含む実践的援助としている）の場合は夫親と妻親の一方に偏る傾向はみられなかった。また，夫が長男の場合には妻親よりも夫親に非経済的援助をする傾向にあり，夫の親が他の子と同居する場合に

───────────────

1)　親子の援助関係に関する研究をレビューした大和（2010）は，息子とその親との間で経済的援助が行われやすいのに対し，非経済的援助にはそのような特徴は認められないことを論じた。

は夫親よりも妻親に非経済的援助をする傾向にあった反面，親の健康状態が悪いほうの親，居住地までの距離が近いほうの親に非経済的援助をする傾向が確認された。

千年（2010）はNSFJのデータを利用し，親と別居する有配偶女性がその実母および義母に非経済的援助を実施するかどうかについて4パターン（「実母のみにする」「義母のみにする」「実母と義母の両方にする」「いずれにもしない」）に区分し，そのなかで「実母のみにする」の割合が高いことを明らかにした。さらに，非経済的援助をするかどうかの規定要因を検討したところ，親の居住距離が近い場合や親に介護が必要な場合には非経済的援助をする傾向にあったのに対し，夫が長男かどうかは非経済的援助をするかどうかに影響していなかった。

3つ目は，時系列変化に焦点を当てた施他（2016）の研究である。同研究は1998年，2003年，2008年のNFRJのデータを用いて，有配偶女性が親に非経済的援助をするかどうかについて4パターン（「夫親のみにする」「妻親のみにする」「夫親と妻親の両方にする」「いずれにもしない」）に区分し，それら4パターンの構成が時系列でどのように推移するかを検討した。その結果，「夫親と妻親の両方にする」と「いずれにもしない」の割合が低下し，「夫親のみにする」と「妻親のみにする」の割合が上昇し，親への非経済的援助のパターンが多様化したことを明らかにした。さらに，それら4パターンの規定要因を1998年と2008年とで比較したところ，親との居住地の距離が近い場合や親からの経済的・非経済的援助を受けている場合に夫親や妻親への非経済的援助が行われやすい傾向が一貫してみられたこと，世帯収入や有配偶女性の就業状態の影響は2008年には消失したこと等を明らかにした。

これらの研究成果に共通する知見として，親に非経済的援助をしやすいのは子が男性よりも女性の場合，居住地の距離が近い場合，親に介護が必要な場合といった点であった。また，子夫婦のうち夫が長男の場合に夫親への援助が行われやすいかどうかに関しては，必ずしも一貫した結果がみられたわけではなかった。

他方で上述した諸研究の分析枠組みには，共通する下記3つの課題があった。

214　第Ⅱ部　親子関係でとらえる少子高齢社会

　1点目は，援助の種類に関するものである。現実には多様な種類の援助が実施されているにもかかわらず，それらを一括りにした非経済的援助として検討することが一般的であった。これは，利用したデータの制約という致し方ない面もある。しかし，非経済的援助の表す内容が極めて多岐にわたることを考えると，援助の種類を細分して検討することも必要であろう。

　2点目は，個人の行動変容の分析である。これまでの研究は一時点の分析，あるいは調査時点の異なる複数の横断調査の結果を比較するという方法がとられてきた。パネルデータがない以上，こうした方法がとられたことはやむをえないが，ある時点で親に援助していなかった個人がその後新たに援助するようになるかどうかについて検討することは，親子関係の時系列変化を理解するうえでは重要である。

　3点目は，分析モデルに関するものである。既存研究では成人子からみた各親との間で構成される二者関係を独立のものと仮定した分析モデルが採用されてきたが，それよりも二者関係を非独立と仮定した分析モデルを用いるほうが望ましいと考えられる（保田 2011, 2016）。

　以上を踏まえ，本章では非経済的援助を細かく区分し，日用品の買い物に関する援助，料理や洗濯に関する援助，病気時の世話に関する援助，悩み相談に関する援助に注目し，有配偶の成人子が親に援助するかどうか，および援助をしていない有配偶の成人子が新たに親に援助するようになるかどうかの規定要因について検討する。その際，同一の有配偶の成人子が取り結ぶ実母，実父，義父，義母との二者関係は非独立であると仮定するモデルを用いる。

第2節　データと方法

　本章で用いるのはJGGSの中高年を対象としたJGGS-3とJGGS-4のデータである。JGGSの中高年を対象としたパネル調査は，これまで2004年，2010年，2013年の3回実施された。各調査の回答者の数および最も若い回答者の年齢はそれぞれ4061人，2611人，2056人，50歳，56歳，59歳である。

　本章で用いた援助に関する設問は，「この1年間に，親御さんに対してど

のような手助けや世話をしましたか。a）〜d）について，当てはまる番号
1つに○をつけて下さい」というもので，回答者の父と母，回答者の配偶者
の父と母のそれぞれについて「a）日用品の買い物」「b）料理や洗濯」「c）
病気時の世話」「d）悩み事の相談にのる」の4つの援助に関して「1. よく
した」「2. たまにした」「3. 殆どしなかった」「4. 全くしなかった」から1つ
を選択するというものである[2]。これらの設問の回答をもとに，「a）日用品
の買い物」「b）料理や洗濯」「c）病気時の世話」に対応する買い物，料理
や洗濯，病気時の世話を世話的援助の項目，「d）悩み事の相談にのる」に
対応する悩み相談を情緒的援助の項目として取り上げた。また各援助項目に
ついて，「1. よくした」「2. たまにした」を1，「3. 殆どしなかった」「4. 全
くしなかった」を0とするダミー変数を作成した。

　分析対象は調査への回答者（以下，特に断りのないかぎり回答者とする）と
その親とで構成された親子関係である。親子関係には回答者と回答者の父，
回答者と回答者の母，回答者と回答者の配偶者の父，回答者と回答者の配偶
者の母の4つの二者関係が含まれる。本章の場合，JGGS-3とJGGS-4のい
ずれにも回答した有配偶の男女のうち，少なくとも1人以上の親が生存して
おり，なおかつ分析に用いる変数に欠損がある不完全なものを除いた451人
の回答者による626の二者関係を分析対象のケースとした[3]。有配偶の回答
者に限定したのは実親と義親の双方の親子関係を分析するためである。この
データに含まれる回答者の年齢はJGGS-3の時点で56〜76歳であり，親の年
齢は78〜101歳である[4]。したがって，本章の分析対象は高齢期の親に対す
る中高年者の世話的・情緒的援助ということになる。

　分析では，4つの援助項目それぞれについて下記式で表されるマルチレベ

---

2)　経済的援助に関する「親御さんに，生活費やお小遣いとして月々にどのくらい渡し
　ていますか」として回答者の父と母，回答者の配偶者の父と母のそれぞれについて8項
　目の選択肢（「渡していない」「1万円未満」「1〜2万円」「2〜3万円」「3〜5万円」
　「5〜7万円」「7〜10万円」「10万円以上」）を選ぶ設問が含まれるが，「渡していない」
　とする回答がほとんどであったため，本章では分析の対象としていない。
3)　回答者1人当たりの二者関係は最小が1，最大が4，平均が1.4である。
4)　回答者の年齢よりも若い配偶者をもつ回答者も含まれるため，回答者と親の年齢が
　比較的近い場合もみられる。

216　第Ⅱ部　親子関係でとらえる少子高齢社会

ル・ロジスティック回帰（ランダム切片モデル）による分析を行った[5]。

$$\log(p_{i,j}/(1-p_{i,j})) = \gamma_0 + \beta_1 X_{i,j} + \beta_2 Z_j + e_{i,j} + \zeta_j$$

$p_{i,j}$：回答者 j の親 i に対して回答者 j が援助を行う確率，$X_{i,j}$：回答者の親の属性，X_j：回答者の属性，e_{ij}：誤差項，ζ_j：誤差項

　本章でマルチレベル・モデルを採用したのは，回答者の4人の親との関係に非独立性が存在すると考えるからである。親子関係のような二者関係に注目したマルチレベル・モデルの考え方は保田（2011, 2016）に整理されている。

　このモデルに投入する変数は次のとおりである。第3節の検討課題，すなわち JGGS-3 のみを用いた有配偶の回答者が親に対する世話的・情緒的な援助を行うかどうかの規定要因の分析では，被説明変数には上述した4つの援助項目に関するダミー変数を用いた。

　説明変数のうち親の属性に関しては，介護の要不要（介護必要を1とするダミー変数），親の配偶者の生死（対象となる親の配偶者が生存している場合を1とするダミー変数），居住状態（回答者と同居，親のみで居住，回答者のきょうだいと居住，施設・病院に入所），出生年（1925年以降を1とするダミー変数），種類（回答者の父，回答者の母，回答者の配偶者の父，回答者の配偶者の母），相手方の親への援助の有無[6]（援助している場合を1とするダミー変数）の6種を用いた。

　説明変数のうち回答者の属性に関しては，性別（女性を1とするダミー変数），夫婦構成（夫長男・妻男兄弟あり，夫長男・妻男兄弟なし，夫次三男・妻男兄弟あり，夫次三男・妻男兄弟なし），学歴（高専・短大・大学を1とするダミー変数），仕事の有無（仕事していない場合を1とするダミー変数），きょうだい数（1～2人，3～4人，5人以上）の5種を用いた。

　他方，第4節の検討課題，すなわち JGGS-3 で親に対する援助を行わな

---

5)　推定には STATA11 の xtlogit コマンドを利用した。
6)　ここでいう相手方の親とは，たとえば，回答者の父親にとっては回答者の配偶者の父親または母親を指し，回答者の配偶者の母親にとっては回答者の父親または母親のことを指す。したがって，相手方の親への援助の有無という変数の効果をみることで，回答者の配偶者の親に援助をしていることが回答者自身の親に対する援助の有無に影響を及ぼすかどうかを観察することができる。

かった有配偶の回答者に限定し，JGGS-4で親に対する世話的・情緒的な援助を行うかどうかの規定要因を探る分析では，被説明変数には同じく上述した4つの援助項目に関する変数を用いた。ただし，分析対象となるのは次のとおりである。日用品の買い物：272人の回答者による359の二者関係，料理や洗濯：324人の回答者による445の二者関係，病気時の世話：264人の回答者による357の二者関係，悩み相談：248人の回答者による335の二者関係である。

説明変数のうち親の属性に関しては，介護の要不要（不要 → 不要[7]，不要 → 必要，必要 → 必要），親の配偶者の生死（生存 → 生存，生存 → 死亡，死亡 → 死亡），居住状態（回答者と同居 → 回答者と同居，親のみで居住 → 親のみで居住，回答者のきょうだいと居住 → 回答者のきょうだいと居住，施設・病院に入所 → 施設・病院に入所，変化あり（JGGS-4で施設病院に入所），変化あり（その他））の3種である。

説明変数のうち回答者の属性に関しては，性別（女性を1とするダミー変数），夫婦構成（夫長男・妻男兄弟あり，夫長男・妻男兄弟なし，夫次三男・妻男兄弟あり，夫次三男・妻男兄弟なし）の2種である[8]。

第3節　世話的・情緒的援助の規定要因に関する分析結果

分析対象となった二者関係のうち，親に援助するかどうかを親と回答者の属性別にクロス集計し，カイ二乗検定の結果と併せて示したのが表6-1である。あらかじめ親に援助する二者関係の割合を確認しておくと，買い物が43%，料理や洗濯が29%，病気時の世話が43%，悩み相談が47%であった。

親の属性との関係については，援助の種類にかかわらずほぼ同様の傾向がみられた。介護の要不要では必要のほうが，親の配偶者の生死では死亡のほ

---

7) JGGS-3で介護は不要，JGGS-4で介護は不要のことを不要 → 不要と表記する。他も同様である。

8) 選択した説明変数が第3節の分析で使用するものに比べて少ないのは，分析対象としたケースが少ないためである。ただし，事前にさまざまな説明変数を投入してマルチレベル・ロジスティック回帰分析による検討を行ったが（結果は省略），他の説明変数の有無は本章の結果を大きく左右するものではなかった。

218　第Ⅱ部　親子関係でとらえる少子高齢社会

表 6-1　援助を行うかどうかの規定要因に関する説明変数の記述統計

	買い物					料理や洗濯				
	N	%	mean	sd	カイ二乗検定	N	%	mean	sd	カイ二乗検定
全体	626	100.0	0.427	0.495		626	100.0	0.289	0.454	
第 1 水準（親）										
介護の要不要										
必要	176	28.1	0.540	0.500	**	176	28.1	0.426	0.496	**
不要	450	71.9	0.382	0.486		450	71.9	0.236	0.425	
親の配偶者の生死										
生存	217	34.7	0.378	0.486	#	217	34.7	0.244	0.431	#
死亡	409	65.3	0.452	0.498		409	65.3	0.313	0.464	
居住状態										
親のみで居住	163	26.0	0.448	0.499		163	26.0	0.233	0.424	
回答者と同居	176	28.1	0.716	0.452	**	176	28.1	0.585	0.494	**
回答者のきょうだいと同居	233	37.2	0.189	0.392		233	37.2	0.112	0.316	
施設・病院に入所	54	8.6	0.444	0.502		54	8.6	0.259	0.442	
出生年										
1924年以前	330	52.7	0.458	0.499	#	330	52.7	0.306	0.462	
1925年以降	296	47.3	0.392	0.489		296	47.3	0.270	0.445	
種類										
回答者の父	65	10.4	0.446	0.501		65	10.4	0.354	0.482	
回答者の母	255	40.7	0.529	0.500	**	255	40.7	0.302	0.460	
回答者の配偶者の父	71	11.3	0.282	0.453		71	11.3	0.254	0.438	
回答者の配偶者の母	235	37.5	0.353	0.479		235	37.5	0.268	0.444	
相手方の親への　　有	457	73.0	0.420	0.494		457	73.0	0.304	0.461	
援助の有無　　　　無	169	27.0	0.444	0.498		169	27.0	0.249	0.433	
第 2 水準（回答者）										
性別　男	371	59.3	0.332	0.471	**	371	59.3	0.173	0.378	**
女	255	40.7	0.565	0.497		255	40.7	0.459	0.499	
夫婦構成										
夫長男・妻男兄弟あり	300	47.9	0.433	0.496		300	47.9	0.287	0.453	
夫長男・妻男兄弟なし	96	15.3	0.542	0.501	**	96	15.3	0.375	0.487	*
夫次三男・妻男兄弟あり	131	20.9	0.282	0.452		131	20.9	0.191	0.394	
夫次三男・妻男兄弟なし	99	15.8	0.485	0.502		99	15.8	0.343	0.477	
学歴										
中学・高校	359	57.3	0.435	0.496		359	57.3	0.292	0.456	
専門・短大・大学	267	42.7	0.416	0.494		267	42.7	0.285	0.452	
仕事の有無										
有	404	64.5	0.411	0.493		404	64.5	0.267	0.443	
無	222	35.5	0.455	0.499		222	35.5	0.329	0.471	
きょうだい数										
1～2 人	195	31.2	0.487	0.501		195	31.2	0.297	0.458	
3～4 人	322	51.4	0.407	0.492		322	51.4	0.280	0.449	
5 人以上	109	17.4	0.376	0.487		109	17.4	0.303	0.462	

** 1 ％で有意。　　* 5 ％で有意。　　# 10％で有意。

資料：JGGS-3 の個票データ。

病気時の世話					悩み相談				
N	%	mean	sd	カイ二乗検定	N	%	mean	sd	カイ二乗検定
626	100.0	0.430	0.495		626	100.0	0.465	0.499	
176	28.1	0.597	0.492		176	28.1	0.540	0.500	*
450	71.9	0.364	0.482	**	450	71.9	0.436	0.496	
217	34.7	0.350	0.478		217	34.7	0.359	0.481	
409	65.3	0.472	0.500	**	409	65.3	0.521	0.500	**
163	26.0	0.399	0.491		163	26.0	0.485	0.501	
176	28.1	0.653	0.477		176	28.1	0.625	0.486	
233	37.2	0.275	0.447	**	233	37.2	0.322	0.468	**
54	8.6	0.463	0.503		54	8.6	0.500	0.505	
330	52.7	0.479	0.500		330	52.7	0.497	0.501	
296	47.3	0.375	0.485	**	296	47.3	0.429	0.496	#
65	10.4	0.492	0.504		65	10.4	0.538	0.502	
255	40.7	0.510	0.501		255	40.7	0.580	0.494	**
71	11.3	0.254	0.438	**	71	11.3	0.155	0.364	
235	37.5	0.379	0.486		235	37.5	0.413	0.493	
457	73.0	0.407	0.492		457	73.0	0.460	0.499	
169	27.0	0.491	0.501	#	169	27.0	0.479	0.501	
371	59.3	0.326	0.469		371	59.3	0.358	0.480	**
255	40.7	0.580	0.494	**	255	40.7	0.620	0.486	
300	47.9	0.467	0.500		300	47.9	0.480	0.500	
96	15.3	0.500	0.503		96	15.3	0.583	0.496	
131	20.9	0.313	0.465	*	131	20.9	0.321	0.469	**
99	15.8	0.404	0.493		99	15.8	0.495	0.503	
359	57.3	0.415	0.493		359	57.3	0.448	0.498	
267	42.7	0.449	0.498		267	42.7	0.487	0.501	
404	64.5	0.423	0.495		404	64.5	0.443	0.497	
222	35.5	0.441	0.498		222	35.5	0.505	0.501	
195	31.2	0.390	0.489		195	31.2	0.503	0.501	
322	51.4	0.460	0.499		322	51.4	0.447	0.498	
109	17.4	0.413	0.495		109	17.4	0.450	0.500	

220　第Ⅱ部　親子関係でとらえる少子高齢社会

うが，居住状態では回答者と同居のほうが，出生年では1924年以前の生まれのほうが，種類では回答者の親（特に母親）のほうが，それぞれ親に援助する割合が高い。また，居住状態では回答者のきょうだいと同居のほうが親に援助する割合が低い。なお，相手方の親への援助の有無については明確な傾向はみられなかった。

　回答者の属性との関係については，やはり援助の種類にかかわらずほぼ同様の傾向がみられた。性別では女性のほうが親に援助する割合が高く，夫婦構成では夫次三男・妻男兄弟ありの場合に親に援助する割合が低い。なお，学歴と仕事の有無，きょうだい数については明確な傾向はみられなかった。

　マルチレベル・ロジスティック回帰分析の結果を整理したのが表6-2である。まずモデル自体の有意性を示す Wald のカイ二乗は援助の種類かかわらず統計的に有意である。ICC（Interclass Correlation Coefficient: 級内相関係数）については援助の種類にかかわらず0.6を超える比較的高い値を示す。これは，援助する人としない人との差が大きいことを反映したものと考えられる。

　説明変数の影響についてみると，世話的援助である買い物，料理や洗濯，病気時の世話と，情緒的援助である悩み相談でやや異なる傾向がみられる。

　世話的援助からみていくと，まず子の性別に関する変数である回答者の性別は統計的に有意であり，女性のほうが親に援助する傾向がある。次に父系規範に関する変数である夫婦構成については統計的に有意とならなかった。続いて親の状態に関する変数である介護の要不要，親の配偶者の生死，居住状態については，介護の要不要，居住状態が統計的に有意であった。すなわち，親の介護が必要な場合に回答者は親に援助する傾向がある。また，親のみで居住や回答者のきょうだいと居住，施設・病院に入所の場合，回答者と同居に比べて回答者は親に援助しない傾向がある。特に回答者のきょうだいと居住の場合，係数の絶対値が大きい。この他，買い物と病気時の世話に関しては回答者の配偶者の父や母の場合，回答者の母に比べて回答者は援助しない傾向がある。

　一方，情緒的援助についてみると，まず子の性別に関する変数である回答者の性別は統計的に有意であり，女性のほうが親に援助する傾向がある。次

に父系規範に関する変数である夫婦構成については，夫長男・妻男兄弟なしの場合に夫次三男・妻男兄弟ありよりも回答者は親に援助する傾向がある。続いて親の状態に関する変数である介護の要不要，親の配偶者の生死，居住状態については，親の配偶者の生死，居住状態が統計的に有意であった。すなわち，親の配偶者が死亡の場合に回答者は親に援助する傾向があり，回答者のきょうだいと居住や施設・病院に入所の場合，回答者と同居に比べて回答者は親に援助しない傾向がある。この他，回答者の配偶者の父や母の場合，回答者の母に比べて回答者は援助しない傾向がある。

　世話的援助と情緒的援助の違いは，第1に，前者では統計的に有意であった親の介護の要不要が後者では有意とならなかった一方，前者で統計的に有意とならなかった親の配偶者の生死が後者で有意となった点である。これは，介護の要不要は身体的な援助ニーズを，親の配偶者の生死は心理的な援助ニーズを反映するためであると考えられる。

　第2の違いは居住状態に関するもので，世話的援助では親のみで居住の場合も回答者と同居に比べて統計的に有意な差がみられたが，情緒的援助では差がみられなかった。これは，世話的援助は日常の生活空間を共有する必要性が高いのに対し，情緒的援助は電話等の通信手段を利用することでそういった必要性が低くなることと関連していると考えられる。

　第3の違いは夫婦構成に関するものであり，情緒的援助に関してのみ夫長男・妻男兄弟なしと夫次三男・妻男兄弟ありとの間で統計的に有意な差がみられた。これに関連して，回答者の性別と夫婦構成の交互作用を考慮したモデルを検討したところ（結果は省略），回答者が女性の場合にのみ夫長男・妻男兄弟なしと夫次三男・妻男兄弟ありとの間で統計的に有意な差が生じていた。したがって，配偶者が長男で自身に男兄弟がいない女性の場合，長男を配偶者とするために配偶者の親との関係においても，また男兄弟がいないために自身の親との関係においても悩み相談の援助の担い手になりやすいのかもしれない。

　表6-2の推定結果を利用して，回答者の母親に援助する確率を回答者の性別と状況的要因[9]を考慮して示したのが図6-1である[10]。同図からは，親に介護が必要であれば（情緒的援助の場合は親の配偶者が死亡であれば）同

222　第Ⅱ部　親子関係でとらえる少子高齢社会

表6-2　援助を行うかどうかの規定要因に関するマルチレベル・ロジスティック回帰分析の結果

| | 世話的援助 | | | | | | 情緒的援助 | |
| | 買い物 | | 料理や洗濯 | | 病気時の世話 | | 悩み相談 | |
	Coef.	Std. Err.	Coef.	Std. Err.	Coef.	Std. Err.	Coef.	Std. Err.
第1水準（親）								
介護の要不要（ref: 不要）								
必要	1.303**	0.455	2.526**	0.630	2.449**	0.598	0.415	0.436
親の配偶者の生死（ref: 生存）								
死亡	0.213	0.430	0.298	0.610	0.411	0.491	0.886#	0.454
居住状態（ref: 回答者と同居）								
親のみで居住	−1.926**	0.551	−3.840**	0.865	−1.899**	0.583	−0.420	0.497
回答者のきょうだいと居住	−4.442**	0.791	−5.858**	1.074	−3.455**	0.700	−2.014**	0.503
施設・病院に入所	−3.362**	0.854	−4.969**	1.165	−4.021**	1.040	−1.542*	0.723
親の出生年（ref:1924年以前）								
1925年以降	−0.506	0.365	0.626	0.523	−0.515	0.404	−0.369	0.364
種類（ref: 回答者の母）								
回答者の父	−0.898	0.549	0.411	0.685	−0.143	0.586	−0.178	0.526
回答者の配偶者の父	−1.140#	0.600	0.198	0.808	−1.589*	0.709	−3.028**	0.727
回答者の配偶者の母	−0.941*	0.370	−0.163	0.507	−1.020*	0.414	−1.136**	0.377
相手方の親への援助の有無（ref: 無）								
有	−0.034	0.459	−0.618	0.596	0.069	0.489	−0.825	0.531

第2水準（回答者）

	Model 1		Model 2		Model 3		Model 4	
性別（ref.男性）								
女性	1.757**	0.484	3.930**	0.810	2.271**	0.562	1.908**	0.503
夫婦構成（ref.夫次三男・妻兄弟あり）								
夫長男・妻男兄弟あり	-0.019	0.532	-0.454	0.769	0.543	0.608	0.706	0.555
夫長男・妻男兄弟なし	0.307	0.697	0.407	0.978	0.611	0.798	1.625*	0.770
夫次三男・妻男兄弟なし	0.074	0.651	-0.362	0.928	-0.737	0.757	0.464	0.663
学歴（ref.中学・高校）								
高専・短大・大学	-0.041	0.389	0.392	0.545	0.653	0.456	0.475	0.407
仕事の有無（ref.有）								
無	-0.236	0.411	-0.088	0.567	-0.786	0.482	-0.295	0.422
きょうだい数（ref.5人以上）								
1～2人	0.636	0.624	-0.620	0.858	-0.980	0.701	-0.415	0.617
3～4人	-0.039	0.527	-0.444	0.732	-0.114	0.600	-0.652	0.544
切片	1.249	0.822	-1.227	1.158	0.494	0.932	0.071	0.834
ランダム誤差 SD	2.487		3.426		3.039		2.735	
ICC	0.653		0.781		0.737		0.694	
Log likelihood	-321.67		-256.72		-329.45		-351.33	
Wald Chi2	40.37**		38.53**		38.88**		38.45**	
二者関係の数	626		626		626		626	
回答者の数	451		451		451		451	
親の数（平均）	1.4		1.4		1.4		1.4	

**1％で有意。　*5％で有意。　#10％で有意。
資料：JGGS-3の個票データ。

図6-1 推定結果をもとに作成した親の介護の要不要・親の居住状態・回答者の性別にみた回答者の母親に対する援助を行う確率

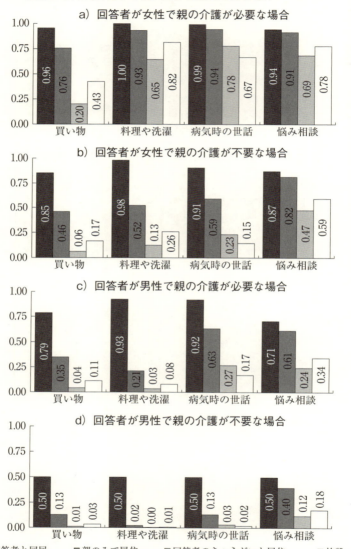

■ 回答者と同居　■ 親のみで居住　□ 回答者のきょうだいと居住　□ 施設・病院

注：悩み相談については親の介護が必要な場合は親の配偶者が死亡の場合，親の介護が不要な場合は親の配偶者が生存の場合である。

資料：表7-2をもとに作成。

別居にかかわらず女性は高い確率で援助すること，とりわけ同居の場合はその傾向が顕著であること，親に介護が不要な場合（情緒的援助の場合は親の配偶者が生存の場合）でも同居や親のみで居住の場合に女性は高い確率で親に援助すること，親に援助するかどうかは女性と男性でかなり差があることがわかる。

第4節　世話的・情緒的援助の状態変化の規定要因に関する分析結果

　分析対象となった二者関係のうち，新たに親に援助するかどうかを親および回答者の属性別にクロス集計し，カイ二乗検定の結果と併せて示したのが表6-3である。同表には，参考としてマルチレベル・ロジスティック回帰分析に投入しなかった変数も含めた。

　あらかじめ，新たに親に援助するようになった二者関係の割合を確認しておくと，買い物が30%，料理や洗濯が16%，病気時の世話が27%，悩み相談が28%であった。

　親の属性との関係については，援助の種類によってやや異なっていた。介護の要不要については，世話的援助の3項目で介護不要 → 必要の場合に新たに親に援助する割合が高い。親の配偶者の生死については，買い物のみ生存 → 死亡の場合に新たに親に援助する割合が高い。居住状態については，世話的援助の3項目で回答者と同居 → 回答者と同居の場合に新たに親に援助する割合が高く，情緒的援助に関しては施設・病院に入所 → 施設・病院に入所の場合に新たに親に援助する割合が低い。なお，出生年と種類，相手方の親への援助の有無について明確な傾向はみられない。

　回答者の属性との関係については，やはり援助の種類によってやや異なっ

---

9)　状況的要因として取り上げたのは，世話的援助については介護の要不要と居住状態，情緒的援助については親の配偶者の生死と居住状態である。

10)　その他の変数および切片はいずれも係数を0として算出した。この場合，種類が回答者の母親，居住状態が回答者と同居，性が男性の場合に回答者の母親に援助する確率が50%となる。

226　第Ⅱ部　親子関係でとらえる少子高齢社会

表6-3　新たに援助を行うかどうかの規定要因に関する説明変数の記述統計

		買い物				
		N	%	mean	sd	カイ二乗検定
総数		359	100.0	0.298	0.458	
第1水準（親）						
介護の要不要	介護不要→不要	209	58.2	0.282	0.451	
	介護不要→必要	69	19.2	0.406	0.495	#
	介護必要→必要	81	22.6	0.247	0.434	
親の配偶者の生死	生存→生存	109	30.4	0.284	0.453	
	生存→死亡	26	7.2	0.500	0.510	#
	死亡→死亡	224	62.4	0.281	0.451	
居住状態	回答者と同居→回答者と同居	44	12.3	0.591	0.497	
	親のみで居住→親のみで居住	64	17.8	0.297	0.460	
	回答者のきょうだいと同居→回答者のきょうだいと同居	156	43.5	0.218	0.414	**
	施設・病院に入所→施設・病院に入所	29	8.1	0.241	0.435	
	変化あり（2013年に施設・病院に入所）	47	13.1	0.234	0.428	
	変化あり（その他）	19	5.3	0.526	0.513	
出生年	1924年以前	179	49.9	0.307	0.463	
	1925年以降	180	50.1	0.289	0.455	
種類	回答者の父	36	10.0	0.333	0.478	
	回答者の母	120	33.4	0.317	0.467	
	回答者の配偶者の父	51	14.2	0.294	0.460	
	回答者の配偶者の母	152	42.3	0.276	0.449	
相手方の親への援助の有無	有→有	63	17.5	0.333	0.475	
	有→無	31	8.6	0.194	0.402	
	無→有	33	9.2	0.242	0.435	
	無→無	232	64.6	0.310	0.464	
第2水準（回答者）						
性別	男	248	69.1	0.298	0.458	
	女	111	30.9	0.297	0.459	
夫婦構成	夫長男・妻男兄弟あり	170	47.4	0.335	0.473	
	夫長男・妻男兄弟なし	44	12.3	0.250	0.438	
	夫次三男・妻男兄弟あり	94	26.2	0.245	0.432	
	夫次三男・妻男兄弟なし	51	14.2	0.314	0.469	
学歴	中高	203	56.5	0.315	0.466	
	専門・短大・大学	156	43.5	0.276	0.448	
仕事の有無	仕事無→無	111	30.9	0.297	0.459	
	仕事有→有	191	53.2	0.319	0.467	
	その他	57	15.9	0.228	0.423	
きょうだい数	1～2人	100	27.9	0.300	0.461	
	3～4人	191	53.2	0.267	0.444	
	5人以上	68	18.9	0.382	0.490	

** 1 ％で有意。　　* 5 ％で有意。　　# 10％で有意。

資料：JGGS-3 および JGGS-4 の個票データ。

第6章　中高年者の高齢期の親に対する支援・援助の規定要因

	料理や洗濯					病気時の世話					悩み相談			
N	%	mean	sd	カイ二乗検定	N	%	mean	sd	カイ二乗検定	N	%	mean	sd	カイ二乗検定
445	100.0	0.157	0.364		357	100.0	0.272	0.445		335	100.0	0.284	0.451	
243	54.6	0.107	0.310		209	58.5	0.244	0.431		184	54.9	0.299	0.459	
101	22.7	0.257	0.439	**	77	21.6	0.377	0.488	#	70	20.9	0.343	0.478	
101	22.7	0.178	0.385		71	19.9	0.239	0.430		81	24.2	0.198	0.401	
128	28.8	0.148	0.357		114	31.9	0.272	0.447		111	33.1	0.288	0.455	
36	8.1	0.139	0.351		27	7.6	0.407	0.501		28	8.4	0.321	0.476	
281	63.1	0.164	0.371		216	60.5	0.255	0.437		196	58.5	0.276	0.448	
64	14.4	0.406	0.495		53	14.8	0.566	0.500		58	17.3	0.362	0.485	
92	20.7	0.087	0.283		74	20.7	0.243	0.432		61	18.2	0.328	0.473	
173	38.9	0.081	0.274	**	141	39.5	0.170	0.377	**	129	38.5	0.302	0.461	*
39	8.8	0.103	0.307		29	8.1	0.172	0.384		27	8.1	0.037	0.192	
55	12.4	0.236	0.429		43	12.0	0.326	0.474		44	13.1	0.205	0.408	
22	4.9	0.227	0.429		17	4.8	0.353	0.493		16	4.8	0.313	0.479	
229	51.5	0.170	0.377		172	48.2	0.267	0.444		166	49.6	0.265	0.443	
216	48.5	0.144	0.351		185	51.8	0.276	0.448		169	50.4	0.302	0.460	
42	9.4	0.167	0.377		33	9.2	0.333	0.479		30	9.0	0.267	0.450	
178	40.0	0.180	0.385		125	35.0	0.328	0.471		107	31.9	0.364	0.484	
53	11.9	0.151	0.361		53	14.8	0.245	0.434		60	17.9	0.250	0.437	
172	38.7	0.134	0.341		146	40.9	0.219	0.415		138	41.2	0.239	0.428	
88	19.8	0.170	0.378		52	14.6	0.173	0.382		57	17.0	0.263	0.444	
39	8.8	0.128	0.339		34	9.5	0.206	0.410		31	9.3	0.194	0.402	
39	8.8	0.282	0.456		36	10.1	0.361	0.487		35	10.4	0.286	0.458	
279	62.7	0.140	0.347		235	65.8	0.289	0.454		212	63.3	0.302	0.460	
307	69.0	0.153	0.361		250	70.0	0.260	0.440		238	71.0	0.256	0.438	#
138	31.0	0.167	0.374		107	30.0	0.299	0.460		97	29.0	0.351	0.480	
214	48.1	0.178	0.383		160	44.8	0.294	0.457		156	46.6	0.308	0.463	#
60	13.5	0.100	0.303		48	13.4	0.292	0.459		40	11.9	0.175	0.385	
106	23.8	0.170	0.377		90	25.2	0.211	0.410		89	26.6	0.348	0.479	
65	14.6	0.123	0.331		59	16.5	0.288	0.457		50	14.9	0.180	0.388	
254	57.1	0.169	0.376		210	58.8	0.281	0.451		198	59.1	0.293	0.456	
191	42.9	0.141	0.349		147	41.2	0.259	0.439		137	40.9	0.270	0.446	
136	30.6	0.191	0.395		112	31.4	0.295	0.458		102	30.4	0.333	0.474	
236	53.0	0.131	0.339		185	51.8	0.265	0.442		176	52.5	0.273	0.447	
73	16.4	0.178	0.385		60	16.8	0.250	0.437		57	17.0	0.228	0.423	
137	30.8	0.117	0.322		119	33.3	0.311	0.465		97	29.0	0.227	0.421	
232	52.1	0.172	0.379		174	48.7	0.207	0.406	*	178	53.1	0.315	0.466	
76	17.1	0.184	0.390		64	17.9	0.375	0.488		60	17.9	0.283	0.454	

228　第Ⅱ部　親子関係でとらえる少子高齢社会

表6-4　新たに援助を行うかどうかの規定要因に関するマルチレベル・ロジスティック回帰分析の結果

| | 世話的援助 | | | | | | 情緒的援助 | |
| | 買い物 | | 料理や洗濯 | | 病気時の世話 | | 悩み相談 | |
	Coef.	Std. Err.	Coef.	Std. Err.	Coef.	Std. Err.	Coef.	Std. Err.
第1水準（親）								
介護の要不要（ref. 不要→不要）								
不要→必要	1.218#	0.689	1.572*	0.668	1.750*	0.753	0.725	0.696
必要→必要	-0.177	0.828	1.354#	0.785	0.268	0.958	0.709	0.856
親の配偶者の生死（ref. 生存→生存）								
生存→死亡	2.170*	1.072	-0.137	1.045	1.290	1.014	0.419	0.967
死亡→死亡	0.064	0.650	0.387	0.639	-0.326	0.689	0.067	0.663
居住状態（ref. 回答者と同居→回答者と同居）								
親のみで居住→親のみで居住	-2.796**	0.973	-3.381**	0.836	-3.299**	1.065	-0.351	0.875
回答者のきょうだいと居住 　→回答者のきょうだいと居住	-3.690**	0.914	-3.819**	0.832	-3.945**	1.000	-0.808	0.745
施設・病院に入所→施設・病院に入所	-3.164*	1.270	-4.079**	1.257	-3.501*	1.402	-5.517**	2.008
変化あり（2013年に施設病院に入所）	-3.686**	1.094	-2.811**	0.941	-2.317*	1.068	-1.837#	1.020
変化あり（その他）	-0.689	1.167	-0.988	1.161	-2.644#	1.384	-0.631	1.405

第2水準（回答者）							
性別（ref.男性）							
女性	0.048	0.613	0.575	0.617	0.808	0.673	1.035	0.682
夫婦構成（ref.夫次三男・妻兄弟あり）							
夫長男・妻兄弟あり	-0.231	0.723	-0.846	0.731	0.253	0.811	-0.489	0.719
夫長男・妻兄弟なし	-1.316	1.039	-2.595*	1.101	0.200	1.046	-1.615	1.141
夫次三男・妻兄弟なし	-0.305	0.930	-1.507	0.961	0.095	0.974	-1.859#	1.030
切片	0.991	1.017	-0.926	0.926	-0.133	1.036	-1.061	0.986
ランダム誤差 SD	2.975		2.812		3.156		3.033	
ICC	0.729		0.706		0.752		0.737	
Log likelihood	-184.59		-151.92		-176.80		-172.88	
Wald Chi2	22.44*		34.02**		19.65		13.10	
二者関係の数	359		445		357		335	
回答者の数	272		324		264		248	
親の数（平均）	1.3		1.4		1.4		1.4	

** 1％で有意。　* 5％で有意。　#10％で有意。

資料：JGGS-3 および JGGS-4 の個票データ。

230 第Ⅱ部　親子関係でとらえる少子高齢社会

ていた。性別については，悩み相談のみ女性の場合に新たに親に援助する割合が高い。夫婦構成については，やはり悩み相談のみ夫長男・妻男兄弟ありと夫次三男・妻男兄弟ありの場合に新たに親に援助する割合が高い。きょうだい数については，病気時の世話のみ5人以上の場合に新たに親に援助する割合が高い。なお，学歴と仕事の有無については明確な傾向はみられなかった。

　マルチレベル・ロジスティック回帰分析の結果を整理したのが表6-4である。まずモデル自体の有意性を示すWaldのカイ二乗は買い物と料理や洗濯については統計的に有意であったが，病気時の世話と悩み相談では10％水準で有意とならなかった。このうち病気時の世話についてはWaldのカイ二乗のp値が0.104，悩み相談については0.440であったことから，以下では世話的援助である買い物，料理や洗濯，病気時の世話の結果を検討する。

　ICCについてはこれら3つの援助のいずれも0.7を超える比較的高い値を示す。これは新たに親に援助するかどうかは回答者による差が大きいことを反映したものと考えられる。

　説明変数を順にみていく。まず，子の性別に関する変数である回答者の性別は統計的に有意とならなかった。次に父系規範に関する変数である夫婦構成については，料理や洗濯で統計的に有意であり，夫長男・妻男兄弟なしの場合に夫次三男・妻男兄弟なしよりも回答者は新たに親に援助しない傾向がある。続いて親の状態に関する変数である介護の要不要，親の配偶者の生死，居住状態については，親の配偶者の生死と居住状態が統計的に有意であった。すなわち，親の配偶者が生存 → 死亡の場合は生存 → 生存に比べて回答者は新たに親に援助する傾向があり，回答者と同居 → 回答者と同居に比べて変化あり（その他）を除くそれ以外の場合に新たに親に援助しない傾向があった。また，親の配偶者の生死については買い物についてのみ統計的に有意となっており，親の配偶者が生存 → 死亡の場合に生存 → 生存に比べて新たに親に援助する傾向がみられた。

　こうした結果は，総じて親のニーズに変化が生じた場合，すなわち新たに介護が必要になったり親の配偶者が死亡したりした場合，特に回答者と親が同居していれば回答者は新たに親に援助するようになることを示すものである。それに対し，回答者の性別が統計的に有意とならなかったのは，図

第6章 中高年者の高齢期の親に対する支援・援助の規定要因 231

図6-2 推定結果をもとに作成した親の介護の要不要・親の居住状態別にみた親に対する援助を新たに行う確率

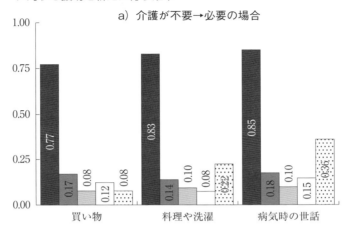

a) 介護が不要→必要の場合

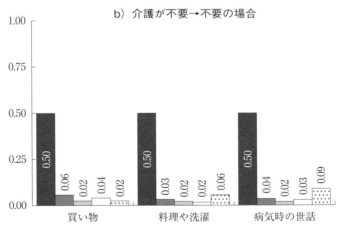

b) 介護が不要→不要の場合

■ 回答者と同居→回答者と同居　■ 親のみで居住→親のみで居住
□ 回答者のきょうだいと居住→　□ 施設・病院に入所→
　 回答者のきょうだいと居住　　　 施設・病院に入所
▨ 変化あり（第4次調査で施設病院に入所）

資料：表6-4をもとに作成。

232　第Ⅱ部　親子関係でとらえる少子高齢社会

6-1でみたように2010年調査の時点で女性の回答者はかなり高い確率で親に援助しており，そのことが新たに援助を行うかどうかの男女差をもたらさなかった可能性がある。また，料理や洗濯に関して父系規範に関する変数の影響がみられたが，これはいわゆる父系規範として想定される影響とは異なっており，詳細は不明である。

　表6-4の推定結果を利用して，親に対して新たに援助を行う確率を居住状態と介護の要不要を考慮して示したのが図6-2である[11]。同図からは，回答者と同居 → 回答者と同居の場合とそれ以外の場合で新たに援助を行う確率にかなりの差がみられ，特に介護不要 → 不要の場合にかなり低くなることがわかる。

第5節　まとめと考察

　本章では，『結婚と家族に関する国際比較調査』（JGGS）のパネルデータ（中高年パネル）を利用して，中高年の子世代（有配偶）がその高齢期の親に対して行う世話的援助や情緒的援助にどのような要因が関わっているかを明らかにすることを目的とした。具体的には，まず援助を行っているかどうか，援助を行っていない場合はその後に援助を行うようになるかどうかの規定要因について検討した。主な結果は以下のとおりである。

　最初に JGGS-3 のデータを利用し，有配偶の中高年者がその高齢期の親に対して援助を行っているかどうかの規定要因を検討したところ，次の3点が明らかになった。第1に，世話的援助については，子世代が女性の場合，高齢の親が介護を必要とする状況が生じた場合および同居の場合に援助を行う確率が高いことが示された。第2に，情緒的援助については，子世代が女性の場合，夫が長男で妻に男兄弟がない場合，親と同居する場合，および親のみで居住していた場合に援助を行うことが確認された。第3に，料理や洗濯を除く世話的援助も情緒的援助も，義理の親（配偶者の親）よりも自分の親

---

11)　その他の変数および切片はいずれも係数を0として算出した。この場合，居住状態が回答者と同居 → 回答者と同居，介護の要不要が不要 → 不要の場合に親に援助する確率が50％となる。

に対してより行われやすかった。

　次にJGGS-3（2010年）の調査時に親に援助を行っていなかった有配偶の中高年者がJGGS-4の調査時（2013年）に新たに援助を行うのかどうかという状態変化の規定要因を検討したところ，次の2点が明らかになった。第1に，高齢期の親への援助のうち世話的援助である買い物，料理や洗濯，病気時の世話については，親が介護を必要とする状態へ変化した場合，親と同居を続ける場合に，援助を行うようになる傾向がみられた。第2に，情緒的援助については分析モデル自体が有意なものとならず，情緒的援助が新たに行われるかどうかは本章が想定したモデルでは十分に説明できないことが示唆された。

　以上を踏まえて若干の考察を加えたい。まずJGGS-3のデータのみを用いた分析結果のうち，世話的援助に関する結果は既存の非経済的援助に関する分析結果とも類似点が多かった。具体的には，子の性別が男性よりも女性の場合に世話的援助をする傾向にあること（保田2004；施2012），親が介護を必要とする場合や親と同居する場合に世話的援助をする傾向にあることである（西岡2000；白波瀬2005；岩井・保田2008；千年2010）。

　父系規範の影響に関しては，夫婦のきょうだい構成の影響はみられなかったことと義理の親よりも自分の親に世話的援助を行う傾向があることを併せて考えると，本章の結果は白波瀬（2005）や岩井・保田（2008）よりも千年（2010）の結果に近いといえよう。ただし，情緒的援助に関しては父系規範の影響もみられた。この点は，同じ非経済的援助のなかでも日常の生活領域の一部に他者が入り込むような世話的援助と，言葉を交わすことの延長である情緒的援助という援助の特性の違いを反映している可能性もある。

　一方，状態変化の規定要因に関する分析結果は本章のオリジナルな知見ということになる。ただし，情緒的援助については分析モデルが不十分なものとなったことや，サンプル数が少ない等，課題の残るものとなった。

　本章で取り上げた世話的援助は介護役割を担うことを直接示すわけではないが，仮に世話的援助の延長線上に介護役割を担うことがあるのだとすれば，同居成員であるかどうか，女性であるかどうか，実子であるかどうかが介護役割を担うかどうかに影響し，長男の嫁であるかどうかは影響しないのかも

しれない。すなわち，長男を中心としたイエ的伝統家族規範は世話的援助にはあまり影響を与えておらず，むしろ娘から自分の親への援助の確率が高いことを示唆しており，今後，夫の親との関係のみならず，妻の親との関係が親世代と子世代の双方にとって重視されていくことが予想される。既存研究でも，女性が家族介護を支えてきたことや，近年は嫁というよりも娘が親の介護役割を担うようになっていることが指摘されており（大和 2010），本章の結果もそれらと整合的である。

その一方で，介護が不要な状態から必要な状態に変化した際に世話的援助が新たに行われるようになる傾向は，親と同居しているケースを除けば，弱いという結果であった。したがって現状では，介護が必要になったとしても，子と同居していない場合には家族に世話的援助を期待しづらいと考えられる。このことを本章の冒頭でも触れた親子同居が減っている状況と重ね合わせるならば，介護が必要になったときの家族以外の援助資源をいかに確保するのかが社会的な課題となってくるだろう。

最後に今後の課題について述べておきたい。1点目は，規模の大きなサンプルデータを用いた検討である。本章が採用した分析モデルは既存研究で十分に検討できていなかった点を克服できる点で有用と考えられるが，分析対象となったケースが少なかった。

2点目の課題は，多様な親子関係を分析対象に含めることである。その方向性としては，第1に三谷・盛山（1985）のように援助以外を含む多様な親子関係を検討すること，第2にさまざまな属性をもつ親子，具体的には子の年齢がもっと若い場合や未婚・離死別の場合について検討することが考えられる。ただし，いずれの場合にも，親と子の世代（出生コホート）による差異に注意する必要がある。

3点目の課題は，高齢化がさらに進むなかで人々の生活資源がどのように再編されるのかの検討である。現代日本の高齢化は，子にとってはきょうだい数の減少によって親を援助することの相対的負担が重くなること，親にとっては援助を期待できる子の数が減ることであり，また，子をもたない高齢者が割合としても実数としても増えるということである。人々の生活資源として親子関係がどのような意味をもつのか，親子関係以外の生活資源がど

第6章　中高年者の高齢期の親に対する支援・援助の規定要因　*235*

のように調達されて利用されているのかについて検討することは，既存の公的制度のあり方を再考することにも資する課題である。

参考文献

岩井紀子・保田時男 2008「世代間援助における夫側と妻側のバランスについての分析　――世代関係の双系化論に対する実証的アプローチ――」『家族社会学研究』第20巻2号，pp.34-47.

岩上真珠編著 2010『〈若者と親〉の社会学――未婚期の自立を考える――』青弓社.

春日井典子 1997『ライフコースと親子関係』行路社.

厚生労働省 2016「平成27年 国民生活基礎調査の概況」（http://www.mhlw.go.jp/toukei/saikin/hw/k-tyosa/k-tyosa15/dl/16.pdf）2016年8月16日アクセス.

国立社会保障・人口問題研究所 2015『第5回全国家庭動向調査（2013年社会保障・人口問題基本調査）現代日本の家族変動』調査研究報告資料第33号.

白波瀬佐和子 2005『少子高齢社会のみえない格差――ジェンダー・世代・階層のゆくえ――』東京大学出版会.

施利平 2012『戦後日本の親族関係――核家族化と双系化の検証――』勁草書房.

施利平・金貞任・稲葉昭英・保田時男 2016「親への援助パターンとその変化」，稲葉昭英・保田時男・田渕六郎・田中重人編『日本の家族 1999-2009――全国家族調査［NFRJ］による計量社会学――』東京大学出版会，pp.235-257.

田渕六郎 2009「結婚した子と実親・義理の親とのつながり――子からみた親子関係――」，藤見純子・西野理子編『現代日本人の家族――NFRJ からみたその姿――』有斐閣，pp.166-185.

千年よしみ 2010「母親への支援にみる世代間関係の非対称性」『人口問題研究』第66巻4号，pp.3-22.

内閣府 2016「平成27年度 第8回高齢者の生活と意識に関する国際比較調査結果」（http://www8.cao.go.jp/kourei/ishiki/h27/zentai/index.html）2016年8月16日アクセス.

西岡八郎 2000「日本における成人子と親との関係――成人子と老親の居住関係を中心に――」『人口問題研究』第56巻3号，pp.34-55.

廣嶋清志 1997「世帯構造の変化」，阿藤誠・兼清弘之編『人口変動と家族（シリーズ・人口学研究7）』大明堂，pp.46-69.

三谷鉄夫 1991「都市における親子同・別居と親族関係の日本的特質」『家族社会学研究』第3号，pp.41-49.

三谷鉄夫・盛山和夫 1985「世代間関係における非対称性の問題」『社会学評論』第36巻3号，pp.335-349

保田時男 2004「親子のライフステージと世代間の援助関係」，渡辺秀樹・稲葉昭英・嶋﨑尚子編『現代家族の構造と変容――全国家族調査［NFRJ98］による計量分析

236　第Ⅱ部　親子関係でとらえる少子高齢社会

　　　──』東京大学出版会，pp.347-365.

保田時男 2011「マルチレベル・モデリングによる NFRJ データの分析方法──ダイアド
　　　集積型家族調査の有効活用──」稲葉昭英・保田時男編『第3回家族についての
　　　全国調査（NFRJ08）第2次報告書 第4巻 階層・ネットワーク』日本家族社会学
　　　会全国家族調査委員会，pp.1-19.

保田時男 2016「マルチレベル分析による家族研究」，稲葉昭英・保田時男・田渕六郎・田
　　　中重人編『日本の家族 1999-2009──全国家族調査［NFRJ］による計量社会学
　　　──』東京大学出版会，pp.347-359.

山内昌和 2011「別居する有配偶成人子に対する親からの援助の動向と規定要因」『人口問
　　　題研究』第67巻1号，pp.24-37.

大和礼子 2010「"日常的援助における性別分業に基づく双系" と "系譜における父系" の併
　　　存──現代日本における高齢者‐成人子関係についての文献レビューから──」
　　　『関西大学社会学部紀要』第42巻1号，pp.35-76.

第7章

親子の支援関係の特徴と規定要因
——Sandwich Generation を中心にして——

福田　亘孝

はじめに

　日本社会は急速に高齢化が進んでいる。平均寿命は1960年には男性65.3歳，女性70.2歳にすぎなかったのが2014年には男性80.5歳，女性86.8歳にまで達している（国立社会保障・人口問題研究所 2016）。高齢化や長寿化の進行はマクロな側面では，総人口に対する高齢者人口割合の上昇として表れる。実際，総人口に占める65歳以上人口の比率は1960年の5.7％から2014年には46.1％にまで激増している。他方，ミクロな側面では長寿化の進展は，世帯構造は多様であるにしても，「祖父母 – 親 – 子ども」の三世代の併存を高める。たとえば，65歳以上の人がいる世帯の割合をみてみると，1980年には全世帯の24.0％にすぎなかったのが，2014年には46.7％へと2倍近く上昇しており，三世代併存の増加がみてとれる（内閣府 2016）。

　こうした変化は，同時に，世代関係にも新しい状況をもたらす（Bengtson 2001; Wolf 1994）。すなわち，平均寿命が短く，三世代が併存する機会が少ない場合には家族における金銭のやりとりのような経済的，あるいは世話や介護のような非経済的な支援は親子間の二世代関係が中心であった。しかし，

238　第Ⅱ部　親子関係でとらえる少子高齢社会

　平均寿命が長くなり三世代が併存するようになると，「祖父母－親－子ども」の間で経済的・非経済的支援が行われる機会が拡大する。特に，祖父母と子どもに挟まれた親世代（Sandwich Generation）は上の世代にも，下の世代にも支援を行う必要が生じる。日本の世代間支援についてはこれまで多くの分析が行われている（岩井・保田 2008; 施 2012; 施他 2016）。たとえば，西岡（2000）は成人の子から親への支援は親との居住形態にかかわらず妻方に多く行われることを明らかにしている。しかし，これらの研究は，ほとんどが親子関係の二世代間の支援の分析であり，「祖父母－親－子ども」の三世代間の分析は行われていない。しかし，最初に述べたように高齢化や長寿化が進む日本においては三世代の併存が増え，「祖父母－親」の間での支援関係が重要になりつつある。加えて，若年層の高学歴化，未婚化，晩婚化によって子どもが親に依存する期間も長期化する傾向がみられる。このため「親－子」の間での支援関係も重要になっている。こうした状況を踏まえると，三世代の中心に位置する基軸世代（Pivotal Generation）である親世代は上方世代と下方世代への支援をどのように調整しながら行うかが重要になりつつある。したがって，高齢化の進展した社会では親子関係の二世代だけでなく，「祖父母－親－子ども」の三世代間の支援関係の分析が不可欠である。

　こうした点を踏まえ，本章では親世代（Sandwich Generation）の非経済的支援関係の特徴と規定要因を検討する。本章では，第1節において，三世代の支援関係について理論的考察を行う。第2節で，本分析で使用するデータと変数について説明する。第3節で，単変量と二変量による記述的分析を行い三世代の支援関係の特徴を明らかにする。その後，第4節でパネルデータによる多変量解析を行い世代間支援の規定要因について検討する。そして，最後に本分析の結果の要約と結論を述べる。

第1節　三世代間の支援関係

　これまでの研究によれば，世代間の支援関係は家族が置かれている状況に依存すると考えられている（Eggebeen and Davey 1998; Fingerman *et al.* 2011; Silverstein 2006）。すなわち，2つの家族が存在する場合，一方の家族は特

定の財やサービスの支援を必要としていると同時に，支援できる財やサービスをもっている。同様に，他方の家族にも援助を必要としている財やサービスと支援できる財やサービスが存在している。そして，それぞれの家族はこうした財やサービスの必要性と援助可能性を勘案して，どんな支援をどの程度行うかを決定する。たとえば，老親と成人子の間ならば，高齢の親は非経済的な支援を必要としており，若年の子どもは身体的な世話や介護を供給することができる。他方，子どもは経済的な支援を必要としており，親は金銭的な援助を行う余裕がある。こうした状況においては，親は子から非経済的な支援を受け，子は親から経済的な支援を受けることになる（Eggebeen 1992; McGarry and Schoeni 1997; Silverstein *et al.* 2002）。また，社会階層が高く，経済力のある親は子どもに金銭的な支援を積極的にする一方，社会階層が低く，経済力のない親は子どもに経済的よりも非経済的な支援を行い，親世代は置かれている社会経済状況に応じた支援をする傾向がみられる（Cox and Rank 1992; Henretta, Grundy and Harris 2002）。要するに，各世代の家族は自分たちが必要としている社会経済的資源と供給可能な社会経済的資源をバランスを取りながら最適に交換するこで世代間の支援のパターンが決定される。

　こうした理論に基づくならば，祖父母世代と子ども世代に挟まれた親世代（Sandwitch Generaton）の支援パターンも支援可能性と支援必要性に依存すると考えられる。すなわち，祖父母世代の援助ニーズと子ども世代の援助ニーズを勘案し，親世代として供給可能な支援を祖父母世代と子ども世代に行う。したがって，親世代は競合する上方世代と下方世代の支援ニーズに対して，自らの限られた社会経済的資源をどのように配分するかによって，親世代が祖父母世代と子ども世代に行う支援のパターンが決定される。したがって，祖父母世代への援助が相対的に多いならば，子ども世代に対する援助は相対的に少なくなる。反対に，祖父母世代への援助が少ないならば，子ども世代への援助は相対的に多くなる。換言するならば，祖父母世代への支援と子ども世代への支援は競合関係にある。

　しかしながら，親世代（Sandwitch Generaton）の支援が，一方の世代の支援の増大が他方の世代への支援の減少につながる反比例の関係にあるかどう

かには検討の余地がある。というのは，第1に，家族の支援関係は世代関係に対する心理的なコミットメントの影響を受ける。周知のとおり，家族成員の援助ニーズはライフステージによって異なる（Bucx, van Wel and Knijn 2012）。たとえば，体力が低下し，健康に不安が生じる高齢の祖父母には日常生活の世話や介護といった身体的な支援が必要であろう。他方，乳幼児をもつ成人子は子育ての補助といった支援を期待しているかもしれない。この場合，祖父母世代も子ども世代も必要としているのは親世代からの非経済的援助である。仮に，上世代と下世代と競合関係にある援助ニーズに対して，親世代が支援可能な資源を按分するならば，一方の世代に対する支援の増大は他方の世代に対する支援の減少につながる。しかしながら，実際の支援行動は家族や世代を取り巻く社会経済状態だけでなく，世代間の紐帯に対する意識にも影響されることが指摘されている（Giarrusso, Feng and Bengtson 2004; Suitor *et al.* 2011）。すなわち，家族間や世代間の緊密な連帯に高い価値を置く親は子どもや祖父母に対する支援によって心理的な満足を多く得る（Hartnett *et al.* 2012）。したがって，上方世代へも下方世代にもより多くの援助を惜しまない。反対に，家族間や世代間の緊密な連帯に対して高い価値を置かない場合には支援行動がもたらす心理的満足は相対的に少なく，親は祖父母世代に対しても，子ども世代に対しても積極的な援助を行わない。実際，英国と米国を対象とした比較研究では，親世代が行う祖父母世代と子ども世代に対する支援は競合関係にあるのではなく，両世代に対してともに多くの援助を行うか，あるいは，両世代ともにわずかな援助しか行わない相似関係にあることが認められている（Grundy and Henretta 2006）。

　第2の理由として，世代間の支援関係は社会保障や福祉制度にも影響を受ける。すなわち，子育て世代や高齢者世代に対する支援は家族だけでなく，国や自治体によっても行われる。たとえば，公的老齢年金は高齢者世代に対する国からの経済的支援であり，他方，子ども手当は乳幼児をもつ成人世代への経済的支援といえる。こうした国，自治体，家族が各世代に対して行う支援の様式や程度は社会によって大きな差異がある（Esping-Andersen 1999）。仮に，各世代の支援ニーズが一定であると仮定すると，国からの援助が多く行われれば，家族からの支援は相対的に少なくなり，反対に，国からの支援

が少なくなれば，家族から支援は相対的に多くなると考えられる。実際，国際比較研究の結果によると，家族による世代間支援を中心とし，国による援助が相対的に少ない南ヨーロッパ諸国では親子間の経済的支援の規模が大きく，他方，国による支援が潤沢であるノルディック諸国では親子間の経済的支援の規模が小さくなる傾向が明らかにされている（Albertini, Kohli and Vogel 2007）。したがって，各世代に対する公的な支援が充実している場合には祖父母世代に対しても，子ども世代に対しても親世代はあまり支援をせず，公的な支援が不十分であるなら祖父母世代と子ども世代の両方により多くの支援を行うかもしれない。言い換えるならば，社会保障や福祉制度のあり方が親世代（Sandwich Generation）の祖父母や子どもに対する支援パターンに影響を与える可能性がある。

　日本の世代関係をみてみると，親世代からの支援が祖父母世代と子ども世代の間で反比例する競合関係であるのか，それとも，両世代ともに比例する相似関係であるのかは一概に判断できない。たとえば，国際比較調査の結果によれば，「子どもの世話と祖父母の世話をうまく調整しているか」という問いに対して，「うまく調整している」と回答した人の割合は香港では47％，台湾では58％にすぎないが，日本では70％に達している（Economist Intelligence Unit 2010）。この結果をみるかぎり，日本の親世代が祖父母世代と子ども世代の援助ニーズを調整しながらうまく支援している状況が推測される。当然のことながら，親世代が所有する援助可能な社会経済的資源は有限である。したがって，子どもの世話と祖父母の世話を両立している割合が高いのは，限られた資源を上方世代と下方世代に上手に按分していることを示唆している。したがって，親世代の支援は競合関係に近い可能性がある。しかし一方で，日本社会では高齢者が家族に支援される場合が多く，家族の負担が高い。実際，介護・看護を理由に離職した就業者数は2008年の8万8000人から2012年には10万1000人に増加している。特に，男性では60歳代が43.4％，女姓では50歳代が35.9％で最も比率が高くなっている（総務省統計局 2013）。この背景には，親世代が行う援助の総量が増加し，仕事との両立が困難になり離職している状況が推測される。別の見方をするならば，これは親世代が祖父母世代にも子ども世代にも支援を行うために，負担過剰になり

242　第Ⅱ部　親子関係でとらえる少子高齢社会

離職に至る可能性を示唆している。であるならば，上方世代と下方世代への援助は反比例でなく比例していることになる。こうした点を踏まえると，日本の世代関係において，親世代からの非経済的支援が祖父母世代と子ども世代の間で反比例する競合関係であるのか，それとも，両世代ともに比例する相似関係であるのかはデータによって検討する必要がある。

第2節　データと分析方法

　本章の分析では『結婚と家族に関する国際比較調査』の第3次調査と第4次調査のデータを使用する。これは，世代間支援について詳細に調べられているのが第3次調査と第4次調査だからである。分析対象は第1次調査の時点で50歳以上であった調査対象者である。これらの対象者は脱落により第4次調査までにかなりの数が減少している。サンプルの脱落によるバイアスを避けるために，本分析では Inverse Propensity Weighting を用いて分析する（Guo and Fraser 2014）。加えて，本研究の目的は三世代の支援関係であるので，祖父母の少なくとも1人が生存し，かつ，18歳以上の子どもが1人以上いる回答者を分析対象とした。この結果，最終的には675人の回答者が分析対象とされた。本章ではこのサンプルに対して Correlated Random Effects（CRE）アプローチ（Wooldridge 2015）を用いたパネルデータ分析を行う。

　『結婚と家族に関する国際比較調査』では親世代から祖父母世代への援助行動として，①日用品の買い物，②料理や洗濯，③病気の時の世話について，それぞれどのぐらいの頻度で行うかを尋ねており，これらを従属変数とする。援助の頻度はそれぞれの項目について①よく援助する，②たまに援助する，③ほとんど援助しない，④全く援助しないのうちから1つを選択する形式になっている。他方，本分析のモデルで用いる独立変数は3つのグループに分けられる。まず，1番目のグループは祖父母（回答者の親）世代についての変数である。これには，①祖父母の配偶状態，②祖父母の健康状態，③祖父母の年齢の3つを用いた。2番目は親（回答者本人）世代についての変数であり，具体的には，①親の1週間当たりの平均労働時間，②親の性別，③親

の年齢，④祖父母との居住状態の４つの変数をモデルに含めた。３番目は子（回答者の子）世代に関する変数で，①生存している30歳未満の子どもの総数，②第１子の年齢，③第１子の配偶状態，④子どもへの非経済的支援の有無である。さらに，子どもへの非経済的支援ついては，祖父母の日用品の買い物への援助を従属変数とした分析では，子どもの日用品の買い物への援助を独立変数としてモデルに用いた。同様に，祖父母の料理や洗濯への援助が従属変数の場合には子どもの料理や洗濯への援助を独立変数に，祖父母の病気の時の世話が従属変数の場合には子どもの病気の時の世話を独立変数にした。本分析ではこれらの独立変数が従属変数に与える影響を吟味することで，親世代（Sandwitch Generaton）から上方世代と下方世代への支援が競合関係であるのか，あるいは，相似関係にあるのかを吟味する。

第３節　三世代の支援関係の特徴

　本節では単変量分析と二変量分析によって世代間支援の特徴を明らかにする。表７-１は第３次の調査時点で回答者が自分の親に行っている援助行動を示している。全体としては，父親よりも母親に対してより多く支援を行う傾向がみられる。実際，３つの支援項目のいずれにおいても全く援助しない回答者の割合は父親のほうが母親よりも大きくなっている。たとえば，母親が病気の時に世話を全くしない人の割合は28.1％にすぎないが，父親が病気の場合は46.4％であり1.5倍以上大きくなっている。しかし，病気の時の援助と比べて，父親と母親に対する援助行動の差は買い物や料理・洗濯では相対的に小さい。実際，父親の買い物をよく助ける人とたまに助ける人の合計は48.0％であるが，母親の買い物に対しては55.1％であり，両者の差はわずか7.1ポイントである。同様に，調理や洗濯に関して「よく援助する」あるいは「たまに援助する」と回答した人の割合は，父親については26.0％，母親については34.8％であり，両者の差は病気の場合の援助よりかなり少なくなっている。すなわち，親（回答者）世代から祖父母（回答者の親）世代の支援については，買い物や料理・洗濯といった日常的な行為では支援を受ける側の性別による援助の頻度の差が小さく，病気の看病といった非日常的な

244　第Ⅱ部　親子関係でとらえる少子高齢社会

表7-1　回答者の親への援助（親世代から祖父母世代への援助）

	父親に対して（%）			母親に対して（%）		
	日用品の買い物	料理や洗濯	病気時の世話	日用品の買い物	料理や洗濯	病気時の世話
よく援助する	11.5	10.4	17.7	19.0	18.1	34.3
たまに援助する	36.5	15.6	23.4	36.1	16.7	19.6
ほとんど援助しない	20.8	17.7	12.5	17.2	18.6	18.0
全く援助しない	31.3	56.3	46.4	27.8	46.6	28.1
N	192	192	192	612	612	612

資料：JGGS 第3次調査から計算。

　支援では祖父への援助と祖母への援助で差が大きく，関与の程度が大きく異なっている。

　祖父母世代への援助は彼らが単身であるのか，配偶者をもっているのかによって異なる可能性がある。この点を検討するために表7-2は回答者の親の生存状況ごとに支援パターンを示したものである。興味深いことに，母親のみ健在と比べると父親のみ健在の場合で支援の頻度が少なくなる傾向がみられる。たとえば，日用品の買い物をよく援助すると答えた人の比率は，両親とも健在では10.4%で，母親のみ健在では19.5%であるのに対して，父親のみ健在では12.9%にすぎない。同様に，料理や洗濯ではよく援助する人の割合が両親とも健在の場合は9.6%で，母親のみ健在の場合は19.3%であるが，父親のみ健在の場合は10.0%になっている。買い物や料理・洗濯などの日常生活に対する援助ニーズは父親だけ健在と母親だけ健在でも，あまり大きく変わらないであろう。それにもかかわらず，実際の援助行動においては母親に対する支援の頻度が父親よりも圧倒的に大きくなっている。こうした違いは親に対して支援を行う子どもの性別と関連していると推測される。すなわち，親子間の援助は男性よりも女性が援助をする場合が多い。加えて，世代間の経済的・非経済的な支援関係は同性間でより強く行われる傾向がある（Townsend 1957; Young and Willmott 1957）。このため娘が母親にする援助が相対的に多くなり，結果として父親だけ健在よりも母親だけ健在のほうが支

第 7 章　親子の支援関係の特徴と規定要因　*245*

表 7 - 2　親の配偶状態と援助（親世代から祖父母世代への援助）

	父親のみ健在（％）		
	日用品の買い物	料理や洗濯	病気時の世話
よく援助する	12.9	10.0	11.4
たまに援助する	30.0	14.3	24.3
ほとんど援助しない	20.0	11.4	11.4
全く援助しない	37.1	64.3	52.9
N	68	68	67

	母親のみ健在（％）		
	日用品の買い物	料理や洗濯	病気時の世話
よく援助する	19.5	19.3	35.2
たまに援助する	36.2	16.1	18.9
ほとんど援助しない	17.1	17.9	17.7
全く援助しない	27.2	46.7	28.2
N	494	494	494

	両親とも健在（％）		
	日用品の買い物	料理や洗濯	病気時の世話
よく援助する	10.4	9.6	20.0
たまに援助する	33.9	17.4	21.7
ほとんど援助しない	23.5	21.7	15.7
全く援助しない	32.2	51.3	42.6
N	113	113	113

注：両親とも健在の場合は，援助の頻度の大きいほうの援助の値。
資料：JGGS 第 3 次調査から計算。

援の水準が高くなったと考えられる。

　祖父母世代の援助ニーズと親世代の支援行動の関係をさらに詳しくみるために，表 7 - 3 では親の健康状態と援助行動の関係を示している。一見してわかるのは，介護が必要な状態である場合，父親に対しても母親に対しても積極的に援助行動を行っている。特に，この傾向は親が病気になった時の世話で顕著である。たとえば，父親が病気の時によく援助すると答えた回答者の比率は，介護不要な場合は14.9％にすぎないが，介護が必要な場合には

246　第Ⅱ部　親子関係でとらえる少子高齢社会

表7-3　親の健康状態と援助（親世代から祖父母世代への援助）

| | 父親に対して（％） | | | | | |
| | 日用品の買い物 | | 料理や洗濯 | | 病気時の世話 | |
	介護必要	介護不要	介護必要	介護不要	介護必要	介護不要
よく援助する	21.1	5.8	14.1	8.3	22.5	14.9
たまに援助する	33.8	38.0	18.3	14.1	26.8	21.5
ほとんど援助しない	16.9	23.1	18.3	17.4	9.9	14.1
全く援助しない	28.2	33.1	49.3	60.3	40.9	49.6
N	71	121	71	121	71	121

| | 母親に対して（％） | | | | | |
| | 日用品の買い物 | | 料理や洗濯 | | 病気時の世話 | |
	介護必要	介護不要	介護必要	介護不要	介護必要	介護不要
よく援助する	24.2	14.5	26.7	10.9	40.9	28.7
たまに援助する	33.1	38.7	16.4	16.9	18.5	20.5
ほとんど援助しない	16.7	17.5	13.5	23.0	16.7	19.0
全く援助しない	26.0	29.3	43.4	49.2	23.8	31.7
N	281	331	281	331	281	331

資料：JGGS 第3次調査から計算。

22.5％であり7ポイント以上増加する。同様に母親が病気の時も，介護不要な場合は28.7％であるが，介護が必要な場合には40.9％であり，12ポイントも上昇している。同様の傾向は程度の差はあるが，日用品の買い物や料理・洗濯の援助でも観察される。これらの結果をみるかぎり，親世代支援のパターンは祖父母世代が介護を必要としているかどうかに大きく影響されるといえよう。

　続いて，親（回答者）世代から子ども（回答者の子ども）世代への支援パターンを表7-4で検討しよう。まず，祖父母世代と同様に，子ども世代でも支援を受ける側の性別によって親の援助行動は異なっている。具体的には，親は男の子どもよりも女の子どもにより多くの支援を行う傾向がある。たとえば，「よく援助する」と「たまに援助する」を合計した割合は，息子の日用品の買い物では25.0％であるが，娘の場合には42.0％であり，後者は前者

第7章　親子の支援関係の特徴と規定要因　*247*

表7-4　回答者の子どもへの援助（親世代から子ども世代への援助）

	息子に対して（%）			娘に対して（%）		
	日用品の買い物	料理や洗濯	病気時の世話	日用品の買い物	料理や洗濯	病気時の世話
よく援助する	6.5	14.0	9.6	11.9	14.7	16.0
たまに援助する	18.5	12.4	9.3	30.1	21.6	19.8
ほとんど援助しない	19.1	15.5	18.3	18.8	16.3	16.3
全く援助しない	55.9	58.2	62.9	39.2	47.3	48.0
N	356	356	356	319	319	319

資料：JGGS 第3次調査から計算。

の2倍も多くなっている。同様に，料理や洗濯を「よく援助する」と「たまに援助する」を合計した値は，息子では26.4%，娘では36.3%になり，後者が10ポイントも大きい。すでに述べたように，世代間の支援は異性間よりも同性間でより頻繁に行われる傾向がある。おそらく，親世代から子ども世代の支援行動でも主な援助者は母親であろう。このため，母親から息子よりも，母親から娘に対しての支援の頻度が高くなったと推測される。

　子どもが未婚であるか，既婚であるかは親からの支援パターンに影響を与える重要な要因と考えられる。この点を考慮して，表7-5は子どもの配偶状態と親からの支援の関係を示している。まず注目すべき点は，子どもが既婚の場合は親からの支援パターンに息子と娘の間で顕著な差はみられないことである。たとえば，日用品の買い物を「よく援助する」と答えた人の比率は有配偶の息子に対しては4.5%であり，他方，有配偶の娘に対しては6.6%であり，両者にほとんど差がない。言い換えるならば，結婚している子どもについては，性別によって親の支援パターンは異ならない。2番目の点として，子どもが未婚の場合，娘は息子よりも受ける支援の水準が圧倒的に大きくなる。実際，未婚の息子の日用品の買い物を「よく援助する」あるいは「たまに援助する」と答えた親の割合は26.6%にすぎないが，未婚の娘の場合は50.8%にも達し，後者の値は前者の1.9倍になっている。同様に，料理や洗濯では「よく援助する」と「たまに援助する」を選択した親の合計は，未

248　第Ⅱ部　親子関係でとらえる少子高齢社会

表7-5　子どもの配偶関係と援助（親世代から子ども世代への援助）

	息子（配偶者あり）に対して（％）			息子（配偶者なし）に対して（％）		
	日用品の買い物	料理や洗濯	病気時の世話	日用品の買い物	料理や洗濯	病気時の世話
よく援助する	4.5	6.4	6.9	9.1	24.0	13.0
たまに援助する	19.3	11.9	8.9	17.5	13.0	9.7
ほとんど援助しない	16.3	16.8	17.3	22.7	13.6	19.5
全く援助しない	59.9	64.9	66.8	50.7	49.4	57.8
N	202	202	202	154	154	154

	娘（配偶者あり）に対して（％）			娘（配偶者なし）に対して（％）		
	日用品の買い物	料理や洗濯	病気時の世話	日用品の買い物	料理や洗濯	病気時の世話
よく援助する	6.6	6.6	10.2	20.5	27.9	25.4
たまに援助する	30.0	19.3	19.3	30.3	25.4	20.5
ほとんど援助しない	18.8	19.8	15.7	18.9	10.7	17.2
全く援助しない	44.7	54.3	54.8	30.3	36.1	36.9
N	197	197	197	122	122	122

資料：JGGS 第 3 次調査から計算。

婚の息子では37.0％，未婚の娘では53.3％であり，娘は息子の約1.4倍の支援を受けている。

　最後に，祖父母世代への支援と子ども世代の支援が競合関係にあるのか，相似関係にあるのかを表7-6でみておこう。この表は横に親（回答者）世代から祖父母（回答者の親）世代への援助の頻度，縦に親世代から子ども（回答者の子ども）世代への援助の頻度を示している。全体として，3つの援助項目のすべてにおいて，左上方から右下方へ向かう対角線上の値が大きくなっている。すなわち，祖父母世代によく援助する親世代は子ども世代にもよく援助し，反対に，祖父母世代にあまり支援しない親世代は子ども世代にもあまり支援しない傾向がある。たとえば，日用品の買い物では，親にも子どもにも全く援助しない回答者の割合は35.4％とかなり大きく，同様に，親にも子どもにもよく援助する回答者の割合も26.2％で高くなっている。また，

第7章　親子の支援関係の特徴と規定要因　*249*

表7-6　親世代からの援助

| | | | (a) 日用品の買い物 祖父母世代に対して（%） | | | | |
			よく 援助する	たまに 援助する	ほとんど援助 しない	全く援助 しない	N
に対して	子ども世代	よく援助する	26.2	34.4	14.8	24.6	61
		たまに援助する	22.2	39.5	15.4	22.8	162
		ほとんど援助しない	18.0	35.2	24.2	22.7	128
		全く援助しない	12.9	32.9	18.8	35.4	324
N			117	236	126	196	675

| | | | (b) 料理や洗濯 祖父母世代に対して（%） | | | | |
			よく 援助する	たまに 援助する	ほとんど援助 しない	全く援助 しない	N
に対して	子ども世代	よく援助する	22.7	14.4	18.6	44.3	97
		たまに援助する	17.7	19.5	24.8	38.1	113
		ほとんど援助しない	24.3	15.9	20.6	39.3	107
		全く援助しない	12.5	15.6	15.0	56.8	358
N			113	109	122	331	675

| | | | (c) 病気時の世話 祖父母世代に対して（%） | | | | |
			よく 援助する	たまに 援助する	ほとんど援助 しない	全く援助 しない	N
に対して	子ども世代	よく援助する	43.5	22.4	20.0	14.1	85
		たまに援助する	32.3	17.7	17.7	32.3	96
		ほとんど援助しない	30.8	22.2	23.1	23.9	117
		全く援助しない	25.9	19.6	14.0	40.5	377
N			202	136	114	223	675

注1：両親とも健在の場合は，援助の頻度の大きいほうの援助の値。
　2：各セルの値は行の合計が100%になるように計算している。
資料：JGGS第3次調査から計算。

250 第Ⅱ部　親子関係でとらえる少子高齢社会

病気の時に，親にも子どもにも支援を全くしない回答者の割合は40.5％と高く，反対に親にも子どもにもよく援助する回答者の値も43.5％で大きくなっている。さらに，カイ二乗検定の結果では，(a) 日用品の買い物，(b) 料理や洗濯，(c) 病気時の世話，3つすべてにおいて，有意水準5％で独立性の仮説が棄却され，祖父母世代への支援と子ども世代の支援には関連がみられた。さらに，グッドマン＝クラスカルのγ係数の値をみると，日用品の買い物では0.27，料理や洗濯では0.30，病気時の世話では0.20であり，2つの世代への支援に関しては日用品の買い物や料理や洗濯において相対的に大きい正の関係がある。つまり，これら2つの項目では子どもへの支援水準が大きくなると親への支援水準も大きくなっており，祖父母世代への支援と子ども世代の支援が競合関係ではなく相似関係であるといえる。

第4節　親世代の支援関係の規定要因

　前節では単変量分析と二変量分析によって祖父母世代と子ども世代への親世代の支援の特徴を明らかにした。本節では JGGS のパネルデータに CRE アプローチを用いた多変量解析を用いて親世代（Sandwich Generation）の支援パターンの規定要因を明らかにする。

　表7-7は親（回答者）世代から祖父母（回答者の親）世代の「日用品の買い物」への支援を分析したものである。祖父母の買い物への援助は①よく援助する，②たまに援助する，③ほとんど援助しない，④全く援助しないの4段階の回答で測定されているが，本節の分析では①よく援助すると，②たまに援助するを回答した場合を「援助あり（＝1）」に，③ほとんど援助しない，④全く援助しないを回答した場合を「援助なし（＝0）」の二値変数に変換し，この値を従属変数としたロジスティック回帰分析をしている[1]。表7-7のモデル1は親世代と祖父母世代に関する変数のみを独立変数に入れている。まず，祖父母の健康状態[2] は親の援助行動に有意な影響を与えて

---

1)　子ども世代の支援も①よく援助すると，②たまに援助するを回答した場合を「援助あり」に，③ほとんど援助しない，④全く援助しないを回答した場合を「援助なし」の二値変数に変換して，独立変数に投入している。

表7-7　親世代から祖父母世代への支援（日用品の買い物）

	モデル1 回帰係数	モデル2 回帰係数
祖父母の配偶状態		
（夫婦とも健在）		
一方だけ健在	0.06	−0.02
祖父母の健康状態		
（介護不要）		
介護必要	1.62*	1.51*
祖父母の年齢	0.01	0.01
祖父母の居住状態		
（同居）		
30分以内	−1.57**	−1.53**
30〜59分	−1.96**	−2.11**
60分以上	−2.45*	−2.68*
親の労働時間（週）		
非就業	0.73	0.71
34時間以内	0.41	0.48
（35〜48時間）		
49時間以上	0.13	0.17
親の性別		
（男）		
女	1.23**	1.31**
親の年齢	0.09	0.07
子どもの数		−0.32
子どもへの支援		
あり		0.66#
（なし）		
子どもの年齢		−0.19
子どもの配偶状態		
（無配偶）		
有配偶		0.13
定数項	−2.83#	−3.53#
ρ	0.44	0.44
Log likelihood	−533.07	−530.76
N	675	675

** 1 ％で有意。　　*5 ％で有意。　　# 10%で有意。

注1：祖父母とも健在の場合は，援助の頻度の大きいほうの援助の値。

　　2：祖父母とも健在の場合は，若いほうの年齢。

いる。すなわち，「介護不要」の場合と比べて「介護必要」の場合，親世代が祖父母世代へ援助をする比率が約5倍有意に高くなっている。言い換えるならば，祖父母世代の援助ニーズが高いと親世代はより支援を行う傾向がある。同様に，祖父母の居住形態も有意な影響を与えている。具体的には，親と祖父母が同居している場合と比べて，30分以内の距離に別居している場合では親世代の支援確率は約80％，1時間以内では約85％，1時間以上では約90％も減少する。つまり，祖父母がより離れた場所に暮らしていると親の支援の水準は低下する。この結果は，祖父母の住居までの移動に必要となる時間や手間が親世代の援助行動に大きく影響を与えていることを示唆している。言い換えるならば，親世代の制約要因が祖父母世代への支援の水準に影響している。他方，祖父母の配偶状態や年齢には有意な効果はみられず，これらの変数は親世代の支援パターンに影響を与えない。同様に，親世代の就業状態も有意な影響をもっていない。

　興味深いのは親の性別によって支援行動に有意な違いがみられることである。すなわち，男性と比べて女姓は3.4倍ほど祖父母への援助確率が大きくなっている。家族の家事や育児に対するジェンダー差はこれまで多く指摘されてはいるが，世代間の支援行動についてもジェンダーによって違いがあることを本分析の結果は示している。モデル2はモデル1に子ども世代に関する変数を共変量に加えている。ここで注目すべき点は，子ども世代に対しても買い物の支援をより頻繁にしている親ほど祖父母世代への買い物の支援をより多く行っていることである。具体的には，子ども世代に支援していない場合と比べて，支援している場合はオッズ比が約1.9倍大きくなっている。換言するならば，子どもへより多く援助する親は祖父母にもより多く援助している。したがって，この結果をみるかぎり，親世代（Sandwich Generation）の祖父母世代と子ども世代への支援は競合関係にあるのでなく，相似関係にある。

　次に表7-8で祖父母世代に対する「料理や洗濯」の支援を吟味しよう。まず，モデル1をみると祖父母の健康状態と居住状態，親の性別については

---

2) 祖父母の両方とも介護をしていない場合は「介護不要」に，祖父母のいずれか一方，あるいは両方に介護が行われている場合は「介護必要」にしている。

第 7 章　親子の支援関係の特徴と規定要因　*253*

表 7-8　親世代から祖父母世代への支援（料理や洗濯）

	モデル 1 回帰係数	モデル 2 回帰係数
祖父母の配偶状態		
（夫婦とも健在）		
一方だけ健在	− 1.45[#]	− 1.67[#]
祖父母の健康状態		
（介護不要）		
介護必要	2.38*	2.20*
祖父母の年齢	0.22	0.23
祖父母の居住状態		
（同居）		
30分以内	− 3.27**	− 3.20**
30〜59分	− 4.13**	− 4.15**
60分以上	− 3.84*	− 3.67*
親の労働時間（週）		
非就業	0.39	0.35
34時間以内	0.23	0.04
（35〜48時間）		
49時間以上	0.17	0.15
親の性別		
（男）		
女	2.34**	2.25**
親の年齢	− 0.36[#]	− 0.74*
子どもの数		− 0.18
子どもへの支援		
あり		0.84[#]
（なし）		
子どもの年齢		0.31
子どもの配偶状態		
（無配偶）		
有配偶		− 0.24
定数項	− 8.40*	− 5.28*
ρ	0.62	0.61
Log likelihood	− 632.48	− 623.46
N	675	675

** 1 ％で有意。　　*5 ％で有意。　　[#]10％で有意。

注 1 ：祖父母とも健在の場合は，援助の頻度の大きいほうの援助の値。

　　2 ：祖父母とも健在の場合は，若いほうの年齢。

254　第Ⅱ部　親子関係でとらえる少子高齢社会

表7-7と同様に有意な効果を示している。反対に，親の労働時間は有意な影響を及ぼしていない。しかし，祖父母の配偶状態については表7-7と表7-8で違いがみられる。すなわち，表7-7の「日用品の買い物」の場合，祖父母の配偶状態には有意な効果が全くみられなかったが，表7-8の「料理や洗濯」では祖父母の配偶状態に有意な効果が観察されている。具体的には祖父母の両方が健在な場合と比べて，祖父母の一方しか健在でない場合は8割ほど援助行動のオッズ比が低くなっている。簡単にいうと，祖父母の一方しか健在でないと援助行動の頻度が低下する傾向がみられる。さらに，この変数の効果は子ども世代についての変数を含んだモデル2でも依然として有意である。これは，祖父母の一方しか健在でない場合，料理や洗濯などの負荷がやや高い支援は福祉サービスなどに委託し，支援の外部化を行っているのではないだろか。同様に，親の年齢も有意な効果を示しており，年齢が上昇するにつれて祖父母への援助の頻度は低下している。おそらく，負荷が相対的に高い援助は年齢が上昇するにつれて実行するのが身体的にきつくなり，実行頻度が低下するのではないだろうか。

　続いて，モデル2をみてみると，子どもへの支援水準は「日用品の買い物」の結果と同様に「料理や洗濯」への支援でも有意な効果を示している。具体的には，子ども世代に料理や洗濯の援助をしていない親と比べて，援助している親は祖父母世代への援助確率が約2.3倍大きくなっている。したがって，「料理や洗濯」の支援においても，子ども世代と祖父母世代は競合関係にあるのではなく，相似関係にあるといえる。

　最後に表7-9で「病気時の世話」について検討しよう。全体として，独立変数の効果はこれまでの分析結果とあまり変わらない。祖父母の配偶状態，祖父母の年齢，居住状態，親の性別と年齢の回帰係数が有意であり，反対に，祖父母の健康状態，子どもの年齢や配偶状態は有意な効果を示していない。興味深いのは表7-7や表7-8の結果と比べて，表7-9では親の労働時間がより明瞭な効果を示している点である。すなわち，親の労働時間が非就業と34時間以内で回帰係数が有意になっている。具体的には，週に「35〜48時間」働いている親と比べて，非就業では約4倍，34時間以内では2.8倍ほどオッズ比が有意に大きくなり，祖父母世代への援助水準が大きくなっている。

第7章　親子の支援関係の特徴と規定要因　*255*

表7-9　親世代から祖父母世代への支援（病気時の世話）

	モデル1 回帰係数	モデル2 回帰係数
祖父母の配偶状態		
（夫婦とも健在）		
一方だけ健在	$-1.45^{\#}$	$-1.43^{\#}$
祖父母の健康状態		
（介護不要）		
介護必要	0.13	0.14
祖父母の年齢	0.46^{*}	0.46^{*}
祖父母の居住状態		
（同居）		
30分以内	-1.50^{**}	-1.31^{**}
30～59分	-2.23^{**}	-2.17^{**}
60分以上	-2.06^{*}	-1.71^{*}
親の労働時間（週）		
非就業	1.29^{*}	1.38^{*}
34時間以内	1.02^{*}	0.96^{*}
（35～48時間）		
49時間以上	0.41	0.43
親の性別		
（男）		
女	1.36^{**}	1.14^{**}
親の年齢	$-0.64^{\#}$	$-0.76^{\#}$
子どもの数		0.38
子どもへの支援		
あり		-0.09
（なし）		
子どもの年齢		0.38
子どもの配偶状態		
（無配偶）		
有配偶		0.37
定数項	-1.89^{*}	$-1.71^{\#}$
ρ	0.52	0.48
Log likelihood	-622.94	-611.54
N	675	675

** 1 ％で有意。　　* 5 ％で有意。　　#10%で有意。
注 1 ：祖父母とも健在の場合は、援助の頻度の大きいほうの援助の値。
　　2 ：祖父母とも健在の場合は、若いほうの年齢。

256　第Ⅱ部　親子関係でとらえる少子高齢社会

この変数は「日用品の買い物」でも，「料理や洗濯」への支援でも全く有意な効果が観察されなかったが，「病気時の世話」では有意な影響が表れている。「日用品の買い物」や「料理や洗濯」比べて，「病気時の世話」は援助をする際に必要となる時間や労力が大いため，親は就業状態を勘案しつつ行う必要性が高い。このため，他の支援行動と異なり，親の労働時間が制約条件となり，祖父母への支援に明確な影響を与えたと考えられる。言い換えるならば，負荷の高い支援行動は援助する側の援助供給力に大きく依存している。

　さらに，モデル2をみると，子どもへの支援は有意な効果を示していない。この結果は，子どもへの支援の水準にかかわらず，親は病気の祖父母の世話を行うことを示唆している。したがって，「病気時の世話」については子ども世代と祖父母世代で相似関係にあるのではない。むしろ，親世代は自分の状況と祖父母の状況を考慮しつつ，世話の需要と供給をできるだけ一致させるように支援を行っていると考えられる。

おわりに

　本章ではSandwich Generationに注目して，世代間の支援関係の特徴と規定要因を検討した。本分析から，第1に子どもから親への援助は娘から母親へより頻繁に行われる傾向がある。これまで家事や育児については夫よりも妻の関与が多いことが指摘されてきたが，世代間の支援についても性別による関与の差あり，女姓がより多く世話や介護を行っていることが明らかになった。第2に親の健康状態は子どもからの支援の水準に影響を与えていた。全体として，介護が必要な親に対しては子どもは積極的に援助を行う傾向がある。言い換えるならば，子どもの支援行動は親の援助ニーズに左右される。第3に，相対的に負荷が少ない場合，子ども世代により多くの援助をしている親は祖父母世代に対してもより多く支援を行う傾向がみられた。換言すると，親世代（Sandwich Generation）から上方の祖父母世代への支援と下方の子ども世代の支援は競合関係よりもむしろ相似関係にある。第4に，親と子どもの居住形態や子どもの労働時間は支援のパターンに明確な影響を与えていた。具体的には，親子の住居が離れるにつれて子から親への援助の水準は

低下する。また，子どもの労働時間が長いと親への支援水準は低下する。特に，この傾向は病気の時の世話のような多くの時間と労力を必要とする援助行動で顕著であった。これらの結果からみると，負荷の高い支援では援助する側の制約条件が支援行動のパターンを左右しているといえる。

　本章の分析結果を踏まえると，負荷が相対的に軽い支援に関しては，高齢者と子どもへの支援をセットで考えるべきであろう。すなわち，上方世代へのより多くの支援を行う層は下方世代に対してもより多くの支援を行う傾向がある。したがって，上方世代への過度な支援負担を減少させるには，下方世代への支援負担の軽減も同時に考える必要がある。他方，負荷の相対的に重い支援については，援助する側がどの程度の支援供給力をもっているかが，祖父母世代への支援パターンを規定している。それゆえ，親世代（Sandwich Generation）の支援に対する制約要因を少なくすることが，介護離職などの減少につながると考えられる。

参考文献

岩井紀子・保田時男 2008「世代間援助における夫側と妻側のバランスについての分析」『家族社会学研究』第20巻，pp.34-47.

国立社会保障・人口問題研究所 2016『人口統計資料集2016年版』厚生労働統計協会.

施利平 2012『戦後日本の親族関係——核家族化と双系化の検証——』勁草書房.

施利平・金貞任・稲葉昭英・保田時男 2016「親への援助のパターンとその変化」稲葉昭英・保田時男・田渕六郎・田中重人編『日本の家族 1999-2009——全国家族調査［NFRJ］による計量社会学——』東京大学出版会，pp.235-257.

総務省統計局 2013『平成24年就業構造基本調査』日本統計協会.

西岡八郎 2000「日本における成人子と親の関係」『人口問題研究』第56巻，pp.34-55.

内閣府 2016『平成28年版高齢社会白書』日経印刷.

Albertini, Marco, Martin Kohli, and Claudia Vogel. 2007. "Intergenerational Transfers of Time and Money in European Families: Common Patterns - Different Regimes?" *Journal of European Social Policy* 17: 319-334.

Bengtson, Vern L. 2001. "Beyond the Nuclear Family: The Increasing Importance of Multigenerational Bonds," *Journal of Marriage and Family* 63: 1 -16.

Bucx, Freek, Frits van Wel, and Trudie Knijn. 2012. "Life Course Status and Exchanges

258　第Ⅱ部　親子関係でとらえる少子高齢社会

of Support Between Young Adults and Parents," *Journal of Marriage and Family* 74: 101-315.

Cox, Donald, and Mark R. Rank. 1992. "Inter-Vivos Transfers and Intergenerational Exchange," *The Review of Economics and Statistics* 74: 305-314.

Economist Intelligence Unit. 2010. *Feeling the Squeeze: Asia's Sandwich Generation.* London: Economist Intelligence Unit.

Eggebeen, David J. 1992. "Family Structure and Intergenerational Exchanges," *Research on Aging* 14: 427-447.

Eggebeen, David J. and Davey, Adam. 1998. "Do Safety Nets Work? The Role of Anticipated Help in Times of Need," *Journal of Marriage and Family* 60: 939-950.

Esping-Andersen, Gøsta. 1999. *Social Foundations of Postindustrial Economies.* Oxford: Oxford University Press.

Fingerman, Karen L., Lindsay M. Pitzer, Wai Chan, Kira S. Birditt, Melissa M. Franks, and Steven H Zarit. 2011. "Who Gets What and Why? Help Middle-Aged Adults Provide to Parents and Grown Children," *Journal of Gerontology: Social Sciences* 66B: 87-98.

Giarrusso, Roseann, Du Feng, and Vern L. Bengtson. 2004. "The Intergenerational-Stake Phomenon over 20 Years," *Annual Review of Gerontology and Geriatrics* 24: 55-76.

Grundy, Emily, and John C. Henretta. 2006. "Between Elderly Parents and Adult Children: A New Look at the Intergenerational Care Provided by the 'Sandwich Generation'," *Ageing and Society* 6: 707-722.

Guo, Shenyang, and Mark W Fraser. 2014. *Propensity Score Analysis: Statistical Methods and Applications.* Thousand Oaks, Calif.: Sage.

Hartnett, Caroline Sten, Frank F. Furstenberg, Kira S. Birditt, and Karen L. Fingerman. 2012. "Parental Support during Young Adulthood: Why Does Assistance Decline With Age?" *Journal of Family Issues* 34: 975-1007.

Henretta, John C., Emily Grundy, and Susan Harris. 2002. "The Influence of Socio-economic and Health Differences on Parents' Provision of Help to Adult Children: A British-United States Comparison," *Ageing and Society* 22: 441-458.

McGarry, Kathleen, and Robert F. Schoeni. 1997. "Transfer Behavior Within the Family: Results From the Asset and Health Dynamics Study," *The Journals of Gerontology, Series B* 52B: 82-92.

Silverstein, Merril. 2006. "Intergenerational Family Transfers in Social Context," Pp. 165-180 in Robert H. Binstock and Linda K. George (eds.) *Handbook of Aging and the Social Sciences,* London: Elsevier.

Silverstein, Merril, Stephen J. Conroy, Haitao Wang, Roseann Giarrusso, and Vern L. Bengtson. 2002. "Reciprocity in Parent-Child Relations over the Adult Life Course," *Journal of Gerontology: Social Sciences* 57B: S3-S13.

Suitor, J. Jill, Jori Sechrist, Megan Gilligan, and Karl Pillemer. 2011. "Intergenerational

Relations in Later-Life Families," Pp. 146-194 in Richard A. Jr. Settersten and Jacqueline L. Angel (eds.) *Handbook of Sociology of Aging*, New York: Springer.

Townsend, Peter. 1957. *The Family Life of Old People: An Inquiry in East London*. London: Routledge & Kegan Paul.

Wolf, Douglas A. 1994. "The Elderly and Their Kin: Patterns of Availability and Access," Pp. 161-178 in Linda G. Martin and Samuel H. Preston (eds.) *Demography of Aging*. Washington DC: National Academy Press.

Wooldridge, Jeffery M. 2015. *Introductory Econometrics*. Boston: CENGAGE Learing.

Young, Michael, and Peter Willmott. 1957. *Family and Kinship in East London*. Middlesex: Penguin Books.

第Ⅲ部

パネルデータの質の検証

第8章

JGGS パネル調査の推移と脱落の関連要因

中川　雅貴

はじめに

　JGGS パネル調査は，国連ヨーロッパ経済委員会人口部（PAU-UNECE）が中心になって組織する「世代とジェンダー・プロジェクト（Generations and Gender Programme: GGP）」に参加し，日本の少子化を世代（親子・世代関係）とジェンダー（夫婦・パートナー関係）という2つの視点から国際比較分析することを目的として実施されている[1]。欧州を中心に20近くの先進国が共同して行う国際比較研究である本プロジェクトは，プロジェクトに参加する各国の研究チームが，GGP 国際コンソーシアム[2] によって定められた共通の調査票を用いたパネル調査を複数回実施し，比較可能な共通のフレームでミクロデータを収集している。先進国が共通に直面する少子化・高齢化と密接に関連する家族変動を，「世代」と「ジェンダー」という2つの視点から分析する GGP の発足に際しては，UNECE 域外の主要な先進国の1つであ

---

1)　GGP についての詳細は，西岡（2009）および以下のウェブサイト（http://www.ggp-i.org/）を参照。

2)　国連ヨーロッパ経済委員会人口部（PAU-UNECE）の GGP コンソーシアム本部については，以下のウェブサイト（http://www.unece.org/population/ggp.html）を参照。

264 第Ⅲ部 パネルデータの質の検証

る日本にも参加が呼び掛けられ，当時，国立社会保障・人口問題研究所に在籍していた研究者を中心に，GGP の日本版である「結婚と家族に関する国際比較パネル調査プロジェクト（JGGP）」研究チームが2002年に立ち上げられた。

　JGGP 研究チームでは，国際コンソーシアムの指針にしたがい，2004年から2013年まで，3年ごとに計4回にわたるパネル調査を実施してきた。同時に，法制度改革や行政統計データを含むマクロレベルでのコンテキストデータの整備を行い，マクロのコンテキストデータとミクロのパネルデータを有機的かつ多面的にリンクさせながら，他の先進国との国際比較という広い視野から，日本における未婚化・少子化の原因の分析と有効な対策について研究成果を発表してきた[3]。特に，GGP 国際コンソーシアムの指針に基づく共通の調査票を用いて実施された『結婚と家族に関する国際比較調査』は，パートナーシップ，出生行動，家族関係，ジェンダー，高齢者ケア，ソーシャル・ネットワーク，家計と社会保障に関する調査項目を含み，この分野ではおそらく日本では初めての包括的なパネル調査といえよう。

　しかしながら，こうした日本における未婚化・少子化と関連する社会人口学的分析テーマについて，パネルデータという分析ツールと国際比較という視角から新たな知見を提供する JGGS パネル調査においても，パネルデータ一般が抱える問題が存在することは否めない。すなわち，同一の個人を追跡調査の対象としているため，何らかの理由で継続調査が不可能となった場合には，サンプルの脱落による標本と母集団の関係性に歪みが生じる。そして，JGGS における主たる分析テーマの1つとなっているパートナーシップや出生行動といったライフコース・イベントは，継続調査からの脱落と密接な関係があることが知られており，パネル脱落とイベントの発生が独立ではない場合に生じる分析結果への影響も懸念される。

　本章は，JGGS パネル調査の実施状況に基づいて，このような調査の実施に関する問題およびそれらがデータの性質に与える影響に関する基本的な検

3）　JGGS パネル調査の実施概要および調査票については，西岡（2005, 2008）および阿藤（2015）を参照。JGGS の第3次調査までのデータを用いた分析結果をまとめた中心的な成果としては，阿藤他（2011）が挙げられる。

証を行うことを目的とする。次節では，パネル調査におけるサンプルの脱落とその影響について，これまで日本国内で実施されてきた他のパネル調査の経験に依拠した先行研究を中心に整理を行う。続く第2節では，JGGSパネル調査の実施状況を概観したうえで，標本抽出第1次層として設定された地域ブロックおよび都市規模別のパネル脱落状況が，サンプルの代表性に与える影響について検討する。第3節では，男女・年齢といった基本属性に加えて，配偶関係や就労状況といった属性とサンプル脱落との関係を分析し，JGGSパネル調査における脱落の特徴の把握を試みる。終節では，本章における基本的な検証結果から得られる含意を整理し，JGGSパネルデータの分析に際する留意点を確認する。

第1節　パネル調査における脱落とその影響について

　パネル調査は，同一の個人や世帯・家計，あるいは企業や学校などの集団・組織といった分析単位（unit of analysis）の個体群（サンプル）に対して，一定の間隔をおいて複数回にわたる調査を行うものである。そして，こうした継続的な調査への回答結果に基づき，特定の分析単位における同一の個体群について，その異時点間の情報を個体レベルで識別できるかたちで作成されたデータをパネルデータという。一時点の調査結果のみに基づくデータ（クロスセクションデータ）と比較して，複数回の調査結果から得られるパネルデータには，分析に用いるケース数（観測値）という点において多くの情報量が得られるという利点があるが，社会科学の分野においてパネル調査が実施される目的は，互いに関連する2つの目的に分類される（Menard 2002；村上 2015；保田 2016）。すなわち，個体間の差異に加えて個体内の変化を計測すること，そして変数間の因果関係を検証することである[4]。これらの分析が可能になるのは，パネルデータが，異質の（そして多くの）個体から得

4）　なお，クロスセクションデータを用いても，過去の出来事や状態に関する回顧的な質問（retrospective question）への回答データから状態の変化を把握したり，因果関係を推定することが可能であるが，これはデータの信頼性という点において問題を抱える分析手法であるといえる（Skinner 2000）。

266　第Ⅲ部　パネルデータの質の検証

られる情報——すなわちクロスセクションデータ——と，同一の個体の状態についての経時的変化に関する情報——すなわち時系列データ——の性格を併せもっていることによるものである。特に，自然科学の分野において標準的な手法として用いられる「実験」を行うことが難しい社会科学分野における分析課題に対して，観察データのみを用いた因果推論を行う際に，パネルデータは強力なツールとなる。

　米国で1968年に開始された Panel Study of Income Dynamics（PSID）をはじめ，長期の継続調査に基づく大規模なパネルデータが蓄積されている欧米と比較して，日本においては，そもそも個人や世帯を単位とするマイクロデータを用いた分析アプローチが社会科学の研究者の間で広く共有されるようになったのは比較的最近のことであり，パネルデータに関してはさらに歴史が浅いといえる（北村 2005）。それでも1990年代以降，日本でも本格的なパネル調査が実施されるようになり，分析手法や計量モデルの発展と相まって，精緻な実証分析の蓄積に貢献してきた[5]。豊富な情報量が得られるパネル調査は，一方で，その調査手法に起因するデータの質に関する問題を共通に抱えている。すなわち，調査開始時点に設定された標本および初回の調査への回答が得られた対象が，継続調査の過程で脱落していくことによるサンプルの消耗（sample attrition）という問題である。個人や世帯を対象とするパネル調査においては，たとえば，初回の調査への回答が得られた場合でも，対象者（あるいは世帯）の転居によって継続調査への協力依頼のための訪問や連絡が不可能になったり，状況や意識の変化によって継続調査への協力を拒否される場合が考えられる。

　パネルデータにおける脱落は，継続調査の対象となる観測数の減少よってデータの情報量そのものを減少させることに加えて，サンプルの脱落に何らかの系統性が存在する場合には，標本と母集団の関係性を歪ませる可能性が

---

5)　1990年代以降に日本国内で実施された主なパネル調査の実施状況と概要については，田中（2013, 2016）が網羅的にまとめている。また，村上（2015）は，1990年代以降に日本国内においてパネル調査とそれを用いた研究が増えた背景として，欧米での分析成果の蓄積を背景にパネル調査の意義に関する認識が広まったことに加え，特に経済学分野における個票データ分析が普及したこと，さらに大型の競争的研究資金制度が整備され，多年度にわたる調査費用を確保する環境が整ったことを指摘している。

ある。具体的には次のとおりである。パネル調査からの脱落の発生には大き
く分けて2つのパターンがあり，脱落がランダムに生じる場合と，観測対象
に関する特定の属性やイベントの発生とパネル脱落が独立でない場合である。
Rubin（1976）によるデータ欠損に関する分類にしたがうと，前者は *Missing
Completely at Random: MCAR* と呼ばれるケースに該当するが，個人や世
帯を対象とするパネル調査において生じる脱落のメカニズムは後者の場合で
あることが多い[6]。実際に，日本国内においてこれまでに実施されてきたパ
ネル調査でも，観察時点での配偶関係や居住形態といった人口学的属性に加
えて，教育水準や収入といった社会経済的属性が，その後の調査からの脱落
に有意に関連することが報告されている（宮内・McKenzie・木村 2006；坂本
2006；田靡 2009；田辺 2012）。たとえば，公益財団法人家計経済研究所が
1993年に開始した『消費生活に関するパネル調査』における11年間のパネル
脱落の関連要因を分析した坂本（2006）では，調査時点での年齢と次回調査
での脱落率に負の相関関係がみられる一方で，有配偶者において脱落率が有
意に低くなることを確認している。また，宮内・McKenzie・木村（2006）
は，『慶應義塾家計パネル調査』（KHPS）を用いて，有配偶者に加え，教育
水準が高い回答者で，継続調査への回答確率が高くなる傾向を指摘している。

　こうしたパネル脱落における選択性（selectivity）により，調査に継続的
に回答した対象者——すなわち残存サンプル——における特定の属性の分布
に歪みが生じ，結果として，調査開始時点で抽出された標本の母集団に対す
る代表性が毀損される可能性がある。分析の関心となるイベントの発生とパ
ネルの脱落が独立でない場合には，その影響はさらに深刻であり，そのデー
タから導かれる推定結果に生じるバイアスにも留意する必要がある。実際に，
前出の『消費生活に関するパネル調査』における脱落理由を分析した村上
（2003）によると，「多忙」「転居先不明」に加えて，特に継続調査の回数が

---

6)　*MCAR* 以外のケースは，さらに，欠損が観察可能な情報に依存する場合（*Missing
at Random: MAR*）と観察不可能な情報に依存する場合（*Missing at No Random:
MANR*）に分類されることがある（Rubin 1976; Allison 2001）。なお，海外におけるパ
ネルデータにおけるサンプル脱落の問題を包括的に議論した重要な文献としては，
Fitzgerald, Gottschalk and Moffitt（1998），Watson and Wooden（2009）などが挙げら
れる。

268 第Ⅲ部 パネルデータの質の検証

重なるにつれて，結婚・出産・（再）就職・転職といったイベントの発生を
理由とする脱落が増える傾向がみられる。また，坂本（2006）は，結婚予定
者や新婚者など，ライフイベント前後における脱落率が高くなる傾向を確認
したうえで，結婚選択関数における脱落による推計バイアスを検出している。
同様に，前出の KHPS を用いて脱落バイアスを検証した直井（2007）は，世
帯の居住移動行動に対してサンプル脱落バイアスが有意に存在し，このバイ
アスを考慮しないモデルにおいてはいくつかの説明変数の係数が過大に推計
されることを報告している。

　こうした日本国内でこれまで実施されてきたパネル調査による経験は，
パートナーシップ形成や出生行動といったライフコース・イベントを主たる
分析テーマの１つとする JGGS パネル調査においても，サンプル脱落の傾向
およびその影響に留意する必要性を示唆しているといえる。そこで，まず次
節では，2004年に実施された JGGS 第１次調査から2013年の第４次調査まで
のパネル調査の実施状況を概観したうえで，標本抽出第１次層を構成する地
域ブロックおよび都市規模別のパネル脱落状況が，サンプルの代表性に与え
る影響について検討する。

第2節　JGGS パネル調査の実施状況とパネル脱落の推移

　2004年に実施された JGGS の第１次調査では，2003年３月31日時点で日本
国内に居住する18歳以上70歳未満の日本人男女を母集団とし，層化二段確率
サンプリングによって抽出された１万5000人を対象に2004年３月から４月に
かけて訪問留置法を用いた調査が行われた。調査対象者の抽出に際しては，
まず全国の市町村を11の地域ブロックと都市規模によって47層に分け，これ
を標本抽出の第１次層とした（表 8 - 1 ）。続いて，１万5000サンプルを第１
次層の母集団規模に基づいて比例配分し，調査地点当たりのサンプル数が20
〜30になるように各第１次層の調査地点を決定した。調査地点の抽出に際し
ては，2000年『国勢調査』において設定された調査区に基づき，第１次層か
ら抽出された全国530地点を第２次層としたうえで，各調査地点から調査対
象者を無作為に抽出した。また，対象者の抽出に際しては，住民基本台帳を

表8-1　JGGS 第1次調査（2004年）における地区別標本数・調査地点数

	大都市				その他の政令市	人口10万人以上の都市	人口10万人未満の市	郡部	計
	東京23区	横浜市	川崎市・京都市	千葉市・大阪市・北九州市					
北海道					8 229	7 198	4 104	5 143	24 674
東北					5 123	12 334	10 272	13 378	40 1,107
関東	36 1,026	15 433	6 160	4 112	5 129	68 1,950	23 652	19 548	176 5,010
北陸						9 250	7 184	7 198	23 632
東山						7 205	6 179	7 203	20 587
東海					9 258	24 679	10 273	10 289	53 1,499
近畿			6 168	11 306	6 179	39 1,140	13 377	11 305	86 2,475
中国					5 135	13 367	6 166	7 206	31 874
四国						7 192	4 119	6 157	17 468
北九州				4 117	6 163	9 216	7 229	11 266	37 991
南九州			・			9 279	7 159	7 245	23 683
合計	36 1,026	15 433	12 328	19 535	44 1,216	204 5,810	97 2,714	103 2,938	530 15,000

注：上段は地点数，下段は標本数。
　　地域ブロックによる都道府県の分類は以下のとおり。北海道：北海道，東北：青森県・岩手県・宮城県・秋田県・山形県・福島県，関東：茨城県・栃木県・群馬県・埼玉県・千葉県・東京都・神奈川県，北陸：新潟県・富山県・石川県・福井県，東山：山梨県・長野県・岐阜県，東海：静岡県・愛知県・三重県，近畿：滋賀県・奈良県・和歌山県・京都府・大阪府・兵庫県，中国：鳥取県・島根県・岡山県・広島県・山口県，四国：徳島県・香川県・愛媛県・高知県，北九州：福岡県・佐賀県・長崎県・大分県，南九州：熊本県・宮崎県・鹿児島県・沖縄県。

図8-1　JGGSパネル調査の推移と脱落状況

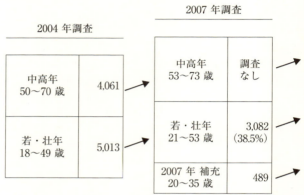

注：2007年調査（第2次調査）以降について，上段の数字は各調査時点でのフォローアップ完了数，下段の括弧内の数字（％）は各調査時点での累積脱落率を示す。

用いた等間隔抽出法が採用された。

こうして全国530地点から層化二段確率法によって抽出された18〜69歳の日本人男女1万5000人を対象とした第1次調査では，全調査対象者の60.5%に当たる9074名から有効回答を得た[7]。JGGSパネル調査では，この2004年に実施された第1次調査への回答者（男性：4265人，女性：4809人）を対象に，以降2013年までの3年ごとに，最大で計3回のフォローアップ調査を実施してきた。図8-1は，その概要ならびにフォローアップ調査における脱落状況を示したものである。

2007年に実施された第2次調査では，未婚化・少子化の背景および構造に関するさらなる理解と政策提言に資することを中心的な研究課題と位置づけ，調査対象者を第1次調査時点に49歳以下であった対象者（以下，若・壮年サンプルとする）に限定したフォローアップ調査を実施した。この第2次調査

---

7) 標本抽出第1次層を構成する地域ブロックおよび都市規模別の第1次調査回収率の詳細については，西岡（2005）を参照されたい。

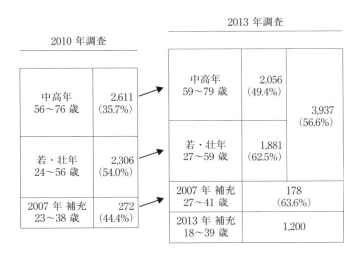

は，2007年2月から5月にかけて実施され，3,082名（男性1306人，女性1776人）から有効回答を得た（第2次調査対象者のフォローアップ率は61.5%）。2010年の第3次調査においては，2007年のフォローアップ調査において有効回答が得られた若・壮年サンプルの第3次調査に加えて，2007年の調査では調査対象とならなかった中高年サンプルの第2次調査を6年ぶりに実施した。その結果，若・壮年サンプル2,306人（男性940人，女性1366人），高齢者サンプル2611人（男性1263人，女性1348人）から継続調査への回答を得た。直近の2013年調査は，若・壮年サンプルの第4次調査，中高年サンプルにとっては第3次調査となったが，フォローアップが完了したのは，それぞれ1881人（男性746人，女性1135人），2056人（男性997人，女性1059人）であった。なお，2004年の第1次調査では，中高年サンプルと若・壮年サンプルで共通の調査票が用いられたのに対し，2007年の第3次調査以降は，若・壮年調査票，中高年調査票の2種類の調査票を用い，一部の調査項目について，それぞれの独自の設問が加えられた[8]。また，2007年の第2次調査では20〜30歳の若年

272 第Ⅲ部 パネルデータの質の検証

サンプルを補充し（2007年補充サンプル），2013年の第4次調査では，2004年の調査開始時に18～49歳であった若・壮年調査対象者が27～59歳の年齢層に達したということもあり，新たに18～39歳の年齢層の追加サンプル1200人を対象とした新規調査（2013年補充サンプル）を実施するなど，パネルデータを蓄積・拡充してきた。

　パネルデータの質の確保にとって，調査対象者からの継続的な調査協力は極めて重要である。JGGSパネル調査では，調査結果の概要を掲載したニューズレターや挨拶状を定期的に調査対象者に送付し，転居状況を把握するとともに，継続調査協力への理解を得ることに努めてきた。それでもなお，図8-1に示されるように，フォローアップ調査からの脱落件数は少なくなく，データの質への影響は無視できないといえる。第1次調査に回答した中高年サンプル，若・壮年サンプルの計9074人のうち，9年後の2013年調査に回答したのは半数以下の3937人であり，この間，パネル調査から脱落した割合（累積脱落率）は56.6％となっている。特に，調査開始時点で50歳未満であった若・壮年サンプルにおける脱落率が高いことが，図8-1より確認できる。

　こうした継続調査におけるサンプル脱落が，層化二段抽出法によって得られた確率サンプルの代表性に与える影響について検討するために，表8-2では上述の標本抽出第1次層ごとの脱落状況を示した。まず，都市規模別でみた場合，人口規模の大きい調査地区に属するサンプルにおいてパネル脱落率が高くなる傾向が確認できる。具体的には，「大都市」および「その他政令都市」に分類されるグループでは，第4次調査完了時点での累積脱落率が60％を超えているのに対して，「人口10万人未満の都市」では55％，「郡部」では48％にとどまっている。地域ブロック別にみると，「関東」（60％），「近畿」（60％），「東海」（57％）といった大都市圏を含む地域で，脱落率が高くなっている。また，非大都市圏においても，南九州（59％）や「北海道」（58％）で比較的高い脱落率が確認できる。一方で，「北陸」では脱落率が顕著に低くなっており，なかでも「人口10万人未満の都市」および「郡部」で

8）　2013年調査の実施に際しては，従来，若・壮年パネルに分類されていた対象者のうち，50歳以上の年齢に達した対象者が，中高年票の対象となっている。

第8章　JGGS パネル調査の推移と脱落の関連要因　*273*

表8-2　JGGS パネル調査における標本抽出第1次層別脱落率

	大都市				その他の政令市	人口10万人以上の都市	人口10万人未満の市	郡部	計
	東京23区	横浜市	川崎市・京都市	千葉市・大阪市・北九州市					
北海道					8 151 64.2%	7 156 59.6%	4 82 52.4%	5 99 48.5%	24 488 57.6%
東北					5 86 58.1%	12 242 58.7%	10 204 58.8%	13 267 51.7%	40 799 56.3%
関東	36 501 67.3%	15 235 59.6%	6 56 66.1%	4 38 57.9%	5 59 72.9%	68 1,133 60.1%	23 385 54.5%	19 315 50.2%	176 2,722 59.8%
北陸						9 167 43.1%	7 116 37.1%	7 139 36.7%	23 422 39.3%
東山						7 139 57.6%	6 126 59.5%	7 135 41.5%	20 400 52.8%
東海					9 219 62.1%	24 433 56.6%	10 167 53.3%	10 176 55.1%	53 995 57.0%
近畿			6 79 65.8%	11 197 66.0%	6 98 63.3%	39 564 58.2%	13 230 57.8%	11 187 55.1%	86 1,355 59.6%
中国					5 77 54.5%	13 208 58.7%	6 99 56.6%	7 129 48.1%	31 513 55.0%
四国						7 103 54.4%	4 64 56.3%	6 107 40.2%	17 274 49.3%
北九州				4 101 54.5%	6 135 60.7%	9 185 60.5%	7 102 50.0%	11 210 42.9%	37 733 53.2%
南九州						9 136 62.5%	7 128 59.4%	7 109 53.2%	23 373 58.7%
合計	36 501 67.3%	15 235 59.6%	12 135 65.9%	19 336 61.6%	44 825 62.1%	204 3,466 58.2%	97 1,703 54.7%	103 1,873 48.3%	530 9,074 56.6%

注：集計の対象は2004年に実施された第1次調査への有効回答者（9,074人）。地域ブロックならびに都市規模
　　による分類は，いずれも第1次調査時点のもの。
　上段：調査地点数，中段：第1次調査有効回答数，下段：第4次調査（2013年）完了時点での累積脱落率。

274 第Ⅲ部 パネルデータの質の検証

は，40％を下回っているのが目立つ。

　このように，JGGS パネル調査の脱落状況については，地域間で無視できない差が生じていることが確認できる。次節では，こうしたパネル脱落の特徴およびその影響をより詳細に把握するために，性別・年齢を含む基本属性別の脱落状況ならびにその他の関連要因について検証する。

第3節　JGGS データにおけるパネル脱落の関連要因

　表8－3は，JGGS パネル調査の第4次調査（2013年）終了時点における累積脱落率を，性別・年齢といった基本属性ならびに，標本抽出第1次層を構成する都市規模および地域ブロック別に集計したうえで，パネル調査からの脱落による各属性の分布の変化を示したものである。なお，集計の対象は，第1次調査における回答者に限定し，2007年および2013年の継続調査において追加された補充サンプルについては，ここでの集計の対象としていない。まず，性別でみた累積脱落率は，女性が54％に対し男性は59％と有意に高くなっている。この結果，第1次調査時点で53％であった女性の割合は，第4次調査完了時点では56％に上昇していることがわかる。

　年齢については，若年層ほど脱落率が高くなるという明確な傾向がみられる。特に第1次調査完了時点で30歳未満であったコホートでは，その75％以上が9年後の第4次調査完了までのいずれかの時点で脱落していることになり，この脱落率は他のコホートと比較して突出している。この結果，第1次調査時点では全サンプルの16.5％であったこのコホートの割合は，第4次調査完了時点（年齢：27～39歳）では9％未満にまで減少している。なお，表8－3には掲載していないが，2004年の第1次調査時点で30歳未満であったコホートについて，第2次調査（2007年）および第3次調査（2010年）完了時点の累積脱落率をみると，それぞれ49％と66％となっており，特に第1次調査から第2次調査にかけての脱落率が高いことが確認された。一方，調査開始時点において50歳以上であった中高年サンプルの脱落率は相対的に低く，特に2004年時点で50～64歳であった回答者では，2013年調査終了時点においても，その50％以上がパネルにとどまっている。なお，調査開始時点で65歳

第 8 章　JGGS パネル調査の推移と脱落の関連要因　*275*

表 8-3　JGGS パネル調査における基本属性別パネル脱落状況 (%)

	第 1 次調査(2004年) における分布	第 4 次調査(2013年) における分布	第 4 次調査完了時点 の累積脱落率
性別			
女性	53.0	55.7	54.4**
男性	47.0	44.3	59.1
年齢（2004年時点）			
25歳未満	9.4	4.8	77.9**
25〜29歳	7.1	4.0	75.4**
30〜34歳	9.0	7.8	62.2**
35〜39歳	10.0	9.1	60.3*
40〜44歳	9.5	10.3	52.8*
45〜49歳	10.2	11.5	51.0**
50〜54歳	11.9	14.3	48.0**
55〜59歳	11.3	14.1	45.7**
60〜64歳	11.4	13.3	49.4**
65歳以上	10.4	10.8	55.0
都市規模別			
大都市	22.4	19.0	63.2**
中都市（人口10万人以上）	38.2	36.8	58.2*
小都市（人口10万人未満）	18.8	19.6	54.7
町村	20.6	24.6	48.3**
地域別			
北海道	5.4	5.3	57.6
東北	8.8	8.9	56.3
関東	30.0	27.8	59.8**
北陸	4.7	6.5	39.3**
東山	4.4	4.8	52.8
東海	11.0	10.9	57.0
近畿	14.9	13.9	59.6*
中国	5.7	5.9	55.0
四国	3.0	3.5	49.3*
北九州	8.1	8.7	53.2
南九州	4.1	3.9	58.7
有効回答数	9,074	3,937	56.6%

** 1 ％で有意。　　* 5 ％で有意。

注：集計の対象は2004年に実施された第 1 次調査への有効回答者（9,074人）。基本属性は，いずれも第 1 次調査時点のもの。

以上であったコホートにおいて累積脱落率が若干高くなっているが（55%），その他のコホートと比較して有意な差は認められなかった。

　都市規模および地域ブロック別の累積脱落率については，前節の表 8 - 2 でも示されたとおり，大都市圏の特に中心部で高くなる傾向がみられる一方で，北陸や四国の回答者における脱落率が有意に低いことが確認された。この結果，回答者に占める「大都市」居住者の割合は，第 1 次調査時点の22%から第 4 次調査では19%に低下する一方で，「町村」居住者の割合は25%に上昇している。同様に，関東・東海・近畿といった三大都市圏を含む地域の居住者（2004年時点）が回答者全体に占める割合は，第 1 次調査時点の56%から第 4 次調査完了時には52%に低下している。

　こうした基本属性に加えて，配偶関係や居住形態，および就労状況といった社会人口学的属性による第 4 次調査完了時点の累積脱落率を男女別に比較したものが表 8 - 4 と表 8 - 5 である。Watson and Wooden (2009) 等の標準的なテキストブックにより，パネル調査からの脱落と強い関連をもつ属性が年齢層によって異なることが指摘されていることから，ここでは2004年に実施された第 1 次調査への有効回答ケースを上述の若・壮年サンプルと中高年サンプルに分類して集計した。居住形態（単身世帯か否か）・配偶関係（有配偶か否か）・持ち家（分譲集合住宅を含む）居住か否か・就労中か否かについては，いずれのサンプルについても集計の対象とし，加えて，若・壮年サンプルでは就学中か否か，中高年サンプルでは健康状態による累積脱落率を示した。

　いずれの属性別でみても，女性よりも男性の脱落率が高くなることが確認できるが，その男女差の度合いについては，属性ごとに若・壮年と中高年の間で異なった傾向がみられる。たとえば，居住形態については，若・壮年／中高年サンプルのいずれに関しても，調査開始時点で単身世帯に居住する回答者において高いパネル脱落率が認められる。特に若・壮年サンプルでは，単身世帯に居住する累積脱落率が男女ともに80%を超えるなど，居住形態とパネル脱落との強い関連がみられる。中高年サンプルにおいても，単身世帯に居住する回答者の脱落率は有意に高くなっているが，女性ではその割合が61%にとどまっているのに対して，男性では75%を超えており，若・壮年サ

第8章 JGGS パネル調査の推移と脱落の関連要因　*277*

表 8 - 4　JGGS 若・壮年サンプルにおける属性別パネル脱落率

(%)

	男女計 (n=5,013)	女 (n=2,751)	男 (n=2,262)
総数	62.5	58.7	67.0
単身世帯	84.8**	83.0**	86.2**
有配偶	55.5**	52.0**	60.0**
持ち家に居住	56.2**	52.2**	61.2**
就学中	76.0**	70.4**	82.7**
就労中	62.2	58.2	65.7**

** 1 ％で有意。　　* 5 ％で有意。

注：集計の対象は2004年に実施された第 1 次調査への有効回答のうち，調査時点の年齢が18〜49歳であった
　　ケース。属性は，いずれも第 1 次調査時点のもの。

表 8 - 5　JGGS 中高年サンプルにおける属性別パネル脱落率

(%)

	男女計 (n=4,061)	女 (n=2,058)	男 (n=2,003)
総数	49.4	48.5	50.2
単身世帯	67.0**	61.3**	75.3**
有配偶	47.7**	46.6**	48.7**
持ち家に居住	46.1**	45.4**	46.9**
就労中	47.2**	46.2*	47.8**
健康状態：悪い	67.4**	66.1**	68.6**

** 1 ％で有意。　　* 5 ％で有意。

注：集計の対象は2004年に実施された第 1 次調査への有効回答のうち，調査時点の年齢が50〜70歳であった
　　ケース。属性は，いずれも第 1 次調査時点のもの。

ンプルと比較して男女差が顕著であることがわかる。配偶関係については，
中高年／若・壮年ともに有配偶である場合に脱落率が低くなる傾向がみられ
るが，この傾向は，若年層においてより強くなっている。ただし，男女差に
ついては，中高年サンプルで女性47％，男性49％と，若・壮年サンプルと比
較して縮小していることがわかる。こうした男女差については，持ち家居住

か否かについても，同様の傾向が確認される。

　就労状況については，調査開始時点で就労中であれば，その後のパネル脱落率が有意に低くなることが，若・壮年サンプルの女性を除くすべてのグループで確認できる。また，若・壮年サンプルについては，調査開始時点で就学中である場合に脱落率が高くなっており，その傾向は，特に男性において強くみられる。中高年サンプルでは，男女いずれについても，調査開始時点で健康状態が悪いグループとそうでないグループの間で，累積脱落率に有意な差が確認された[9]。

おわりに

　パネル調査は，同一の調査対象を継続的に追跡することで，その意識や行動の変化のパターンや要因をとらえる分析を行うとともに，調査対象ごとの観察されない異質性を考慮するなどの精緻な分析を行うための強力なツールとなっている。一方で，調査開始時点に抽出された標本から多くの回答者が脱落していくことによるサンプルの消耗は，パネル調査から得られるデータの情報量そのものを損なうとともに，標本と母集団の関係性の歪みに起因する推計バイアスを生じさせる。パネルデータの質にとって，調査対象者からの継続的な調査協力は決定的に重要であるが，特に調査の長期化に伴うパネル脱落は，パネル調査の実施が抱える共通の問題といえる。

　近年では，データ分析に必要なコンピュータの計算処理能力が向上するとともに，個人利用向けのデータ解析ソフトが比較的安価に入手できるようになったこともあり，日本国内においても，経済学や社会学，人口学といった社会科学の諸分野の実証的な研究では，パネルデータ分析によって得られた新たな知見が蓄積されている。しかし一方で，情報量の多いパネルデータセットの構築に求められる調査の大規模化および長期化に伴い，こうした実証的な研究に際しては，それぞれの研究者による個人研究というよりは組織化された大規模な共同研究プロジェクトに参加してデータを共有したり，あ

---

9)　表には示していないが，若・壮年サンプルでは，男女いずれについても，調査開始時点での健康状態とその後のパネル脱落との有意な関連は確認されなかった。

るいは，個別の研究者による個別の研究関心に基づく分析を行う場合であっても，すでに公開されているデータセットの2次利用に依存する傾向が顕著になりつつある。すなわち，実証分析を専門とする研究者であっても，分析に用いるデータセットの作成や整備に実際に関わる機会はますます減少しており，調査の実施やデータの質に関する上述の諸問題についての関心や理解が薄れていると考えられる。とりわけ，日本国内におけるパネルデータの分析に関しては，データ蓄積の歴史も浅く，利用実績も限られていることから，こうした調査実施上の基本的な問題が，データの構造や分析結果に与える影響については十分に理解されていないことが指摘されている（北村 2005）。

　本章では，こうした問題意識に基づき，2004年の第1次調査以降，2013年まで3年ごとに計4回の調査を実施してきたJGGSパネル調査について，サンプル脱落の推移およびその特徴を把握するとともに，調査期間中のサンプル脱落が，層化抽出法によって得られた確率サンプルの代表性に与える影響についての基本的な検証を行った。第2節で述べたとおり，JGGSパネル調査では，調査対象者に対して，調査結果の概要を掲載したニューズレターや挨拶状を定期的に送付し，対象者の転居状況を把握するとともに，継続調査協力への理解を得ることに努めてきた。こうした地道なパネルメンテナンス作業をもってしても，2004年の第1次調査への回答者の57％が9年後の第4次調査までに脱落しており，その影響は決して無視できるものではないといえる。特に，大都市圏および大都市部においてパネル脱落率が顕著に高くなるという傾向は，調査の長期化に伴って母集団と標本との関係性の歪みが拡大し，確率サンプルの代表性が毀損される可能性が高くなることを示唆している。

　回答者の個人属性とパネル脱落の関係をみると，第1次調査時点で30歳未満であった年齢層の脱落率が高く，特にパネル調査の比較的初期の段階，すなわち第2次調査完了時までの脱落率が高いことが観察された。この年齢層は，進学や就職，さらには結婚といったライフコース・イベントが集中する期間でもあり，日本国内で実施されてきた他のパネル調査による経験と同様に，調査開始時点における就学・就労状況や配偶関係，居住形態の違いによって，その後の脱落率が有意に異なることも確認された。

こうした検証結果は，JGGSパネルデータを用いた分析の主要な対象となってきたパートナーシップや出生行動をめぐるライフコース・イベントとパネル脱落の関連を示唆するものである。したがって，こうしたライフコース・イベントおよびその関連要因に関する分析に際しては，可能なかぎり，脱落バイアスにも留意した分析手法を検討することが望ましい。また，フォローアップ調査によってデータを蓄積・拡充する一方で，パネル脱落に対しては，脱落率を反映したウェイト付与処置を行った重みづけデータの再構築を検討するなど，その影響を合理的かつ最小限に抑えることが重要になると考えられる。

参考文献

阿藤誠 2015『「世代とジェンダー」から見た少子高齢社会に関する総合的国際研究フェーズⅠ・フェーズⅡ』日本学術振興会科学研究費助成事業（基盤研究（A））最終報告書.

阿藤誠・西岡八郎・津谷典子・福田亘孝編 2011『少子化時代の家族変容──パートナーシップと出生行動──』東京大学出版会.

北村行伸 2005『パネルデータ分析』岩波書店.

坂本和靖 2006「サンプル脱落に関する分析──『消費生活に関するパネル調査』を用いた脱落の規定要因と推計バイアスの検証──」『日本労働研究雑誌』2006年6月号（No.551），pp. 55-70.

田中慶子 2013「日本のパネル調査──パネル調査時代の到来と今後に向けて──」『家計経済研究』第100号，pp.70-78.

田中慶子 2016「パネル調査の現状」，筒井淳也・水落正明・保田時男編『パネルデータの調査と分析・入門』ナカニシヤ出版，pp.11-10.

田辺俊介 2012「『東大社研・若年壮年パネル調査』の標本脱落に関する分析──脱落前年の情報を用いた分析──」『東京大学社会科学研究所パネル調査プロジェクトディスカッションペーパーシリーズ』No.56.

田靡裕祐 2009「長期追跡パネル調査における継続・脱落の要因分析」『社会と調査』第2号，pp.69-73.

直井道生 2007「家計の住居移動行動とサンプル脱落」『KUMQRP Discussion Paper Series』DP2006-30.

西岡八郎 2005『「世代とジェンダー」の視点から見た少子高齢社会に関する国際比較研究』厚生労働科学研究費補助金（政策科学推進研究事業），平成16年度総括研究報告書.

西岡八郎 2008『国際比較パネル調査による少子社会の要因と政策対応に関する総合研究』厚生労働科学研究費補助金（政策科学推進研究事業），平成19年度総括研究報告書.

西岡八郎 2009「世代とジェンダーに関する国際共同プロジェクト（GGP）について――特集に寄せて――」『人口問題研究』第65巻1号，pp.1-2.

宮内環・McKenzie, Colin R.・木村正一 2006「パネルデータ継続と回答行動の分析」，樋口美雄・慶應義塾大学経商連携21世紀COE編『日本の家計行動のダイナミズム[II] 税制改革と家計の対応』慶應義塾大学出版会，pp. 9-52.

村上あかね 2003「なぜ脱落したのか『消費生活に関するパネル調査』における脱落サンプル分析」，財団法人家計経済研究所編『家計・仕事・暮らしと女性の現在消費生活に関するパネル調査　平成15年版（第10年度）』国立出版局，pp.115-121.

―――― 2015「パネル調査特集にあたって」『社会と調査』第15号，pp.5-11.

保田時男 2016「パネル調査法」，筒井淳也・水落正明・保田時男編『パネルデータの調査と分析・入門』ナカニシヤ出版，pp.11-19.

Allison, Paul D. 2001. *Missing Data*. Thousand Oaks, CA: Sage.

Fitzgerald, John, Peter Gottschalk, and Robert Moffitt. 1998. "An Analysis of Sample Attrition in Panel Data: The Michigan Panel Study of Income Dynamics," *The Journal of Human Resources* 33（2）: 251-229.

Menard, Scott. 2002 *Longitudinal Research*, Second Edition. Thousand Oaks, CA: Sage.

Rubin, Donald D. 1976 "Inference and Missing Data," *Biometrika* 63（3）: 581-592.

Skinner, Chris. 2000. "Dealing with Measurement Error in Panel Analysis," Pp. 113-125 in Rose, David（ed.）*Researching Social and Economic Change: The Uses of Household Panel Studies*. London: Routledge.

Watson, Nicole and Mark Wooden. 2009. "Identifying Factors Affecting Longitudinal Survey Response," Pp. 157-181 in Lynn, Peter（ed.）*Methodology of Longitudinal Surveys*. Chichester: John Wiley & Sons.

第9章

パネル欠落が初婚と出生の分析に与える影響

菅 桂太

はじめに

　本章では,『結婚と家族に関する国際比較調査 (JGGS)』パネルデータの
うち2007年 (第2次) 調査の対象となった2004年 (第1次) 調査時18～49歳
の日本人男女を対象に, フォローアップ調査への協力状況のパターンと要因
を分析し, 欠落に密接に関わるとされる結婚と出生行動の分析に及ぼす影響
について示唆を得ることを目的とする。パネル調査は個人の変化を継続して
追跡するので動的な分析に適したものとなっている。このため, 結婚や出生
といった人口学的な動態の分析に元来必要なものといえるだろう。たとえば,
クロスセクション調査でも回顧的に結婚歴や出生歴は調査されるが, タイミ
ングや回数の要因を分析するための所得や就業歴といった共変量について長
期にわたって信頼性の高い情報を遡及的に把握することは困難である一方で,
過去のパネルからは豊富な情報が得られる。他方で, パネル調査には対象者
の転居やフォローアップ調査の協力への拒否などによって, その後の変化が
把握できなくなる欠落の問題がある。標本調査は層化二段確率抽出などの方
法で, 母集団推定を効率的に行うことを目的とするが (Groves *et al.* 2004),
特定の事情に偏った欠落によって残存する標本データに含まれる変数の同時

284 第Ⅲ部 パネルデータの質の検証

分布が母集団から乖離し，母集団推定を行うことを困難にさせる可能性がある（Fitzgerald, Gottschalk and Moffitt 1998）。結婚は転居を伴うことが多く，また新たな配偶者が調査協力を拒否することもあり，対象者の追跡が困難になる代表的な要因とされる（Watson and Wooden 2009）。このため，パネル欠落は結婚の発生と統計的に独立ではないことを示す分析は多い（坂本 2006；福田 2009；Lillard and Panis 1998）[1]。本章では，JGGS においてパネル欠落のパターンと要因を調べ，結婚や出生行動のパネル分析への含意を探る。

　具体的には，2つの分析を行う。欠落とはフォローアップされなかった人の変数の変化が観察できないという問題である。欠落が特定の要因に偏っている場合，フォローアップされた人のみを対象とした分析は，選択性のある集団のみを対象とすることになりバイアスを生ずる。欠落が初婚・出生と統計的に独立であれば，標本数が少なくなることで推定の効率性が低下することはあっても，バイアスが生じることはない。しかしながら，欠落と初婚・出生発生とが独立であるとは，フォローアップの初婚・出生発生確率分布と非フォローアップのものが同じ（同じ母集団のものを推定する）ことを意味し，後者が観察されないため（欠落が発生しているデータセット内での）直接の検証は難しい。そこで，第1の分析では，母集団における初婚・出生発生確率とその結果としての未婚率や既往出生数分布の変化を定量化していると考えられる『国勢調査』との比較を行う。国勢調査は悉皆調査であり，この目的に最も即するものであろう。

　第2の分析では，欠落が初婚・出生に影響を及ぼさない（統計的に独立になる）ような欠落確率の決定構造を特定し，そのような条件が満たされているのかを検証する。これに関し，Fitzgerald, Gottschalk and Moffitt（1998）は欠落確率に影響を及ぼす要因がパネル分析を行う変数（ここでは初婚・出生の発生）についてのモデルから除外されることで（モデルの確率要因（誤差項）と統計的に独立でないために）標本の選択性が生じる状況について，「観察される要因における選択性モデル（selection on observables）」を提唱し，2つの十分条件を特定している。第1の十分条件は，初婚・出生確率に影響

---

1) ただし，欠落は結婚の発生と独立ではない一方で，モデル係数推定値に及ぼす影響は限定的であることも示されている。

第9章 パネル欠落が初婚と出生の分析に与える影響　*285*

を及ぼす要因のほかに欠落確率に影響を及ぼす要因（初婚・出生確率関数から除外された変数）がない場合である。第2の十分条件は，欠落確率のみに影響を及ぼす観察される要因がフォローアップされた人の初婚・出生確率と統計的に独立である場合である。このうち第1の十分条件について，除外された変数の候補として，Fitzgerald, Gottschalk and Moffitt（1998）はパネル分析を行う変数の過去の値を用いることを提案している[2]。本章では，配偶関係と既往出生数が過去の初婚・出生の結果であり，初婚・出生に影響する観察されない個人の異質性による選択性（frailty selection（Aalen, Borgan and Gjessiong 2008, p.255））がある可能性に着目する。すなわち，たとえば25歳時点において既婚で子どもが複数いるような人は早婚で早産であり，初婚・出生タイミングが早くなるような要因（結婚や出産に対する選好が強いというような初婚・出生確率関数から除外された確率要因（frailty））が影響を及ぼしている可能性がある。逆に，40歳時点において未婚であるなら結婚や出産に対する選好が弱い人が多く残っている可能性がある。ただし，配偶関係や既往出生数は男女年齢に強く依存し，本人の学歴や就業・所得状態の影響を受けることが知られており，また世帯規模や住宅の所有区分など欠落に影響を及ぼすと考えられる要因と相関している可能性がある。そこでロジットモデルを用い，これら共変量を統御したうえで，共変量で説明されない配偶関係と既往出生数が欠落確率に及ぼす影響を観察する。

　続く各節の構成は以下のとおりである。第1節では，本章で利用するJGGSパネルデータについて概観し，男女年齢別にみた理由別欠落の状況について概観する。第2節では，国勢調査との比較を行う。第3節では，JGGSミクロパネルデータで利用可能な欠落と初婚・出生に関わる共変量について単変量の分析を行う。第4節では，欠落確率についてのロジットモデル分析を行う。第5節では，理由別欠落確率についてのロジットモデル分析を行う。最後に，分析の結果から明らかになったことの結果や出生行動のパ

2）「観察される要因における選択性モデル」では，t−1〜t期の初婚・出生確率から除外されている確率要因とt−1〜t期のフォローアップ期間に固有の欠落確率に影響を及ぼす確率要因（contemporaneous shock）が統計的に独立でないことによる初婚・出生確率関数推定におけるバイアスは検証できないとされている。

286 第Ⅲ部　パネルデータの質の検証

ネル分析への含意をまとめる。なお，ここで取り上げなかった分析方法の詳細は各節の冒頭にまとめる。

第1節　本章で利用する JGGS パネルデータ——JGGS における 10年間（2004〜2013年）のパネル欠落状況の概観——

1.1　JGGS パネル調査

　JGGS は，全国の市町村に居住する18歳以上70歳未満の男女を母集団として層化二段無作為抽出法によって選ばれた１万5000人を対象に2004年３月から４月にかけて第１次調査が開始された（西岡 2005）。2004年調査の有効回収（2004年コホート）数は9074人（回収率60.5%）であった。フォローアップ調査については，2004年調査時に50歳未満であった回答者については2007年２〜５月に最初のフォローアップ（第２次調査）が行われ，2004年調査時に50歳以上であった回答者と第２次調査の回答者を対象に2010年５月に２度目のフォローアップ（第３次調査）が行われた。直近では，2010年調査の回答者を対象に2013年６月に３度目のフォローアップ（第４次調査）が行われており，概ね３年ごとにフォローアップ調査が実施されてきた。このほかに，欠落によって特に若年層で標本が少なくなったことから，2007年７月と2013年７月にはそれぞれ18〜34歳の489人，18〜39歳の1200人の男女年齢階級別割り当て抽出による補充サンプルが追加されており，それぞれフォローアップ調査の対象になっている。

　本章では，パネル欠落が初婚・出生のパネル分析に及ぼす影響を検討することを目的としている。このため，３年ごとに４回のフォローアップ調査が行われた確率標本である2004年コホートから出生リスクが小さくなる世代を除き，2004年調査時に50歳未満であった回答者5013人の全パネル調査結果を集計の対象とする。なお，分析にあたり配偶関係，子ども数，子の出生年月，同居者の属性や教育水準について，パネル調査年次間の整合性を確認するデータクリーニングを実施している。そのため，本書の他章や既出版の報告書と数字が異なる場合がある。

　JGGS におけるすべての実査は，基本的には，調査員が調査対象者の世帯

を訪問して調査票を配布し，後日記入された調査票を調査員が回収する「訪問留め置き法」で実施されている。調査員調査が実施されているため，フォローアップ調査に協力が得られなかった場合には「転居」・「不在」・「拒否」等の理由が記録されている。ただし，JGGSでは，フォローアップ調査の実施にあたって，定期的なパネルメンテナンスを行っている[3]。このパネルメンテナンスで市町村外への転出が明らかになった場合には郵送調査（事前郵送調査）を実施しており，転居先が不明な場合や調査協力への拒否があった場合には調査員調査は行われない。パネルメンテナンスの段階で次回以後の調査への協力が望めず，調査員による訪問調査が行われなかった場合には残念ながら欠落の理由は不明になってしまっている。

1.2　JGGSパネル調査におけるパネル欠落状況

　本章で分析対象とするJGGS2004年調査で18〜49歳の男女日本人5013人のうち38.7％は2004〜2007年のフォローアップで欠落し，3075人が2007年調査を完了した（表9-1）。同様に，2007〜2010年のフォローアップでは調査対象者の25.9％が欠落し，さらに2010〜2013年フォローアップで18.7％が欠落して，最終的に2013年調査を完了したのは1875人であった。したがって，2004年調査に回答した5013人の62.6％は，2007年から2013年の間に行われた3回のフォローアップ調査のいずれかにおいて欠落していることになる（以下では2007〜2013年の3回のフォローアップ調査のいずれかで欠落した割合である2004年調査協力者に対する2013年調査非協力者の比を2004→2013年欠落率と呼ぶ）。

　フォローアップ対象者に占める欠落者の割合は欠落ハザードと呼ばれる。欠落ハザードでみると，2004〜2013年の間に行われた3回のフォローアップ調査で，延べ約1万400人×調査回が追跡されていて30.4％が欠落している。

---

3)　調査対象者に調査への関心を深めてもらうため調査結果の概要をフィードバックし，その後の調査への協力の意向を尋ね，転居があった場合には新しい住所を把握している。また，年賀状や，実査の半年から3カ月前に調査員が訪問することを知らせるとともに調査協力を依頼するハガキを送付して，その後の調査への協力の意向を確認し転居があった場合には新しい住所を把握している。

288 第Ⅲ部 パネルデータの質の検証

表 9-1 JGGS パネル調査（第 1 次調査（2004年）から第 4 次調査（2013年））の調査完了ケース数および欠落率：2004年調査時に18～49歳の男女日本人

	調査時年齢別 調査完了ケース数				期首調査時年齢別 欠落ハザード（%）				
	第1次 （2004年）	第2次 （2007年）	第3次 （2010年）	第4次 （2013年）	2004→ 2013年[a]	2004～ 2013年 総数[b]	2004～ 2007年	2007～ 2010年	2010～ 2013年
男女総数									
年齢計	5,013	3,075	2,300	1,875	62.6	30.4	38.7	25.9	18.7
18～23歳	740	214	—	—	77.6	47.5	50.4	37.6	—
24～29歳	762	330	223	87	76.1	40.7	46.6	35.6	27.8
30～35歳	985	509	256	150	62.0	35.9	38.7	32.2	32.4
36～41歳	1,063	665	446	264	58.1	28.1	34.8	25.7	15.9
42～47歳	1,088	701	528	413	51.9	25.0	32.1	18.4	19.2
48～53歳	375	656	608	470	50.7	20.0	29.3	20.5	13.6
54～59歳	—	—	239	491	—	12.9	—	—	12.9
男									
年齢計	2,262	1,304	938	744	67.1	33.9	42.4	28.6	20.9
18～23歳	328	84	—	—	82.3	53.5	56.1	43.7	—
24～29歳	344	127	80	34	76.2	45.1	50.6	40.6	28.8
30～35歳	451	216	112	51	69.4	37.8	44.8	26.6	31.3
36～41歳	469	280	173	113	62.5	31.5	36.0	30.7	20.2
42～47歳	498	312	223	155	57.2	28.8	34.9	23.6	22.3
48～53歳	172	285	250	184	55.2	22.7	32.0	23.7	15.2
54～59歳	—	—	100	207	—	14.9	—	—	14.9
女									
年齢計	2,751	1,771	1,362	1,131	58.9	27.8	35.6	23.9	17.3
18～23歳	412	130	—	—	73.8	42.9	45.9	33.6	—
24～29歳	418	203	143	53	76.1	37.4	43.3	32.5	27.3
30～35歳	534	293	144	99	55.8	34.3	33.5	36.3	33.3
36～41歳	594	385	273	151	54.7	25.7	33.8	22.2	13.1
42～47歳	590	389	305	258	47.5	21.9	29.7	14.2	16.9
48～53歳	203	371	358	286	46.8	17.9	27.1	18.1	12.5
54～59歳	—	—	139	284	—	11.4	—	—	11.4

注： a）2004年調査回答者（2004～2007年フォローアップ調査の対象者）に対する2013年調査に協力しなかった人の比。

　　b）2004～2007年，2007～2010年，2010～2013年の3期間をプールしたもの。

第9章　パネル欠落が初婚と出生の分析に与える影響　*289*

したがって，フォローアップ対象者のうち毎回約3割が平均的に欠落していることになるが，欠落ハザードには2004〜2007年の初回フォローアップが最も高く後続フォローアップで顕著に低下するという時間依存性がみられる。実際，2004〜2007年フォローアップに対する2007〜2010年フォローアップのハザード比は0.67，2007〜2010年に対する2010〜2013年のハザード比は0.72で，毎期3割ほど欠落ハザードは小さくなっている。

　男女別にみると，2004→2013年欠落率は，男性の67.1％に対し，女性では58.9％であった。欠落ハザードでみると，女性と比べて男性の欠落タイミングは比例的に早い。すなわち，2004〜2007年から2010〜2013年の各フォローアップ期間の欠落ハザードの男女比は1.19〜1.20でほとんど変化しておらず，2004〜2007年フォローアップに対する2007〜2010年フォローアップのハザード比は男女とも0.67〜0.68，2007〜2010年に対する2010〜2013年のハザード比は男女とも0.72〜0.73とほとんど変わらない。

　年齢別にみると，2004→2013年欠落率は，2004年調査時18〜23歳の77.6％に対し，42歳以上では50〜52％で，年長者ほど顕著に低い。男女別にみても年長者ほど2004→2013年欠落率は顕著に低く，20歳代女性を除くとほぼ線型に低下している（図9-1）。欠落ハザードでみても，2004〜2013年を通じ平均的には男女とも年長者ほど低く，概ね線型の低下をしている。女性に対する男性の2004〜2013年の年齢別欠落ハザードの比は1.10〜1.31で年齢によってやや異なるが年長者ほど一貫して拡大や縮小というパターンはみられない。男女年齢別の欠落ハザードをフォローアップ期間で比較すると，リスク人口が少なくなるため30〜35歳女性では3回のフォローアップ調査で欠落ハザードがほとんど変化していない等の例外もあるが，男女とも年齢別ハザードは最近のフォローアップ調査で比例的に低下してきているとみてよいだろう。

　最後に，2004→2013年欠落率と2004〜2013年の欠落ハザードの年齢変化を比較するため男女年齢総数に対する年齢別の率の比を計算すると，2004→2013年欠落率が18〜23歳の1.24から48〜49歳の0.81に低下するのに対し，2004〜2013年の欠落ハザードは18〜23歳の1.56から54〜59歳の0.42に低下しており変化が著しい。加齢は欠落率を下げるが，欠落ハザードには最近のフォローアップで低下しているという時間依存性があったので，低年齢層

290 第Ⅲ部 パネルデータの質の検証

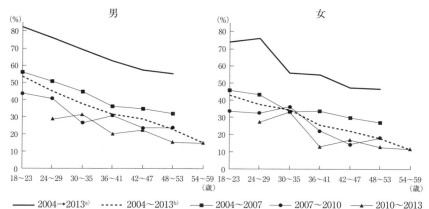

図9-1 JGGSパネル調査における期首調査時年齢別欠落率：2004年調査時に18〜49歳の男女日本人

注： a) 2004年協力者（2004〜2007年フォローアップ調査の対象者）に対する2013年非協力者の比。
　　b) 2004〜2007年，2007〜2010年，2010〜2013年の3期間をプールしたもの。

では2004〜2007年ハザードの影響が強く，逆に年長者では2010〜2013年ハザードの影響を受けやすい。2004〜2013年の3回のフォローアップを通じた平均的な欠落ハザードを検討する際には，男女年齢別にみて概ね比例的に変化しているフォローアップ期間の影響を適切に統御することが必要である。

1.3 JGGSパネル調査における欠落の理由

　調査員調査において9個に分類された回収不能の理由を以下のように4つに再整理した。第1は転居先が不明である場合の「転居」（25.0％）であり，第2は「不在」（長期不在（2.4％）・不在で調査票を預けられず（6.8％）・住所不明（1.0％）・調査票を預けたが回収時に会えなかった（1.3％））である（括弧内は2004〜2013年の延べ欠落3174ケースに占める割合）。第3は「拒否」（拒否のため調査票を預けることができなかった（27.9％）・調査票を預けたが回収時に拒否（8.5％）），そして第4は「その他」（病気・死亡など（2.8％）・記入状況が悪く回収済み不能（2.8％））とした。以上4つに大別された理由による欠落が全体の78.4％をしめる。残る21.6％は，パネルメンテナンスの段階で次回以後の調

査への協力が望めず調査員による訪問調査が行われなかった場合であり，「理由不明」と呼ぶ（事前郵送調査の未返送（1.9%）を含む）。なお，2010年調査のためのパネルメンテナンスでは「理由不明」がどのように生じたのかが記録されており，欠落の約3分の2が送付状の未着，残る3分の1のほとんどは拒否であった[4]。

　このように5区分に整理した欠落の理由の割合をみると，全体では拒否36.4%，転居25.0%，理由不明21.6%の順に多く，この3つの理由で83.0%を占める。「理由不明」が2010年調査のためのパネルメンテナンスに即し，3分の2が転居，3分の1が拒否であったとすると，欠落の理由は全体で転居が約39%，拒否が約44%ということになる。

　表9-2には，2004年調査協力者が2013年調査に協力したか否か，および2004〜2013年の3回のフォローアップ調査の状況について，フォローアップ状態別調査対象者数と理由別欠落数を男女別，年齢別，フォローアップ期間別にみた。また，理由別にみた欠落者数のフォローアップ調査対象者に占める割合である理由別欠落率（合計は表9-1の2004→2013欠落率および欠落ハザードに合致）に加え，理由別にみた欠落者の欠落者総数に占める割合である欠落の理由割合も掲載した。本章1.2項でみたように，欠落率は女性や年長者，2010〜2013年など最近のフォローアップで低くなっているので，欠落の理由割合の分母はこれらのグループで小さくなっており不安定な動きを示す場合がある。特定のグループについてどのような理由が多いのかみる際には欠落の理由割合は便利だが，グループ間で比較する場合には欠落率の差の要因としての理由別欠落率をみるのがよいだろう。以下では基本的に理由別欠落率を参照する。

　まず，2004〜2013年のいずれかのフォローアップ調査で欠落した割合である2004→2013年欠落率は男性で67.1%，女性で58.9%であったが，男性のほうが不在や拒否による欠落率が高く，転居による欠落率は男女でほぼ同じ水準

---

4)　2004年調査時に50歳未満の2004年コホート5013人のうち2010年調査のためのパネルメンテナンスでは，3104人が追跡対象であったが，113人が欠落した。その内訳は，送付状の未着74人（66%），後続調査への協力拒否36人（32%），送付状の受取拒否2人（2%），死亡1人（1%）であった。

292　第Ⅲ部　パネルデータの質の検証

表9-2　フォローアップ状態別調査対象者数と理由別欠落数，および理由別欠落率と欠落の理由割合

| | フォローアップ状態別調査対象者数と理由別欠落数 | | | | | | |
| | 調査完了 | 欠落 | | | | | |
		総数	転居	不在	拒否	その他	理由不明
2004年調査協力者（フォローアップ対象者）が2013年調査に協力したか否か							
総数	1,875	3,138	794	364	1,155	163	662
男女							
男	744	1,518	357	213	573	87	288
女	1,131	1,620	437	151	582	76	374
2004年調査時年齢							
18〜23歳	166	574	216	67	156	13	122
24〜29歳	182	580	190	64	157	16	153
30〜35歳	374	611	151	76	218	34	132
36〜41歳	445	618	133	66	245	43	131
42〜47歳	523	565	81	64	285	43	92
48〜49歳	185	190	23	27	94	14	32
欠落ハザード							
総数	7,250	3,174	794	364	1,155	176	685
フォローアップ期間							
2004〜2007年	3,075	1,938	452	219	712	89	466
2007〜2010年	2,300	804	232	95	278	55	144
2010〜2013年	1,875	432	110	50	165	32	75
男女							
男	2,986	1,530	357	213	573	91	296
女	4,264	1,644	437	151	582	85	389
期首年齢							
18〜23歳	503	455	162	57	128	11	97
24〜29歳	781	535	187	57	135	12	144
30〜35歳	1,125	629	164	73	207	29	156
36〜41歳	1,568	614	138	64	235	46	131
42〜47歳	1,745	581	92	69	281	42	97
48〜53歳	1,318	329	49	37	156	32	55
54〜59歳	210	31	2	7	13	4	5

注：a）理由別欠落率とは，理由別にみた欠落者数のフォローアップ調査対象者に占める割合をいう。
　　b）欠落の理由割合とは，理由別にみた欠落者の欠落者総数に占める割合をいう。

第9章　パネル欠落が初婚と出生の分析に与える影響　*293*

理由別欠落率 (%) [a]						欠落の理由割合 (%) [b]					
総数	転居	不在	拒否	その他	理由不明	総数	転居	不在	拒否	その他	理由不明
62.6	15.8	7.3	23.0	3.3	13.2	100.0	25.3	11.6	36.8	5.2	21.1
67.1	15.8	9.4	25.3	3.8	12.7	100.0	23.5	14.0	37.7	5.7	19.0
58.9	15.9	5.5	21.2	2.8	13.6	100.0	27.0	9.3	35.9	4.7	23.1
77.6	29.2	9.1	21.1	1.8	16.5	100.0	37.6	11.7	27.2	2.3	21.3
76.1	24.9	8.4	20.6	2.1	20.1	100.0	32.8	11.0	27.1	2.8	26.4
62.0	15.3	7.7	22.1	3.5	13.4	100.0	24.7	12.4	35.7	5.6	21.6
58.1	12.5	6.2	23.0	4.0	12.3	100.0	21.5	10.7	39.6	7.0	21.2
51.9	7.4	5.9	26.2	4.0	8.5	100.0	14.3	11.3	50.4	7.6	16.3
50.7	6.1	7.2	25.1	3.7	8.5	100.0	12.1	14.2	49.5	7.4	16.8
30.4	7.6	3.5	11.1	1.7	6.6	100.0	25.0	11.5	36.4	5.5	21.6
38.7	9.0	4.4	14.2	1.8	9.3	100.0	23.3	11.3	36.7	4.6	24.0
25.9	7.5	3.1	9.0	1.8	4.6	100.0	28.9	11.8	34.6	6.8	17.9
18.7	4.8	2.2	7.2	1.4	3.3	100.0	25.5	11.6	38.2	7.4	17.4
33.9	7.9	4.7	12.7	2.0	6.6	100.0	23.3	13.9	37.5	5.9	19.3
27.8	7.4	2.6	9.9	1.4	6.6	100.0	26.6	9.2	35.4	5.2	23.7
47.5	16.9	5.9	13.4	1.1	10.1	100.0	35.6	12.5	28.1	2.4	21.3
40.7	14.2	4.3	10.3	0.9	10.9	100.0	35.0	10.7	25.2	2.2	26.9
35.9	9.4	4.2	11.8	1.7	8.9	100.0	26.1	11.6	32.9	4.6	24.8
28.1	6.3	2.9	10.8	2.1	6.0	100.0	22.5	10.4	38.3	7.5	21.3
25.0	4.0	3.0	12.1	1.8	4.2	100.0	15.8	11.9	48.4	7.2	16.7
20.0	3.0	2.2	9.5	1.9	3.3	100.0	14.9	11.2	47.4	9.7	16.7
12.9	0.8	2.9	5.4	1.7	2.1	100.0	6.5	22.6	41.9	12.9	16.1

であった。2004→2013年欠落率を2004年調査時の年齢別にみると，年長者で顕著に低かった。理由別にみた欠落率は，不在による欠落は年齢よる変化がほとんどなく，拒否やその他による欠落は年長者で緩やかに高くなる傾向があり，年長者で低くなっているのは転居と理由不明であることがわかる（図9-2）。全体として低年齢層の2004→2013年欠落率が高くなっているのは，転居や理由不明による欠落率が高いためであることがわかる。

欠落ハザードの要因についても，2004～2013年を通じ平均的には男女別，年齢別に2004→2013年欠落率と同様のパターンがある。ただし，拒否による2004→2013年欠落率が概ね一貫して年長者で高くなっていたのに対し，2004～2013年をプールした欠落ハザードは50歳以上で40歳代よりも低くなっているという違いがある。これは，理由別にみてもその他を除く4つの要因において最近のフォローアップの欠落ハザードは一貫して低くなっており，期首年齢が50歳以上では最近のフォローアップの結果を相対的に強く受けるためである。逆に転居や理由不明のように年長者ほど欠落率が低くなっている要因については，2004→2013年欠落率よりも2004～2013年をプールした欠落ハ

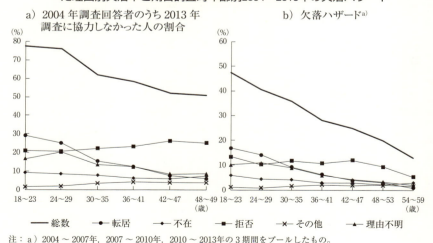

図9-2　2004年調査時年齢別2004年調査回答者のうち2013年調査に協力しなかった理由別欠落率と期首調査時年齢別2004～2013年の欠落ハザード[a]

注：a) 2004～2007年，2007～2010年，2010～2013年の3期間をプールしたもの。

ザードで年齢による低下が著しい。1.2項で指摘した全理由の欠落ハザードと同様，理由別欠落率の要因分析についても，フォローアップ期間の影響は適切に統御することが必要である。男女・年齢・フォローアップ期間別に集計すると，理由別欠落は発生数が少ないため不安定になることが多い。フォローアップ期間の影響も統御して，第5節で多変量解析を行う。

第2節　JGGS パネル調査結果と『国勢調査』結果の比較

　JGGS2004～2013年の4回の調査結果と2000～2015年『国勢調査』の結果を，男女年齢別未婚率および有配偶の同居児数分布について比較する。JGGS については，2004年は18～49歳の全回答者（回収率は男性53.6%，女性61.6%，男女総数57.7%）と，2007～2013年はこのうちフォローアップされた人（欠落しなかった人）を対象に，各調査時の配偶関係およびフェースシートの回答者からみた続柄が子である世帯員数を集計したものである。なお，同居児数分布については，国勢調査では夫もしくは妻の年齢各歳の集計は公表されていないので，JGGS2004年調査で18～49歳の男女日本人のうち，2007～2013年のフォローアップ調査時点で国勢調査と比較可能な年齢層のみを5歳階級で集計した。ただし，20歳代前半の有配偶率は低くJGGSで一定のケース数を確保できないので表章しない。2007～2013年調査にフォローアップされた40歳代以下の有配偶男女も欠落によってケース数が減少してしまう。これらの年齢層については同居児数分布が不安定にならないよう10歳階級にまとめて表章した。

　国勢調査の未婚率については，人口等（第1次）基本集計の日本人男女の年齢各歳別・配偶関係別人口から配偶関係不詳を除く未婚者割合を6歳階級で計算した。比較は2004年調査時に18～49歳の男女日本人を対象とするが，JGGS の年齢は調査時のものであるため，年次によってカバーされる年齢層は異なる。未婚率については国勢調査で各歳の集計が利用できるのでJGGSと同じになるよう組み替えた。さらに，JGGS と調査時期が異なることを調整するため，男女年齢別未婚率のスムーズなコホート変化を仮定して，たとえば2004年2月実施の JGGS2004年調査との比較の際には，男女年齢別に

（2000年国勢調査の未婚率×19.5＋2005年国勢調査の未婚率×40.5）／60を計算するというように前後の国勢調査の未婚率を男女年齢別に加重平均した。

　国勢調査の同居児数分布については，産業等（第2次）基本集計の夫もしくは妻の年齢5歳階級別，子の有無・数別夫婦のいる一般世帯数を用いて，男女・年齢5歳階級別に有配偶男女の同居児数分布を計算した。また，JGGSと調査時期が異なることに対処するため，未婚率と同様，JGGS調査の前後の国勢調査の結果を男女年齢別に加重平均した。

　そして，未婚率および有配偶の同居児数分布についての調査結果が国勢調査の結果と異なるか否かについてt検定を実施した。具体的には，未婚率についてはJGGSミクロデータで未婚の場合に1をとる二値変数を作成し，男女年齢別に平均値が国勢調査の値に等しいことを帰無仮説とする両側検定を実施し，統計的な有意水準を得た。同居児数分布については，JGGSミクロデータで同居児数が0人，1人，2人，3人以上の場合に1をとる4つの二値変数を作成し，男女年齢別に有配偶者の平均値が国勢調査の値に等しいことを帰無仮説として両側検定を実施した。

　また，未婚率については，2004→2010年と2007→2013年のコホート変化を利用して，期末未婚率のJGGSと国勢調査の差を期首未婚率の差と（1－初婚ハザード）の寄与に分解した。すなわち，未婚率のコホート変化は，未婚率（t年x歳）＝未婚率（t-6年 x-6歳）×｛1－初婚ハザード（t-6年 x-6歳→t年x歳）｝にしたがう。ここで初婚ハザードは期首未婚者に占める期末までに初婚する人の割合を指し，（1－初婚ハザード）は未婚のままでいる確率に対応する。期末未婚率は期首未婚率と（1－初婚ハザード）という2つの要因の積なので，JGGSと国勢調査のものの差には標準的な要因分解の手法（Kitagawa 1955）を適用することができる。国勢調査の｛1－初婚ハザード（t-6年 x-6歳→t年x歳）｝については直接の集計は存在しないが，未婚率（t年x歳）÷未婚率（t-6年x-6歳）で近似した。JGGSについてはフォローアップで捕捉された（欠落していない人に）発生した初婚数を用いた。つまり，フォローアップの未婚率（t年x歳）＝t-6～t年にフォローアップされた人の未婚率（t-6年x-6歳）×｛1－初婚ハザード（t-6年x-6歳→t年x歳）｝の関係[5]について，それぞれの項をミクロデータから集計した。なお，有配偶の同居

第9章　パネル欠落が初婚と出生の分析に与える影響　297

児数分布のコホート変化については増減表の考え方が必要になり，国勢調査からは純変化率しか計算できない（期首同居児0人の期末同居児1人へのハザードは計算できない）ので要因分解は行っていない。

2.1　未婚率の比較

表9-3aにJGGS2004年調査と2007～2013年のフォローアップ調査の未婚率，国勢調査によるJGGS調査実施と同じ時期の未婚率，および両者の差（JGGS－国勢調査）を男女年齢別に示した。男女年齢総数について比較すると，JGGSの未婚率は国勢調査のものより10％ポイントほど低く，1％水準で統計的に有意な差がある。この差は2004～2013年の期間で一貫して拡大や縮小はしていない。男女別に年齢総数の差をみると，男性ではJGGSの未婚率は国勢調査より12～15％ほど低く，女性では7～8％ほど低いという水準の差はあるが，2004～2013年の変化の仕方は同様で，2004～2010年は差が拡大し，2010～2013年は差が縮小している。すなわち，2004～2010年の間は，比較対象集団の加齢と晩婚化によってJGGSも国勢調査も未婚率は低下しているがJGGSの未婚率低下幅のほうが国勢調査の低下幅より大きいため，未婚率の差（JGGS－国勢調査）はマイナスの絶対値が大きくなっている。逆に，2010～2013年はJGGSの未婚率低下幅のほうが国勢調査のものより小さいため，差のマイナスの絶対値は小さくなっている。

年齢別にみても，未婚率の差はほとんどの場合1％水準で統計的に有意であり，最年長年齢階級を除き，概ねすべての年次で未婚率の差には若年層で正（JGGS＞国勢調査），年長者ほど負（JGGS＜国勢調査）の絶対値が大きく

---

5)　左辺の未婚率は，表9-3aにおいて国勢調査と比較するフォローアップ調査結果である。左辺の差（JGGS－国勢調査）の要因分解を行うためには，関係式は等号で成立しなければならないため，右辺の未婚率は期末調査時までフォローアップされた人を対象に集計したもので，表9-3aの未婚率（t-6年x-6歳）と異なる。t-6～t年の欠落確率と初婚ハザードが統計的に独立であると仮定すれば，未婚率（t年x歳）＝期首調査結果の未婚率（t-6年x-6歳）×t-6～t年にフォローアップされた人の｛1－初婚ハザード（t-6年x-6歳→t年x歳）｝という関係を得る。この関係の右辺から計算された未婚率（t-年x歳）の差（JGGS－国勢調査）の要因分解を行ったが，本章で紹介する結果には定性的に大きな差は生じなかった。

298 第Ⅲ部 パネルデータの質の検証

表 9 - 3 a　男女年齢別未婚率の比較：国勢調査と JGGS（2004～2013年）で2004年調査時に18～49歳の男女日本人

	JGGS の未婚率（%）			
	第 1 次 （2004年）	第 2 次 （2007年）	第 3 次 （2010年）	第 4 次 （2013年）
男女総数				
年齢総数	32.5	25.0	19.1	15.7
18～23歳	95.5	—	—	—
24～29歳	59.9	79.7[b]	77.7	—
30～35歳	25.6	31.2	39.7	58.3[d]
36～41歳	10.3	14.5	18.0	20.1
42～47歳	7.2[a]	6.2	7.0	12.2
48～53歳	—	5.1	4.6[c]	5.5
54～59歳	—	—	—	4.2
男				
年齢総数	36.1	27.8	21.7	18.1
18～23歳	97.0	—	—	—
24～29歳	67.2	84.8[b]	84.0	—
30～35歳	31.9	36.8	46.2	62.9[d]
36～41歳	13.6	20.1	23.0	26.9
42～47歳	8.8[a]	9.2	10.4	16.4
48～53歳	—	6.5	5.3[c]	7.1
54～59歳	—	—	—	4.3
女				
年齢総数	29.6	23.0	17.3	14.1
18～23歳	94.4	—	—	—
24～29歳	54.0	76.6[b]	74.3	—
30～35歳	20.2	27.0	34.5	55.7[d]
36～41歳	7.7	10.4	14.8	14.8
42～47歳	5.9[a]	3.8	4.7	9.7
48～53歳	—	4.1	4.2[c]	4.4
54～59歳	—	—	—	4.1

a) 48～49歳を含む。b) 21～23歳を含む。c) 54～55歳を含む。d) 27～29歳を含む。

注：1）JGGS の未婚率（未婚の場合に1の二値変数の平均）が国勢調査のものに等しいことを帰無仮説とするt検定（両側検定）の有意水準は *1%，**5%，#10%を示す。

　　2）第1次調査は2004年2月に実施されており，2000年と2005年の未婚率を男女年齢別に（2000年×19.5

国勢調査（2000～2015年の男女年齢別加重平均による）未婚率（%）				未婚率（%）の差およびt検定[1]（JGGS－国勢調査）			
2004年（2000年と2005年国勢調査）[2]	2007年（2005年と2010年国勢調査）[3]	2010年（2005年と2010年国勢調査）[4]	2013年（2010年と2015年国勢調査）[5]	第1次（2004年）	第2次（2007年）	第3次（2010年）	第4次（2013年）
42.9	36.5	31.0	26.1	−10.3**	−11.4**	−11.8**	−10.4**
94.8	—	—	—	0.7	—	—	—
67.4	76.0	69.2	—	−7.5**	3.8*	8.5**	—
36.5	38.5	39.5	45.9	−10.9**	−7.3**	0.2	12.4**
21.0	23.8	27.0	27.5	−10.6**	−9.4**	−9.0**	−7.5**
12.9	16.3	19.7	21.7	−5.7**	−10.1**	−12.7**	−9.5**
—	11.9	13.0	16.2	—	−6.7**	−8.4**	−10.7**
—	—	—	11.8	—	—	—	−7.6**
48.3	42.0	36.5	31.4	−12.3**	−14.2**	−14.7**	−13.3**
96.2	—	—	—	0.7	—	—	—
73.5	80.4	74.4	—	−6.3*	4.4#	9.5*	—
44.0	45.5	45.8	52.0	−12.0**	−8.7**	0.4	10.9*
26.8	29.7	33.0	33.2	−13.1**	−9.7**	−10.0**	−6.4
17.6	21.3	24.9	26.8	−8.8**	−12.1**	−14.5**	−10.4**
—	16.3	17.6	20.8	—	−9.8**	−12.3**	−13.7**
—	—	—	16.0	—	—	—	−11.8**
37.3	30.9	25.4	20.8	−7.7**	−7.9**	−8.1**	−6.6**
93.3	—	—	—	1.1	—	—	—
61.2	71.4	63.9	—	−7.2**	5.2*	10.4**	—
28.8	31.3	33.0	39.7	−8.6**	−4.4#	1.5	16.0**
15.1	17.9	20.8	21.7	−7.4**	−7.5**	−6.1**	−6.9*
8.3	11.4	14.5	16.5	−2.4**	−7.5**	−9.8**	−6.8**
—	7.5	8.5	11.6	—	−3.4**	−4.3**	−7.1**
—	—	—	7.7	—	—	—	−3.5**

＋2005年×40.5）／60とした。

3）第2次調査は2007年3月実施であり，（2005年×43.5＋2010年×16.5）／60とした。

4）第3次調査は2010年5月実施であり，（2005年×4.5＋2010年×55.5）／60とした。

5）第4次調査は2013年6月実施であり，（2010年×27.5＋2015年×32.5）／60とした。

300 第Ⅲ部 パネルデータの質の検証

なる傾向がみられる。男女で未婚率の差の水準は異なるものの，2004年では30～41歳を中心に差の負（JGGS＜国勢調査）の絶対値は大きく，2007～2010年は36～47歳，2013年は42～53歳のそれぞれの年齢層を中心に差の負の絶対値は大きい。

　表9-3ｂに，2004→2010年と2007→2013年のコホート変化を利用した期末未婚率のJGGSと国勢調査の差についての期首未婚率の差と（1－初婚ハザード）の寄与への要因分解の結果を示した。2004→2010年の男女18～49歳→24～55歳についてみると，2010年の未婚率はJGGSが国勢調査より11.8％ポイント小さかった。この差は，（1－初婚ハザード）を一定としたときにJGGSの2004～2010年にフォローアップされた人の2004年未婚率が国勢調査より小さいことの寄与の－14.3％ポイントと，2004年未婚率を一定としたときにJGGSの（1－初婚ハザード）が国勢調査より大きい（JGGSの初婚ハザードは国勢調査より小さい）ことの寄与の＋2.4％ポイントに分解される。2004→2010年18～49歳→24～55歳コホートの初婚ハザード自体の推定値を比較すると，国勢調査による初婚ハザードが約28％であるのに対し，JGGS2004～2010年フォローアップ調査で観察された初婚ハザードは約21％であり，JGGSのものは2～3割ほど過小でその差は1％水準で統計的に有意である（結果表は割愛）。しかしながら，JGGS2010年調査にフォローアップされた人の未婚率が国勢調査より小さいことのほとんどは2004年の未婚率が小さいためであることがわかる。

　2004→2010年の年齢別にみると，30～35歳→36～41歳以上では2004年未婚率の寄与が大きくなる。24～29歳→30～35歳では期首未婚率と（1－初婚ハザード）の寄与が同程度の大きさで，18～23歳→24～29歳では（1－初婚ハザード）の寄与のほうが期首未婚率の寄与より大きくなる。この最も若い年齢では，2010年の未婚率はJGGSのほうが国勢調査より8.5％ポイント大きく，これはJGGSの2004～2010年にフォローアップされた人の2004年未婚率が国勢調査より大きいことの寄与の1.0％ポイント（11％）とJGGSの（1－初婚ハザード）が国勢調査より大きいことの寄与の7.5％ポイント（89％）に分解されている。同コホートの国勢調査による初婚ハザードが約27％であるのに対し，JGGS2004～2010年フォローアップ調査で観察された初婚ハザードは

表 9 - 3 b　男女年齢別未婚率の変化の要因分解：国勢調査と JGGS（2004～2013年）で2004年調査時に18～49歳の男女

(%)

期首年齢	2004年→2010年			期首年齢	2007年→2013年		
	期末未婚率の差（JGGS－国勢調査）	期首未婚率の寄与	（1－初婚ハザード）の寄与		期末未婚率の差（JGGS－国勢調査）	期首未婚率の寄与	（1－初婚ハザード）の寄与
男女総数				男女総数			
18～49歳総数	−11.8	−14.3	2.4	21～53歳総数	−10.4	−12.8	2.4
18～23歳	8.5	1.0	7.5	21～29歳	12.4	1.7	10.7
24～29歳	0.2	−4.7	4.9	30～35歳	−7.5	−9.4	1.9
30～35歳	−9.0	−12.7	3.7	36～41歳	−9.5	−9.5	0.0
36～41歳	−12.7	−12.2	−0.5	42～47歳	−10.7	−10.0	−0.7
42～49歳	−8.4	−7.9	−0.5	48～53歳	−7.6	−7.6	0.0
男				男			
18～49歳総数	−14.7	−17.3	2.5	21～53歳総数	−13.3	−15.9	2.6
18～23歳	9.5	0.1	9.5	18～23歳	10.9	0.3	10.6
24～29歳	0.4	−5.3	5.7	24～29歳	−6.4	−9.1	2.8
30～35歳	−10.0	−13.6	3.6	30～35歳	−10.4	−10.9	0.5
36～41歳	−14.5	−14.3	−0.2	36～41歳	−13.7	−12.2	−1.5
42～49歳	−12.3	−11.1	−1.2	42～47歳	−11.8	−11.9	0.2
女				女			
18～49歳総数	−8.1	−10.8	2.7	21～53歳総数	−6.6	−9.3	2.6
18～23歳	10.4	1.9	8.5	18～23歳	16.0	3.7	12.3
24～29歳	1.5	−3.4	4.8	24～29歳	−6.9	−8.1	1.2
30～35歳	−6.1	−9.9	3.8	30～35歳	−6.8	−6.4	−0.4
36～41歳	−9.8	−9.0	−0.8	36～41歳	−7.1	−7.0	−0.2
42～49歳	−4.3	−4.2	−0.2	42～47歳	−3.5	−3.4	−0.2

約19％であり，JGGS のものは 3 割ほど過小でその差は 1 ％水準で統計的に有意であった。これらの年齢パターンは男女別にみても大きくは変わらない。

　2007→2013年の未婚率のコホート変化についても，2004→2010年と同様の男女年齢パターンがみられる。2007→2013年の男女21～53歳→27～59歳につ

302 第Ⅲ部　パネルデータの質の検証

いては，期末未婚率の差も２つの要因の寄与も2004→2010年18〜49歳→24〜55歳コホートとほとんど同水準である。同コホートの初婚ハザード自体を比較すると，JGGS のものは国勢調査より３割ほど過小で差は１％水準で統計的に有意であることも共通する。男女年齢別にみても30〜35歳→36〜41歳以上の年齢では2007年未婚率の寄与が大きくなっており，21〜29歳→27〜35歳では期末未婚率の差12.4％ポイントに対し（１－初婚ハザード）の寄与が10.7％ポイント（86％）という水準も2004→2010年と同程度である。さらに，最年少コホートの初婚ハザードについても，JGGS のものは国勢調査より３割ほど過小で１％水準で統計的に有意な差があった。

　JGGS と国勢調査の未婚率の差には概ねすべての年次において若年層で正（JGGS ＞国勢調査），年長者ほど負（JGGS ＜国勢調査）の絶対値が大きくなる傾向がみられた。以上の要因分解から，第１に JGGS は2004年の確率標本において30歳以上で未婚者が過小代表されており，JGGS のフォローアップ調査の未婚率が国勢調査より小さいことのほとんどが説明される。第２に JGGS の2004〜2007年に30歳未満のコホートではフォローアップ調査で捕捉される初婚ハザードが過小でフォローアップ調査に未婚者が多く残りやすいため，JGGS フォローアップ調査の未婚率は国勢調査より大きくなりやすいことがわかった。JGGS フォローアップ調査で捕捉される初婚ハザードは国勢調査から推定されるものより３割ほど過小であったので，欠落確率と初婚ハザードは統計的に独立であるとはいえないだろう。しかしながら，これはモデル分析において共変量の推定量にバイアスを生ずることをすぐに意味するのではない（バイアスは定数項のみに生じている可能性がある）。また，フォローアップ調査でも2004年調査と同じ調査員調査が行われており，2004年調査の時点で未婚者は過小代表だったこと，2004〜2007年のフォローアップで分析対象の４割ほど，未婚率の高い世代（2004年に20歳代）では５割ほどが欠落している（表９-１）にもかかわらず，2004〜2010年フォローアップで捕捉された初婚ハザードに対し2007〜2013年フォローアップにおける初婚ハザードが（母集団と比べて）著しく過小ではないことは，初婚に直接影響する要因よりも世帯規模や家族類型などで実査を難しくする要因が未婚者に多いことが欠落確率に影響していることを示唆する可能性がある。

2.2　同居児数分布の比較

　表9-4にJGGS2004年調査と2007〜2013年のフォローアップ調査における有配偶の同居児数分布，国勢調査によるJGGS調査実施と同じ時期の有配偶同居児数分布，および両者の差（JGGS－国勢調査）を年齢別に示した。分析は男女年齢別に行ったが，年齢別・比較時点別同居児数分布の差の水準も含め男女に大きな差はなかったので男女総数の結果のみを示した。

　年齢総数について比較すると，JGGSの同居児分布は高次パリティ（2人以上）で国勢調査より大きく，逆に低次パリティ（1人以下）で国勢調査より小さいことは2004〜2013年の4時点に共通している。同居児数分布の差（JGGS－国勢調査）は低次パリティで負（JGGS＜国勢調査），高次パリティで正（JGGS＞国勢調査）であり，差の絶対値は2004〜2013年を通じて0人が－10〜－7％でポイントと最も大きく，3人以上で＋5〜9％ポイント，2人では＋3〜6％ポイント，1人は－5〜－1％ポイントとなっている。0人と3人以上の差は2004〜2013年を通して1％水準で統計的に有意であり，2人と1人の差も2004〜2007年は1％水準で統計的に有意になっている。

　年齢別にみると，2004年は30〜34歳，2007〜2010年は35〜39歳，2013年は40〜44歳で同居児数が0人と3人以上の割合の差が最も大きくなっており（2004年は0人と2人の差が最大），これらはすべて1％水準で統計的に有意である。次に同居児数割合の差が大きいのは，2004年の35〜39歳，2007〜2010年の40〜44歳，2013年の45〜49歳などの同居児数が0人と3人以上で，2004〜2007年調査時に30歳代であったコホートの同居児数分布の国勢調査からの乖離がその後のフォローアップ調査でも維持されているとみることができる。

　したがって，JGGSパネル調査における有配偶の同居児数分布は国勢調査に比べ，2004年調査時から子なしの夫婦が過小で，全般的に子ども数の多い夫婦が過大代表になっている。特に国勢調査からの差が大きいのは2004年調査時に30歳代のコホートで，同コホート（2004年に30〜41歳）では未婚率の差（JGGS＜国勢調査）も大きかった。2004〜2013年JGGSフォローアップ調査における同居児数分布の国勢調査からの差については，コホート変化を利用した期首同居児数分布と出生順位別出生ハザードの寄与への要因分解は行うことができずJGGSフォローアップ調査で捕捉された出生ハザードが母集

304 第Ⅲ部 パネルデータの質の検証

表 9 - 4 有配偶男女の年齢別同居児数の分布の比較：国勢調査と JGGS（2004〜
2013年）で2004年20〜49歳の有配偶男女およびフォローアップされた
2007年20〜49歳，2010年25〜54歳，2013年30〜54歳の男女のうち各調査
時点で有配偶

	JGGS の同居児数分布（%）				
	総数	0 人	1 人	2 人	3 人以上
第 1 次調査（2004年）					
20〜49歳総数	100.0	12.6	23.0	44.6	19.8
25〜29歳	100.0	30.7	36.4	27.6	5.4
30〜34歳	100.0	15.8	27.3	44.3	12.6
35〜39歳	100.0	9.1	20.1	46.1	24.7
40〜44歳	100.0	6.9	16.5	51.0	25.6
45〜49歳	100.0	13.1	24.5	43.0	19.4
第 2 次調査（2007年）					
20〜49歳総数	100.0	9.8	21.1	45.8	23.3
25〜34歳	100.0	17.9	27.7	40.5	14.0
35〜39歳	100.0	6.9	16.7	50.0	26.4
40〜44歳	100.0	6.3	16.3	47.8	29.6
45〜49歳	100.0	10.4	24.6	44.1	20.9
第 3 次調査（2010年）					
25〜54歳総数	100.0	12.8	26.1	41.3	19.7
25〜34歳	100.0	20.8	29.2	37.7	12.3
35〜39歳	100.0	5.8	19.3	47.7	27.2
40〜44歳	100.0	5.1	16.9	50.4	27.6
45〜49歳	100.0	10.0	28.2	39.4	22.4
50〜54歳	100.0	22.6	34.0	33.8	9.6
第 4 次調査（2013年）					
30〜54歳総数	100.0	12.7	26.0	42.0	19.3
30〜39歳	100.0	11.6	20.3	46.5	21.5
40〜44歳	100.0	5.1	15.0	51.4	28.5
45〜49歳	100.0	8.6	23.6	47.0	20.8
50〜54歳	100.0	21.5	38.0	29.5	10.9

** 1 ％で有意。 * 5 ％で有意。 #10%で有意。

団における変化からどの程度乖離しているのかはわからない。しかしながら，
子ども数の多い有配偶男女が過大代表であることについても，出生に直接影
響する要因よりも世帯規模や家族類型などで実査を容易にする要因がこれら

国勢調査の同居児数分布（%）					同居児数分布（%）の差および t 検定（JGGS －国勢調査）			
総数	0 人	1 人	2 人	3 人以上	0 人	1 人	2 人	3 人以上
100.0	19.2	25.9	40.1	14.9	− 6.6**	− 2.9**	4.5**	4.9**
100.0	38.1	36.4	21.6	3.9	− 7.5**	0.0	6.0*	1.5
100.0	24.7	30.9	35.0	9.4	− 9.0**	− 3.6#	9.3**	3.3*
100.0	15.4	22.0	45.2	17.5	− 6.3**	− 1.9	0.9	7.2**
100.0	11.5	18.7	48.0	21.8	− 4.6**	− 2.2	3.0	3.9*
100.0	14.1	25.1	43.5	17.3	− 1.1	− 0.6	− 0.5	2.2
100.0	19.9	26.4	39.6	14.0	− 10.0**	− 5.3**	6.1**	9.2**
100.0	29.7	32.9	29.8	7.5	− 11.9	− 5.2	10.6	6.5
100.0	16.8	23.4	43.8	15.9	− 9.9**	− 6.8**	6.2*	10.5**
100.0	13.2	20.2	47.0	19.5	− 7.0**	− 3.9*	0.8	10.1**
100.0	15.0	25.2	43.3	16.6	− 4.5**	− 0.5	0.8	4.3*
100.0	21.2	27.7	38.2	12.8	− 8.3**	− 1.6	3.1*	6.9**
100.0	30.2	32.8	28.9	8.1	− 9.4	− 3.6	8.7	4.3
100.0	17.9	24.4	42.5	15.1	− 12.2**	− 5.1*	5.2	12.1**
100.0	15.0	21.7	45.8	17.4	− 10.0**	− 4.8*	4.6#	10.2**
100.0	16.4	25.9	42.7	15.0	− 6.5**	2.4	− 3.3	7.4**
100.0	24.9	33.4	32.5	9.2	− 2.4	0.6	1.3	0.5
100.0	20.1	27.4	39.1	13.3	− 7.5**	− 1.3	2.9#	6.0**
100.0	21.2	27.7	37.6	13.5	− 9.6	− 7.3	8.9#	8.1#
100.0	15.7	22.7	44.9	16.8	− 10.5**	− 7.6**	6.5*	11.6**
100.0	17.7	26.3	42.1	13.9	− 9.0**	− 2.7	4.9#	6.8**
100.0	25.7	33.2	32.4	8.7	− 4.2*	4.9#	− 2.8	2.2

のグループに多いことが欠落確率に影響しているという見方は JGGS と国勢調査の未婚率に差が生じる背景と整合的である。

306　第Ⅲ部　パネルデータの質の検証

第3節　欠落および初婚・出生に影響すると考えられる共変量についての単変量分析

3.1　変数の構築

　本章では，男女，年齢（連続変数），フォローアップ期間（2004〜2007年[†]，2007〜2010年，2010〜2013年についての3つの二値変数，「[†]」はカテゴリー変数の準拠カテゴリーを示す，以下同様）のほか，初婚・出生確率関数から除外された欠落確率に影響を及ぼす要因として初婚と既往出生数を用いる。初婚と既往出生数については，配偶関係と既往出生数を用いて，未婚，既婚で子ども0人，既婚で子ども1人，既婚で子ども2人，既婚で子ども3人以上[†]のカテゴリー変数を作成した。

　その他の欠落および初婚・出生に影響すると考えられる共変量の候補として，理論的に重要であることはもちろんであるが，不詳（item nonresponse）による選択性がかからないことと，時間の経過にしたがって変化しないことが重要になる。特に，時間の経過にしたがって変化する変数については，初婚と既往出生数（初婚・出生確率関数から除外された欠落確率に影響を及ぼす要因）と同じ理由で，当該変数を説明する確率要因に時系列相関が生じないことと[6]，当該変数のt-1〜t期の変化に影響する確率要因とt-1〜t期の欠落に影響する確率要因が統計的に独立であることが必要になる。このため，2004〜2007年のフォローアップでの欠落の影響を受ける時間の経過にしたがって変化する共変量を2007〜2013年のフォローアップ期間で用いることはバイアスを持ち込む可能性がある，一方で，JGGSフォローアップ調査で捕捉される初婚ハザードは『国勢調査』から推定されるものより3割ほど過小であった（2.1項）が，フォローアップ調査で捕捉されている変化も多く，この情報を有効に活用することができる。

　JGGSパネル調査では時間の経過にしたがって変化しない属性として，3つ（在学の有無と最終学歴，15歳までに最も長く住んだ地域，標本抽出地域と都市規模）が利用できる。これらに加え，本章では欠落と初婚・出生に影響

6）　時系列相関があるならば過去の欠落で選択性が生じている可能性があり，t-1〜t期の欠落確率へのt-2期以前の当該変数値の影響を検証する必要がある。

を及ぼすと考えられる時間の経過にしたがって変化する7つの属性（世帯構造や世帯属性に関わる世帯人員，世帯の家族類型，本人または配偶者の親との同居有無，住宅の所有区分の4つと，個人属性として従業上の地位，本人の所得，出生意欲の3つ）を探索的に利用する。それぞれの変数は以下のように構築した。

　時間の経過にしたがって変化しない3つの変数については，いずれも初婚・出生行動へ影響することを示す研究が多くあるものである。すなわち，高学歴や都市的な地域への居住は初婚・出生タイミングを遅くすることが知られている。また，都市では調査員調査が難しいという指摘も多く，欠落にも何らかの影響を及ぼすと考えられる。まず，在学の有無と最終学歴については，最後に行った学校を卒業したか否かに関する回答と最後に行った学校の種類を用いて，在学中と，最終学歴が中学校，高校[†]，専修学校（高校卒業後），短大・高専，4年生大学以上，最終学歴がその他もしくは不詳であるカテゴリー変数を作成した。なお，最後に行った学校を中退した場合の最終学歴は，最後に行った学校が高校以下の場合は中学校，専修学校・短大・高専・4年制大学以上の場合は高校を仮定した。2004年調査時最終学歴がその他は25人，不詳は24人で，合わせて1.1％と限られるので在学の有無と最終学歴を用いるモデルでは分析から除く。この変数は，2004年調査時在学中が329人（6.6％）いるため，厳密には時間の経過にしたがって変化しないわけではないが，在学中を除く9割以上についてはほとんど変化しないと考えてよいだろう。

　15歳までに最も長く住んだ地域については，「15歳になるまでの間，最も長く暮らした地域はどこにあたりますか」という質問に対する回答である「農村・山村・漁村，地方小都市[†]，県庁所在地・それと同等以上の大都市」のカテゴリーを用いる。この変数は2004年調査時81人（1.6％）が不詳であり，この変数を用いる場合には分析から除外される。

　JGGS2004年調査は地域ブロックと都市規模の組み合わせを標本抽出の第1層として用いている。都市規模は，「東京23区，横浜市，川崎市・京都市，千葉市・大阪市・北九州市，その他の政令市，人口10万人以上の市，人口10万人未満の市，郡部」に分類されている。ここではこの都市規模を東京23区，

308　第Ⅲ部　パネルデータの質の検証

政令指定都市，人口10万人以上の市[†]，人口10万人未満の市，郡部に再分類
した。フォローアップ調査時の居住地は時間の経過にしたがって変化するが，
この変数は変化せず，フォローアップ調査時の居住地が都市的な性格をもっ
ているか否かと一定の相関があると考えられる。この変数には不詳は存在し
ない。

　その他の時間の経過にしたがって変化する7つの属性のうち，世帯構造や
世帯属性に関わる4つについては相互に関連がある。まず，世帯人員につい
てはフェースシートの自分を含む同居者数の回答を連続変数として用いる。
世帯の家族類型については，フェースシートの同居者の回答者からみた続柄
を用いて，単独，夫婦のみ，夫婦と子[†]，3世代，その他というカテゴリー
変数を構築した。単独世帯とは世帯人員が1人の世帯，夫婦のみは本人と配
偶者のみからなる世帯，夫婦と子は本人・配偶者・子（子の配偶者）もしく
は本人・兄弟姉妹・両親からなる世帯，3世代は親（配偶者の親）／子（子の
配偶者）／祖父母／孫のうち2世代以上が含まれる世帯である。本人からみ
た続柄不詳の世帯員がいる4人については前後のフォローアップ調査の
フェースシートの回答を参照して個別に修正した。一般に，世帯規模が大き
く構造が複雑な家族類型では，世帯員と接触できる可能性が高くなるため調
査協力が得られる可能性が高くなる。

　本人または配偶者の親との同居有無については，まず本人の親（もしくは
有配偶の場合には配偶者の親も含めた親）が1人でも生存しているか否かにつ
いての変数を構築した。自分の親2人が死亡していて配偶者の親の生死が2
人とも不詳の場合は全員死亡とみなすなどのクリーニングを行ったうえで，
親の生死が不詳（2004年調査では5人）の場合は，分析対象が49〜59歳以下
なので少なくとも1人生きていると仮定した。そのうえで，親が1人でも生
きている場合で本人からみた続柄が親もしくは配偶者の親である世帯員が同
居しているならば1，同居していないならば0の二値変数を構築した。
フェースシートの続柄が不詳のケースは「親ごさんのお住まいまで行くのに
どのくらい時間がかかりますか」に対する回答を参照して個別に修正した。
世帯人員2人以下は単独・夫婦のみ世帯なので親は同居していない。親が同
居しているのは，夫婦と子（回答者が子世代）か3世代とその他の家族類型

の一部であり，世帯規模・家族類型と強い相関がある。親が同居している場合には，家事・育児サポートが得られるため，出生行動への影響が期待される。

　住宅の所有区分については，「あなたのお住まいはどれにあたりますか」に対する8区分の回答である，「一戸建ての持ち家（ローンなし），一戸建ての持ち家（ローン返済中），賃貸の一戸建て，分譲マンション（ローンなし），分譲マンション（ローン返済中），賃貸マンション・賃貸アパート，社宅・官舎など雇い主から供給されている住宅，その他」を4区分に再分類した。まず，2004年調査の住宅の所有区分がその他は110人（2.2％），不詳は35人（0.7％）と限られるので1区分にまとめた。そのうえで，借家（一戸建て，分譲マンション，社宅・官舎など給与住宅），一戸建ての持ち家（ローンあり／なし）†，分譲マンションの持ち家（ローンあり／なし），その他・不詳と区分した。住宅の所有区分が持ち家であれば，借家に比べ転居は少なくなるだろう。ただし，親の持ち家に居住している場合，住宅の所有区分が一戸建ての持ち家や分譲マンションの持ち家になっているケースが多いと考えられるため解釈には注意を要する。

　時間の経過にしたがって変化する7つの属性のうち，個人属性に関わる3つの変数は以下のように構築した。従業上の地位は，調査時仕事についているか否かと仕事をしている場合の従業上の地位から，仕事をしていないと，仕事についているか休職中の従業上の地位が正規雇用†，パート・アルバイト・派遣・契約の雇用者，自営・家族従業者・その他のカテゴリー変数を構築した。仕事の有無不詳（2004年調査では24人0.5％）は仕事をしていないに，有業の従業上の地位不詳（2004年調査では16人0.3％）は自営・家族従業者・その他にそれぞれ含めた。

　回答者本人の所得については，「昨年の税込み年収の総額」について，ゼロから1500万円以上の13カテゴリーで調査されている。ここでは，各階級の中央値を当てて連続変数として取り扱った。『民間給与の実態統計調査（2010年）』（国税庁）によれば，2004年以後の給与階級1500万円超の給与総額と給与所得者数から計算される平均は男女とも約2300万円で推移していた。このため，1500万円以上の階級値としては2300万円を当てた。所得は不詳が

310　第Ⅲ部　パネルデータの質の検証

比較的多く，2004年調査では304人（6.1％）であった。後続フォローアップ調査では所得不詳は減少傾向にあり，2007年調査では2.4％，2010年調査では1.1％，2013年調査では0.8％になっていたが，これは所得を回答しなかった人のその後の欠落率が高い可能性を示唆する。そこで，所得が不詳の場合に１をとる二値変数を別途構築し，モデル分析では所得水準と合わせて統御する。

　最後に，出生意欲については，「あなたは，これから子どもが（もうひとり）ほしいですか」に対する５区分の回答である，「ぜひほしい，ほしい，どちらともいえない，あまりほしくない，絶対ほしくない」のうち，ぜひほしい，ほしいはまとめて４区分に再分類した。出生意欲が不詳である2004年調査では27人（0.5％）はどちらともいえないに含めた。

3.2　フォローアップ状況別にみた共変量

　共変量と欠落の関係性についての最も単純な分析として，フォローアップの状態別（欠落したか否か）に共変量の平均を計算し，フォローアップの状態で平均が異ならないのか検定した（表９-５a～表９-５c）。欠落がランダムならば，すべての共変量の分布がフォローアップ状態によって異ならないはずである。カテゴリー変数については，階級数と同じ個数の二項変数を作成し，その平均について検定を行った。欠落率は最近のフォローアップ調査ほど低下しており（1.2項），欠落と共変量の関係性も変化している可能性がある。ここでは，フォローアップ期間別に検討を行った。フォローアップ期間別フォローアップ状態として，1.2項と同様に，2004年調査回答者が2007～2013年の３回のフォローアップ調査のいずれかで欠落したか否か（2004→2013年欠落状態と呼ぶ），2004～2007年・2007～2010年・2010～2013年のそれぞれのフォローアップ期間の期首にフォローアップ対象で期末までに欠落したか否か，および2004～2013年の３回のフォローアップをプールしたもの（期首～期末年欠落ハザード状態と呼ぶ）を検討する。時間の経過にしたがって変化する変数については，期首調査年の変数値を集計した（したがって，2004→2013欠落状態は2004年調査時の共変量の値，期首～期末年欠落ハザード状態は期首年調査の値，2004～2013年欠落ハザード状態については欠落する前

の調査時の変数値を同一個人について重複して集計する）。男女間で極端に分布が異なる共変量があるため，分析は男女別に行った。これらは第4節以降のモデルで用いる共変量の記述統計である。

　表9-5aは男女総数についての単変量分析の結果である。未婚者割合，単独世帯割合，借家住まい，出生意欲が高い割合が調査完了者で低く，調査完了者では平均年齢や既婚で子ども3人以上の割合，15歳まで農村・山村・漁村に住んでいた割合，標本抽出地域が郡部である割合，一戸建ての持ち家への居住割合が高く，平均世帯人員が多い。これらは未婚者や単独世帯の欠落率は高く，年長者や大家族の欠落率は低いことを意味する。これらの共変量のフォローアップ状態による差は1％水準で統計的に有意であり，フォローアップ期間によらず一貫している。ただし，調査完了者で割合が低いすべての属性は低年齢に偏っており，逆に調査完了者に多くみられる属性は，標本抽出地域を除いてすべて年長者に偏っている傾向がある。たとえば，単独世帯割合や出生意欲は30歳代前半までが極端に高く，借家住まいの割合は20歳代前半では低いが20歳代後半から30歳代前半で多く，40歳以上では少なくなって逆に持ち家への居住割合が上昇する。平均世帯人員についても20歳代後半から40歳代にかけて増加する。したがって，このような共変量のフォローアップ状態による差は年齢の影響である可能性もある。

　表9-5bは男性，表9-5cは女性についての単変量分析の結果である。2004年調査の共変量を男女間で比較すると，最終学歴が中学校や4年生大学以上の割合は男性が多く，女性では高校卒業後の専修学校や短大・高専の割合が高い。また，男性の単独世帯割合，親との同居割合，正規雇用・自営・家族従業割合，平均所得は女性より高い。そこで最終学歴と従業上の地位および所得についてみると，まず男女ともフォローアップ状態によって最終学歴は統計的に有意に異なるといえない。従業上の地位と所得については，男性の2004→2013年欠落状態や2004～2007年欠落ハザード状態については，調査完了者の正規雇用割合が高く，平均所得が高い一方で，非正規雇用割合と仕事をしていない割合，所得不詳の割合が低い。他方で，女性については，従業上の地位と所得についてはっきりとした傾向は認められない。

表9-5a　フォローアップ期間別，フォローアップの状態（欠落／調査完了）の別，欠落に影響を及ぼすと考えられる変数の平均：JGGS2004年調査時に18～49歳の男女日本人総数と，このうち2007～2013年調査にフォローアップされた人

2004年と2013年調査結果およびフォローアップ期間の期首属性	2004年と2013年の比較		2004～2013年総数		2004～2007年		2007～2010年		2010～2013年		調査完了ケース数			
	2004年完了	2013年完了[a]	欠落	調査完了	欠落	調査完了	欠落	調査完了	欠落	調査完了	2004年	2007年	2010年	2013年[a]
1. 男女														
男	0.451	0.397**	0.482	0.412**	0.494	0.424**	0.468	0.408**	0.454	0.397**	2,262	1,314	940	744
女	0.549	0.603**	0.518	0.588**	0.506	0.576**	0.532	0.592**	0.546	0.603**	2,751	1,790	1,367	1,131
2. 年齢	35.4	37.8*	35.7	39.6*	33.8	36.4*	37.3	40.3*	41.0	44.0*	5,013	3,104	2,307	1,875
3. 初婚と既往出生数[b]	0.326	0.215**	0.365	0.234**	0.399	0.281**	0.344	0.218**	0.252	0.177**	1,631	778	440	403
既婚×														
0人	0.075	0.060*	0.089	0.058**	0.088	0.067**	0.092	0.052**	0.086	0.050**	376	194	130	112
1人	0.136	0.146	0.132	0.130	0.132	0.138	0.105	0.132	0.178	0.114**	680	388	291	273
2人	0.305	0.359**	0.282	0.360**	0.267	0.328**	0.296	0.371**	0.324	0.399**	1,525	1,091	888	674
3人以上	0.158	0.220**	0.133	0.218**	0.114	0.186**	0.163	0.227**	0.160	0.261**	790	652	558	413
4. 在学の有無と最終学歴[c]														
在学中	0.066	0.042**	0.061	0.030**	0.083	0.056**	0.039	0.021**	0.007	0.001**	329	78	5	79
最終学歴														
中学校	0.055	0.047	0.061	0.053#	0.064	0.049*	0.050	0.057	0.070	0.054	271	170	132	87
高校	0.386	0.395	0.379	0.400*	0.380	0.389	0.368	0.405*	0.397	0.411	1,912	1,223	940	736
専修学校（高校卒業後）	0.121	0.132	0.125	0.138#	0.119	0.122	0.130	0.150	0.146	0.147	600	447	339	246
短大・高専	0.157	0.178*	0.142	0.155#	0.139	0.169**	0.152	0.143	0.135	0.148	780	448	335	331
4年制大学以上	0.215	0.207	0.230	0.224	0.214	0.215	0.261	0.225*	0.246	0.238	1,065	724	552	385
5. 15歳まで最も長く住んだ地域[b]														
農村・山村・漁村	0.236	0.297**	0.200	0.277**	0.192	0.264**	0.217	0.280**	0.203	0.297**	1,165	806	636	551
地方小都市	0.446	0.425	0.459	0.433*	0.461	0.437	0.444	0.435	0.477	0.425*	2,201	1,337	990	790
県庁所在地・それと同等以上の大都市	0.318	0.278**	0.342	0.289**	0.347	0.299**	0.339	0.286**	0.320	0.278**	1,566	916	650	516
6. 標本抽出地域と都市規模														
東京23区	0.060	0.043**	0.071	0.048**	0.075	0.051**	0.065	0.047**	0.063	0.043**	303	160	108	81
政令指定都市	0.176	0.156*	0.187	0.165**	0.183	0.171	0.193	0.163*	0.194	0.156*	881	530	376	292
人口10万人以上の市	0.393	0.372	0.406	0.375**	0.413	0.381*	0.418	0.368**	0.350	0.372	1,972	1,183	849	698
人口10万人未満の市	0.181	0.185	0.180	0.184	0.182	0.180	0.159	0.188*	0.206	0.185	907	561	436	347
郡部	0.190	0.244**	0.157	0.229**	0.147	0.217**	0.165	0.233**	0.188	0.244**	950	670	538	457
7. 世帯人員	3.99	4.32*	3.70	4.14*	3.70	4.17*	3.76	4.18*	3.59	4.05*	5,013	3,104	2,307	1,875

8. 世帯の家族類型													
単独	0.046	0.019**	0.074	0.026**	0.079	0.025**	0.062	0.025**	0.076	0.027**	230	108	83	35
夫婦のみ	0.063	0.050*	0.078	0.058**	0.075	0.055**	0.086	0.052**	0.079	0.068	315	188	162	93
夫婦と子	0.551	0.528**	0.559	0.532**	0.558	0.546	0.572	0.531**	0.542	0.509	2,760	1,682	1,188	990
3世代	0.243	0.326**	0.176	0.285**	0.178	0.284**	0.168	0.291**	0.185	0.281**	1,217	805	606	611
その他	0.098	0.078*	0.112	0.100#	0.111	0.090#	0.112	0.100	0.118	0.116	491	321	268	146
9. 本人または配偶者の親との同居有無													
同居していない	0.601	0.645**	0.607	0.638**	0.591	0.607	0.623	0.650	0.650	0.673	3,012	1,995	1,543	1,210
少なくとも1人同居している	0.387	0.345**	0.374	0.342**	0.397	0.380	0.357	0.330	0.303	0.295	1,939	1,046	684	646
親は全員死亡	0.012	0.010	0.019	0.020	0.012	0.013	0.020	0.020	0.046	0.032	62	63	80	19
10. 住宅の所有区分													
持ち家	0.244	0.123**	0.339	0.152**	0.355	0.174**	0.317	0.144**	0.306	0.126**	1,223	587	368	231
一戸建ての持ち家	0.671	0.796**	0.580	0.771**	0.559	0.741**	0.603	0.783**	0.630	0.803**	3,363	2,286	1,778	1,493
分譲マンション	0.056	0.051	0.058	0.055	0.057	0.056	0.062	0.055	0.051	0.055	282	177	126	96
その他 d)	0.029	0.029	0.024	0.022	0.029	0.029	0.017	0.017	0.014	0.015	145	54	35	55
11. 従業上の地位 e)													
正規雇用	0.423	0.412	0.449	0.439	0.420	0.425	0.470	0.447	0.544	0.453**	2,120	1,407	1,084	772
パート・アルバイト・派遣・契約	0.236	0.237	0.236	0.251	0.238	0.234	0.235	0.255	0.227	0.273**	1,181	775	609	445
自営・家族従業	0.108	0.124#	0.103	0.118#	0.101	0.113	0.098	0.124#	0.123	0.122	541	364	281	232
仕事をしていない	0.234	0.227	0.212	0.192*	0.242	0.228	0.197	0.174	0.106	0.153*	1,171	558	333	426
12. 回答者本人の所得不詳													
既知	0.939	0.957**	0.940	0.970**	0.923	0.950**	0.963	0.980**	0.979	0.990#	4,709	3,027	2,280	1,794
不詳	0.061	0.043**	0.060	0.030**	0.077	0.050**	0.037	0.020**	0.021	0.010*	304	77	27	81
13. 回答者本人の所得（万円）	273.8	272.8	290.4	289.8	270.3	276.0	307.5	298.0	343.9	301.6*	4,709	3,027	2,280	1,794
14. 出生意欲													
ぜひほしい・ほしい	0.359	0.282**	0.378	0.267**	0.405	0.330**	0.346	0.254**	0.317	0.181**	1,799	862	477	529
どちらともいえない f)	0.249	0.233	0.255	0.232*	0.260	0.242	0.252	0.230	0.234	0.217	1,248	731	508	437
あまりほしくない	0.162	0.186*	0.158	0.189*	0.156	0.166	0.159	0.206*	0.167	0.206#	813	602	458	348
絶対ほしくない	0.230	0.299**	0.209	0.312**	0.179	0.262**	0.243	0.310**	0.282	0.396**	1,153	909	864	561

** 1％で有意。　*5％で有意。　#10％で有意。

注：a) 欠落に影響を反映すると考えられる変数は2004年調査の結果を2013年調査完了者について集計した。

b) 不詳を除く。

c) 最後に行った学校の種類が「その他」と不詳の場合を表章しない。最後に行った学校を中退している場合の最終学歴は、最後に行った学校が高校以下の場合は中学校、専修学校・短大・高専・4年制大学以上の場合は高校を仮定した。

d) 住宅の所有区分が分譲マンション以外の「その他」（24名）を含む。

e) 「自営・家族従業」には有業だが従業上の地位不詳（16名）を含む。

f) 「どちらともいえない」には出生意欲不詳（27名）を含む。

表9-5b　フォローアップ期間別，フォローアップの状態（欠落／調査完了）の別，欠落に影響を及ぼすと考えられる変数の期首調査時の平均：JGGS2004年調査時に18～49歳の日本人男性と、このうち2007～2013年調査にフォローアップされた人

2004年と2013年調査結果およびフォローアップ期間の期首属性	フォローアップ期間、フォローアップ状態別変数の平均と平均の差の統計的有意性（t検定）										調査完了ケース数			
	2004年と2013年の比較		2004～2013年総数		2004～2007年		2007～2010年		2010～2013年					
	2004年完了	2013年完了ª)	欠落	調査完了	欠落	調査完了	欠落	調査完了	欠落	調査完了	2004年	2007年	2010年	2013年ª)
1. 年齢	35.4	38.0**	35.8	39.8**	33.7	36.7**	38.0	40.5*	41.5	44.3*	2,262	1,314	940	744
2. 初婚と既往出生数ᵇ)														
未婚	0.361	0.239**	0.401	0.260**	0.436	0.307**	0.384	0.240**	0.265	0.204*	816	369	204	178
既婚×														
0人	0.081	0.066	0.089	0.063#	0.091	0.073	0.080	0.059	0.092	0.050*	182	85	55	49
1人	0.131	0.159#	0.115	0.131	0.117	0.140	0.091	0.132*	0.148	0.114	295	158	114	118
2人	0.286	0.333*	0.271	0.343**	0.251	0.311**	0.288	0.355*	0.337	0.382	645	441	350	248
3人以上	0.142	0.203**	0.125	0.203**	0.105	0.169**	0.157	0.214*	0.158	0.250**	320	260	217	151
3. 在学の有無と最終学歴ᶜ)														
在学中	0.067	0.035**	0.068	0.031**	0.086	0.052**	0.051	0.025*	0.010	0.001*	149	42	3	26
最終学歴														
中学校	0.069	0.065	0.078	0.070	0.078	0.062	0.072	0.076	0.087	0.074	154	98	72	48
高校	0.385	0.392	0.377	0.403#	0.373	0.394	0.365	0.409	0.421	0.409	862	520	386	289
専修学校（高校卒業後）	0.095	0.106	0.099	0.112	0.094	0.096	0.115	0.123	0.097	0.129	212	158	115	78
短大・高専	0.062	0.077	0.045	0.049	0.055	0.066	0.029	0.036	0.026	0.034	138	45	30	57
4年制大学以上	0.323	0.325	0.333	0.336	0.314	0.329	0.368	0.331	0.359	0.353	722	448	333	240
4. 15歳までに最も長く住んだ地域ᵇ)														
農村・山村・漁村	0.238	0.298**	0.207	0.284**	0.190	0.272**	0.230	0.288*	0.249	0.298	529	352	267	219
地方小都市	0.456	0.424	0.471	0.434*	0.478	0.441#	0.458	0.433	0.466	0.424	1,016	571	402	312
県庁所在地・それと同等以上の大都市	0.306	0.278	0.321	0.282*	0.333	0.287*	0.312	0.279	0.285	0.278	682	374	259	204
5. 標本抽出地域と都市規模														
東京23区	0.064	0.039*	0.076	0.044**	0.087	0.047*	0.059	0.044	0.061	0.039	144	63	41	29
政令指定都市	0.167	0.153	0.172	0.159	0.171	0.163	0.173	0.158	0.173	0.153	377	213	148	114
人口10万人以上の市	0.399	0.359*	0.418	0.368**	0.424	0.381*	0.439	0.358**	0.352	0.359	903	501	336	267
人口10万人未満の市	0.179	0.206	0.168	0.199*	0.164	0.190	0.154	0.206*	0.214	0.206	405	251	195	153
郡部	0.191	0.243**	0.165	0.230**	0.154	0.219**	0.176	0.235*	0.199	0.243	433	286	220	181
6. 世帯人員	3.94	4.29**	3.70	4.11**	3.66	4.14**	3.85	4.15**	3.62	4.03**	2,262	1,314	940	744
7. 世帯の家族類型														
単独	0.057	0.024**	0.089	0.030**	0.096	0.029**	0.066	0.031**	0.097	0.031**	130	54	42	18

夫婦のみ	0.064	0.051	0.073	0.057*	0.076	0.055*	0.066	0.054	0.066	0.063	145	76	60	38
夫婦と子	0.550	0.527	0.555	0.545	0.548	0.551	0.574	0.546	0.551	0.535	1,243	728	506	392
3世代	0.232	0.331**	0.176	0.278**	0.167	0.280**	0.197	0.284**	0.184	0.267*	525	340	235	246
その他	0.097	0.067*	0.107	0.090#	0.113	0.085*	0.096	0.085	0.102	0.103	219	116	97	50
8. 本人または配偶者の親との同居有無														
同居していない	0.538	0.550	0.559	0.561	0.546	0.532	0.561	0.575	0.622	0.594	1,217	750	564	409
少なくとも1人同居している	0.451	0.444	0.424	0.423	0.438	0.460	0.426	0.410	0.352	0.374	1,020	545	347	330
親は全員死亡	0.011	0.007	0.016	0.016	0.016	0.008#	0.013	0.015	0.026	0.032	25	19	29	5
9. 住宅の所有区分														
借家	0.251	0.114**	0.339	0.148**	0.370	0.163**	0.285	0.141**	0.291	0.129**	567	239	153	85
持ち家														
一戸建ての持ち家	0.668	0.801**	0.587	0.779**	0.553	0.753**	0.636	0.793**	0.658	0.806**	1,512	983	729	596
分譲マンション [d]	0.054	0.048	0.056	0.053	0.056	0.053	0.059	0.053	0.051	0.051	123	72	48	36
その他 [e]	0.027	0.036	0.018	0.021	0.021	0.031	0.021	0.013	0.000	0.013	60	20	10	27
10. 従業上の地位 [e]														
正規雇用	0.637	0.688**	0.638	0.695**	0.590	0.672**	0.689	0.708	0.776	0.719	1,441	923	687	512
パート・アルバイト・派遣・契約	0.115	0.078**	0.119	0.086**	0.142	0.094**	0.090	0.079	0.061	0.081	259	108	72	58
自営・家族従業	0.145	0.164	0.140	0.158	0.137	0.151	0.146	0.160	0.143	0.167	328	205	152	122
仕事をしていない	0.103	0.070*	0.103	0.061*	0.132	0.083*	0.074	0.053	0.020	0.034	234	78	29	52
11. 回答者本人の所得区分不詳														
既知	0.948	0.973**	0.940	0.978**	0.925	0.965**	0.960	0.983*	0.974	0.995**	2,144	1,283	931	724
不詳	0.052	0.027*	0.060	0.022*	0.075	0.035*	0.040	0.017	0.026	0.005**	118	31	9	20
12. 回答者本人の所得（万円）	428.8	468.5**	430.9	477.8**	399.5	449.5*	469.5	495.2	503.4	504.4	2,144	1,283	931	724
13. 出生意欲														
ぜひほしい・ほしい	0.377	0.301**	0.388	0.279**	0.423	0.344**	0.340	0.265**	0.311	0.181**	853	377	196	224
どちらともいえない [f]	0.290	0.289	0.284	0.284	0.290	0.291	0.271	0.278	0.281	0.280	657	363	263	215
あまりほしくない	0.159	0.180	0.159	0.202**	0.156	0.161	0.170	0.226**	0.153	0.245**	359	276	212	134
絶対ほしくない	0.174	0.230**	0.169	0.235**	0.132	0.205**	0.218	0.230	0.255	0.294	393	298	269	171

** 1％で有意。　* 5％で有意。　# 10％で有意。

注：a) 欠落に影響を及ぼすと考えられる変数は2004年調査の結果を2013年調査完了者について集計した。

b) 不詳を除く。

c) 最後に行った学校の種類が「その他」と不詳の場合を表章しない。最後に行った学校を中退している場合の最終学歴は、最後に行った学校が高校以下の場合は中学校、専修学校・短大・高専・4年制大学以上の場合は高校を仮定した。

d) 住宅の所有区分が持家（一戸建ての持家・分譲マンション等）もしくは一戸建ての借家（10名）を含む。分譲マンション以外の「その他」および不詳（12名）を含む。

e) 「自営・家族従業」には有業だが従業上の地位不詳（10名）を含む。「仕事をしていない」には仕事意欲不詳（8名）を含む。

f) 出生意欲不詳（14名）を含む。

表9-5c　フォローアップ期間別、フォローアップの状態（欠落／調査完了）の別、欠落に影響を及ぼすと考えられる変数の期首調査時の平均：JGGS2004年調査時に18～49歳の日本人女性と、このうち2007～2013年調査にフォローアップされた人

2004年と2013年調査結果およびフォローアップ期間の期首属性	2004年と2013年の比較		2004～2013年総数		2004～2007年		2007～2010年		2010～2013年		調査完了ケース数			
	2004年完了	2013年完了[a]	欠落	調査完了	欠落	調査完了	欠落	調査完了	欠落	調査完了[a]	2004年	2007年	2010年	2013年[a]
1. 年齢	35.4	37.6**	35.6	39.5**	33.9	36.2**	36.7	40.1**	40.5	43.9**	2,751	1,790	1,367	1,131
2. 初婚と既往出生数[b]														
未婚	0.297	0.199**	0.330	0.216**	0.362	0.261**	0.308	0.203**	0.242	0.158**	815	409	236	225
既婚×														
0人	0.071	0.056#	0.089	0.054#	0.085	0.063#	0.103	0.048*	0.081	0.050#	194	109	75	63
1人	0.140	0.137	0.147	0.129#	0.147	0.137	0.117	0.132	0.203	0.114*	385	230	177	155
2人	0.321	0.377**	0.293	0.372**	0.284	0.341**	0.304	0.382**	0.314	0.410**	880	650	538	426
3人以上	0.171	0.232**	0.140	0.228**	0.122	0.198**	0.168	0.235*	0.161	0.268**	470	392	341	262
3. 在学の有無と最終学歴[c]														
在学中	0.066	0.047*	0.056	0.030*	0.081	0.058*	0.028	0.018	0.004	0.001	180	36	2	53
最終学歴														
中学校	0.043	0.035	0.046	0.041	0.051	0.039	0.031	0.044	0.055	0.042	117	72	60	39
高校	0.386	0.397	0.381	0.398	0.387	0.385	0.371	0.403	0.377	0.412	1,050	703	554	447
専修学校（高校卒業後）	0.143	0.149	0.150	0.155	0.143	0.142	0.144	0.168	0.186	0.160	388	289	224	168
短大・高専	0.236	0.243	0.232	0.230	0.222	0.244	0.260	0.216*	0.225	0.223	642	403	305	274
4年制大学以上	0.126	0.129	0.134	0.146	0.116	0.132	0.165	0.152	0.153	0.162	343	276	219	145
4. 15歳までに最も長く住んだ地域[b]														
農村・山村・漁村	0.235	0.296**	0.193	0.273**	0.194	0.257*	0.205	0.274**	0.164	0.296**	636	454	369	332
地方小都市	0.438	0.426*	0.447	0.433	0.444	0.435	0.431	0.436	0.487	0.426*	1,185	766	588	478
県庁所在地・それと同等以上の大都市	0.327	0.278**	0.360	0.294**	0.362	0.308**	0.364	0.290**	0.350	0.278*	884	542	391	312
5. 標本抽出地域と都市規模														
東京23区	0.058	0.046	0.066	0.050*	0.064	0.054	0.070	0.049*	0.064	0.046	159	97	67	52
政令指定都市	0.183	0.157#	0.201	0.169**	0.194	0.177	0.210	0.167*	0.212	0.157*	504	317	228	178
人口10万人以上の市	0.389	0.381	0.394	0.379	0.403	0.381	0.400	0.375	0.347	0.381	1,069	682	513	431
人口10万人未満の市	0.182	0.172	0.190	0.174	0.200	0.173*	0.164	0.176	0.199	0.172	502	310	241	194
郡部	0.188	0.244**	0.149	0.228**	0.139	0.215*	0.157	0.233**	0.178	0.244**	517	384	318	276
6. 世帯人員	4.04	4.34**	3.70	4.16**	3.74	4.20**	3.69	4.19**	3.57	4.06**	2,751	1,790	1,367	1,131
7. 世帯の家族類型														
単独	0.036	0.015**	0.061	0.022**	0.062	0.022**	0.058	0.021**	0.059	0.024**	100	54	41	17
夫婦のみ	0.062	0.049	0.083	0.058**	0.073	0.055#	0.103	0.050**	0.089	0.072	170	112	102	55

夫婦と子	0.551	0.529	0.563	0.522**	0.567	0.543	0.570	0.521**	0.534	0.492	1,517	954	682	598
3世代	0.252	0.323**	0.176	0.291**	0.188	0.287**	0.143	0.297**	0.186	0.289**	692	465	371	365
その他	0.099	0.085	0.117	0.107	0.109	0.093	0.126	0.111	0.131	0.124	272	205	171	96
8. 本人または配偶者の親との同居有無														
同居していない	0.652	0.708**	0.651	0.691**	0.635	0.662	0.678	0.701	0.674	0.725	1,795	1,245	979	801
少なくとも1人同居している	0.334	0.279**	0.328	0.286**	0.357	0.321#	0.297	0.275	0.263	0.243	919	501	337	316
親は全員死亡	0.013	0.012	0.021	0.023	0.008	0.016#	0.026	0.024	0.064	0.032*	37	44	51	14
9. 住宅の所有区分														
借家	0.238	0.129#	0.339	0.155#	0.341	0.182*	0.346	0.147**	0.318	0.124**	656	348	215	146
持ち家														
一戸建ての持ち家	0.673	0.793**	0.573	0.765**	0.564	0.733**	0.575	0.776**	0.606	0.801**	1,851	1,303	1,049	897
分譲マンション	0.058	0.053	0.059	0.057	0.058	0.058	0.065	0.057	0.051	0.058	159	105	78	60
その他e)	0.031	0.025	0.029	0.023	0.037	0.028	0.014	0.021	0.025	0.017	85	34	25	28
10. 従業上の地位														
正規雇用	0.247	0.230	0.274	0.260	0.253	0.243	0.278	0.268	0.352	0.278*	679	484	397	260
パート・アルバイト・派遣・契約	0.335	0.342	0.344	0.366	0.332	0.337	0.362	0.376	0.364	0.399	922	667	537	387
自営・家族従業	0.077	0.097#	0.069	0.091**	0.065	0.084#	0.056	0.099#	0.106	0.092	213	159	129	110
仕事をしていない	0.341	0.331	0.313	0.283*	0.350	0.335	0.304	0.257#	0.178	0.232#	937	480	304	374
11. 回答者本人の所得不詳														
既知	0.932	0.946	0.941	0.964**	0.920	0.939**	0.965	0.977	0.983	0.988	2,565	1,744	1,349	1,070
不詳	0.068	0.054	0.059	0.036**	0.080	0.061#	0.035	0.023	0.017	0.012	186	46	18	61
12. 回答者本人の所得（万円）	144.3	140.4	159.8	156.2	143.5	144.7	165.9	161.3	212.5	167.3**	2,565	1,744	1,349	1,070
13. 出生意欲														
ぜひほしい・ほしい	0.344	0.270**	0.369	0.259**	0.388	0.320**	0.350	0.246**	0.322	0.181**	946	485	281	305
どちらともいえない(f)	0.215	0.196	0.227	0.195**	0.231	0.206	0.236	0.196#	0.195	0.176	591	368	245	222
あまりほしくない(f)	0.165	0.189#	0.158	0.180*	0.156	0.170	0.150	0.192*	0.178	0.180	454	326	246	214
絶対ほしくない	0.276	0.345**	0.247	0.366**	0.226	0.304**	0.264	0.366**	0.305	0.462**	760	611	595	390

**1％で有意。　*5％で有意。　#10％で有意。

注：a）欠落に影響を反映すると考えられる変数は2004年調査の結果を2013年調査完了者について集計した。

b）不詳を除く。

c）最後に行った学校の種類が「その他」と不詳の場合を表章しない。最後に行った学校を中退している場合の最終学歴は、最後に行った学校が高校以下の場合は中学校、専修学校・短大・高専・4年制大学以上の場合は高校を仮定した。

d）住宅の所有区分が持家（一戸建ての持ち家、分譲マンション等）もしくは一戸建ての持ち家、分譲マンション以外の「その他」（23名）を含む。

e）「自営・家族従業」には有業だが従業上の地位不詳（16名）を含む。「仕事をしていない」には仕事の有無不詳を含む。

f）出生意欲不詳（13名）を含む。

318　第Ⅲ部　パネルデータの質の検証

第4節　欠落確率についてのロジットモデル分析

　JGGS2004～2013年フォローアップ調査における欠落率は，男女・年齢とフォローアップ期間で大きく変わっていた（1.2項）。また，初婚と既往出生数，世帯規模や家族類型，住宅の所有区部などの共変量はフォローアップ状態によって平均が異なるが，年齢と相関があり，年齢を一定にしたうえで比較する必要があった（3.2項）。はじめに触れたように，初婚と既往出生数は年齢だけでなく，第3節で検討した欠落に影響を及ぼす共変量と相関がある可能性がある。ロジットモデルを用いて男女・年齢・フォローアップ期間と共変量を統御して（一定にして），これら共変量で説明されない初婚と既往出生数（初婚・出生確率関数から除外された欠落確率に影響を及ぼす確率要因で，過去の初婚・出生行動における個人の異質性による選択性によって初婚と既往出生数と相関していると考えられるもの）が欠落確率に及ぼす影響について多変量分析を行い，「観察される要因における選択性モデル」における欠落バイアスについて検証する。分析は第3節と同じく男女別フォローアップ期間別に行った。同様に，被説明変数についても，時間の経過にしたがって変化する共変量に欠落バイアスが含まれることのない2004→2013年欠落率（2004年調査回答者が2007～2013年の3回のフォローアップ調査のいずれかで欠落したか否か）と，JGGSフォローアップ調査から得られる共変量の変化についての情報を有効に利用する期首～期末年欠落ハザード（2004～2007年・2007～2010年・2010～2013年のそれぞれのフォローアップ期間の期首にフォローアップ対象で期末までに欠落したか否か，および2004～2013年の3回のフォローアップをプールしたもの）を検討する。共変量には相互に相関があると考えられるので，男女・年齢・フォローアップ期間・初婚と既往出生数を用いるモデルにその他の共変量を1つだけ加えて別々に推定した。

　表9-6aは男女・年齢・フォローアップ期間・初婚と既往出生数だけを用いるモデルと，その他の共変量を1つだけ加えた場合のロジットモデル推定結果から予測される欠落確率である。この予測欠落確率はモデルに含まれるその他の共変量を推定に用いるサンプル内の平均に固定して計算した。表

9-6bでは，これらのモデルの推定結果において初婚と既往出生数の予測確率が共変量によってどのように変化するかをみた。

　まず，表9-6aの男女・年齢とフォローアップ期間，初婚と既往出生数のみを用いるモデルについて，2004→2013年欠落率の推定結果をみると，女性は男性に対し1割ほど，20歳に比べ50歳時の欠落確率は3割ほど小さいことを一定にしても，既婚で子ども3人以上の欠落確率が最も低く（52.9%），差は他のどのカテゴリーと比べても統計的に1％水準で有意である。子ども1人や2人はこれより15％ほど大きく（61.2%，59.8%），子ども0人や未婚者の欠落確率は3割以上高い（70.3%と70.5%）。男女別にみても，未婚者や無子の欠落確率は既婚で子ども3人以上と比べて男性で27〜28％，女性で38〜39％ほど1％水準で有意に大きい。

　　男女・年齢とフォローアップ期間，初婚と既往出生数のみを用いるモデルについて，2004〜2013年欠落ハザードの推定結果をみると，既婚で子ども3人以上の欠落ハザードが最も低く，子ども1〜2人，未婚と無子の順に欠落ハザードが高くなることは2004→2013年欠落率の結果と整合的であり，男女別にみても一貫している。ただし，初婚と既往出生数別欠落ハザードのフォローアップ期間による変化のパターンをみると，最近のフォローアップほど欠落ハザードが低下している傾向のなかでも，既婚で子ども3人以上と未婚者の欠落ハザードの低下は著しく，男性の2010〜2013年や女性の2007〜2010年以降では未婚者の既婚で子ども3人以上に対する欠落ハザードの差の統計的な有意性が低下している。逆に，子ども0人や子ども1人の低下は緩やかで，既婚で子ども3人以上の欠落ハザードに対する比には上昇傾向がみられる。特に，子ども1人の欠落ハザードについては男女とも2007〜2010年に低下したあと，2010〜2013年にかけて増加している。このため，2010〜2013年は未婚者よりも既婚で子ども1人の欠落ハザードのほうが高くなっている。これは2004〜2007年の初婚と既往出生数の変化（すなわち2004〜2007年フォローアップ調査で捕捉された初婚・出生発生）が2007〜2010年以後の欠落ハザードに影響を及ぼしている可能性を示唆するが，初婚と既往出生数と相関した他の共変量の影響である可能性もあり，別途検証されることが望ましい。

　他の共変量についての予測欠落確率をみると，在学の有無と最終学歴，従

表9-6a　フォローアップ期間別、男女・期首年齢、初婚と既往出生数および共変量をロジットモデルで統制した予測欠落確率：JGGS2004年調査時に18～49歳の男女日本人と、このうち2007～2013年調査にフォローアップされた人　（%）

注：各グループの「2004～2007年」「2007～2010年」「2010～2013年」列は「フォローアップ期間別・欠落ハザード」。左端の共変量列見出しは「男女・年齢年齢†・期首年齢・初婚と既往出生数の他に統制する共変量」。

共変量	総数 2004→2013年a)	総数 総数b)	総数 2004～2007年	総数 2007～2010年	総数 2010～2013年	男 2004→2013年a)	男 総数b)	男 2004～2007年	男 2007～2010年	男 2010～2013年	女 2004→2013年a)	女 総数b)	女 2004～2007年	女 2007～2010年	女 2010～2013年
1. 男女・年齢年齢別・期首年齢、初婚と既往出生数分布															
女性†	67.5†	32.2†	41.7†	27.8†	20.0†	—	—	—	—	—	—	—	—	—	—
男性†	59.8**	26.9**	35.4**	23.3**	16.3†	—	—	—	—	—	—	—	—	—	—
年齢†（連続変数）															
20歳	73.6**	39.5**	46.1**	36.3**	32.7**	77.5*	43.8**	52.5**	35.1**	36.6**	70.0**	36.2**	40.8**	37.5**	29.8**
35歳	63.7**	30.9**	38.4**	27.5**	22.4**	68.3*	34.7**	42.3**	29.6*	25.4**	59.6**	28.2**	35.3**	25.9**	20.4**
50歳	52.5**	23.5**	31.2**	20.2**	14.7**	57.4*	26.6**	32.7**	24.7**	16.8**	48.4**	21.3**	30.1**	17.0**	13.4#
フォローアップ期間															
2004～2007年†	—	35.7†	—	—	—	—	39.6†	—	—	—	—	32.9†	—	—	—
2007～2010年	—	26.0**	—	—	—	—	29.0**	—	—	—	—	23.9**	—	—	—
2010～2013年	—	20.8**	—	—	—	—	23.3**	—	—	—	—	19.0**	—	—	—
初婚と既往出生数†															
未婚†	70.3**	32.9**	42.4**	29.7**	18.8*	74.1*	37.1*	45.7**	35.8**	19.9	66.9**	29.7**	39.8**	24.8	18.3#
既婚×															
0人†	70.5**	38.3**	45.1**	37.7**	27.1**	74.2*	41.0*	48.8**	35.7	32.9**	67.3**	36.5**	42.5**	38.9**	23.3*
1人	61.2**	30.1†	38.2**	21.7	26.4**	61.5	30.6	39.1	21.8	25.9*	60.6**	29.7*	37.5**	21.5	26.7*
2人	59.8**	27.4**	36.2**	23.4	16.7	65.3†	31.0#	40.3	25.5	19.9	55.3*	24.8*	33.0*	21.9	14.7
3人以上	52.9†	23.6†	30.6†	22.0†	13.4†	58.1†	27.2#	35.4#	24.1†	15.6†	48.6†	21.1†	27.0†	20.6†	12.0*
2. 在学の有無と最終学歴d)															
在学中	59.3	27.6	36.1	24.3	50.6*	69.4	33.2	40.8	30.5	52.3	51.0*	23.1	32.2	19.1	51.5
最終学歴†															
中学校†	69.1**	32.6†	44.7**	23.0	22.3	70.4	36.3	47.7*	27.8	23.8	69.3**	29.8	42.6	17.8	21.6
高校†	63.5†	28.8†	38.0†	24.2†	18.1	67.6†	31.6†	40.5†	26.1†	20.9	60.0**	26.8†	35.9†	23.0†	16.4†
専修学校（高校卒業後）	60.9	27.6	37.9	22.0	16.4	63.5	29.5	40.9	25.0	14.1	58.0	25.8	35.2	19.7	17.2
短大・高専	61.6	29.1	35.9	28.4**	17.7	60.1†	29.1	38.1	24.9	17.3	59.2	26.7	33.2	26.7	16.4
4年制大学以上	64.7	29.1	37.4	26.8	16.5	70.2	34.2	42.9	31.4#	20.2	58.0	24.1	31.5	22.4	12.8
3. 15歳まで最も長く住んだ地域c)															
農村・山村・漁村†	56.6**	24.7**	32.8**	21.9	14.0*	62.0*	28.2**	35.2**	24.7	19.0	51.9**	22.2**	30.9**	19.9	10.5**
地方小都市	63.9†	29.4†	38.6†	24.7†	18.5†	69.2†	33.5†	43.0†	28.4†	20.8†	59.4†	26.4†	35.1†	22.1†	17.2†
県庁所在地・それと同等以上の大都市	66.7**	31.4**	40.8	27.7	18.9	70.5	34.9	45.1	29.9	19.8	63.4**	28.8**	37.4	26.0	18.1
4. 標本抽出地域と都市規模															
東京23区	73.3**	36.9**	47.1**	31.6	24.0#	79.9*	44.5*	56.9**	33.8	28.6	67.3**	31.3	38.5	30.3	21.1
政令指定都市	67.1	31.1	39.3	28.0	20.4	70.5	34.1	43.0	30.0	21.4	64.0	28.9	36.3	26.5	19.4
人口10万人以上の市	65.4**	30.7†	40.1**	27.8†	16.8†	71.7†	35.6†	44.9†	32.8†	19.7†	60.0†	27.1†	36.4†	24.2†	15.0†
人口10万人未満の市	62.4	28.7	38.4	22.0*	19.5	62.8*	29.3*	38.2*	21.9**	21.1	61.8	28.5	38.6	22.3	18.5

5. 世帯人員（連続変数）	53.3**	22.8**	30.0**	19.3**	14.7	58.9**	26.4**	33.8**	22.3**	17.4	48.6**	20.1**	27.0**	17.1**	12.9
1人	77.9**	43.3**	54.8**	37.2**	27.5**	80.6**	45.0**	58.5**	33.7**	28.9**	75.6**	42.1**	51.5**	40.8**	26.8**
4人	63.6**	28.9**	37.9**	25.2**	17.4**	67.9**	32.5**	41.5**	28.1**	19.8**	59.8**	27.7**	35.1**	23.0**	15.8**
7人	46.2**	17.8**	23.6**	16.0**	10.5**	51.9**	22.0**	26.3**	23.0**	13.0**	41.6**	14.9**	21.6**	11.5**	8.8**
6. 世帯の家族類型															
単独	80.6**	50.6**	63.0**	40.2**	35.4**	83.9**	55.8**	69.4**	38.4	42.4**	77.7**	46.1**	56.8**	41.8**	29.8*
夫婦のみ	72.7*	35.5*	47.8*	34.7	17.0	76.3	36.5	58.0*	28.3	14.1	69.6	34.2*	41.1	38.6*	18.7
夫婦と子†	65.0†	30.2†	38.7†	26.9†	18.8†	69.2†	33.4†	41.2†	29.8†	21.1†	61.2†	27.9†	36.4†	24.9†	17.2†
3世代	51.8**	21.0**	28.5**	17.0**	13.5**	55.4**	24.9**	30.3**	23.5**	16.1	48.7**	18.3**	26.9**	12.6**	11.8**
その他	68.2	31.5	42.4	26.4	18.2	74.9	34.9	48.5#	25.4	19.2	62.8	28.8	37.6	26.2	17.4
7. 本人または配偶者の親との同居有無															
同居していない†	67.2†	32.6†	43.0†	28.5†	18.8†	73.1†	37.5†	48.3†	32.2†	22.1†	61.9†	29.1†	38.5†	26.0†	16.8†
少なくとも1人同居している	56.9**	22.8**	30.9**	18.9**	14.2**	61.3**	26.4**	34.0**	22.6**	17.0	53.9**	20.4**	29.2**	15.6**	11.7#
親は全員死亡	76.6	36.5	41.4	29.3	29.7	83.6	39.5	64.3	23.3	19.1	70.6	33.8	24.2#	32.4	36.3*
8. 住宅の所有区分															
持ち家	81.5**	45.9**	55.4**	41.4**	31.2**	85.3**	50.9**	61.8**	43.8**	33.3**	77.9**	41.9**	50.1**	39.5**	30.0**
一戸建ての持ち家†	56.4†	24.2†	31.9†	20.8†	15.1†	61.4†	27.4†	34.8†	23.8†	17.7†	52.1†	22.0†	29.6†	18.7†	13.5†
分譲マンション	67.9**	30.8**	39.7**	28.3*	17.1	73.2*	35.1*	44.9*	30.7	20.5	63.4**	27.7*	35.6	26.8*	14.7
その他	61.0	28.5	37.3	24.9	17.7	55.4	27.6	32.9	39.3	0.0*	64.0*	28.6*	39.8*	16.1	23.7
9. 従業上の地位															
正規雇用†	62.8*	28.6*	36.5*	24.5*	19.6*	67.3*	32.5*	40.4*	28.4*	21.3*	59.4*	26.2*	34.3*	21.6*	17.7*
パート・アルバイト・派遣・契約	64.3	29.3	39.7*	24.9	15.9*	71.4	32.7	46.4	24.3	13.5*	59.6	26.6	35.4	23.3	15.8
自営・家族従業	61.7	28.8	37.9	22.6	20.1	67.9	33.4	43.0	28.4	19.4	55.5	25.1	33.4	16.8	21.1
仕事をしていない	64.3	30.1	39.8#	28.8#	13.2#	68.7	33.9	45.6	27.4	11.5	59.9	27.0	35.8	26.4#	12.9#
10. 回答者本人の所得															
100万円	61.9	27.9*	37.6	23.6#	15.6#	65.2	29.7	39.9	23.8*	16.5#	58.6	26.0	34.8	22.7	14.8**
400万円	63.3	29.1*	37.5	25.2#	18.3#	67.1	31.7	41.1	26.5*	18.8#	60.0	27.3	34.1	23.2	19.9**
1,000万円	66.1	31.6#	37.2	28.5#	24.9#	70.8	35.8#	43.4	32.5*	24.0#	62.9	30.2	32.7	24.3	33.6**
不詳	73.3**	39.6**	47.9**	41.8**	28.8	81.9**	51.3**	57.7**	52.2**	57.5*	67.3*	32.2*	41.0#	34.4*	17.0
11. 出生意欲と希望時期															
ぜひほしい・ほしい†	62.9†	28.4†	36.8†	23.9†	21.1†	69.1†	32.7†	41.9†	26.4†	24.4†	57.5†	25.4†	32.9†	22.1†	19.2†
どちらともいえない	65.0	29.9	39.4	25.7	18.0	67.9	32.3	42.1	26.4	19.9	62.5#	28.5#	37.4#	25.8	16.8
あまりほしくない	62.5	28.9	40.3	23.1	15.8#	67.6	32.1	45.1	25.9	14.6#	58.0	26.6	36.4	20.9	16.9
絶対ほしくない	62.8	29.2	37.4	27.2	16.9	66.2	33.9	39.1	33.9	21.7	59.9	26.1	35.4	23.4	14.3

** 1%で有意。　* 5%で有意。　# 10%で有意。
† レファレンス・カテゴリー。

注：a) 2004年調査協力者（2004～2007年フォローアップ調査の対象者）のうち、2013年調査に協力した者。期首属性は2004年調査の結果を用いている。

b) 2004～2007年、2007～2010年および2010～2013年の3期間をプールしたものである。男女・期首年齢のほか、フォローアップ期間と初婚と既往出生数を統御した。

c) ～g) は表9-5aのb）～f）と同じ。

業上の地位，出生意欲については男女別にみてもフォローアップ期間別にみても欠落確率に統計的に有意な影響を及ぼさない。回答者本人の所得については，統計的に有意に欠落確率を下げる影響が表れるフォローアップ期間もあるが，所得による予測欠落確率の変化は大きなものではない。

　15歳までに最も長く住んだ地域が農村・山村・漁村だと，男女別にみても2004→2013年欠落率も2004〜2013年欠落ハザードも低い。同様に，標本抽出地域が郡部だと欠落確率は低く，より規模の大きな都市ほど欠落率は高くなる傾向がみられ，特に男性で顕著である。ただし，これらの生育地・標本抽出地域の欠落ハザードをフォローアップ期間別にみると，全般的に最近のフォローアップほど地域の差は縮小している。

　これらの個人属性に対して，世帯構造や世帯属性が欠落確率に及ぼす影響には明瞭なものがある。男女総数の2004→2013年欠落率でみると，世帯人員1人に対し7人のものは4割ほど小さい。夫婦と子世代と比べて，単独世帯の2004→2013年欠落率は25％ほど大きく，3世代世帯のものは2割ほど小さい。また，親との同居は2004→2013年欠落率を15％ほど引き下げる。さらに，一戸建ての持ち家と比べて，借家住まいは45％ほど，分譲マンションでは2割ほど2004→2013年欠落率を高くしている。2004〜2013年欠落ハザードでみても結果は同様で，むしろ予測欠落ハザードのレファレンスグループに対する比は拡大する。フォローアップ期間別にみても，これらのパターンや予測欠落ハザードのレファレンスグループに対する比の大きさは同様である。そして，これらの結果には大きな男女差はない。

　男女・年齢とフォローアップ期間，初婚と既往出生数のみのモデルに，これらの共変量を1つずつ加えたときの初婚と既往出生数別予測欠落確率をみると（表9-6b），時間の経過によって変化しない変数や個人属性をモデルに追加しても初婚と既往出生数別の予測欠落確率はあまり変化しないが，世帯構造や世帯属性は予測確率を大きく変えている。まず，世帯人員を加えたモデルをみると，世帯人員なしのモデルと比べて，未婚（−5％）と既婚で子ども0人（−11％），既婚で子ども1人（−5％）の予測確率は低下し，既婚で子ども2人（＋5％）と3人以上（＋18％）のものは増加する（括弧内は2004→2013年欠落率の世帯人員なしのモデルと比較した予測欠落率の変化率，以

下同様）。これによって，既婚・子ども3人以上と比較した場合の初婚と既往出生数による予測欠落確率の差の統計的な有意性はなくなる。

世帯の家族類型についても同様で，未婚（－3％）と既婚無子（－11％）の予測欠落確率は低下し，既婚で子どもがいる人（＋3～8％）の予測欠落確率は上昇する。このため，既婚で子ども3人以上と比較した場合の予測欠落確率の差の統計的な有意性は著しく低下する。親との同居は，逆に未婚者（＋5％）の予測欠落確率を引き上げ，既婚者（－3～4％）のものを引き下げる。そして，住宅の所有区分を一定にすると，既婚で無子（－5％）と子ども1人（－5％）の予測欠落確率は低下し，未婚者（＋5％）と既婚で子ども2人以上（＋0.1～2％）の予測欠落確率は上昇する。

このような変化が起こる背後には，単独世帯は未婚者に偏っており，既婚で子ども数が多いほど3世代世帯割合が高くなっており，既婚で無子や未婚の世帯規模は小さく，既婚で子ども数が多いほど世帯人員も多いといった構造がある。親との同居は欠落確率を引き下げるが，未婚者は親との同居率が高く，親との同居が平均的であったとすると，既婚者と比べた未婚の欠落確率はより大きくなる。そして，既婚で無子や子ども1人は借家住まいが多いため，住宅の所有区分を一定にすると，既婚で子ども1人以下の欠落確率は低下する。このような世帯属性は相互に相関が強くすべての要因を同時にコントロールすることは難しいが，欠落の要因は多様であり，男女・年齢とフォローアップ期間，初婚と既往出生数のみのモデルで初婚と既往出生数が説明していた欠落確率は，調査員調査を難しくする要因との相関によるところが大きいことがうかがえる。実際，未婚者の欠落確率は親との同居を一定にすると（一定にしない場合より）大きくなっていたが，さらに世帯人員を一定にすると初婚と既往出生数が説明する欠落率の統計的な有意性は再び失われることが示される。

表9-6cには推定されたロジットモデルの疑似決定係数[7]を一覧にした。2004→2013年欠落率や2004～2013年欠落ハザードの疑似決定係数は概ね4～

---

7) ここでの疑似決定係数 ＝ $1 - ll/ll_0$。ll は対数尤度，ll_0 は定数項のみのモデルの対数尤度で計算されており，モデルの当てはまりの良さを測る。これは対数尤度指標とも呼ばれる（Cameron and Trivedi 2013, Sec. 5.3.3）。

324　第Ⅲ部　パネルデータの質の検証

表9－6b　フォローアップ期間別，男女・期首年齢，初婚と既往出生数および共変量をロジットモデルで統御した場合の初婚と既往出生数別予測欠落確率：JGGS2004年調査時に18～49歳の男女日本人と，このうち2007～2013年調査にフォローアップされた人　（％）

男女・期首年齢，初婚と既往出生数の他に統御する共変量	総数 2004→2013年a)	総数b)	フォローアップ期間別 欠落ハザード 2004～2007年	2007～2010年	2010～2013年	男 2004→2013年a)	総数b)	フォローアップ期間別 欠落ハザード 2004～2007年	2007～2010年	2010～2013年	女 2004→2013年a)	総数b)	フォローアップ期間別 欠落ハザード 2004～2007年	2007～2010年	2010～2013年
1. 男女・年齢×初婚とフォローアップ期間															
未婚†	70.3**	32.9**	42.4**	29.7**	18.8**	74.1**	37.1**	45.7**	35.8**	19.9	66.9**	29.7**	39.8**	24.8	18.3#
既婚×															
0人	70.5**	38.3**	45.1**	37.7**	27.1**	74.2**	41.0**	48.8**	35.7	32.9**	67.3**	36.5**	42.5**	38.9**	23.3*
1人	61.2**	30.1**	38.2**	21.7	26.4**	61.5	30.6	39.1	21.8	25.9**	60.6**	29.7**	37.5*	21.5	26.7**
2人	59.8**	27.4**	36.2**	23.4	16.7	65.3*	31.0*	40.3	25.5	19.9	55.3*	24.8†	33.0*	21.9	14.7
3人以上	52.9*	23.6†	30.6†	22.0†	13.4†	58.1†	27.2†	35.4†	24.1†	15.6†	48.6†	21.1†	27.0†	20.6†	12.0†
2. 在学の有無と最終学歴															
未婚×	70.4**	32.7**	42.2**	29.5†	18.7	74.1**	36.9**	45.5**	35.8	19.5	67.7**	30.0**	40.0**	24.7	18.8#
既婚×															
0人	70.1**	38.1**	44.8**	37.2**	27.3**	74.0**	40.6**	48.1**	35.0**	32.9**	67.0**	36.5**	42.4**	38.7**	23.7**
1人	60.8**	29.8**	37.7**	21.3	26.6**	61.0	30.0	38.2	21.1	25.9**	60.0**	29.4**	37.0**	21.1	26.3**
2人	59.5**	27.1**	35.8**	23.2	16.5	65.4*	30.9#	40.0	25.6	19.6	54.6*	24.3†	32.2*	21.6	14.4
3人以上	52.3†	23.2†	29.7†	22.1†	13.4†	58.3†	27.1†	35.1†	24.2†	15.3†	47.4†	20.5†	25.6†	20.5†	11.9#
3. 15歳までに最も長く住んだ地域															
未婚†	70.2**	32.6**	42.3**	29.4#	18.4#	74.3**	37.0**	45.7**	35.4**	20.2	66.6**	29.3**	39.6**	24.7	17.2#
既婚×															
0人	70.3**	38.0**	44.7**	37.4**	27.0**	74.6**	41.2**	48.8**	36.2	33.4**	66.6**	35.7**	41.8**	37.9**	22.6*
1人	60.5**	29.5**	37.7**	21.2	25.3**	61.1	30.3	38.4	21.7	25.7	59.8**	28.9**	37.1**	20.7	24.7**
2人	59.5**	26.8*	35.7	22.8	16.0	65.2*	30.5	39.6	25.3	19.3	54.8*	24.2#	32.6*	21.1	13.8
3人以上	53.1†	23.6†	30.7†	22.1†	13.3†	58.0†	27.1†	35.4†	23.8†	15.7†	49.1†	21.2†	27.2†	20.8†	11.7†
4. 標本抽出地域と都市規模															
未婚†	70.1**	32.3**	42.0**	29.2†	18.1#	74.4**	36.7**	45.5**	35.9**	19.5	66.5**	29.1**	39.4**	23.9	17.5
既婚×															
0人	69.9**	37.6**	44.3**	37.2**	26.1**	73.5**	40.1**	47.5**	35.4**	31.6**	66.8**	36.0**	42.0**	38.3**	22.7*
1人	60.9**	29.6**	37.8**	21.1	26.0**	61.1	30.0	38.6	20.9	25.8**	60.4**	29.3**	37.2**	21.0	25.8**
2人	60.1**	27.3*	36.2*	23.1	16.7	65.6*	30.9	40.3	24.8	19.9	55.5†	24.7†	32.8*	21.8	14.6
3人以上	54.3†	24.2†	31.3†	22.5†	13.7†	59.7†	27.9†	36.4†	24.5†	15.9†	49.9†	21.6†	27.6†	21.2†	12.3†
5. 世帯人員（連続変数）															
未婚†	66.7	28.5	37.9	25.7	15.2	71.2	33.2	41.4	33.6	16.6	62.8	25.0	35.3	19.8	14.6
既婚×															
0人	62.4	30.2	36.2	30.1	20.8	66.8	33.9	39.5	32.3	27.0	58.5	27.5	33.9	27.5	16.7
1人	58.4	27.5	35.3	19.9†	23.9#	59.5†	28.8	36.7†	21.1	24.2	57.1	26.2	34.1	18.3†	23.3*
2人	63.1	29.0	39.1	24.3	17.2	68.8	32.9	40.3	26.2	20.7	58.2	26.1	35.2	21.8	14.9
3人以上	62.9†	29.7†	39.3†	27.0†	16.3†	67.8†	33.1†	45.2†	26.6†	18.4†	58.6†	27.2†	34.7†	27.2†	15.0†

6. 世帯の家族類型															
未婚†	68.0**	29.5	38.8	27.1	16.2	71.6*	33.4	41.7	34.5*	16.9	64.7*	26.6	36.7	21.4	16.1
既婚×															
0人	62.5	31.7	36.4	28.9	26.0*	66.2	36.2	34.6	35.4	37.0	59.2	29.0	37.0	24.6	19.6
1人	62.8*	30.8*	39.7	22.3	26.4**	64.3	31.9	42.1	22.1	26.4*	61.5*	29.8*	38.0*	21.6	26.2*
2人	62.7*	28.7	38.9*	24.0	16.9	68.9#	32.7	44.7	25.6	20.1	57.6#	25.8*	34.7*	22.6	14.8
3人以上	57.2†	25.8†	34.2†	23.7†	14.1†	63.6†	29.7†	41.1†	24.6†	15.9†	52.1†	23.0†	29.4†	22.6†	12.9†
7. 本人または配偶者の親との同居有無															
未婚†	74.1*	38.0	48.0*	35.4*	21.1*	77.8*	41.9*	50.8*	40.8*	22.4	70.4*	35.1*	45.1*	31.7*	21.3*
既婚×															
0人	68.3*	35.7*	41.9*	35.1*	25.5*	71.3*	37.8*	44.4*	33.3*	31.6*	65.8*	34.3*	40.4*	35.8*	21.0*
1人	59.0*	28.3*	35.4*	20.4	25.6*	58.7	28.5	35.8	20.3	25.2*	59.0*	23.0*	35.4*	20.0	25.2**
2人	57.8*	25.5*	33.5*	21.5	16.1	63.0#	28.7	37.3	23.5	19.0	53.7*	23.3	30.9*	20.0	14.0
3人以上	50.9†	22.1†	28.4†	20.4†	12.9†	56.5†	25.7†	33.4†	22.7†	15.1†	46.8†	19.6†	25.0†	18.6†	11.4†
8. 住宅の所有区分															
未婚†	73.7*	34.4*	44.7*	30.8*	19.0*	77.1*	38.4*	47.9*	36.6*	19.9	70.6*	31.5*	42.1*	26.2	18.7*
既婚×															
0人	67.1*	33.2*	40.3*	31.8*	22.2	70.7	35.7*	42.7	31.3	30.7	64.0*	31.4*	38.6*	31.8*	17.6
1人	58.4	27.3*	34.8	19.7	24.3*	59.8	28.3	36.1	20.0	24.7*	57.0*	26.7*	33.9	19.4	24.1*
2人	60.3*	26.8*	35.5*	22.8	16.5	66.4*	30.5	39.8	25.2	19.7	55.4#	24.2*	32.4*	21.1	14.5
3人以上	54.0†	23.6†	30.6†	21.9†	13.5†	59.8†	27.2†	35.6†	23.8†	16.1†	49.4†	21.0†	26.9†	20.5†	12.0†
9. 従業上の地位															
未婚†	70.3*	32.9	42.4*	29.8*	18.4*	73.7*	36.9*	44.8*	36.2*	21.6	66.9*	29.9*	40.0*	25.6	17.1
既婚×															
0人	70.6*	38.4*	45.5*	37.8*	26.8*	74.4*	41.1*	49.4*	35.6*	32.8*	67.3*	36.5*	42.6*	38.9*	23.0*
1人	61.2*	30.1*	38.3*	21.5	26.4*	61.8	30.7	39.7	21.6	25.2	60.4*	29.6*	37.3*	21.0	26.9*
2人	59.9*	27.4*	36.2*	23.3	16.6	65.7*	31.1*	40.9	25.3	19.2	55.3*	24.8*	32.9	21.5	14.8
3人以上	52.9†	23.6†	30.4†	22.0†	13.4†	58.3†	27.2†	35.4†	23.9†	15.0†	48.7†	21.1†	26.9†	20.3†	12.0†
10. 回答者本人の所得															
未婚†	70.5*	33.0	42.5*	29.7*	18.8*	74.9*	37.9*	46.1*	37.0*	20.9	66.8*	29.4*	40.1*	24.7	16.5
既婚×															
0人	70.4*	38.1*	45.2*	37.3*	26.4*	74.0*	40.9*	48.4*	36.1*	33.7*	67.3*	36.2*	42.8*	38.4*	21.4*
1人	61.2*	30.0*	38.2*	21.6	25.9*	61.4	30.4	39.0	21.3	25.1	60.7*	29.7*	37.4*	21.5	26.5*
2人	59.8*	27.3*	36.1*	23.2	16.5	65.0*	30.5	39.9	24.6	19.1	55.4#	24.9*	32.8*	21.9	14.8
3人以上	52.8†	23.6†	30.4†	22.1†	13.4†	58.1†	26.9†	35.2†	23.6†	15.4†	48.6†	21.2†	26.8†	20.7†	12.4†
11. 出生意欲と希望時期															
未婚†	70.2*	32.9	42.5*	29.9*	17.8	74.0*	37.1*	45.6*	36.5*	18.3	67.1*	29.8*	40.2*	24.7	17.3
既婚×															
0人	70.4*	38.5*	45.6*	38.5*	25.7*	73.6#	41.1*	48.7*	37.3*	31.5*	67.6*	36.5*	43.1*	38.9*	21.8*
1人	61.2*	30.2*	38.5*	22.1	25.9*	61.0	30.7	39.0	22.1	25.1*	60.9*	29.7*	37.9*	21.6	25.8*
2人	59.9*	27.3*	35.9*	23.2	17.0	65.7*	31.0*	40.2	25.2	20.4	55.0*	24.7	32.6*	21.9	14.9
3人以上	53.0†	23.5†	30.3†	21.7†	13.9†	58.8†	27.0†	35.6†	22.7†	16.1†	48.3†	21.0†	26.6†	20.6†	12.5†

** 1％で有意。　* 5％で有意。　# 10％で有意。
† レファレンス・カテゴリー。
注：a), b) は表9−6aと同じ。

表9-6c　フォローアップ期間別，男女・期首年齢，初婚と既往出生数および共変量による欠落確率に関するロジットモデルの疑似決定係数：JGGS2004年調査時に18～49歳の男女日本人と，このうち2007～2013年調査にフォローアップされた人

(%)

男女・期首年齢・初婚と既往出生数のほかに統御する共変量	総数 2004→2013年 a)	総数 b)	2004～2007年	2007～2010年	2010～2013年	男 2004→2013年 a)	総数 b)	2004～2007年	2007～2010年	2010～2013年	女 2004→2013年 a)	総数 b)	2004～2007年	2007～2010年	2010～2013年
			フォローアップ期間別 欠落ハザード					フォローアップ期間別 欠落ハザード					フォローアップ期間別 欠落ハザード		
1. 男女年齢とフォローアップ期間，初婚と既往出生数	4.6	5.1	2.3	2.9	3.4	4.1	5.0	2.4	2.3	2.6	4.2	4.7	1.7	3.2	3.8
2. 在学の有無と最終学歴	4.7	5.1	2.4	3.1	3.7	4.2	5.0	2.4	2.6	3.3	4.5	4.7	2.0	3.6	4.1
3. 15歳までに最も長く住んだ地域	5.1	5.5	2.6	3.2	4.0	4.5	5.3	2.8	2.6	2.9	4.6	5.0	1.9	3.4	4.8
4. 標本抽出地域と都市規模	5.5	5.6	2.9	3.6	3.8	5.3	5.7	3.3	3.4	2.9	5.1	5.2	2.3	3.8	4.3
5. 世帯人員（連続変数）	5.9	6.1	3.5	3.6	4.2	5.2	5.7	3.6	2.5	3.2	5.6	5.9	2.9	4.8	4.8
6. 世帯の家族類型	6.0	6.3	3.8	4.1	4.4	5.7	6.2	4.3	2.8	4.0	5.4	6.0	2.8	5.5	4.6
7. 本人または配偶者の親との同居有無	5.1	5.6	2.9	3.4	3.9	5.0	5.7	3.4	2.9	2.9	4.5	5.1	2.1	3.8	4.8
8. 住宅の所有区分	8.3	7.7	5.2	5.5	5.5	8.1	7.8	6.1	4.6	4.5	7.7	7.1	4.0	6.2	6.3
9. 従業上の地位	4.6	5.1	2.4	3.0	3.8	4.1	5.0	2.5	2.4	3.1	4.3	4.7	1.7	3.5	4.2
10. 回答者本人の所得	4.9	5.3	2.5	3.2	3.9	4.5	5.5	2.8	3.1	3.6	4.4	4.8	1.8	3.3	4.5
11. 出生意欲と希望時期	4.6	5.1	2.4	3.0	3.6	4.1	5.0	2.4	2.6	3.3	4.3	4.7	1.8	3.3	4.0

疑似決定係数＝1－ll/ll_0。ll_0 は定数項のみのモデルの対数尤度。

注：a) 2004年調査協力者（2004～2007年フォローアップ調査の対象者）のうち，2013年調査に協力する確率。2013年調査は2004年調査の結果を用いている。
b) 2004～2007年，2007～2010年および2010～2013年の3期間をプールしたものであり，フォローアップ期間のほか初婚と既往出生数を統御した。期首属性は2004年調査のものであり，フォローアップ期間のほか，期首年齢は変化していることがある。男女・期首年齢のほか，フォローアップ期間および初婚と既往出生数を統御した。

第9章　パネル欠落が初婚と出生の分析に与える影響　*327*

6％の水準にあり，最も高い住宅の所有区分を加えるモデルで8.3％である。また，モデルから初婚と既往出生数を除いて疑似決定係数を計算し，表9-6cと比較したところ，疑似決定係数はほとんど改善しておらず，2004→2013年欠落率における差は1％ポイント未満，2004〜2013年欠落ハザードでは0.5％ポイント未満であった。Fitzgerald, Gottschalk and Moffitt (1998) は米国のパネル調査（Panel Study of Income Dynamics, PSID）を用いた欠落の要因分析で本章と同じ疑似決定係数を用いている。彼らが用いたモデルの共変量には統計的に有意な説明力をもつものもあったが疑似決定係数は2.8％〜7.1％の範囲にあって，説明できる欠落確率は非常に限定的あり，「欠落はほとんどノイズのままである」(p.287) と論じている。本章のモデル分析でも，共変量が説明できる欠落確率は限定的であり，共変量を統御した後で初婚と既往出生数が説明できる部分は非常に少ないといえる。

第5節　理由別欠落確率についてのロジットモデル分析

　ここでは，第4節と同じモデルを理由別欠落確率について推定し，係数推定値を用いモデルに含まれるその他の共変量を推定サンプル内の平均に固定して予測確率を計算した。理由別欠落確率の推定に用いる従属変数は，特定の理由による欠落が起こった場合のみ1をとる二項変数であり，この変数は欠落が他の理由で起こった場合には0をとる。理由別の欠落確率については，発生確率が低いため第4節と同じ共変量・モデルでは，男女・年齢・フォローアップ期間別には推定できない欠落の理由がある[8]。そのため，2004→2013年欠落率と2004〜2013年欠落ハザードを対象に男女別に推定を行ったところ，結果には大きな違いはみられなかったため2004〜2013年欠落ハザードについての結果を表9-7aに示した。

　まず，男女・年齢・フォローアップ期間・初婚と既往出生数のみを用いるモデルについて男女総数をみると，男性は女性より不在と拒否による欠落ハザードが高いことがわかる。年齢については，転居と理由不明が年長者ほど

---

　8)　属性別にみた理由別欠落数が0（発生確率が0）のとき，当該変数のモデルパラメータを識別できなくなるためである。

328　第Ⅲ部　パネルデータの質の検証

表9−7a　2004〜2013年欠落ハザード[a]に関する男女・期首年齢、フォローアップ期間、初婚と既往出生数および共変量をロジットモデルで統御した理由別予測欠落確率：JGGS2004年調査時に18〜49歳の男女日本人と、このうち2007〜2013年調査にフォローアップされた人

(%)

男女・期首年齢およびフォローアップ期間、初婚と既往出生数のほかに統御する共変量	総数					男					女				
	転居	不在	拒否	その他	理由不明	転居	不在	拒否	その他	理由不明	転居	不在	拒否	その他	理由不明
1. 男女・期首年齢とフォローアップ期間、初婚と既往出生数を共変量															
女性†	6.5†	4.2†	11.8†	1.9†	5.5†	—	—	—	—	—	—	—	—	—	—
男性	6.1	2.4†	9.5**	1.4#	5.6	—	—	—	—	—	—	—	—	—	—
年齢（連続変数）															
20歳	18.5**	3.7	7.7#	1.0*	11.5#	18.5#	5.3	10.1#	1.5	9.6#	18.4#	2.7	5.9**	0.7	13.0**
35歳	7.8**	3.2	9.9#	1.5*	6.4#	8.1#	4.5	11.8#	1.8	6.0#	7.5#	2.4	8.5**	1.2†	6.6#
50歳	3.0**	2.8	12.7**	2.1*	3.5#	3.3#	3.8	13.8#	2.3	3.7#	2.8**	2.2	11.9**	2.0†	3.2*
フォローアップ期間															
2004〜2007年†	6.3†	3.7†	14.2†	1.8†	7.7†	6.9†	5.3†	15.3†	2.1†	8.1†	5.8†	2.8†	13.5†	1.6†	7.4†
2007〜2010年	6.8	2.9†	8.7#	1.2	4.5#	6.7	3.7	11.0**	1.7	4.6**	6.8	2.5	7.1**	1.6	4.4**
2010〜2013年	5.6	2.2**	6.7**	1.2	3.7†	6.0	3.2#	8.2#	1.9	2.5†	5.3	1.7	5.7**	0.7*	4.5*
初婚と既往出生数[b]															
未婚×	6.4#	4.1**	14.3**	1.7	4.5	6.6	5.6#	15.9**	2.1	5.0	6.3#	3.2	13.2**	1.4	4.0
既婚×															
0人	8.8**	4.6**	10.7	1.1	10.4†	8.2	6.8#	12.0	1.2	10.5†	9.2**	3.3	10.0	1.0	10.0**
1人	7.6**	3.2	8.7	1.4	7.6†	10.1**	3.4	8.4	1.8	6.3	6.0	3.2#	9.0	1.5	8.3**
2人	6.2#	2.7	9.6	1.8	5.7	6.0	4.0	12.1	2.2	5.2	6.3†	1.9	7.8	1.5	6.0
3人以上	4.9†	2.3†	8.7†	1.4†	4.8†	5.5†	3.0†	10.3†	2.1†	4.6†	4.5†	1.9†	7.5†	0.9†	4.9†
2. 在学の有無と最終学歴[c]															
在学中	5.9	3.2	9.1	1.2	5.1	7.0	3.7	8.5	2.5	6.6#	4.9	3.1	9.7	—	3.5#
最終学歴															
中学校†	6.4	3.5	10.7	3.1*	6.1	6.4	4.4	12.4	3.2	7.0†	6.5	3.2	9.9	3.0	4.7
高校	6.0†	3.4†	10.5†	1.7	5.0†	6.2†	5.1†	12.2†	1.9†	4.1†	5.7	2.4†	9.4†	1.6†	5.6†
専修学校（高校卒業後）	5.0	3.6	11.2	1.8	4.5	4.6	3.8	14.1	2.1	3.8	5.2	3.3	9.2	1.6	4.8
短大・高専	6.1	2.3†	11.7	1.2	5.6	4.0	2.8	15.7	1.7	3.5	6.4	1.8	9.7	0.9	5.9
4年制大学以上	7.7**	2.7†	8.9*	1.1*	7.0**	8.0*	3.9#	11.4	1.3	7.3#	7.1	1.8	6.6*	0.9	5.9
3. 15歳までに最も長く住んだ地域[b]															
農村・山村・漁村	5.0*	2.5	9.9	1.5	4.1**	6.0	3.7	10.8*	2.0	3.9*	4.2*	1.7	9.2	1.1	4.2*
地方小都市	6.3†	3.1†	10.6†	1.4†	6.0†	6.8†	4.3†	13.0†	1.8†	5.6†	6.0†	2.4†	8.9†	1.1†	6.1†
県庁所在地・それと同等以上の大都市	7.3*	3.5	10.4	1.5	6.4	7.2	4.7	12.0	1.8	6.7	7.3†	2.7	9.2	1.3	6.1
4. 標本抽出地域と都市規模															
東京23区	7.9	5.7**	10.5	1.8	7.9	9.6#	8.2#	13.8	1.2	7.4	6.5	4.1#	8.2	2.2	8.1
政令指定都市	7.1	3.3	10.0	1.4	7.1	8.1	4.1	10.7†	1.7	7.0	6.3	2.8	9.4	1.1	7.1
人口10万人以上の市	6.5†	3.4†	11.0†	1.4†	6.2†	6.5†	5.1†	13.9†	1.5†	6.2†	6.5†	2.3†	8.9†	1.2†	6.1†
人口10万人未満の市	6.2	2.5†	10.6	2.2†	5.2*	5.8	3.2*	11.1#	3.1*	4.4*	6.4	2.2	10.4	1.6	5.7

5. 郡部（連続変数）	4.9**	2.3*	9.7*	1.6	3.0*	5.8	3.1*	11.1*	1.9	3.2**	4.2**	1.9	8.6	1.3	2.7**
世帯人員															
1人	10.1**	7.5**	8.4**	1.9	17.0**	9.0*	7.2**	9.7*	2.3	19.0**	11.1**	9.5**	7.4*	1.5	15.2**
4人	6.2**	2.9**	10.4**	1.6	5.1**	6.6*	4.2**	12.2*	1.9	4.6**	5.9**	2.0**	9.1*	1.3	5.3**
7人	3.8**	1.1*	12.8**	1.3	1.4*	4.7	2.4*	15.3*	1.6	1.0*	3.0*	0.4*	11.1*	1.1	1.7*
6. 世帯の家族類型															
単独	10.5*	8.7**	5.3**	1.7	21.4**	10.1	8.9**	7.9	2.8	22.4**	11.0**	10.2**	3.0*	0.5	20.2**
夫婦のみ	7.7	5.0#	7.4*	2.0	11.2**	7.0	6.7	8.1	0.6	12.0**	8.1	3.7	6.8	2.6	11.0**
夫婦と子	6.6†	3.0†	11.2†	1.7†	5.7†	7.2†	4.1†	12.8†	2.1†	5.0†	6.2†	2.3†	10.0†	1.3†	6.0†
3世代	4.2**	1.5*	11.4	1.2	1.9*	4.4**	3.1	13.8	1.5	1.5*	4.0*	0.5*	9.7	1.0	2.2*
その他	7.1	4.7*	8.8*	1.8	6.6	6.9	4.7	10.5	2.1	8.4*	7.2	4.7*	7.6#	1.4	5.4
7. 本人または配偶者の親との同居有無															
同居していない	7.3†	3.7†	9.3†	1.7†	8.2†	7.8†	5.0†	10.9†	1.9†	9.3†	6.9†	3.0†	8.1†	1.5†	7.3†
少なくとも1人同居している	4.7**	2.0**	12.6**	1.4	1.9**	5.2**	3.3*	14.0**	1.9	1.6*	4.2**	1.1**	11.7**	1.0	2.3**
親は全員死亡	4.7	5.3	11.2	2.1	9.6	5.7	7.0	13.3	3.7	5.6	4.1	4.4	9.4	1.1	12.3#
8. 住宅の所有区分															
持ち家	12.2**	4.5**	6.8**	1.3	16.3**	13.3**	5.0**	8.0**	1.8	17.4**	11.4**	4.6**	5.9**	0.8*	15.1**
一戸建ての持ち家	4.6†	2.5†	11.5†	1.8†	2.7†	4.7†	3.8†	13.7†	2.0†	2.0†	4.5†	1.7†	9.9†	1.5†	3.1†
分譲マンション	5.8	5.4**	10.6	1.0	6.3**	5.7	8.7**	10.5	0.8	7.4*	5.8	3.4*	10.4	1.0	5.5†
その他	6.3	2.9	12.4	0.9	4.7	9.2*	1.9	10.0	2.1	3.4	4.6	3.6*	13.5	—	5.4*
9. 従業上の地位															
正規雇用	6.2†	2.9†	11.0†	1.5†	5.4†	6.4†	4.0†	12.7†	1.6†	5.7†	6.1†	2.2†	9.7†	1.5†	4.8†
パート・アルバイト・派遣・契約	6.5	3.3	10.0	1.3	5.9	7.1	5.6	9.3*	2.4	5.5	6.2	2.3	9.4	0.9	5.9
自営・家族従業	6.3	3.7	10.8	1.6	4.3	7.2	5.1	13.2	1.9	3.9#	5.0	3.0	8.8	1.3	5.0
仕事をしていない	6.3	3.0	9.6#	2.3#	6.4#	7.8	3.2	10.2	4.2**	5.8	5.9	2.5	8.5	1.6	6.3#
10. 回答者本人の所得															
100万円	6.0	3.0	9.9	1.7#	5.4	6.6	3.9	10.6†	2.4#	4.6†	5.7	2.3	8.9	1.3	5.6
400万円	6.4	3.1	10.4	1.4#	5.7	6.6	4.2	11.7	1.8†	7.0†	7.0†	2.5	9.0	1.3	5.5
1000万円	7.4	3.4	11.6	1.0#	6.5	6.5	4.8	14.0*	1.1†	10.4†	10.4†	3.0	9.0	1.5	5.2
不詳	6.7	3.7	17.0**	3.1*	5.5	9.4	5.8	20.8**	5.8**	4.0	5.1	2.4	14.2**	1.4	6.4
11. 出生意欲															
ぜひほしい・ほしい	7.7#	2.7	8.1**	1.3	6.6#	8.3#	3.7	9.7**	1.8	6.8*	6.9	2.2	7.0**	0.9#	6.3
どちらともいえない	6.4†	2.9†	11.6†	2.0†	5.5†	6.4†	3.9†	13.4†	2.0†	5.0†	6.5†	2.3†	10.2†	1.9†	5.8†
あまりほしくない	6.0	3.4	10.5	1.4	6.0	7.4	4.8	11.9	1.7	4.7	5.0	2.7	9.4	1.1	7.0
絶対ほしくない	5.0*	3.5	12.2	1.7	4.4	4.0*	5.4	15.0	2.0	4.7	5.4	2.5	10.4	1.5	4.3#

** 1%で有意。　* 5%で有意。　# 10%で有意。
† レファレンス・カテゴリー。

注：a) 欠落ハザードとは、2004～2007年、2007～2010年および2010～2013年フォローアップ期間の期首にフォローアップ対象の人が欠落する確率を指す。ここでの推定は3期間をプールしたものであり、期首属性は変化していることがある。すべての推定で男女・期首年齢のほか、フォローアップ期間および初婚と既往出生数を統制している。

b) ～f) は表9-5aと同じ。

330　第Ⅲ部　パネルデータの質の検証

低いのに対し，拒否とその他は逆に年長者のほうが高い。特に，転居の加齢による低下は著しく，20歳時の欠落ハザード18.5％に対し，50歳時は3.0％で84％ほど低下している。また，最近のフォローアップ調査ほど欠落ハザードが小さいのは，拒否と理由不明，不在が減っているためである。初婚と既往出生数については，未婚者は拒否が多く，既婚無子は男性の不在と女性の転居，そして男女とも理由不明が多い。そして，既婚の子ども1人については，男性の転居と女性の理由不明が多い。これらが既婚で子ども3人以上と比較して未婚と既婚で子ども1人以下の欠落ハザードが高い主要な要因になっている。

　その他の共変量についてみると，最終学歴が4年制大学以上の場合，理由不明と転居が多く（特に男性），拒否が少ない（特に女性）。統計的な有意性は低いが，不在，その他と女性の不在も少なく，これらを合計した欠落ハザードは高校卒業のものと差がなくなっている（表9-6a）。また，男性の高所得者では拒否と理由不明が増える。この他では在学の有無と最終学歴，従業上の地位，所得，出生意欲には明瞭なパターンはみられないが，所得不詳の拒否が多いことと，出生意欲が高い場合には拒否が少ないことは興味深い。

　15歳までに最も長く住んだ地域が農村・山村・漁村だと，男女とも理由不明が少ない。標本抽出地域についても，郡部だと男女とも理由不明が少なく，さらに女性では転居，男性では不在と拒否も少ない。逆に，東京23区は男女とも不在が多い。転居と不在，理由不明はより規模の大きな都市ほど理由別欠落率は高くなる傾向がみられ，特に男性で顕著である。

　世帯人員が多いと転居（-38％），不在（-61％），理由不明（-70％）による欠落を引き下げ，拒否（+24％）による欠落を引き上げる（括弧内は男女総数の世帯人員1人と比較した4人の理由別欠落ハザードの増加率）。単独世帯は夫婦と子世帯と比べて，理由不明（3.8倍）と不在（2.9倍）および女性の転居（1.8倍）が多く，拒否（0.48倍）が少ない。逆に，3世代世帯は転居（0.64倍）と理由不明（0.33倍）および女性の不在（0.23倍）が少ない。親との同居は，転居（36％），不在（46％），理由不明（77％）を減らし，拒否（34％）を増やす。借家住まいは一戸建ての持ち家と比べ，理由不明（6.1倍），転居（2.6倍），不在（1.8倍）を増やし，拒否（0.59倍）を減らす。

第9章 パネル欠落が初婚と出生の分析に与える影響 *331*

　次に，男女・年齢とフォローアップ期間，初婚と既往出生数のみのモデル
に，世帯構造や世帯属性に関する共変量を1つずつ加えたときの初婚と既往
出生数別予測欠落ハザードの変化の方向をみると（表9-7b），世帯人員に
ついては未婚と既婚で子ども1人以下の拒否を（世帯人員なしのモデルと比べ
て）高くし，未婚と既婚で子ども1人以下の拒否以外の4つの理由を低くす
る（既婚で子ども2人以上に対しては逆で，拒否を低く，その他の4つの理由を
高くする）。世帯の家族類型を加えると，未婚と既婚無子の拒否を高くし，
未婚と既婚無子の拒否以外の4つの理由を低くする（既婚で子ども2人以上
に対しては逆の方向）。親との同居を加えると，未婚の拒否を低くし，未婚の
拒否以外の4つの理由を高くする（既婚に対しては逆の方向）。住宅の所有区
分を加えると，未婚の拒否とその他を低くし，転居と不在を高くする（既婚
に対しては概ね逆の方向）。住宅の所有区分を加えると，初婚と既往出生数別
理由不明の予測欠落ハザードは下がる。

　表9-7cには理由別欠落ハザードに関するロジットモデルの疑似決定係
数を一覧にした。疑似決定係数の水準は理由によってやや異なり，男女・年
齢・フォローアップ期間・初婚と既往出生数のみを用いるモデルでいうと，
転居（6.0%），理由不明（4.7%），不在（2.8%），拒否（2.1%），その他（1.0%）
の順に高い。欠落の理由がその他や拒否，不在のものは表9-6cと比較して
もほとんどのモデルで半分未満であり，ここで用いた共変量が説明できる不
在や拒否，その他の理由による欠落確率は極めて限定的であるといえるだろ
う。理由別にみた欠落ハザードモデルの説明力が向上しているのは理由不明
についてで，特に世帯構造や世帯属性に関する共変量を加えたモデルの変化
が著しく，なかでも住宅の所有区分を用いたものでは男性18.4%，女性12.0%
まで増加している。しかしながら，モデルから初婚と既往出生数を除いて疑
似決定係数を計算し，表9-7cと比較したところ，疑似決定係数はほとん
ど改善しておらず，転居，不在，拒否，その他では概ね0.5%ポイント以下，
理由不明でも1%ポイント程度であった。したがって，欠落確率のなかでも
理由不明は世帯構造や世帯属性に関する共変量によって，他と比べれば，相
対的に良好に説明されるということになるが，理由別にみても共変量を統御
した後で初婚と既往出生数が説明できる部分は非常に少ないといえる。

332　第Ⅲ部　パネルデータの質の検証

表9－7b　2004～2013年欠落ハザードa)に関する男女・期首年齢、フォローアップ期間、初婚と既往出生数および共変量をロジットモデルで統御した場合の初婚と既往出生数別・理由別予測欠落確率：JGGS2004年調査時に18～49歳の男女日本人と、このうち2007～2013年調査にフォローアップされた人

(%)

男女・期首年齢・フォローアップ期間、初婚と既往出生数のほかに統御する共変量

	総数					男					女				
	転居	不在	拒否	その他	理由不明	転居	不在	拒否	その他	理由不明	転居	不在	拒否	その他	理由不明
1. 男女・年齢×フォローアップ期間、初婚と既往出生数															
未婚†	6.4**	4.1**	14.3**	1.7	4.5	6.6	5.6*	15.9**	2.1	5.0	6.3*	3.2	13.2**	1.4	4.0
既婚×															
0人†	8.8**	4.6**	10.7	1.1	10.4**	8.2	6.8**	12.0	1.2	10.5**	9.2**	3.3	10.0	1.0	10.0**
1人	7.6**	3.2	8.7	1.4	7.6**	10.1*	3.4	8.4	1.2	6.3	6.0	3.2#	9.0	1.5	8.3**
2人	6.2**	2.7	9.6	1.8	5.7	6.0	4.0	12.1	2.2	5.2	6.3*	1.9	7.8	1.5	6.0
3人以上	4.9†	2.3†	8.7†	1.4†	4.8†	5.5†	3.0†	10.3†	2.1†	4.6†	4.5†	1.9†	7.5†	0.9†	4.9†
2. 在学の有無と最終学歴															
未婚†	6.1	4.1**	14.4**	1.7	4.3	6.2	5.6*	16.0**	2.0	4.8	6.1	3.2*	13.6**	1.6	3.9
既婚×															
0人†	8.5**	4.7**	10.7**	0.9	10.0**	7.8	6.9**	11.9	0.9	9.6**	8.9**	3.3*	9.9	1.0	9.7**
1人	7.5**	3.1†	8.5	1.4	7.5**	9.7*	3.4	7.9	1.2	6.1	6.0	3.0#	8.8	1.5	8.2**
2人	6.2#	2.6	9.4	1.7	5.5	5.9	3.9	11.9	2.1	5.0	6.4#	1.8	7.6	1.5	5.6
3人以上	5.0†	2.2†	8.4†	1.3†	4.9†	5.6†	2.9†	10.2†	1.8†	4.6†	4.5†	1.7†	7.1†	0.9†	4.9†
3. 15歳までに最も長く住んだ地域															
未婚†	6.3	4.0**	14.3**	1.6	4.5	6.6	5.5*	15.9**	2.0	5.1	6.0	3.1	13.3**	1.3	3.9
既婚×															
0人†	8.7**	4.6**	10.6**	1.1	10.1**	8.2	6.8**	12.1	1.2	10.3**	8.9**	3.2	9.8	0.9	9.6**
1人	7.5**	3.1	8.7	1.2	7.4**	9.9*	3.4	8.3	1.2	6.1	5.9	3.0	8.9	1.1	8.1**
2人	6.1	2.5	9.5	1.7	5.5	5.9	3.9	12.0	2.0	5.0	6.1#	1.7	7.7	1.3	5.8
3人以上	5.0†	2.3†	8.5†	1.4†	4.9†	5.6†	3.1†	9.9†	2.1†	4.7†	4.5†	1.9†	7.4†	0.8†	5.0†
4. 標本抽出地域と都市規模															
未婚†	6.3	3.8**	14.3**	1.7	4.2	6.4	5.3*	15.9**	2.0	4.9	6.1	2.9	13.2**	1.4	4.9
既婚×															
0人†	8.6**	4.3**	10.7	1.1	9.7**	7.8	6.3**	11.9	1.2	9.7**	9.0**	3.1	10.0	1.0	9.4**
1人	7.5**	3.1	8.7	1.4	7.1**	10.0**	3.2	8.2	1.2	5.9	5.8	3.1	8.9	1.5	7.8#
2人	6.2	2.6	9.5	1.8	5.4	5.9	3.9	12.0	2.2	5.0	6.2#	1.9	7.8	1.5	5.7
3人以上	5.0†	2.4†	8.7†	1.4†	4.9†	5.6†	3.1†	10.4†	1.9†	4.7†	4.5†	2.0†	7.5†	0.9†	5.0†
5. 世帯人員（連続変数）															
未婚†	5.4	2.8	15.2**	1.6	2.7**	5.9	4.6	17.0**	2.0	2.7**	5.0	1.5*	14.0**	1.3	2.6*
既婚×															
0人†	6.5	2.6	12.0**	1.0	4.7**	6.7	5.0	13.6*	1.1	4.1**	6.1	1.2*	11.1*	1.1	5.0
1人	6.8	2.5	9.1	1.3	5.4*	9.5	3.1	8.7	1.2	4.4**	5.0	2.0	9.3#	1.2	6.1
2人	6.5	2.9	9.3#	1.9	6.2#	6.3	4.3	11.6#	2.3	5.9#	6.7	2.0*	7.6	1.5	6.3
3人以上	6.2†	3.5†	7.7†	1.5†	8.2†	6.5†	4.0†	9.0†	2.3†	8.7†	6.0†	3.4†	6.8†	1.0†	7.8†

6. 世帯の家族類型

未婚†	5.7	2.8	15.4**	1.6	2.9**	5.9	4.8	16.8*	1.8	2.8**	5.5	1.6	14.5**	1.5	2.8**
既婚×															
0人	7.0	2.6	14.1**	0.9	4.7	7.4	4.5	16.6#	2.1	3.9	6.6	1.5	12.8#	0.6	4.9
1人	7.7	3.3	8.2	1.4	7.3#	10.2**	3.7	7.9	1.1	6.4	6.0	2.8	8.5	1.5	7.8#
2人	6.4	2.9	8.9	1.9	5.9	6.0	4.3	11.2	2.1	5.6	6.6#	1.8	7.2	1.5	6.0
3人以上	5.3†	2.7†	7.9†	1.5†	5.6†	5.8†	3.4†	9.4†	2.0†	5.7†	4.9†	2.1†	6.8†	1.0†	5.5†

7. 本人または配偶者の親との同居有無

未婚†	7.9#	5.1*	12.4**	1.8	7.8*	7.8#	6.4*	14.3*	2.0	8.3**	8.1**	4.9**	10.8#	1.8	6.7
既婚×															
0人	7.9#	4.0*	11.3#	1.0	7.0#	7.3	6.1**	12.7	1.2	5.8#	8.3**	2.6	10.6	0.9	7.7#
1人	7.0#	2.8	9.1	1.3	5.3#	9.2**	3.2	8.8	1.2	3.7	5.4	2.6#	9.4	1.4	6.6#
2人	5.6#	2.4	10.1	1.8	3.9	5.4	3.7	12.7	2.2	3.0	5.7	1.5	8.3	1.4	4.7
3人以上	4.4†	2.1†	9.1†	1.4†	3.4†	5.1†	2.8†	10.6†	2.1†	2.9†	4.0†	1.5†	8.1†	0.9†	3.8†

8. 住宅の所有区分

未婚†	6.7	4.1*	13.7**	1.6	4.2	6.7	5.6*	15.2**	2.0	4.0	6.7	3.2#	12.6**	1.3	4.1
既婚×															
0人	6.4#	3.9	11.5#	1.1	5.3#	5.7	6.3#	12.9	1.2	4.4	6.8*	2.4	10.6#	1.1	5.7
1人	6.2#	2.9	9.0	1.4	4.5	8.4*	3.2	8.6	1.2	3.3	4.8	2.5	9.3	1.6	5.3
2人	5.7	2.6	9.4	1.8	4.1	5.3	3.9	11.9	2.2	3.3	5.9#	1.7	7.7	1.5	4.7
3人以上	4.6†	2.3†	8.4†	1.4†	3.8†	5.2†	2.9†	10.0†	2.0†	3.2†	4.3†	1.8†	7.3†	0.9†	4.1†

9. 従業上の地位

未婚†	6.4#	4.0*	14.3**	1.7	4.5	6.4	5.5	16.5**	1.7	5.0	6.2	3.2*	12.9**	1.4	4.2
既婚×															
0人	8.8#	4.7*	10.6	1.1	10.5**	8.3	6.7*	11.7	1.2	10.5**	9.1**	3.3	9.9	1.0	10.2**
1人	7.7#	3.2#	8.7	1.3	7.5#	10.3**	3.4	8.2	1.3	6.3	6.0	3.2#	9.1	1.4	8.2#
2人	6.2#	2.7	9.6	1.8	5.6	6.1	4.0	11.8	2.3	5.1	6.4*	1.9	7.9	1.5	5.8
3人以上	4.9†	2.3†	8.7†	1.4†	4.8†	5.6†	2.9†	10.1†	2.1†	4.7†	4.5†	1.9†	7.6†	0.9†	4.8†

10. 回答者本人の所得

未婚†	6.4#	4.1*	14.3**	1.6	4.5	6.6	5.7	16.3**	1.8	5.2	5.9	3.1	13.3**	1.4	4.1
既婚×															
0人	8.7#	4.6*	10.6	1.1	10.3**	8.2	6.8**	11.8	1.1	10.4**	8.6**	3.2*	9.9	1.0	10.1**
1人	7.6#	3.2	8.7	1.4	7.6#	10.1**	3.4	8.2	1.2	6.1	5.9	3.2#	8.9	1.5	8.3#
2人	6.2#	2.7	9.5	1.8	5.6	5.9	3.9	11.7	2.2	5.0	6.5#	1.9	7.7	1.5	5.9
3人以上	4.9†	2.3†	8.6†	1.4†	4.8†	5.5†	3.0†	10.1†	2.1†	4.5†	4.6†	1.9†	7.5†	0.9†	4.9†

11. 出生意欲

未婚†	6.1	4.2*	14.8**	1.7	4.4	6.2	5.9#	16.4**	2.1	4.8	6.0	3.2*	13.8**	1.4	3.9
既婚×															
0人	7.9#	5.0**	11.7#	1.1	9.6**	7.0	7.4*	13.2#	1.2	9.3#	8.5**	3.4	10.7	1.0	9.3**
1人	7.0#	3.4*	9.2	1.4	7.1#	9.0#	3.6	8.9	1.2	5.7	5.6	3.3#	9.3#	1.5	7.8#
2人	6.4	2.6	9.1	1.8	5.8	6.1	3.8	11.5	2.2	5.4	6.5#	1.8	7.4	1.4	6.0
3人以上	5.2#	2.2†	8.1†	1.3†	5.1†	6.0†	2.7†	9.5†	2.1†	5.0†	4.7†	1.8†	7.1†	0.9†	5.0†

** 1%で有意。　* 5%で有意。　# 10%で有意。
† レファレンス・カテゴリー。
注：a）は表9-7aと同じ。

334　第Ⅲ部　パネルデータの質の検証

表9-7c　2004～2013年欠落ハザード a) に関する男女・期首年齢、フォローアップ期間、初婚と既往出生数およびフォローアップ期間、初婚、初婚と既往出生数および共変量によるロジットモデルの疑似決定係数：JGGS2004年調査時に18～49歳の男女日本人と、そのうち2007～2013年調査にフォローアップされた人

(%)

男女・期首年齢およびフォローアップ期間、初婚と既往出生数のほかに統御する共変量	総数					男					女				
	転居	不在	拒否	その他	理由不明	転居	不在	拒否	その他	理由不明	転居	不在	拒否	その他	理由不明
1. 男女年齢とフォローアップ期間、初婚と既往出生数	6.0	2.8	2.1	1.0	4.7	5.7	2.2	1.5	0.7	5.2	6.6	1.5	2.4	1.8	4.7
2. 在学の有無と最終学歴	6.1	3.1	2.3	1.9	5.0	6.0	2.6	1.8	1.4	6.3	6.6	2.1	2.6	2.6	5.0
3. 15歳までに最も長く住んだ地域	6.2	3.0	2.2	1.2	5.0	5.6	2.3	1.6	0.6	5.6	7.0	1.9	2.5	2.3	4.9
4. 標本抽出地域と都市規模	6.2	3.5	2.2	1.4	5.8	6.0	3.3	1.8	1.6	6.2	6.9	2.0	2.5	2.1	5.9
5. 世帯人員（連続変数）	6.6	4.4	2.2	1.0	7.8	5.9	2.8	1.7	0.7	9.3	7.5	5.3	2.5	1.8	7.0
6. 世帯の家族類型	6.7	4.7	2.5	1.2	8.7	6.3	3.0	1.8	1.2	10.3	7.3	6.1	2.9	2.3	8.0
7. 本人または配偶者の親との同居有無	6.4	3.5	2.3	1.1	7.8	6.0	2.6	1.7	0.8	10.5	6.9	2.8	2.7	1.9	6.4
8. 住宅の所有区分	8.8	3.9	2.7	1.3	14.4	9.0	3.1	2.3	0.9	18.4	9.0	3.8	3.0	2.3	12.0
9. 従業上の地位	6.0	2.9	2.2	1.4	4.8	5.7	2.6	1.7	1.4	5.3	6.6	1.6	2.4	2.3	4.9
10. 回答者本人の所得	6.1	2.9	2.4	1.5	4.7	5.7	2.4	2.0	2.1	5.4	6.8	1.6	2.6	1.8	4.7
11. 出生意欲	6.2	2.9	2.4	1.2	4.9	6.2	2.4	1.9	0.7	5.4	6.7	1.6	2.7	2.4	5.0

疑似決定係数 $= 1 - ll/ll_0$, ll は対数尤度, ll_0 は対数尤度。　* 5％で有意。　** 1％で有意。　# 10％で有意。

注：a）は表9-7aと同じ。

欠落の理由別（欠落の要因別）欠落ハザードの要因分析の結果を改めてみると，表9-6aの欠落ハザードを高くする共変量は拒否以外の4つの理由のいずれかによる欠落を高くしていて，逆に拒否による欠落は少なくしているようである。拒否を増やす統計的に有意な要因は，未婚，世帯人員が多いこと，親との同居，持ち家に居住，所得不詳，高所得（男性）しか見当たらない[9]。表9-6aによれば，これらは，所得不詳を除いて，すべて欠落確率を下げる要因であり，調査対象世帯にコンタクトできて欠落率が低いために拒否による欠落が相対的に多くなっているようにみえる。そして，本章で用いた共変量では，拒否による欠落ハザードを説明するモデルの疑似決定係数（表9-7c）は，全理由の欠落ハザードのもの（表9-6c）より低く，拒否による欠落の発生は全般的な欠落より無作為性が高い。

男女・年齢とフォローアップ期間，初婚と既往出生数に加えて世帯人員を統御したモデルでは，世帯人員を統御しないモデルの既婚で子ども3人以上と比べて未婚と子ども1人以下の転居や不在による欠落が多いという統計的な有意性はなくなっていた（表9-7b）。理由不明や女性の不在に既婚で子ども3人以上と比べた未婚や既婚で子ども1人などの欠落ハザードが低いという統計的な有意性は残されているものの，世帯人員を加えたモデルで初婚と既往出生数が全理由の欠落ハザードに及ぼす影響は統計的に有意ではなかった（表9-6b）。欠落の要因は多様であり，本章の共変量によるモデルでは全体として説明できる欠落確率は限られていて，他の共変量で説明されない初婚と既往出生数（初婚・出生確率関数から除外された欠落確率に影響を及ぼす確率要因で，過去の初婚・出生行動における個人の異質性による選択性によって初婚と既往出生数と相関していると考えられるもの）が欠落確率に及ぼす影響を通じた「観察される要因における選択性モデル」における欠落バイアスも限定的であるという先行研究の結論を支持するものと考えられる。

---

9)　世帯の家族類型が夫婦と子であることは単独と比べて統計的に有意に拒否を下げるが，夫婦と子以外のすべての類型と比べると5％水準で有意に拒否を少なくするとはいえない。

336　第Ⅲ部　パネルデータの質の検証

おわりに

　本章では，JGGS2004年調査で50歳未満であった回答者5013人についての2004〜2013年フォローアップ調査結果を用いて，2000〜2015年国勢調査の未婚率および有配偶同居児数分布との比較を行った。また，JGGS ミクロパネルデータを利用した「観察される要因における選択性モデル」（Fitzgerald Gottschalk and Moffitt 1998）を用いた欠落確率（ハザード）および理由別欠落ハザードの要因分析を行って，パネル欠落のパターンと要因を調べた。

　国勢調査との比較から，JGGS パネル調査における未婚者および無子の夫婦は2004年調査時から過小で，全般的に子ども数の多い夫婦が過大代表になっていた。特に2004年調査時に30歳代のコホートで未婚率，有配偶同居児数分布ともに差が大きくなっていた。そして，コホート変化を利用したフォローアップ期間の期末未婚率の差の期首未婚率の差と（1－初婚ハザード）の差の寄与への要因分解から，JGGS の30歳以上の未婚率が国勢調査と比べ過小なのは2004年の確率標本において未婚者が過小代表されていた（期首未婚率が国勢調査より小さい）ことでほとんどが説明されることがわかった。また，JGGS の2004〜2007年に30歳未満のコホートではフォローアップ調査で捕捉される初婚ハザードは国勢調査のものと比べて3割ほど過小であったが，2004年に20歳代のフォローアップ対象者は2004〜2007年に5割ほどが欠落しているのと比べて著しく過小ではなかった。2004年調査もフォローアップ調査と同じ調査員調査が行われており，未婚者が過小代表であることも，子ども数の多い有配偶男女が過大代表であることも，初婚・出生に直接影響する要因よりも世帯規模や家族類型など実査を難しくする要因が欠落確率に影響している可能性があることが示唆された。

　男女・年齢・フォローアップ期間を統御し，さらに，学歴や15歳時までに最も長く住んだ地域といった時間の経過にしたがって変化しない属性，世帯構造や住宅の所有区分などの世帯属性と就業状況・所得・出生意欲などの個人属性を幅広く取り上げ，これらの共変量で説明されない初婚と既往出生数（初婚・出生確率関数から除外された欠落確率に影響を及ぼす確率要因で，過去の

第9章　パネル欠落が初婚と出生の分析に与える影響　*337*

初婚・出生行動における個人の異質性による選択性によって初婚と既往出生数と相関していると考えられるもの）が欠落確率に及ぼす影響についてロジットモデル分析を行い，「観察される要因における選択性モデル」における欠落バイアスについて検証した。その結果，時間の経過にしたがって変化しない属性や個人属性と比べ，世帯構造や世帯属性が欠落確率に及ぼす影響は明瞭だった。特に世帯人員は大きくなるほど欠落確率を引き下げるだけでなく，未婚と既婚で子ども1人以下の欠落確率を引き下げ，既婚で子ども2人以上の欠落確率を引き上げることで，既婚・子ども3人以上と比較した場合の初婚と既往出生数による予測確率の差の統計的な有意性はなくなっていた。また，推定されたモデルの疑似決定係数は非常に小さく，モデルが説明する欠落確率は限定的で，さらに共変量で説明されない初婚と既往出生数が説明できる部分は非常に少ない。これらの結果は，「観察される要因における選択性モデル」における欠落バイアスは限定的であるという先行研究の結論を支持するものと考えられる。

　以上の結果を踏まえれば，国勢調査との比較の結果は，初婚・出生確率に影響を及ぼす要因を区別しておらず，定数項のみ（共変量統御しない確率要因の平均について）のモデルを用いたものと解釈することができ，JGGSフォローアップ調査で捕捉された初婚ハザードは定数項が過小であったが，欠落に影響を及ぼす要因を適切にコントロールしてやることで，欠落確率と初婚確率に（初婚確率に影響を及ぼす要因の条件付き）独立性を作り出し，初婚確率関数の係数推定値はバイアスを限定的なものにすることができる可能性を示唆する。ただし，本章の分析枠組みである「観察される要因における選択性モデル」では，$t-1$〜t期の初婚・出生確率から除外されている確率要因と$t-1$〜t期のフォローアップ期間に固有の欠落確率に影響を及ぼす確率要因（contemporaneous shock）が統計的に独立でないことによる初婚・出生確率関数推定におけるバイアスを検証できないことには注意を要する。初婚と既往出生数別欠落ハザードのフォローアップ期間による変化のパターンには2004〜2007年フォローアップ調査で捕捉された初婚・出生発生が2007〜2010年以後の欠落ハザードに影響を及ぼしている可能性が示唆された（第4節）。本章の分析では初婚と既往出生数という過去の初婚・出生行動における個人

の異質性が累積されたもののみを用いたが，直近の初婚・出生発生が欠落ハ
ザードに強い影響をもたらす可能性など，個人の異質性に関する検証には別
の定式が可能であり別途検証されることが望ましいだろう。

参考文献

坂本和靖 2006「サンプル脱落に関する分析——「消費生活に関するパネル調査」を用い
　　　た脱落の規定要因と推計バイアスの検証——」『日本労働研究雑誌』第551号，
　　　pp. 55-70.
福田節也 2009「イベントヒストリー分析におけるパネル脱落の影響について〈訂正版〉
　　　——「消費生活に関するパネル調査」における結婚の分析事例より——」『季刊
　　　家計経済研究』第84号，pp. 69-79.
西岡八郎 2005『「世代とジェンダー」の視点からみた少子高齢社会に関する国際比較研究』
　　　（厚生労働科学研究費補助金課題番号 H14-政策-036），平成16年度総括報告書.
　　　（https://mhlw-grants.niph.go.jp/niph/search/NIDD00.do?resrchNum=
　　　200400109A）2017年11月18日アクセス.
Aalen, Odd O., Ornuof Borgan, and Hakon K. Gjessing. 2008. *Survival and Event History
　　　Analysis: A Process Point of View*. New York: Springer.
Cameron, A. Colin and Pravin K. Trivedi. 2013. *Regression Analysis of Count Data,
　　　Second Edition*. New York: Cambridge University Press.
Fitzgerald, John, Peter Gottschalk and Robert Moffitt. 1998. "An Analysis of Sample
　　　Attrition in Panel Data: The Michigan Panel Study of Income Dynamics," *The
　　　Journal of Human Resources* 33（2）: 251-299.
Groves, Robert M., Floyd J. Fowler, Jr., Mick P. Couper, James M. Lepkowski, Eleanor
　　　Singer, and Roger Tourangeau. 2004. *Survey Methodology*. New Jersey: Wiley.
Kitagawa, Evelyn M. 1955. "Components of a Difference between Two Rates," *Journal of
　　　the American Statistical Association* 50 (272): 1168-1194.
Lillard , Lee A. and Constantijn W. A. Panis. 1998. "Panel Attrition from the Panel Study
　　　of Income Dynamics: Household Income, Marital Status, and Mortality," *The
　　　Journal of Human Resources* 33（2）: 437-457.
Royston, Patrick and Mahesh K. B. Parmar. 2002. "Flexible Parametric Proportional-
　　　Hazards and Proportional-Odds Models for Censored Survival Data, with
　　　Application to Prognostic Modelling and Estimation of Treatment Effects,"
　　　Statistics in Medicine 21: 2175-2197.
Watson, Nicole and Mark Wooden. 2009. "Identifying factors affecting longitudinal
　　　survey response," Pp.157-182 in Lynn, Peter (ed.) *Methodology of Longitudinal
　　　Surveys*. West Sussex: Wiley.

索引

Alphabet

CRE（Correlated Random Effects）アプローチ　*242, 250*

decision utility　*157* →「子どもをもつ効用」もみよ

experienced utility　*157* →「結婚の幸福度」もみよ

GGP →「世代とジェンダー・プロジェクト」

ICC →「級内相関係数」

inverse propensity weighting　*242*

JGGS →「結婚と家族に関する国際比較調査」

KHPS →「慶應義塾家計パネル調査」

MCAR（Missing Completely at Random）　*267*

NSFJ →「全国家庭動向調査」

PSID（Panel Study of Income Dynamics）　*266, 327*

PAU-UNECE →「国連ヨーロッパ経済委員会人口部」

pivotal generation →「基軸世代」

retrospective question →「回顧的な質問」

sample attriton →「サンプルの消耗」

Sandwich Generation　*237, 238, 241, 250, 252, 256, 257*

TFR（Total Fertility Rate）→「合計特殊出生率」

あ行

アルバイト　*25, 61, 67, 78, 309, 313, 315, 317, 321, 329*

育児　*13, 28, 43, 98-100, 105, 107-110, 112-117, 122, 146, 148, 164, 171, 176, 185, 179, 209, 212, 252, 256, 309*

──・介護休業法　*125, 126, 152*

──休業給付金　*125*

──休業制度　*43, 45, 46, 121, 122, 125-128, 133, 135-139, 144, 146-148, 152, 179*

──休業法　*125, 127, 134*

──給付金　*126*

──コスト（負担）　*22, 45, 47, 115-117, 133, 152, 177, 178*

──と就業の両立　*43, 121, 146, 152, 161, 164, 165, 168*

──の分担　*13, 45, 115, 156*

1.57ショック　*4*

イベント・ヒストリー分析　*65, 66*

医療・介護サービス　*39*

エコー効果　*31*

エンゼルプラン　*62*

夫の家事育児参加　*99-101, 111* →「男性の家事育児参加」もみよ

親子　*1, 42, 186, 187, 203, 210, 212, 234, 265*

──関係　*1, 30, 43, 186, 203, 214-216, 234, 238*

──間の居住関係　*185, 186, 189, 209, 256*

──間の支援（援助）関係　*47, 186, 212, 237, 241, 244*

か行

介護　2, 12, 31, 37, 42, 49, 212, 213, 216–218, 220–222, 224–226, 228, 230–234, 237, 239–241, 245, 246, 251–253, 255, 256
　──休業　125, 127
　──サービス施設・事業所調査　196
　──施設　37, 40, 42, 48, 198–202, 205
　──人材不足　39
　──の社会化　185, 209
　──保険　17, 34, 35, 37, 185, 204, 209, 210
　──離職　50, 257
　──老人保健施設　197
回顧的な質問　265
核家族　40, 189
学歴　25, 26, 44, 46, 51, 60–67, 70–86, 88–91, 128, 129, 132, 134–137, 140–148, 172, 188, 190, 200, 216, 218, 220, 223, 226, 230, 285, 336
　最終──　306, 307, 311–317, 319, 320, 324, 326, 328, 330, 332, 334
家事　13, 28, 29, 45, 98–101, 103–105, 107–115, 156, 159–161, 169, 177–179, 209, 212, 252, 256, 309
家族　1, 2, 40–42, 104, 122, 158–160, 188, 202, 210, 234, 237–241, 252, 263, 311
　──介護（看護）　37, 42, 125, 209, 234
　──規範　104, 234
　──構造　187, 189
　──形成　12, 13, 16, 17, 19, 62, 97, 98, 117, 118
　──政策　100, 117
　──法　40
　──類型　302, 304, 307–309, 312, 314, 316, 318, 321, 323, 325, 326, 329, 331, 333, 336
家庭内ジェンダー関係　12, 13, 23, 28–30
家庭内労働　13, 28, 30
看護　37, 42, 241

　──・介護労働者の供給制約　39
既往出生数　284, 285, 306, 312, 314, 316, 318–324, 326–332, 334–337
機会コスト　13
基軸世代　238 →「Sandwich Generation」もみよ
キャッチアップ現象　8, 14
級内相関係数　106, 111, 193, 220
共変量　192, 252, 283, 285, 302, 306, 310, 311, 318–320, 322, 324, 326–328, 330–332, 334–337
居住関係　103, 306, 183, 186–191, 194, 195, 199, 202–204
居住距離　45, 49, 106, 110, 115–117, 186, 188, 195, 213
近居　42, 43, 47, 48, 186, 190, 195, 196, 200–203, 205, 212
勤労婦人福祉法　125
慶應義塾家計パネル調査（KHPS）　267, 268
経済的な援助（支援）　43, 100, 210–215, 233, 238, 240–243
契約社員　25, 61, 67, 78, 103, 309, 313, 315, 317, 321, 329
結婚　12–14, 17–23, 27–29, 40, 64, 65, 75, 86–89, 98, 103, 117, 118, 122, 128–130, 132, 141, 186, 209, 247, 268, 279, 284, 285
　──・出産の高年齢への先送り　5
　──生活満足度　104, 108–116
　──と家族に関する国際比較調査（JGGS）　1, 19, 59, 62, 63, 65–69, 73, 82, 84, 86, 90, 97, 100, 102, 103, 106–109, 115, 117, 118, 138, 139, 158–161, 187, 194–197, 202, 204, 210, 211, 214–217, 232, 233, 250, 263–265, 268–270, 272–275, 277, 279, 280, 283–288, 290, 295–307, 312, 314, 316, 318, 324, 326, 328, 332, 334, 336, 337
　──年齢パターン　12, 13
　──の幸福度　105, 155–166, 168–179
　──の幸福度の複合指標　159–162,

166-168, 172-176
——の効用（便益） 18, 156, 157
欠落 283, 284
——バイアス 284, 302, 306, 318, 335, 337
——ハザード 287-292, 294, 295, 310, 311, 318-320, 322-324, 326-328, 330-332, 334-338
——率 287-291, 293-295, 310, 311, 318, 319, 322, 323, 327, 330, 335
——理由 285, 287, 290-295, 327, 328, 330-332, 335, 336
健康 2, 31, 33, 35, 47, 48, 185, 186, 196, 276
——格差 35
——寿命 35, 37
——日本21 35
親（祖父母）の—— 212-214, 242, 245, 246, 250-256
高学歴 25, 44, 72, 75-77, 79-81, 83, 84, 88, 90-93, 151, 307
——化 12, 13, 23, 24, 43, 44, 61, 88, 90-93, 121, 141, 238
後期高齢者医療費 34
合計特殊出生率（TFR） 3-5, 8, 13
交互作用 48, 190, 198, 201-203, 221
クロスレベル—— 193, 199
構成効果 199
公的年金 17, 32, 33, 37, 210, 240
高等教育卒業者割合 23-25
幸福度 →「結婚の幸福度」
効用最大化 170, 177
高齢化 2, 5, 9, 30, 43, 189, 234, 237, 238, 263
——率 3, 6, 7, 10
超—— 6, 8, 31
高齢者 2, 5, 10-12, 35, 38, 40-42, 60, 185, 189, 196, 203, 209, 240, 241, 257, 264, 271
——介護（ケア）施設 193, 198-202, 204, 205
——世帯 31-34, 189

——の就業率 32, 39, 69
——の所得 31-33, 210
——の多世代同居率 41 →「子どもと同居」もみよ
——扶養負担 37-39
——扶養機能 37, 41
——保障 37, 38, 40, 41
高齢人口 10, 11, 30-34, 36-38, 189, 237
後期—— 7, 31, 34, 37, 39
高齢単独世帯 40, 41
国勢調査 10, 16, 42, 158, 268, 284, 285, 295-306, 336, 337
国民医療費 34
国民生活基礎調査 31, 35, 42, 185, 194, 195, 204
国連ヨーロッパ経済委員会人口部（PAU-UNECE） 263
子育て 3, 82, 93, 99, 106, 115, 139, 159-161, 170, 240 →「育児」もみよ
——支援 8, 12, 23, 30, 121, 122, 127, 133, 136, 147-149
——と仕事の両立 8, 62, 149, 151, 152, 165, 169
——をめぐる意見の食い違い 105, 108-110, 112-114, 116, 117
子ども 3, 12, 14, 17, 29, 42, 99-106, 117, 121, 122, 127, 128, 132-134, 138-145, 147-152, 159-167, 169, 186, 188, 189, 195, 202, 204, 210, 237-244, 246-257, 285, 306, 310, 311, 319, 322, 330, 331, 335, 337
——・子育て応援プラン 62
——数 97, 98, 100, 103, 104, 108-110, 112, 113, 155, 161-164, 166, 167, 171-179, 286, 303, 304, 323, 336
——と同居 185, 190, 197, 203
——をもつ効用 156, 157, 170, 171, 175-178
——をもつことの不安 105, 108-116
コホート出生力 14
雇用 8, 59, 64, 65, 80, 89, 91, 115, 117
——者中心社会 37

——の安定性　*91, 92*
——不安　*93, 99*
——保険法　*125-127*
——労働力化　*13, 24, 28, 29, 121*
有期——　*126, 127, 151*
若者の——　*59, 61, 62, 91, 93*
婚外出生割合　*13*
コンテクストデータ　*191, 264*
コンテクスト要因　*189-192*

さ行

三世代併存（世帯）　*237, 238, 322, 323, 330*
三大都市圏　*8-11, 40, 276*
サンプルの消耗　*266, 278*
ジェンダー　*1, 2, 59, 69, 73, 92, 93, 100, 252, 263, 264* →「家庭内ジェンダー関係」もみよ
——・イデオロギー　*99*
時間依存性　*289*
仕事と家庭の両立　*28, 29, 93*
仕事と生活の調和 →「ワーク・ライフ・バランス」
施設世帯　*41, 42*
自然増加率　*9*
児童福祉法　*122, 123*
ジニ係数　*32, 33*
死亡率　*2, 3, 9, 33*
社会生活基本調査　*28, 98*
社会保険料　*32, 37*
社会保障　*2, 17, 37, 40, 240, 241, 264*
重回帰分析　*64, 78, 79, 81*
就業率　*39, 69, 70, 128, 132, 152*
終身雇用　*25, 61, 69, 78, 91*
主観的健康度　*196*
出生　*27, 264, 268, 279, 283-286, 306, 307*
——意欲　*20, 110, 115, 310, 313, 315, 317, 320, 322, 325, 326, 328, 331, 333, 335, 336*
——確率　*175-178, 284, 285*
——希望　*99, 100, 105, 110*

——コホート　*59, 60, 63, 66, 67, 72, 73, 75, 76, 78, 80-82, 84-89, 91-93, 128, 132, 134, 135, 137, 146*
——タイミング　*285, 307*
——動向基本調査　*19, 97*
——（出産）の取り戻し　*5, 8*
——率　*2-4, 8, 9, 17, 20, 93, 98, 158, 159*
——力転換　*6*
生涯独身者　*98*
生涯未婚率　*5, 17, 42*
少子化　*1-4, 7, 10, 13, 14, 20, 24, 39, 62, 93, 98, 263, 264, 270*
——社会対策大綱　*62*
——対策　*4, 8, 11, 23, 30, 62, 93, 98, 100, 117, 121*
超——　*1-5, 7, 12, 20, 29*
少子高齢化　*1, 2, 40, 43*
少子高齢社会　*1, 2*
情緒的援助　*106, 211, 215, 217-219, 222, 224, 227, 230, 233*
消費生活に関するパネル調査　*267*
将来人口推計　*7, 8*
職場復帰　*122, 124-126, 137-140, 142, 144-148, 151, 152*
初婚　*59, 63-67, 71, 72, 86-90, 92, 93, 284-286, 306, 307, 312, 314, 316, 318-320, 322-324, 326-328, 330, 332, 334, 335, 337*
——タイミング　*66, 88-90, 285, 307*
——年齢　*14, 16, 87, 98*
——ハザード　*296, 300-302, 336, 337*
初職　*59, 60, 62-65, 67, 68, 70, 73, 75-78, 80, 82, 84-86, 88, 91, 92, 128, 132*
女性 →「妻」もみよ
——の高学歴化 →「高学歴化」
——の就業　*12, 24, 26-29, 43, 46, 77, 121, 150, 152, 161, 162, 164-168, 213*
——の労働力率　*26, 27*
所得　*63, 78-80, 92, 285, 309-311, 328, 336*
——格差　*32, 78, 79*

進学率　*23, 24, 26, 60*

人口　*1-11, 59, 60, 104, 110, 188, 189, 196, 200, 209, 264, 267, 272, 276, 278, 283, 295, 307*

　──減少　*1, 6, 8-10*

　──再生産年齢　*13, 22, 23, 28*

　──静止社会　*3, 5*

　──置換水準　*3, 4, 22*

　──転換　*2, 4*

　──動態社会経済面調査　*99*

　──動態統計　*14, 97*

　──モメンタム　*3*

生活保護　*33, 34*

生活満足度 →「結婚生活満足度」

正規雇用　*25, 61, 63, 66-85, 88-92, 103, 128-130, 132, 134, 139, 146, 147, 151, 311*

生産年齢人口　*38, 39*

性別役割分業　*45, 99, 104, 108, 109, 111-114, 116, 164, 165, 168, 180*

世代　*1, 30, 37, 197, 209, 237, 263, 286, 308*

　──間看護　*42*

　──間支援　*185-187, 202, 238, 241-243, 247*

　──間扶養　*37-39, 42*

　──とジェンダー・プロジェクト（GGP）*263, 264*

世話的援助　*211, 215, 217-219, 222, 224, 226, 227, 230, 233, 234*

専業主婦　*78, 98*

全国家族調査　*100, 211*

全国家庭動向調査（NSFJ）*99, 211-213*

選択性　*306, 318*

　──バイアス　*66, 88*

　観察される要因における──　*334, 336, 337*

　個人の異質性による──　*285, 337*

　パネル脱落における──　*267*

　標本の──　*284*

層化二段確率法　*158, 194, 268, 270, 283*

相対的貧困率　*33*

た行

第1子出生時の妻（女性）の年齢　*14, 16, 140-145*

待機児童　*124, 141*

脱落　*242, 263*

　──バイアス　*242, 268, 280*

　──率　*268, 272-280*

多変量解析　*18, 24, 63-67, 70-72, 88, 147, 150, 161, 169, 171, 187, 250, 337*

団塊ジュニア世代　*11, 31, 36*

団塊の世代　*10, 11, 31, 36, 37, 39, 42, 209*

短時間勤務制度　*125, 127*

男女雇用機会均等法　*72, 125*

男性の家事育児参加　*28, 98, 99, 161, 165, 169, 178* →「夫の家事育児参加」もみよ

男性の家事育児分担割合　*28*

単独世帯　*40-42, 185, 189, 308, 311, 322, 323, 330*

地域特性　*187, 189-191, 196, 199, 203*

地域包括ケア　*12, 204*

地方創生　*11, 12*

長寿化　*1-3, 5, 7, 30, 37, 237, 238*

賃金格差　*67*

追加出生希望　*97-99, 101-112, 114-116, 118*

妻 →「女性」もみよ

　──の学歴　*46, 129, 134-137, 140-143, 145, 146, 148* →「高学歴化」もみよ

　──の家事・育児頻度　*108, 109, 112, 113*

　──の就業　*126, 128-130, 132, 133, 135-140, 142-146, 161, 164, 167, 168, 179* →「女性の就業」もみよ

　──の育児負担 →「育児コスト（負担）」

低学歴　*44, 71, 72, 74, 79-81, 86, 88, 91*

定年退職　*69, 78, 81*

同居　*17, 40-42, 185, 186, 196-205, 210, 218-220, 222, 224-228, 230, 233-253, 255, 308, 311, 313, 315, 317, 321-323,*

325, 326, 331, 333, 335
──規範　188
──率　17, 18, 40-42, 204, 323
途中──　186, 202
東京一極集中　8, 10-12
統計的独立　284, 306, 337
統計的有意性　64, 65, 143, 145, 192, 312,
314, 316, 334
同棲　13, 17-20, 59, 63-67, 71, 72, 82-86,
92
都市化率　10
都道府県別将来推計人口　10
共働き　28, 98, 100

な行

ニート（NEET）　61, 62
21世紀成年者縦断調査　100
2025年問題　39
認可外保育所　123, 124, 148, 149
認可保育所　123, 124, 148-150
認定こども園　123, 150
　幼保連携型──　123
年金 →「公的年金」
年功序列賃金　80, 82

は行

パートタイム就業　25, 61, 67, 78, 82,
103, 131, 135, 137, 140, 141, 143, 147,
150, 164, 165, 167, 168, 309
パートナーシップ　12, 13, 19, 59, 65,
97-103, 110, 111, 114-118, 264, 279
──形成　60, 62, 91-93, 268
ハイブリッドモデル　101, 102, 108, 115
派遣社員　26, 61, 67, 78, 103, 309, 313,
315, 317, 321, 329
パネル欠落　283, 284, 286, 287, 336
パネル脱落　264, 265, 267, 268, 272,
274-280
パネルデータ　1, 29, 62, 91, 97, 100-102,
115, 158, 187, 188, 191, 194, 195, 202,
204, 214, 227, 242, 250, 264-266, 272,
278, 280, 283, 285, 286

パラサイト・シングル　17
晩婚化　5, 13, 14, 89, 90, 297
晩産化　5, 14, 20
非経済的援助　211, 213, 214, 233
非経済的支援　237-240, 242-244
非婚化　5
非三大都市圏　8-10, 40
非正規雇用　17, 25, 61, 67, 75, 78, 82, 92,
103, 109, 116, 129, 130, 132, 133, 139,
146, 151, 311
標本間の不均質性　193
比例ハザードモデル　65, 66, 88-90
貧困世帯　32
貧困率　33
夫婦　23, 28, 37, 40, 97, 102, 103, 155,
210, 216, 251, 265, 322, 336
──間の役割分担　97-100, 102, 115,
177
──構成　216-218, 220, 221, 223, 226,
229, 230
──出生力　12-14, 20, 22, 29, 97
──世帯　40-42, 185, 189, 308, 313,
315, 316, 321, 329
フォローアップ調査　158, 194, 270-272,
280, 283, 286, 287, 289, 291, 292, 295,
297, 300-303, 306, 328, 310, 318, 328,
336, 337
フリーター　61
フルタイム就業　164-169, 179
プロビットモデル　171-175
文脈効果　190, 193
平均出生児（子ども）数　20-22, 97
平均寿命　5, 6, 35, 36, 210, 237, 238
別居　42, 186, 188, 189, 194, 195, 200,
202, 203, 211-213, 225, 252
変性疾患遅滞　5, 33
保育サービス　121, 122, 126, 133, 135,
136, 138, 140, 144, 147-151
　送迎──　149
保育所　122, 123, 126, 134, 138, 140-144,
147, 149, 150
訪問留置法　268

母集団　　194, 264, 266-268, 278, 279, 283, 284, 286, 302

ま行

マルチレベル分析　　101, 115, 192, 197, 198, 201, 203, 215-218, 222, 226, 230

未婚　　64, 65, 209, 234, 247, 285, 306, 312, 314, 316, 320, 322-325, 328, 330-333, 335, 337

　　──化　　12-14, 16, 17, 19, 20, 24, 29, 42, 62, 87-90, 93, 194, 238, 264, 270

　　──率　　42, 284, 295-303, 305, 336

無業者　　62

無作為性　　335

無子化　　5

や行

ヤングアダルト期　　59, 60, 91

要因分解　　13, 14, 296, 297, 300-302, 336

要介護　　31, 33, 35, 50, 190

　　──認定者　　35, 36, 42

　　──・要支援人口　　36, 37, 42

　　──・要支援率　　36

幼稚園　　122, 142, 144, 148, 150, 151

予定子ども数　　20-22, 100

ら行

ライフコース　　12, 20, 30, 59, 60, 78, 91, 93, 188, 190, 264, 268, 279

理想子ども数　　20-22

隣居　　42

累積脱落率　　270, 272-276, 278

老親支援規範　　188, 190, 191, 193, 196, 197, 199, 200, 202, 203

労働力　　26, 40 →「雇用労働力」もみよ

　　──人口　　39

　　──率　　26, 27, 32

老年従属人口指数　　38, 39

老年人口割合　　189 →「高齢人口」もみよ

老齢年金 →「公的年金」

老老介護　　42

ロジスティック回帰分析　　63, 64, 70, 71, 82, 84, 85, 136, 137, 197, 216-218, 222, 226, 230, 250

ロジットモデル　　285, 318, 320, 323, 324, 326-330, 332, 335

わ行

ワーク・ライフ・バランス　　8, 30, 93, 100, 114, 165, 166, 169, 178, 179

執筆者紹介（執筆順）

津谷 典子（つや　のりこ）編者，序章，第1章担当
　　慶應義塾大学経済学部教授

阿藤 誠（あとう　まこと）編者，序章担当
　　国立社会保障・人口問題研究所名誉所長

西岡 八郎（にしおか　はちろう）編者，第2章，第6章担当
　　元国立社会保障・人口問題研究所人口構造研究部部長
　　早稲田大学人間総合研究センター招聘研究員
　　フェリス女学院大学国際交流学部非常勤講師

星 敦士（ほし　あつし）第2章担当
　　甲南大学文学部教授

可部 繁三郎（かべ　しげさぶろう）第3章担当
　　日本経済新聞社編集局主任研究員

吉田 千鶴（よしだ　ちづ）第4章担当
　　関東学院大学経済学部教授

中川 雅貴（なかがわ　まさたか）第5章，第8章担当
　　国立社会保障・人口問題研究所国際関係部主任研究官

山内 昌和（やまうち　まさかず）第6章担当
　　早稲田大学教育・総合科学学術院准教授

福田 亘孝（ふくだ　のぶたか）編者，第7章担当
　　東北大学大学院教育学研究科教授

菅 桂太（すが　けいた）第9章担当
　　国立社会保障・人口問題研究所人口構造研究部第一室長

少子高齢時代の女性と家族
——パネルデータから分かる日本のジェンダーと親子関係の変容

2018 年 2 月 28 日　初版第 1 刷発行

編著者─────津谷典子・阿藤誠・西岡八郎・福田亘孝
発行者─────古屋正博
発行所─────慶應義塾大学出版会株式会社
　　　　　　　〒108-8346　東京都港区三田 2-19-30
　　　　　　　TEL　〔編集部〕03-3451-0931
　　　　　　　　　　〔営業部〕03-3451-3584〈ご注文〉
　　　　　　　　　　〔　〃　〕03-3451-6926
　　　　　　　FAX　〔営業部〕03-3451-3122
　　　　　　　振替　00190-8-155497
　　　　　　　http://www.keio-up.co.jp/
装　丁─────後藤トシノブ
印刷・製本──株式会社加藤文明社
カバー印刷──株式会社太平印刷社

©2018　Noriko Tsuya, Makoto Atoh, Hachiro Nishioka, Atushi Hoshi,
　　　　Shigesaburo Kabe, Chizu Yoshida, Masataka Nakagawa,
　　　　Masakazu Yamauchi, Nobutaka Fukuda, Keita Suga
Printed in Japan　ISBN 978-4-7664-2498-0